Bartmeier/Holzberg/Nibbeling/Smoydzin

Staatsrecht

Staatsrecht

von

André Bartmeier
Dozent an der HSPV NRW

Ralf Holzberg
Dozent und Leiter der Abteilung Duisburg der HSPV NRW

Dr. jur. Joachim Nibbeling
Professor an der HSPV NRW

Jochen Smoydzin
Dozent an der HSPV NRW

3. Auflage 2020

C.H.BECK

Zitiervorschlag: *Bartmeier/Holzberg/Nibbeling/Smoydzin* StaatsR Rn.

www.beck.de

ISBN 978 3 406 75422 7

Wilhelmstraße 9, 80801 München

Druck: Druckhaus Nomos
In den Lissen 12, 76547 Sinzheim

Satz: Fotosatz Buck,
Zweikirchener Straße 7, 84036 Kumhausen

Umschlaggestaltung: Martina Busch Grafikdesign, Homburg Saar

CO_2 neutral
chbeck.de/nachhaltig

Gedruckt auf säurefreiem, alterungsbeständigem Papier
(hergestellt aus chlorfrei gebleichtem Zellstoff)

Vorwort zur 3. Auflage

Solide Kenntnisse im Staatsrecht sind für angehende Polizeibeamte unerlässlich. Zum einen greifen polizeiliche Maßnahmen regelmäßig in Grundrechte des Bürgers ein, zum anderen müssen Polizeibeamte Kenntnisse über die Staatsorganisation und die Grundprinzipien unserer Verfassung haben.

Ziel dieses Lehrbuches ist es, die Fülle des staatsrechtlichen Stoffes studiumsrelevant zu begrenzen sowie strukturiert und klar zu vermitteln. Dabei soll das Staatsrecht speziell für die Studierenden der Polizei aufbereitet werden, da die bereits vorhandene Vielfalt an universitärer Lehrbuchliteratur zum Staatsrecht den Bedürfnissen gerade dieser Zielgruppe nur unzureichend gerecht wird. Dementsprechend sind die Inhalte dieses Lehrbuchs eng an das Curriculum des Moduls 2.1 „Staatsrecht" im Grundstudium sowie das Modul 2.2.2 „Freiheits- und Partizipationsrechte" im Hauptstudium des Bachelorstudiengangs Polizeivollzugsdienst an der Hochschule für Polizei und Verwaltung Nordrhein-Westfalen (HSPV NRW) angelehnt.

Nach der Vermittlung staatsorganisationsrechtlicher „Basics" zur Verfassungsgeschichte und den Verfassungsprinzipien des Grundgesetzes zu Beginn des Lehrbuchs, liegt der anschließende Schwerpunkt bei der Darstellung ausgewählter polizeirelevanter Grundrechte, die für das Studium an der HSPV NRW und anderen Polizeihochschulen von Bedeutung sind. Dabei werden die einzelnen Grundrechte jeweils orientiert an dem an der HSPV NRW im Staatsrecht gängigen Prüfungsaufbau besprochen, sodass die relevanten Inhalte prüfungsrelevant aufbereitet werden. Das abschließende Kapitel dient der Prüfungsvorbereitung und soll die Bearbeitung staatsrechtlicher Aufgabenstellungen näher erläutern sowie anhand einer Übungsklausur für das Grundstudium den Wissenstransfer in ein juristisches Gutachten sicherstellen. Für das Hauptstudium wird dies durch ein Beispiel der neuen Prüfungsform „Aktenbearbeitung" sowie eine Klausurübung gewährleistet. Durchgängig fördern zahlreiche Übersichten, Fallbeispiele und Formulierungshilfen den Wissenserwerb und -transfer in die Prüfungspraxis. Literatur- und Rechtsprechungshinweise zu Beginn jedes Kapitels dienen dem Selbststudium und sollen die wissenschaftliche Vertiefung einzelner Themen im Rahmen von Haus-, Seminar- und Thesisarbeiten erleichtern. Die Lösungshinweise zu den Ausgangsfällen und die Kontrollfragen am Ende der Kapitel sollen eine stetige Lernkontrolle ermöglichen.

Die vorliegende Neuauflage deckt alle staatsrechtlichen Inhalte des Grund- und Hauptstudiums ab und bietet ausführliche Übungsbeispiele für mögliche Klausur- oder Aktenbearbeitungsaufgaben. Literatur und Rechtsprechung sind bis April 2020 berücksichtigt.

Über Rückmeldungen, Anregungen, Lob und Kritik freuen wir uns weiterhin.

Köln, im April 2020

André Bartmeier *Joachim Nibbeling* *Ralf Holzberg* *Jochen Smoydzin*

Inhaltsverzeichnis

Abkürzungsverzeichnis

aA	anderer Auffassung/andere Ansicht
aF	alte Fassung
AG	Aktiengesellschaft
Abs.	Absatz
AEMR	Allgemeine Erklärung der Menschenrechte
AEUV	Vertrag über die Arbeitsweise der Europäischen Union
AÖR	Archiv des Öffentlichen Rechts
APuZ	Aus Politik und Zeitgeschichte (Zeitschrift)
Arge	Arbeitsgemeinschaft aus Arbeitsagentur und Kommunen
Art.	Artikel
BAG	Bundesarbeitsgericht
BaföG	Bundesausbildungsförderungsgesetz
BBG	Bundesbeamtengesetz
BFH	Bundesfinanzhof
BGB	Bürgerliches Gesetzbuch
BGH	Bundesgerichtshof
BKA	Bundeskriminalamt
BMI	Bundesministerium des Innern
BSG	Bundessozialgericht
BT-Drs.	Bundestags-Drucksache
BtMG	Gesetz über den Verkehr mit Betäubungsmitteln (Betäubungsmittelgesetz)
BVerfG	Bundesverfassungsgericht
BVerfGE	Entscheidungssammlung des BVerfG
BVerwG	Bundesverwaltungsgericht
BWG	Bundeswahlgesetz
dh	das heißt
DNA	Deoxyribonucleic acid
DÖV	Die Öffentliche Verwaltung (Zeitschrift)
DVBl	Deutsches Verwaltungsblatt (Zeitschrift)
EGMR	Europäischer Gerichtshof für Menschenrechte
EingriffsR	Eingriffsrecht
EMRK	Konvention zum Schutz der Menschenrechte und Grundfreiheiten
eV	eingetragener Verein
FC	Fußballclub
GbR	Gesellschaft bürgerlichen Rechts
GewO	Gewerbeordnung
GFK	Abkommen über die Rechtsstellung der Flüchtlinge (Genfer Flüchtlingskonvention)

GG	Grundgesetz
GmbH	Gesellschaft mit beschränkter Haftung
GRCh	Charta der Grundrechte der Europäischen Union
GrundR	Grundrechte
hM	herrschende Meinung
Hs.	Halbsatz
HV	Verfassung des Landes Hessen
IDF	Identitätsfeststellung
idR	in der Regel
iSd	im Sinne des (der)
iVm	in Verbindung mit
JA	Juristische Arbeitsblätter (Zeitschrift)
JR	Juristische Rundschau (Zeitschrift)
JURA	Juristische Ausbildung (Zeitschrift)
JuS	Juristische Schulung (Zeitschrift)
KPD	Kommunistische Partei Deutschland
LBG NRW	Landesbeamtengesetz Nordrhein-Westfalen
LImSchG NRW	Gesetz zum Schutz vor Luftverunreinigungen, Geräuschen und ähnlichen Umwelteinwirkungen (Landes-Immissionsschutzgesetz)
Lkw	Lastkraftwagen
LMRR	Lebensmittelrecht Rechtsprechung
LVerf NRW	Verfassung für das Land Nordrhein-Westfalen
mwN	mit weiteren Nachweisen
NJW	Neue Juristische Wochenschrift (Zeitschrift)
NRW	Nordrhein-Westfalen
NStZ	Neue Zeitschrift für Strafrecht
NVwZ	Neue Zeitschrift für Verwaltungsrecht
NVwZ-RR	NVwZ Rechtsprechungs-Report
OBG	Gesetz über Aufbau und Befugnisse der Ordnungsbehörden (Ordnungsbehördengesetz)
POG NRW	Gesetz über die Organisation und die Zuständigkeit der Polizei im Lande Nordrhein-Westfalen (Polizeiorganisationsgesetz)
POK	Polizeioberkommissar
PolG NRW	Polizeigesetz Nordrhein-Westfalen
PostG	Postgesetz
RAF	Rote Armee Fraktion
RIS	Recht auf informationelle Selbstbestimmung
SGB	Sozialgesetzbuch
StaatsR	Staatsrecht
StGB	Strafgesetzbuch
StPO	Strafprozessordnung
StV	Der Strafverteidiger (Zeitschrift)
StVG	Straßenverkehrsgesetz
StVO	Straßenverkehrs-Ordnung
TKG	Telekommunikationsgesetz

TPG	Gesetz über die Spende, Entnahme und Übertragung von Organen und Geweben (Transplantationsgesetz)
TSV	Turn- und Sportverein
VerfassungsR	Verfassungsrecht
VwGO	Verwaltungsgerichtsordnung
VwVfG	Verwaltungsverfahrensgesetz
WRV	Die Verfassung des Deutschen Reichs (Weimarer Republik)
zB	zum Beispiel
ZLVR	Zeitschrift für Landesverfassungsrecht und Landesverwaltungsrecht

Literaturverzeichnis

Badura, P., Staatsrecht – Systematische Erläuterung des Grundgesetzes für die Bundesrepublik Deutschland, 7. Aufl. 2018 (zit.: *Badura* StaatsR)

Bialon, J./Springer, U., Eingriffsrecht, 5. Aufl. 2019 (zit.: *Bialon/Springer* EingriffsR)

Dohr, H., Staat, Verfassung, Politik – Grundlagen für Studium und Praxis, 21. Aufl. 2014 (zit.: *Dohr* Staat)

Epping, V., Grundrechte, 8. Aufl. 2019 (zit.: *Epping* GrundR)

Epping, V./Hillgruber, C., GG Grundgesetz Kommentar, 2. Aufl. 2013 (zit.: Epping/ Hillgruber/*Bearbeiter*)

Gröpl, C./Windthorst, K./v. Coelln, C., Studienkommentar zum Grundgesetz, 4. Aufl. 2019 (zit.: *Gröpl/Windthorst/v. Coelln* GG)

Hufen, F., Staatsrecht II – Grundrechte, 7. Aufl. 2018 (zit.: *Hufen* StaatsR II)

Ipsen, J., Staatsrecht I – Staatsorganisationsrecht, 31. Aufl. 2019 (zit.: *Ipsen* StaatsR I)

Ipsen, J., Staatsrecht II – Grundrechte, 22. Aufl. 2019 (zit.: *Ipsen* StaatsR II)

Jarass, H. D./Pieroth, B., Grundgesetz für die Bundesrepublik Deutschland, 15. Aufl. 2018 (zit.: *Jarass/Pieroth* GG)

Kahl, W./Waldhoff, C./Walter, C., Bonner Kommentar, Loseblatt-Sammlung, Stand Oktober 2019 (zit.: Bonner KommGG/*Bearbeiter*)

Kimms, F./Schlünder, I., Verfassungsrecht II – Grundrechte, 1998 (zit.: *Kimms/ Schlünder* VerfassungsR II)

Kingreen, T./Poscher, R., Staatsrecht II, Grundrechte, 35. Aufl. 2019 (zit.: *Kingreen/ Poscher* StaatsR II)

Kloepfer, M., Verfassungsrecht Bd. I, 2011 (zit.: *Kloepfer* VerfassungsR I)

Lisken, H./Denninger, E., Handbuch des Polizeirechts, 6. Aufl. 2018 (zit.: *Bearbeiter* in Lisken/Denninger PolR-HdB)

Manssen, G., Staatsrecht II, Grundrechte, 16. Aufl. 2019 (zit.: *Manssen* StaatsR II)

Maunz, T./Dürig, G., Grundgesetz Kommentar, Loseblatt-Sammlung, Stand August 2019 (zit.: Maunz/Dürig/*Bearbeiter* GG)

Nimtz, H./Thiel, M., Eingriffsrecht Nordrhein-Westfalen, 2. Aufl. 2020

Schmidt, R., Staatsorganisationsrecht sowie Grundzüge des Verfassungsprozessrechts und des Rechts der Europäischen Union, 20. Aufl. 2019 (zit.: *Schmidt* StaatsOrgR)

Sodan, H., Grundgesetz, 4. Aufl. 2018 (zit.: Sodan/*Bearbeiter*)

v. Münch, I./Kunig, P., Grundgesetz-Kommentar, Bd. 1, 6. Aufl. 2012 (zit.: v. Münch/Kunig/*Bearbeiter*)

Zippelius, R./Würtenberger, T., Deutsches Staatsrecht, 33. Aufl. 2018 (zit.: *Zippelius/Würtenberger* StaatsR)

Abbildungsverzeichnis

1. KAPITEL. Einführung in das Staatsrecht – Relevanz für das Studium und die polizeiliche Praxis

Das Grundgesetz legt in Art. 1 III GG fest, dass die „nachfolgenden Grundrechte (...) Gesetzgebung, vollziehende Gewalt und Rechtsprechung als unmittelbar geltendes Recht“ binden. Die Polizeien des Bundes und der Länder unterliegen als Teil der Exekutive also einer unmittelbaren Grundrechtsbindung. Vor diesem Hintergrund ist es unerlässlich, dass polizeiliches Handeln auf einer soliden Basis allgemeiner verfassungsrechtlicher Kenntnisse sowie spezieller Kenntnisse der polizeirelevanten Grundrechte erfolgt. 1

A. Grundrechtsrelevanz polizeilichen Handelns

Fall:

In der Wohnung des M kommt es zum wiederholten Male zu tätlichen Angriffen des M auf seine Lebensgefährtin F. Nachdem Nachbarn die Polizei verständigt haben, treffen die Polizeibeamten W und B vor Ort ein. Auf ihr Klingeln und Klopfen öffnet niemand. Aus der Wohnung sind Geräusche zu hören, die auf einen Kampf schließen lassen. Als „Hilfe“-Schreie einer Frau aus der Wohnung zu hören sind, entschließen sich die beiden Polizeibeamten, die Tür einzutreten. Nachdem dies gelungen ist, nehmen sie in der Wohnung den M und die F wahr. M ist gerade im Begriff, auf die F einzuschlagen. Der Polizeibeamte W fordert M lautstark auf, die Tätlichkeiten einzustellen. Als dieser nicht reagiert, überwinden die Polizeibeamten M und fixieren ihn. Dabei zieht M sich eine Schürfwunde am Unterarm zu. Nachdem sich die Lage beruhigt hat und die Polizeibeamten den Sachverhalt näher geklärt haben, sprechen sie eine zehntägige Wohnungsverweisung mit Rückkehrverbot gegen M aus.

Fallfrage: In welche Grundrechte des M wird durch die polizeilichen Maßnahmen eingegriffen?

Polizeiliches (Eingriffs-)Handeln ist immer grundrechtsrelevant. Im vorliegenden Fall treffen die Polizeibeamten zahlreiche Maßnahmen, die geschützte Grundrechtspositionen des Bürgers beeinträchtigen. Konkret sind folgende Grundrechtspositionen des M betroffen: 2

Das Eintreten der Tür stellt einen Eingriff in das Eigentumsrecht des M aus Art. 14 GG dar.

Das anschließende Betreten der Räumlichkeiten greift in das Recht auf Unverletzlichkeit der Wohnung aus Art. 13 GG ein.

Die an M gerichtete Aufforderung, die Tätlichkeiten einzustellen, berührt dessen allgemeine Handlungsfreiheit aus Art. 2 I GG.

Indem die Polizeibeamten M anschließend mittels einfachen körperlichen Zwanges überwinden und leicht verletzen, sind die Grundrechte des M aus Art. 2 II 2 GG iVm Art. 104 I GG (Freiheit der Person) sowie aus Art. 2 I 1 GG (Recht auf körperliche Unversehrtheit) berührt.

Die abschließende Wohnungsverweisung mit Rückkehrverbot greift schließlich in das Recht auf Freizügigkeit aus Art. 11 GG und – insofern M die Wohnung für zehn Tage nicht nutzen kann – in das Recht auf Eigentum aus Art. 14 GG ein.

3 Das Fallbeispiel macht deutlich, dass polizeiliche Maßnahmen sich regelmäßig auf hochrangige Rechtsgüter wie körperliche Unversehrtheit, Freiheit oder sogar das Leben beziehen. Dabei ist zu beachten, dass in polizeilichen Einsatzsituationen Maßnahmen in der Regel sofort und ohne große Bedenkzeit angeordnet und vollstreckt werden. Im Polizeivollzugsdienst auftretende Fehler – zB ein fehlerhafter Schusswaffeneinsatz – lassen sich dabei häufig nicht korrigieren, sodass die tatsächlichen und rechtlichen Konsequenzen weitreichend sind. Für verfassungskonformes polizeiliches Handeln ist es daher unerlässlich, dass Polizeibeamte über Handlungssicherheit bei grundrechtsrelevanten Maßnahmen verfügen. Dies erfordert sichere Kenntnisse darüber, was die einzelnen Grundrechte inhaltlich schützen (sachlicher Schutzbereich), wer von den jeweiligen Grundrechten geschützt wird (persönlicher Schutzbereich), ob ein Eingriff in geschützte Grundrechtspositionen vorliegt und wann dieser mit der Verfassung im Einklang steht.

4 Hieraus ergibt sich ein erster Überblick über den Prüfungsmaßstab zur Frage der verfassungsrechtlichen Rechtfertigung einer polizeilichen Maßnahme.

Prüfungsschema: Grundrechtsprüfung im Staatsrecht

1. Bezeichnung des betroffenen Grundrechts
2. Eröffnung des Schutzbereichs des Grundrechts in persönlicher (Wer wird geschützt?) und sachlicher (Was wird geschützt?) Hinsicht
3. Eingriff in den Schutzbereich
4. Verfassungsrechtliche Rechtfertigung des Eingriffs
5. Ergebnis

5 Anhand dieses Prüfungsaufbaus – der unter → Kap. 3 Rn. 43 ff. noch näher vorgestellt werden wird – sind im Grund- und Hauptstudium „Staatsrecht" polizeiliche Maßnahmen gutachtlich auf ihre Verfassungsmäßigkeit hin zu überprüfen.

6 Primäres Ziel dieses Lehrbuches ist es daher, den Studierenden das notwendige Wissen zu vermitteln, um erfolgreich eine gutachtliche Überprüfung der Frage der Verfassungsmäßigkeit einer polizeilichen Maßnahme vornehmen zu können. Gleichzeitig soll durch nähere Vorstellung der polizeirelevanten Grundrechte rechtliche Handlungssicherheit in polizeilichen Einsatzsituationen vermittelt werden.

B. Bedeutung allgemeiner verfassungsrechtlicher Kenntnisse für Polizeibeamte

Jeder Polizeibeamte[1] verpflichtet sich mit seinem Diensteid, die Verfassung und die Gesetze der Bundesrepublik Deutschland zu befolgen und zu verteidigen. Für das Land Nordrhein-Westfalen ist dies in § 46 LBG NRW niedergelegt. 7

§ 46 I LBG NRW – Diensteid

(1) Die Beamtin oder derer Beamte hat folgenden Diensteid zu leisten: „Ich schwöre, dass ich das mir übertragene Amt nach bestem Wissen und Können verwalten, Verfassung und Gesetze befolgen und verteidigen, meine Pflichten gewissenhaft erfüllen und Gerechtigkeit gegen jedermann üben werde. So wahr mir Gott helfe.“...

Dieser Verpflichtung kann der einzelne Polizeibeamte nur dann wirksam nachkommen, wenn er grundlegende Kenntnisse unserer Verfassung – des Grundgesetzes – besitzt. Im 2. Kapitel dieses Lehrbuchs werden daher die notwendigen staatsorganisationsrechtlichen Kenntnisse, insbesondere zur Geschichte und zum Aufbau des Grundgesetzes sowie zu den grundlegenden Verfassungsprinzipien des Grundgesetzes aus Art. 20, 28 GG vermittelt. Aufgrund der vorrangigen Orientierung des Lehrbuchs am Curriculum des Studiengangs beschränkt sich die Darstellung auf die Vermittlung der für die Studierenden notwendigen staatsorganisationsrechtlichen „Basics“. Hinweise auf vertiefende staatsorganisationsrechtliche Literatur werden aber an den entsprechenden Stellen erteilt. 8

C. Kontrollfragen

?

1. Warum ist polizeiliches Handeln grundrechtsrelevant? Nennen Sie Beispiele aus der polizeilichen Einsatzpraxis!
2. Skizzieren Sie den Prüfungsaufbau der Verfassungsmäßigkeit einer polizeilichen Maßnahme!
3. Warum sind Kenntnisse zur Staatsorganisation nach dem Grundgesetz für Polizeibeamte notwendig?
4. Lesen Sie die Gliederung des Grundgesetzes und lesen Sie insbesondere die Art. 1–20, 23, 24, 28, 30, 31, 33, 34, 38, 92–104 und 146 GG!

[1] Aus Gründen der besseren Lesbarkeit wird auf die gleichzeitige Verwendung männlicher und weiblicher Sprachformen verzichtet. Sämtliche Personenbezeichnungen gelten gleichwohl für beiderlei Geschlecht.

2. KAPITEL. Staatsorganisationsrecht

Weiterführende Literatur:

- *Zur Verfassungsgeschichte und Verfassungsentwicklung: Kloepfer* VerfassungsR I, 1. Teil.
- *Zu den Staatsstrukturprinzipien allgemein: Kees,* „Die Staatsstrukturprinzipien in der Klausurbearbeitung“, JA 2008, 795.
- *Grundfälle: Hebeler* JA 2010, 688 (zu den Gesetzgebungskompetenzen von Bund und Ländern); *Frenzel* JuS 2010, 1082 (zu den Verwaltungskompetenzen von Bund und Ländern).

A. Verfassungsgeschichtliche Entwicklung und Aufbau des Grundgesetzes

Die Grundrechte, wie wir sie heute im Grundgesetz der Bundesrepublik Deutschland finden, lassen sich in ihrer Bedeutung nicht begreifen, ohne zugleich einen Blick auf ihre historische Entwicklung und die Entstehungsgeschichte des Grundgesetzes zu werfen. 1

I. Entstehung und Entwicklung des Grundgesetzes

Die internationale Geschichte der Grund- bzw. Menschenrechte reicht von ersten Ansätzen in der „Magna Carta Libertatum“ (1215), der „Petition of Rights“ (1628), der „Habeas Corpus Akte“ (1679), der „Bill of Rights“ von Virginia (1776) bis zur Erklärung der Menschen- und Bürgerrechte durch die französische Nationalversammlung (1789). Die Ideen, die mit der politischen Aufklärung des 18. Jahrhunderts verbunden waren, beeinflussten dann ganz maßgeblich auch die verfassungsgeschichtliche Entwicklung im deutschen Sprachraum bis zum Inkrafttreten des Grundgesetzes am 23.5.1949. 2

Die Entstehung und (Fort-)Entwicklung des Grundgesetzes beinhaltet zahlreiche „Meilensteine“. Diese lassen sich wie folgt zusammenfassen.[1] 3

1. 1848/49 Märzrevolution/Paulskirchenverfassung

Nach der Märzrevolution 1848 trat am 1.5.1848 eine unmittelbar vom Volk gewählte Nationalversammlung in der Frankfurter Paulskirche zusammen.[2] Nach langen Beratungen wurde am 27.3.1849 die deutsche Reichsverfassung verabschiedet. Diese sog. „Paulskirchenverfassung“ enthielt in Abschnitt VI einen modernen Grundrechtskatalog, der fortwirkte bis in die Weimarer Reichsverfassung und damit auch unser heutiges Grundgesetz grundlegend beeinflusste. 4

1 Vgl. ausf. hierzu *Kloepfer* VerfassungsR I § 2.
2 Vgl. ausf. und mwN hierzu *Kloepfer* VerfassungsR I § 2 Rn. 24 ff.

Die Verfassung sah für Deutschland eine bundesstaatliche Struktur mit einer gewählten Volksvertretung vor. Als Staatsoberhaupt war ein Erbkaiser vorgesehen. Nachdem der damalige preußische König *Friedrich Wilhelm IV.* die angebotene Kaiserkrone abgelehnt hatte, wurde die Paulskirchenversammlung aufgelöst. Das Verfassungswerk war gescheitert, die Verfassung trat niemals in Kraft.

2. 1850 Preußische Verfassung

5 Als Reaktion auf die Märzrevolution hatte der preußische König *Friedrich Wilhelm IV.* eine verfassungsgebende Nationalversammlung für Preußen einberufen. Deren Verfassungsentwurf wurde in abgeänderter Form im Jahr 1850 angenommen. In dieser Ordnung wurde eine starke verfassungsrechtliche Position des Königs betont. Die Zusammensetzung des Abgeordnetenhauses im Königreich Preußen wurde durch das Dreiklassenwahlrecht bestimmt, das die Wählerschaft in drei Klassen einteilte, deren Stimmengewicht nach der jeweils erbrachten Steuerleistung bestimmt wurde. Dieses Wahlrecht benachteiligte die große Masse der Einkommensschwachen und Vermögenslosen und sicherte dem vermögenden Adel und Bürgertum eine politikprägende Rolle zu. Daneben enthielt auch schon diese preußische Verfassung in Titel II („Von den Rechten der Preußen") einen Grundrechtekatalog.

3. 1871 Reichsverfassung

6 Im Anschluss an die Gründung des Norddeutschen Bundes 1867 und den Deutsch-Französischen Krieg in den Jahren 1870/71 wurde im Januar 1871 das Deutsche Reich gegründet. Es setzte sich aus 25 Einzelstaaten zusammen. Staatsoberhaupt war der deutsche Kaiser als konstitutioneller Monarch, dem weitreichende Befugnisse eingeräumt waren. Am 18.1.1871 wurde der preußische König *Wilhelm I.* im Spiegelsaal zu Versailles zum Kaiser proklamiert. Die Reichsverfassung wurde am 16.4.1871 rückwirkend zum 1.1.1871 verabschiedet, sodass die Reichsgründung der Verfassung im Ergebnis vorausging. Die Verfassung von 1871 enthielt keinen Grundrechtskatalog, auch eine Verfassungsgerichtsbarkeit war nicht vorgesehen. Staatsorganisationsrechtlich interessant ist die Einführung eines Zwei-Kammer-Systems. Der vom Volk gewählte Reichstag war zwar gesetzgebungsbefugt, die Gesetze bedurften aber immer der Zustimmung des Bundesrates, der sich seinerseits aus Vertretern der Bundesstaaten zusammensetzte. Der Vorsitz des Bundesrates lag beim Reichskanzler, der auch die allgemeinen Regierungsgeschäfte führte. Die Rolle des Reichskanzlers ist durch eine unmittelbare Abhängigkeit vom Kaiser gekennzeichnet, der den Reichskanzler ernennen und entlassen konnte.

4. 1919 Weimarer Reichsverfassung

7 Während der Unruhen nach dem Ende des Ersten Weltkriegs trat am 6.2.1919 die gewählte Nationalversammlung im Nationaltheater in Weimar zusammen. Dort wurde am 31.7.1919 die ausgearbeitete Reichsverfassung angenommen und am 11.8.1919 von Reichspräsident *Friedrich Ebert* verkündet. Die Weimarer Reichsverfassung bestimmte für Deutschland eine bundesstaatliche Struktur sowie die Herrschaftsform einer demokratischen Republik ohne monarchische Elemente. Die Verfassung enthielt sowohl parlamentarische als auch präsidiale Elemente.

Reichstag und Reichspräsident wurden unmittelbar vom Volk gewählt. Dabei hatte der Reichspräsident die Rolle eines repräsentativen Staatsoberhaupts und war gleichzeitig mit weitreichenden Befugnissen ausgestattet. Hier ist insbesondere das Notverordnungsrecht gem. Art. 48 II WRV zu nennen, mittels dessen auch Grundrechte vorübergehend außer Kraft gesetzt werden konnten.

Auch plebiszitäre Elemente wie Volksentscheid und Volksbegehren waren in 8
der Weimarer Reichsverfassung vorgesehen. Ebenfalls fortschrittlich war der moderne Grundrechtskatalog der Weimarer Reichsverfassung, allerdings hatten die Grundrechte hier vor allem programmatischen Charakter. Mangels einer effektiven Verfassungsgerichtsbarkeit – eine Verfassungsbeschwerde kannte die Weimarer Reichsverfassung nicht – waren sie nicht durchsetzbar.

5. 1933–1945 Nationalsozialismus

Die „Machtergreifung“ durch die Nationalsozialisten wurde begünstigt durch 9
die in der Weimarer Reichsverfassung angelegten Notverordnungsrechte des Reichspräsidenten. Nachdem *Adolf Hitler* formal vom damaligen Reichspräsidenten *Paul von Hindenburg* zum Reichskanzler ernannt worden war, konnten im Februar und März 1933 die sog. Ermächtigungsgesetze formell auf Art. 48 WRV gestützt werden. Formal galt die Weimarer Reichsverfassung bis 1945 fort, wurde aber durch das diktatorische NS-Regime weitgehend ausgehöhlt. Die Weimarer Reichsverfassung hatte diesbezüglich keinerlei Abwehrmechanismen. Die verfassungsgeschichtliche Lehre, die die Mütter und Väter des Grundgesetzes hieraus gezogen haben, ist die Verankerung des Konzepts der „Wehrhaften Demokratie“ im bundesdeutschen Grundgesetz von 1949.

6. 1945–1949 Verfassungsentwicklung in der unmittelbaren Nachkriegszeit in den westlichen Besatzungszonen

In der unmittelbaren Nachkriegszeit wurde die Staatsgewalt zunächst durch 10
die vier Siegermächte (USA, Großbritannien, Frankreich und die Sowjetunion) wahrgenommen. Mit dem anbrechenden sog. Kalten Krieg nahmen die Entwicklungen in der Westzone – der späteren Bundesrepublik – und der Ostzone – der späteren DDR – unterschiedliche Wege. In der Westzone wurde den Ministerpräsidenten der neu geschaffenen Bundesländer von den westlichen Militärgouverneuren die Vollmacht erteilt, Verfassungsberatungen aufzunehmen und eine verfassungsgebende Versammlung einzuberufen. Näheres hierzu wurde in den „Frankfurter Dokumenten“ niedergelegt. Mit diesem Mandat ausgestattet, machten sich die Ministerpräsidenten an die Arbeit. Als Ziel definierten sie aber nicht die Ausarbeitung einer Vollverfassung, sondern – angesichts der sich abzeichnenden Teilung Deutschlands – eines Provisoriums. Über eine „Verfassung“ für ganz Deutschland sollte zu einem späteren Zeitpunkt gemeinsam entschieden werden. Die Bezeichnung „Grundgesetz“ anstatt „Verfassung“ ist beispielhaft für diese – von einem vorübergehenden Geltungszeitraum ausgehende – Zielsetzung. Dementsprechend entschieden sich die Ministerpräsidenten gegen die Einberufung einer volksgewählten verfassungsgebenden Versammlung, vielmehr organisierten sie durch die Landtage die Wahl eines Parlamentarischen Rates, der ein Grundgesetz erarbeiten sollte. Parallel zu den Wahlen riefen sie einen Sachverständigenausschuss ein, in dem jedes Land mit einem Sachver-

ständigen vertreten war. Dieser Sachverständigenrat tagte 1948 zwei Wochen lang auf der Insel Herrenchiemsee und erarbeitete den „Herrenchiemsee-Entwurf", der bereits wesentliche Grundzüge des späteren Grundgesetzes enthielt.

7. 1949 Verabschiedung des Grundgesetzes für die Bundesrepublik Deutschland

11 Auf der Basis dieses Entwurfs berieten vom 1.9.1948 bis zum 8.5.1949 die 65 von den Landtagen gewählten Mitglieder des Parlamentarischen Rates im Bonner Museum König über den Entwurf des Grundgesetzes. Die (westlichen) Alliierten verfolgten den Prozess mit großer Aufmerksamkeit und intervenierten zum Teil auch, zB wurde hinsichtlich der Verwaltung Berlins klargestellt, dass diese bei den Alliierten verblieb.[3] Nach Abschluss der Beratungen des Parlamentarischen Rats wurde das Grundgesetz von den Militärgouverneuren der drei westlichen Siegermächte genehmigt und anschließend von den Landtagen der westdeutschen Länder angenommen. Am 23.5.1949 trat das Grundgesetz schließlich in Kraft.

12 Eine unmittelbare demokratische Legitimation durch eine Volksabstimmung über das Grundgesetz war in den Frankfurter Dokumenten nicht vorgesehen. Angesichts des nur vorläufigen Charakters des Grundgesetzes sollte über eine gemeinsame Verfassung für ganz Deutschland zu einem späteren Zeitpunkt im Rahmen einer Volksabstimmung entschieden werden. Dies war in Art. 146 GG aF ausdrücklich so vorgesehen.

13 Mit der Wahl zum ersten Deutschen Bundestag im August 1949 und der Bildung der Bundesregierung im September 1949 war die Bundesrepublik Deutschland dann abschließend handlungsfähig.

8. 1945–1949 Verfassungsentwicklung in der sowjetischen Besatzungszone bzw. in der Deutschen Demokratischen Republik

14 Eine verfassungsgeschichtlich im Ansatz ähnliche Entwicklung vollzog sich in der sowjetischen Besatzungszone. Dort wurde die Verfassung der DDR am 19.3.1949 vom „Deutschen Volksrat" verabschiedet, von der sowjetischen Militäradministration genehmigt, von einem neu gewählten Volkskongress angenommen und am 7.10.1949, dem Tag der Gründung der Deutschen Demokratischen Republik, von der Volkskammer verabschiedet. Inhaltlich knüpfte die Verfassung an die Tradition der Weimarer Reichsverfassung an, wurde aber bereits nach kurzer Zeit in den 1950er Jahren abgeschafft und bildete in der Folge bloß noch eine Fassade. Am 6.4.1968 wurde sie durch die sozialistische DDR-Verfassung (Art. 1: „Die Deutsche Demokratische Republik ist ein sozialistischer Staat deutscher Nation.") abgelöst. Diese wurde dann im Jahr 1974 nochmals grundlegend revidiert und aus dem „sozialistischen Staat deutscher Nation" wurde der „sozialistische Staat der Arbeiter und Bauern".[4]

[3] Vgl. *Kloepfer* VerfassungsR I § 2 Rn. 95 mwN *„Berlin (…) shall not be governed by the federation"*.

[4] DDR-GBl. 1974 I 432.

9. 1949–1989 Verhältnis zwischen Bundesrepublik Deutschland und Deutscher Demokratischer Republik

Sowohl das Grundgesetz als auch die Verfassung der DDR gingen 1949 zunächst 15
vom Fortbestehen eines einheitlichen deutschen Staates aus. Prämisse dieser Haltung auf beiden Seiten war, dass durch die Kapitulation 1945 das Deutsche Reich nicht untergegangen und keine neuen Staaten gegründet worden seien, sondern jeweils nur ein Teil Deutschlands neu organisiert worden sei.

Die DDR löste sich relativ früh von dieser Position und vertrat seit 1952 die 16
sog. Zwei-Staaten-Lehre, nach der das Deutsche Reich durch Aufspaltung in zwei unabhängige Staaten untergegangen sei.

Die Bundesrepublik Deutschland sah sich – wenn auch nicht als „Rechtsnachfol- 17
ger", so doch als Staat – identisch mit dem Deutschen Reich, allerdings begrenzt auf das Staatsgebiet der Bundesrepublik. Nach bundesdeutscher Auffassung war die DDR im Verhältnis zur Bundesrepublik kein Ausland. Dementsprechend wurde die DDR auch niemals von der Bundesrepublik völkerrechtlich anerkannt. Nach bundesdeutscher Auffassung bestanden mit der DDR besondere Beziehungen, sog. inter-se-Beziehungen.

Ganz praktisch entwickelten sich die Bundesrepublik und die DDR zu zwei 18
selbstständigen Staaten, sodass auch der Grundlagenvertrag 1972 von „beiden deutschen Staaten" sprach.

10. 1989/1990 Wiedervereinigung

Sowohl die Verfassung der Bundesrepublik als auch die Verfassung der DDR wa- 19
ren ursprünglich als Provisorien konzipiert und auf eine spätere Wiedervereinigung Deutschlands ausgerichtet. Mit der friedlichen Revolution im November 1989, die das herrschende sozialistische System in der DDR beseitigt hatte, ergab sich die historische Chance einer Wiedervereinigung Deutschlands. Nachdem zunächst im Mai 1990 ein Staatsvertrag zur Wiederherstellung der Währungs-, Wirtschafts- und Sozialunion geschlossen worden war, stand danach die Frage der staatlichen Wiedervereinigung im Fokus.

Das Grundgesetz eröffnete hierfür zwei Wege: Zum einen die Schaffung einer 20
neuen, gesamtdeutschen Verfassung über Art. 146 GG oder den Weg eines Beitritts zum Grundgesetz nach Art. 23 S. 2 GG aF. Da die Ausarbeitung einer neuen gemeinsamen Verfassung äußerst zeitintensiv gewesen wäre, die Haltung der ehemaligen Alliierten zur Frage der Wiedervereinigung im Jahr 1990 positiv war und eine große Erwartungshaltung der Bevölkerung in den ostdeutschen Ländern hinsichtlich einer raschen Wiedervereinigung bestand, bevorzugte man politisch den einfacheren und schnelleren Weg über Art. 23 S. 2 GG aF. Dies ist bereits damals und auch aus der heutigen Perspektive verschiedentlich kritisiert worden, da man hiermit die Gelegenheit der Ausarbeitung einer gemeinsamen Verfassung für das gesamte deutsche Volk über Art. 146 GG versäumt habe.[5] Um die historisch einmalige Chance für eine rasche Wiedervereinigung nicht durch eine langwierige gemeinsame Verfassungsbildung zu gefährden, wurde

[5] Vgl. *Badura* StaatsR Teil A Rn. 43 mwN.

aber wohl richtigerweise[6] – auch um den Preis einer gemeinsamen neuen Verfassung – der kurze Beitrittsweg zum Grundgesetz über Art. 23 GG aF gewählt.

21 So wurde am 31.8.1990 der Einigungsvertrag geschlossen, mit dem die DDR zum 3.10.1990 dem Geltungsbereich des Grundgesetzes beigetreten ist. Die DDR ist damit Teil der Bundesrepublik geworden und als Völkerrechtssubjekt untergegangen. Das Grundgesetz gilt mit dem Beitritt für das gesamte deutsche Volk und ist nunmehr die gesamtdeutsche Verfassung.

11. 1949–2018 Überblick über wichtige Änderungen des Grundgesetzes

22 Das Grundgesetz ist eine äußerst dynamische Verfassung. In den 65 Jahren seines Bestehens ist das Grundgesetz insgesamt rund 60 Mal geändert worden und hat an Textumfang reichlich hinzugewonnen. Aus ursprünglich 146 Artikeln sind durch Ergänzungen und Einfügungen (zB Art. 12a und Art. 20a GG) nunmehr insgesamt 181 Artikel geworden. Einzelne Vorschriften des Grundgesetzes sind wesentlichen Änderungen unterworfen gewesen und in ihrem Umfang zum Teil beträchtlich gewachsen. Repräsentatives Beispiel hierfür ist das Recht auf Unverletzlichkeit der Wohnung in Art. 13 GG. Dieser Verfassungsartikel ist durch eine Änderung im Jahr 1998 von bescheidenen drei Absätzen auf nunmehr sieben umfangreiche Absätze gewachsen.[7]

23 Das äußerlich erkennbare „Wachstum" des Grundgesetzes reicht indes nicht aus, um das Maß an Veränderung unserer Verfassung zu beschreiben. Hierzu bedarf es eines Blicks auf die wesentlichen inhaltlichen Änderungen des Grundgesetzes in den letzten Jahrzehnten. Als wichtige Änderungen des Grundgesetzes seit 1949 sind insbesondere zu nennen:[8]

- Wehrnovellen 1953/1956
  Mit dem schrittweisen Wiedererlangen der Souveränität und dem von den Westalliierten zugestandenen Recht zur Wiederbewaffnung der Bundesrepublik gingen auch entsprechende Verfassungsänderungen einher (zB Einfügung von Art. 17a, 87a GG).
- Änderungen der Finanzverfassung 1956/1967/1969
  Das Finanzwesen sorgte insbesondere im Verhältnis von Bund und Ländern immer wieder für Änderungsbedarf. Unter anderem wurde zB 1956 das System des Länderfinanzausgleichs in die Verfassung aufgenommen.
- Notstandsverfassung 1968
  Das Grundgesetz enthielt in seiner Fassung von 1949 keinerlei Schutzmechanismen, weder gegen einen Angriff von außen noch hinsichtlich einer Gefährdung der inneren Sicherheit des Staates. Unter der Großen Koalition beschloss der Bundestag daher im Jahr 1968 umfassende Verfassungsänderungen. Unter anderem wurden Regelungen für den Verteidigungsfall (Art. 115a–115 l; Art. 53a GG) und für den Einsatz von Polizei und Bundeswehr für den Fall des inneren Notstands (zB Art. 35 II und III; Art. 87a, Art. 91 GG) in das Grundgesetz aufgenommen. Die Einführung dieser „Notstandsverfassung" bot besonders im Kontext der Studentenunruhen der späten 1960er Jahre

[6] Vgl. auch *Kloepfer* VerfassungsR I § 2 Rn. 168.
[7] Vgl. ausf. zur Änderung des Art. 13 GG → Kap. 4 Rn. 242 ff.
[8] Ausf. zu den Änderungen des GG *Kloepfer* VerfassungsR I § 2 Rn. 169 ff.

Zündstoff. Die Mitglieder der sog. außerparlamentarischen Opposition – und nicht nur sie – fürchteten, mit der Ratifizierung der Notstandsgesetze könnte der allmählichen Etablierung einer autoritären Herrschaftsform Vorschub geleistet werden.[9]

- Wiedervereinigungsbedingte Verfassungsänderungen 1990
Im Zuge der Wiedervereinigung waren einige Verfassungsänderungen notwendig. So wurde unter anderem die Präambel des Grundgesetzes neu gefasst, Art. 23 GG wurde aufgehoben und Art. 146 GG erhielt die Ergänzung, dass das Grundgesetz „nach Vollendung der Einheit und Freiheit Deutschlands für das gesamte deutsche Volk gilt".
- Europäische Union (Vertrag von Maastricht) 1993
Im Zuge der Gründung der Europäischen Union mit dem Vertrag von Maastricht wurden einige Verfassungsänderungen erforderlich. Unter anderem wurde der im Rahmen der Wiedervereinigung „frei" gewordene Artikel 23 GG zum neuen Europaartikel.
- Einschränkung des Asylrechts 1993
Das Asylrecht in der Bundesrepublik war in Anbetracht der deutschen Geschichte und der Vertreibungen während der NS-Zeit ganz bewusst 1949 als unbeschränkbares Grundrecht in die Verfassung aufgenommen worden. Angesichts des Migrationsdrucks in den 1990er Jahren nach dem Zusammenbruch der osteuropäischen Staaten und infolge des Jugoslawienkrieges wurde das Asylrecht nach heftiger innenpolitischer Debatte drastisch eingeschränkt.[10]
- „Kleine" Verfassungsreform 1994
Nachdem die Wiedervereinigung über den kurzen Weg des Art. 23 GG aF vollzogen worden war und man auf eine Verfassungsneugebung gem. Art. 146 GG verzichtet hatte, war im Einigungsvertrag die Empfehlung ausgesprochen worden, innerhalb von zwei Jahren notwendige Verfassungsänderungen im Zusammenhang mit der Wiedervereinigung zu überprüfen. Dementsprechend bildete sich 1992 eine gemeinsame Verfassungskommission von Bundestag und Bundesrat, die Ende 1993 ihren Abschlussbericht vorlegte. Auf dieser Grundlage wurden 1994 zahlreiche Verfassungsänderungen in das Grundgesetz aufgenommen. Zu den wichtigsten zählen unter anderem die Einführung des Umweltschutzes als Staatszielbestimmung in Art. 20a GG, die staatliche Förderung der tatsächlichen Durchsetzung der Gleichberechtigung von Männern und Frauen in Art. 3 II GG, das Verbot der Diskriminierung behinderter Menschen in Art. 3 III 2 GG, die Stärkung der Gesetzgebungskompetenz der Länder in Art. 72 ff. GG und die Straffung des Gesetzgebungsverfahrens in Art. 76 ff. GG.
- Großer Lauschangriff 1998
Zur Bekämpfung der organisierten Kriminalität wurde im Rahmen des sog. großen Lauschangriffs die akustische Wohnraumüberwachung in Art. 13 GG eingeführt. Es wurden neue Schranken (Art. 13 III–V GG) und ein

[9] Vgl. *Kloepfer* VerfassungsR I § 2 Rn. 184.

[10] Vgl. zur Kritik an der Einschränkung des Asylrechts die Festrede von *Navid Kermani* zum 65. Jahrestag des Grundgesetzes im Deutschen Bundestag. Abrufbar unter: https://www.bundestag.de/dokumente/textarchiv/2014/-/280688 (Stand: 30.6.2015).

parlamentarischer Kontrollmechanismus (Art. 13 VI GG) aufgenommen. Die kontrovers diskutierten Grundgesetzänderungen wurden vom BVerfG bestätigt, einzelne in diesem Zusammenhang verabschiedete strafprozessuale Ausführungsregelungen wurden aber beanstandet.

- Föderalismusreform (I) 2006
  Im Laufe der Jahrzehnte erwies sich die föderale Ordnung der Bundesrepublik als reformbedürftig. Weitreichende Gesetzgebungskompetenzen und eine dominierende Rolle des Bundes im Steuer- und Finanzsystem auf der einen Seite sowie vielfältige Zustimmungsvorbehalte des Bundesrates im Gesetzgebungsverfahren mit den damit verbundenen Blockademöglichkeiten auf der anderen Seite bedurften einer Entflechtung. Nachdem eine erste Föderalismuskommission Anfang der 2000er Jahre Vorschläge erarbeitet hatte, wurden diese von der Großen Koalition im Bundestag von 2005–2009 umgesetzt. Wesentliche Änderungen der Föderalismusreform I von 2006 waren eine Reform und Straffung der Gesetzgebungskompetenzen zwischen Bund und Ländern, eine Reform der Mitwirkungsrechte des Bundesrates sowie eine erste Entflechtung der Finanzverantwortung zwischen Bund und Ländern.
- Vertrag von Lissabon 2008
  Im Zuge der Vertiefung der europäischen Einigung machte der Vertrag von Lissabon v. 13.12.2007 einige Verfassungsänderungen (unter anderem Art. 23 Ia, 45, 93 I Nr. 2 GG) nötig.
- Föderalismusreform (II) 2009
  Nachdem im Rahmen der Föderalismusreform I Fragen der Finanzverfassung noch weitestgehend ausgeklammert worden waren, setzte die Große Koalition ihre Reformbemühungen gegen Ende der Legislaturperiode im Rahmen der Föderalismusreform II weiter fort. Der Fokus der Grundgesetzänderungen lag auf finanzverfassungsrechtlichen Fragen. Als wichtigstes Ergebnis ist die Begrenzung der Verschuldung der öffentlichen Haushalte („Schuldenbremse“) in Art. 109 II GG zu nennen.
- Ausschluss extremistischer Parteien von der Finanzierung 2017
  In seinem Urteil zum Verbot der NPD v. 17.1.2017 hat das Bundesverfassungsgericht darauf hingewiesen, dass es dem verfassungsändernden Gesetzgeber freistehe, neben dem Parteiverbot weitere, abgestufte Sanktionsmöglichkeiten gegenüber Parteien mit verfassungsfeindlicher Zielsetzung zu schaffen.[11] Der Grundgesetzgeber hat daraufhin im Sommer 2017 Art. 21 GG dahingehend abgeändert, dass extremistische Parteien von der staatlichen Parteienfinanzierung ausgeschlossen sind.

II. Aufbau und System des Grundgesetzes

1. Gesamtaufbau

24 Das Grundgesetz gliedert sich wie viele andere moderne Verfassungen in mehrere Teile, die einerseits das Verhältnis des Staates zu den Bürgern und andererseits das Verhältnis der verschiedenen Staatsorgane untereinander betreffen. Ein

[11] BVerfGE 144, 20 ff. = NJW 2017, 611.

Blick in das (nicht-amtliche) Inhaltsverzeichnis des Grundgesetzes verdeutlicht diesen Aufbau:

I. Die Grundrechte
II. Der Bund und die Länder
III. Der Bundestag
IV. Der Bundesrat
IVa. Gemeinsamer Ausschuß
V. Der Bundespräsident
VI. Die Bundesregierung
VII. Die Gesetzgebung des Bundes
VIII. Die Ausführung der Bundesgesetze und die Bundesverwaltung
VIIIa. Gemeinschaftsaufgaben, Verwaltungszusammenarbeit
IX. Die Rechtsprechung
X. Das Finanzwesen
Xa. Verteidigungsfall
XI. Übergangs- und Schlußbestimmungen

Eine grobe grafische Einteilung des Grundgesetzes kann wie folgt vorgenommen werden: 25

Grundrechte	**Bund und Länder**	**Bundesorgane**	**Gesetzgebung**	**Weitere Bestimmungen**
Art. 1–19 GG	Art. 20–37 GG	Art. 38–69, Art. 92 ff. GG	Art. 70–91 GG	(Rechtsprechung, Verteidigung usw)
Verfassungsgrundsätze Art. 1 und 20, 28 GG (Ewigkeitsgarantie Art. 79 III GG)				

Abb. 1 Aufbau des Grundgesetzes

2. Bedeutung der Grundrechte

Der Katalog der Grundrechte steht im Grundgesetz an prominenter Stelle im ersten Abschnitt. Damit wird die besondere Bedeutung der Grundrechte für die verfassungsmäßige Ordnung unterstrichen. Das Grundgesetz betont die umfassende Geltung der Grundrechte im Verhältnis des Staates zu seinen Bürgern. Die Grundrechte finden sich vorrangig im Grundrechtsteil in Art. 1–19 GG, darüber hinaus befinden sich Grundrechte bzw. sog. grundrechtsgleiche Rechte auch außerhalb des Grundrechtsteils über das gesamte Grundgesetz verteilt. Hilfreich ist in diesem Zusammenhang die Vorschrift des Art. 93 I Nr. 4a GG, die die grundrechtsgleichen Rechte übersichtlich zusammenfasst. Hierzu zählen die Justizgrundrechte aus Art. 101, 103, 104 GG, das Widerstandsrecht aus Art. 20 IV GG, die staatsbürgerlichen Rechte aus Art. 33 GG sowie das Wahlrecht aus Art. 38 GG. 26

Merke: Das Grundgesetz unterscheidet in Grundrechte und grundrechtsgleiche Rechte. Die Grundrechte finden sich in Art. 1–19 GG. Die grundrechtsgleichen Rechte sind über das Grundgesetz verstreut, aber in Art. 93 I Nr. 4 a GG zusammengefasst. !

3. Geltungsbereich und Änderungen des Grundgesetzes

a) Zeitliche Geltung und Änderungen des Grundgesetzes

27 In zeitlicher Hinsicht ist das Grundgesetz mit seinem Inkrafttreten am 23.5.1949 wirksam geworden (vgl. Art. 145 II GG). Die Geltungsdauer des Grundgesetzes, dh sein Außerkrafttreten, ist in Art. 146 GG geregelt. Das Grundgesetz verliert danach „seine Gültigkeit an dem Tage, an dem eine Verfassung in Kraft tritt, die von dem deutschen Volke in freier Entscheidung beschlossen worden ist." Art. 146 GG ermächtigt nicht dazu, das Grundgesetz zu ändern, sondern ermöglicht, das Grundgesetz außer Kraft zu setzen und an seine Stelle eine neue Verfassung treten zu lassen. Ursprünglich hatte Art. 146 GG wegen des provisorischen Charakters des Grundgesetzes die Funktion, das Grundgesetz im Falle der Wiedervereinigung durch eine endgültige gesamtdeutsche Verfassung zu ersetzen. Nachdem 1990 von dieser Gelegenheit kein Gebrauch gemacht worden ist, sind tatsächliche Anwendungsfälle von Art. 146 GG zurzeit nur schwer vorstellbar.[12]

28 Änderungen des Grundgesetzes sind nach Maßgabe des Art. 79 GG möglich. Dazu bedarf es gem. Art. 79 II GG der Mehrheit von zwei Dritteln der Mitglieder des Bundestages und zwei Dritteln der Stimmen des Bundesrates. Ausgeschlossen sind gem. Art. 79 III GG Grundgesetzänderungen, die sich auf die Änderung der föderalistischen Struktur, die grundsätzliche Mitwirkung der Länder bei der Gesetzgebung oder die in den Art. 1 und 20 GG festgelegten Grundsätze beziehen. Art. 79 III GG wird auch als „Ewigkeitsklausel" bezeichnet.

b) Räumliche Geltung

29 In räumlicher Hinsicht gilt das Grundgesetz als Verfassung für das gesamte deutsche Volk im Bundesgebiet. Dabei bezieht sich das Bundesgebiet auf das Territorium der 16 Bundesländer Baden-Württemberg, Bayern, Berlin, Brandenburg, Bremen, Hamburg, Hessen, Mecklenburg-Vorpommern, Niedersachsen, Nordrhein-Westfalen, Rheinland-Pfalz, Saarland, Sachsen, Sachsen-Anhalt, Schleswig-Holstein und Thüringen.[13]

c) Personelle Geltung

30 Das Grundgesetz bindet die gesamte deutsche Staatsgewalt. Das geht für die Grundrechte deutlich aus Art. 1 III GG hervor. Die Verfassungsbindung von Legislative, Exekutive und Judikative erstreckt sich nicht nur auf deren Handeln im Inland, sondern auch auf Tätigkeiten im Ausland.[14]

31 Darüber hinaus geht aus der Präambel hervor, dass sich das „Deutsche Volk" das Grundgesetz gegeben hat. Wer Deutscher im Sinne des Grundgesetzes ist, ist in Art. 116 GG geregelt. Danach sind nicht nur deutsche Staatsangehörige, sondern auch sog. „Statusdeutsche" erfasst.[15] Nur für diese Personengruppe gelten die sog. „Deutschen-Grundrechte" oder Bürgerrechte wie zB Art. 8, 9, 11, 12 GG („Alle Deutschen ..."). Demgegenüber genießen alle Menschen (dh Deutsche,

[12] Vgl. *Badura* StaatsR Kap. L Rn. 4.

[13] Vgl. Satz 2 und 3 der Präambel des GG.

[14] Vgl. zur Frage der Grundrechtsbindung deutscher Soldaten im Auslandseinsatz *Kloepfer* VerfassungsR I § 4 Rn. 60 mwN.

[15] Vgl. zum Begriff des Status-Deutschen: *Jarass/Pieroth* GG Art. 116 Rn. 1a.

Ausländer, Staatenlose), die im Grundgesetz garantierten „Menschenrechte“ oder „Jedermanngrundrechte“. Diese sind in ihrer Formulierung offen („Jeder“, „Alle“, „Alle Menschen“) und finden sich zB in Art. 1 I GG; Art. 2 I GG, Art. 2 II GG; Art. 3 GG. Ausländer und Staatenlose können sich daher immer auf die Menschenrechte des Grundgesetzes berufen und sind wegen des weitreichenden Auffanggrundrechts der allgemeinen Handlungsfreiheit aus Art. 2 I GG auch in den Schutzbereichen der sog. Bürgerrechte nicht schutzlos gestellt.[16]

4. Stellung des Grundgesetzes im Rechtssystem

Das Grundgesetz als Basis des übrigen innerstaatlichen Rechts steht im Rang über allen anderen innerstaatlichen Rechtsgrundlagen und geht diesen vor. Das heißt, andere innerstaatliche Rechtsgrundlagen dürfen dem Grundgesetz nicht widersprechen. 32

Die Regelungen des Europarechts stehen nach Art. 23 GG über dem Grundgesetz, müssen jedoch einen dem Grundgesetz gleichwertigen Grundrechtsschutz gewährleisten. 33

Die allgemeinen Regeln des Völkerrechts (Völkergewohnheitsrecht) stehen über den Gesetzen, aber unter dem Grundgesetz (Art. 25 GG). Das Bundesrecht wiederum steht über dem Landesrecht (Art. 31 GG). Nach diesen Grundsätzen lässt sich – vereinfacht – folgende Normenpyramide bilden: 34

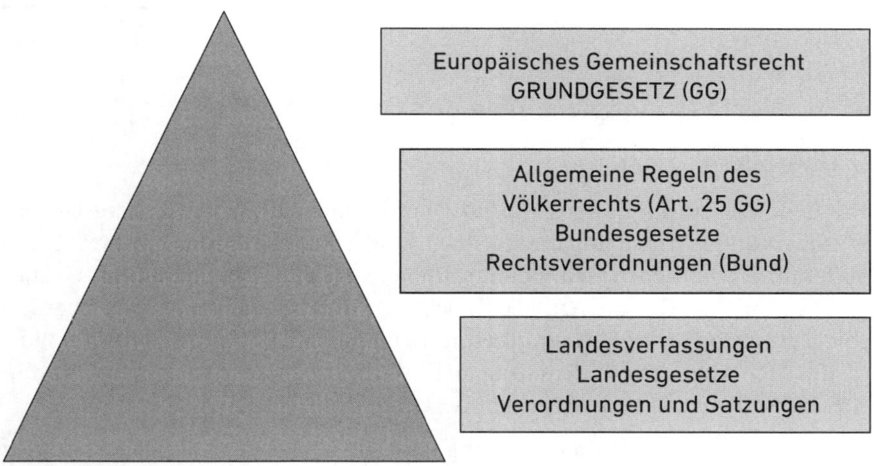

Abb. 2 Normenpyramide – Stellung des Grundgesetzes im Rechtssystem

[16] Vgl. auch *Zippelius/Würtenberger*, Deutsches Staatsrecht, 33. Aufl. 2018, § 18 Rn. 30, 31.

III. Kontrollfragen

?

1. Benennen Sie die „Meilensteine“ der verfassungsgeschichtlichen Entwicklung bis zum heutigen Grundgesetz!
2. Warum haben wir in der Bundesrepublik Deutschland ein „Grundgesetz“ und keine „Verfassung“, wie zB die Vereinigten Staaten von Amerika oder Frankreich?
3. Welche Möglichkeiten bestanden nach dem Grundgesetz für eine Wiedervereinigung von DDR und Bundesrepublik im Jahr 1990?
4. Unter welchen Voraussetzungen sind Änderungen des Grundgesetzes möglich?
5. Skizzieren Sie die wesentlichen Änderungen des Grundgesetzes seit 1949!
6. Wie ist das Grundgesetz der Bundesrepublik Deutschland aufgebaut?
7. Wo finden sich im Grundgesetz Grundrechte und grundrechtsgleiche Rechte?
8. Unter welchen Voraussetzungen könnte das Grundgesetz außer Kraft treten?
9. Was lässt sich aus Art. 1 III GG ableiten?
10. Erläutern Sie die Begriffe Menschenrechte, Jedermanngrundrechte, Deutschengrundrechte und Bürgerrechte!

B. Verfassungsprinzipien des Grundgesetzes

I. Überblick

35 Das Grundgesetz der Bundesrepublik Deutschland enthält wesentliche Grundentscheidungen hinsichtlich Staatsform und Staatsstrukturprinzipien. Diese verfassungsrechtlichen Grundpfeiler finden sich in der Präambel des Grundgesetzes, in Art. 1 GG und Art. 20 GG. Während die Präambel Friedenssicherung sowie die europäische Einigung statuiert und in Art. 1 GG die Achtung der Würde des Menschen und die Bindung an die Grundrechte festgelegt sind, sind in Art. 20 GG die Staatsstrukturprinzipien verankert.

36 Wegen der fundamentalen Bedeutung wird Art. 20 GG auch als „Verfassung in Kurzform“ bezeichnet. Besondere Bedeutung hat in diesem Kontext auch die „Ewigkeitsklausel“ aus Art. 79 III GG.

37 Hiernach ist die Bundesrepublik Deutschland in seiner Staatsform eine Republik und in seiner politischen Ordnung eine Demokratie, ein Rechtsstaat, ein Sozialstaat und ein Bundesstaat. Im Überblick lassen sich die Staatsformmerkmale und Staatszielbestimmungen wie folgt zusammenfassen.

Art. 20 GG

(1) Die Bundesrepublik Deutschland ist ein demokratischer und sozialer Bundesstaat.
(2) Alle Staatsgewalt geht vom Volke aus. Sie wird vom Volke in Wahlen und Abstimmungen und durch besondere Organe der Gesetzgebung, der vollziehenden Gewalt und der Rechtsprechung ausgeübt.
(3) Die Gesetzgebung ist an die verfassungsmäßige Ordnung, die vollziehende Gewalt und die Rechtsprechung sind an Gesetz und Recht gebunden.
(4) Gegen jeden, der es unternimmt, diese Ordnung zu beseitigen, haben alle Deutschen das Recht zum Widerstand, wenn andere Abhilfe nicht möglich ist.

Art. 79 III GG

Eine Änderung dieses Grundgesetzes, durch welche die Gliederung des Bundes in Länder, die grundsätzliche Mitwirkung der Länder bei der Gesetzgebung oder die in den Artikeln 1 und 20 niedergelegten Grundsätze berührt werden, ist unzulässig.

Abb. 3 Art. 20 GG – Verfassung in Kurzform

Für polizeiliches Handeln hat das Rechtsstaatsprinzip besondere Relevanz und sollte in seinen einzelnen Ausgestaltungen sicher beherrscht werden. Der Schwerpunkt der nachfolgenden Erläuterungen liegt dementsprechend auf dem Rechtsstaatsprinzip. 38

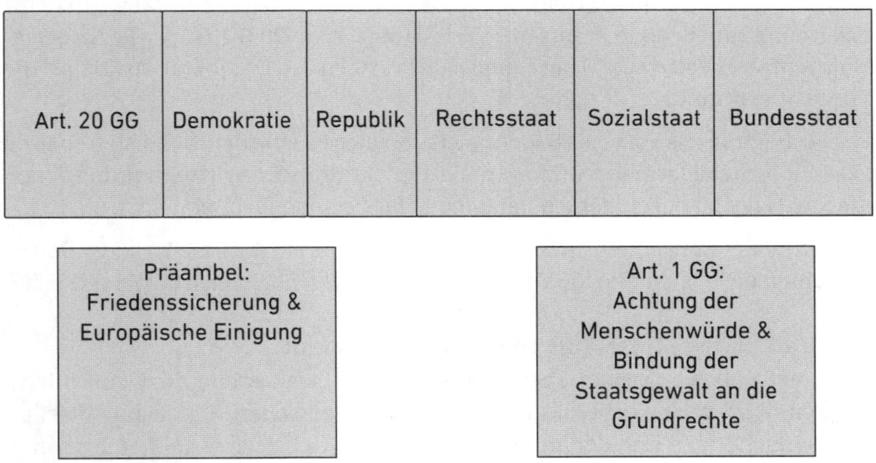

Abb. 4 Überblick Staatsstrukturprinzipien

II. Republik als Staatsform

In Art. 20 I GG findet sich – ebenso wie an sieben weiteren Stellen im Grundgesetz – der Begriff „Bundesrepublik". Als Staatsform ist daher nach dem Grundgesetz die Republik festgelegt. „Republik" geht auf das lateinische „res publica" zurück und lässt sich mit „öffentliche Sache" übersetzen. Die Festlegung der republikanischen Staatsform bedeutet, dass das Staatsoberhaupt gewählt wird und nicht wie in einer Monarchie durch Erbfolge festgelegt ist. Während in der Weimarer Verfassung die Abkehr von der Monarchie hin zu einer Republik noch Brisanz entfaltete, ist das Staatsformmerkmal der Republik im Grundgesetz zur Selbstverständlichkeit geworden. Allgemein wird das republikanische Prinzip 39 des Grundgesetzes mittlerweile als Absage an jede Form von Alleinherrschaft, sei es von Personen, Parteien oder Ideologien verstanden. Monarchien, Aristokratien, Plutokratien oder Diktaturen sind mit dem Grundgesetz mithin nicht vereinbar.[17]

40 Die Funktion des Staatsoberhaupts hat nach dem Grundgesetz der Bundespräsident. Dieser wird gem. Art. 54 I 1 GG von der Bundesversammlung gewählt, die nach Art. 54 III GG aus den Mitgliedern des Bundestages und einer gleichen Zahl von Mitgliedern, die von den Volksvertretungen der Länder nach den Grundsätzen der Verhältniswahl gewählt werden, besteht. Die Wahl findet alle fünf Jahre statt (Art. 54 II 1 GG) und zwar regelmäßig am Tag der Verkündung des Grundgesetzes, dem 23. Mai.

III. Demokratieprinzip

1. Allgemeine Merkmale des Demokratieprinzips

41 Das Demokratieprinzip ist an mehreren Stellen im Grundgesetz verankert. Ausdrücklich legt Art. 20 I GG fest, dass die Bundesrepublik ein „demokratischer (...) Bundesstaat" ist. Daneben finden sich auch in Art. 23 I 1 GG („demokratische (...) Grundsätze") und Art. 28 I 1 GG („Grundsätze des demokratischen (...) Rechtsstaates") Hinweise auf die Geltung des Demokratieprinzips. Zentraler Anker für das Demokratieprinzip in unserer Verfassung ist Art. 20 II 1 GG: „Alle Staatsgewalt geht vom Volke aus." Hier findet sich der Kern des Demokratieprinzips: die Volkssouveränität.

42 Die Festlegung des Volks als Souverän des Staates ist eine deutliche Abgrenzung gegenüber Staatsformen wie Monarchie, Plutokratie oder Aristokratie, bei denen die Staatsgewalt bei einzelnen Personen oder Personengruppen liegt.

43 Unmittelbare Konsequenz des Demokratieprinzips ist, dass die Willensbildung von unten nach oben und die Verantwortlichkeit von oben nach unten verläuft.[18]

a) Definition des „Volkes" als Träger der Staatsgewalt

44 Das Staatsvolk, von dem die Staatsgewalt in der Bundesrepublik Deutschland ausgeht, wird nach dem Grundgesetz von den Deutschen, also den deutschen Staatsangehörigen und den ihnen nach Art. 116 I GG gleichgestellten Personen (sog. Statusdeutsche), gebildet.[19] Maßgeblich ist die Staatsangehörigkeit, nicht etwa der Wohnsitz. Diese Definition des durch die Staatsangehörigkeit geprägten Volksbegriffs gilt nach der Rechtsprechung des BVerfG auch für die Bundesländer, Kreise und Gemeinden.[20] Dementsprechend besteht für Ausländer kein Wahlrecht auf Bundes-, Landes- oder Gemeindeebene. Eine Ausnahme besteht gem. Art. 28 I 3 GG und Art. 22 I AEUV für EU-Ausländer. Bürgern der Europäischen Union steht bei Kommunalwahlen das aktive und passive Wahlrecht zu.

[17] Vgl. *Badura* StaatsR Kap. D; → Kap. 1 Rn. 1.
[18] Vgl. BVerfGE 83, 60 (72) = NJW 1991, 159.
[19] BVerfGE 83, 37 (Ls. 3) = BeckRS 9998, 47877.
[20] BVerfGE 83, 37 (49 ff.) = BeckRS 9998, 47877.

b) Geltung des Demokratieprinzips

45 Das Demokratieprinzip als ein zentrales Staatsstrukturprinzip unserer Verfassung hat nicht nur auf der Ebene des Bundes Geltung, sondern wirkt weit darüber hinaus. Für den Bereich der Kommunen und Länder ergibt sich das unmittelbar aus Art. 28 I 1 und 2 GG. Aber auch darüber hinaus gelten demokratische Grundsätze für Selbstverwaltungsträger, die an der Ausübung der öffentlichen Gewalt beteiligt sind. Beispielhaft zu nennen sind hier unter anderem die Hochschulen und Fachhochschulen. Für die Fachhochschule für öffentliche Verwaltung Nordrhein-Westfalen (HSPV NRW) bildet sich dies unter anderem in den Vorschriften zu den Mitbestimmungsrechten der demokratisch gewählten Selbstverwaltungsgremien wie Senat und Fachbereiche oder des Studierendenparlaments ab.[21]

Exkurs: Politische Parteien und Demokratieprinzip

46 Schließlich sind auch die politischen Parteien in der Bundesrepublik Deutschland an das Demokratieprinzip gebunden. Das Grundgesetz legt in Art. 21 I 3 GG fest: „Ihre Ordnung muss demokratischen Grundsätzen entsprechen". Parteien, die verfassungsfeindliche Ziele verfolgen und darauf abzielen, die freiheitliche demokratische Grundordnung zu beseitigen oder zu beeinträchtigen, können gem. Art. 21 II GG durch das BVerfG verboten werden. In der Geschichte der Bundesrepublik Deutschland gab es bislang vier Verbotsverfahren gem. Art. 21 II GG. Im Jahr 1952 wurde die rechtsextremistische „Sozialistische Reichspartei" (SRP)[22] und im Jahr 1956 die linksextremistische „Kommunistische Partei Deutschlands" (KPD)[23] für verfassungswidrig erklärt. Ein erster Verbotsantrag gegen die rechtsgerichtete „Nationaldemokratische Partei Deutschlands" (NPD) scheiterte im Jahr 2003 aus verfahrensrechtlichen Gründen.[24] Im Jahr 2013 wurde auf Antrag des Bundesrates ein erneutes Verbotsverfahren gegen die NPD beim BVerfG eingeleitet. In seinem Urteil vom 17.01.2017 lehnte das Bundesverfassungsgericht ein Verbot der NPD ab.[25] Das Gericht beurteilte die NPD zwar inhaltlich als verfassungsfeindlich, angesichts der Bedeutungslosigkeit der Partei im politischen Geschehen ist nach Auffassung des BVerfG ein Verbot aber nicht gerechtfertigt.

c) Abgrenzung mittelbare und unmittelbare Demokratie

47 Die Übertragung der Staatsgewalt auf das Volk in Art. 20 II 1 GG macht noch nicht deutlich, in welcher Form das Volk an der Ausübung der Staatsgewalt beteiligt werden soll. Zu unterscheiden sind zwei Möglichkeiten der demokratischen Partizipation, die unmittelbare und die mittelbare Demokratie.

[21] Vgl. für §§ 10 (Senat), 13 (Fachbereiche) und 25 (Studierendenvertretung) Fachhochschulgesetz für den öffentlichen Dienst Nordrhein-Westfalen (FHGöD NRW).

[22] BVerfGE 2, 1 ff. = NJW 1952, 1407 – SRP-Verbot.

[23] BVerfGE 5, 85 ff. = NJW 1956, 1393 – KPD-Verbot.

[24] BVerfGE 107, 339 ff. = NJW 2003, 1577.

[25] BVerfGE 144, 20 ff. = NJW 2017, 611.

48 Im Rahmen einer unmittelbaren oder direkten Demokratie entscheidet das gesamte Staatsvolk durch Abstimmungen im Einzelfall über Gesetze. Dies wird in Reinform in einigen Kantonen der Schweiz praktiziert.

49 In einem mittelbaren oder repräsentativen demokratischen System entscheidet das Volk grundsätzlich nur über die Zusammensetzung der Repräsentationsorgane, insbesondere des Parlaments. Dieses übt dann seinerseits die Staatsgewalt im Namen des Volkes aus.

50 Die Demokratie unseres Grundgesetzes ist eine repräsentative Demokratie. Aus Art. 20 II 2 GG und Art. 38 I GG ergibt sich, dass das Volk in regelmäßigen Wahlen zu den Volksvertretungen des Bundes und der Länder die Staatsgewalt selbst und unmittelbar ausübt. Durch die Wahlen werden der Bundestag und die Länderparlamente als einzige Organe im Verfassungsgefüge des Grundgesetzes unmittelbar demokratisch legitimiert. Die weitere Ausübung der Staatsgewalt geht von den Volksvertretungen und deren Mitgliedern, den Abgeordneten, aus. Sie allein repräsentieren das Volk.

51 Die Tatsache, dass das Grundgesetz in Art. 20 II 2 GG zudem die Möglichkeit von „Abstimmungen" vorsieht, stellt nach hM hingegen nur ein Indiz für ein Element unmittelbarer Demokratie dar. Das Konzept des Grundgesetzes stellt eindeutig auf eine repräsentative Demokratie ab.

d) Mehrheitsprinzip und Minderheitenschutz

aa) Mehrheitsprinzip und Mehrheitsbegriffe

52 Die demokratische Entscheidungsfindung vollzieht sich – gerade bei politisch umstrittenen Entscheidungen – nach dem Mehrheitsprinzip. Nach dem Mehrheitsprinzip werden bei Wahlen die Abgeordneten des Bundestages bestimmt, nach dem Mehrheitsprinzip fällt der Bundestag seine Entscheidungen. Das Grundgesetz kennt verschiedene Mehrheitsbegriffe. Zu unterscheiden sind relative, absolute, einfache und qualifizierte Mehrheit.

53 Die relative Mehrheit bezieht sich auf die Zahl der tatsächlich abgegebenen Stimmen, während die absolute Mehrheit auf die gesetzliche Mitgliederzahl des jeweiligen Organs abstellt. Bei Wahlentscheidungen durch das Volk ist grundsätzlich die relative Mehrheit maßgeblich. Dies erklärt sich schon dadurch, dass es mangels einer Wahlpflicht schon keine „gesetzliche Mitgliederzahl" der Wahlberechtigten geben kann. Eine relative Mehrheit reicht auch grundsätzlich bei den meisten Entscheidungen des Bundestages aus (Art. 42 II GG). Bei wichtigen Entscheidungen, zB gem. Art. 63 II 1 GG bei der Wahl des Bundeskanzlers, verlangt das Grundgesetz aber gem. Art. 121 GG die absolute Mehrheit der Stimmen bezogen auf die gesetzliche Mitgliederzahl des Deutschen Bundestages („Kanzlermehrheit").

54 Die Begriffe der einfachen und der qualifizierten Mehrheit beziehen sich auf den Anteil der Stimmen, die für die jeweilige Entscheidung notwendig sind. Bei einer einfachen Mehrheit müssen die „Ja"-Stimmen zB die „Nein"-Stimmen schlicht überwiegen. Eine qualifizierte Mehrheit kann zB eine im Grundgesetz vorausgesetzte Zweidrittelmehrheit sein, zB gem. Art. 61 I 3 GG in Fällen der Bundespräsidentenanklage.

Das Grundgesetz enthält auch Kombinationen der Mehrheitsbegriffe. So findet sich in Art. 79 II GG eine qualifizierte absolute Mehrheit für Verfassungsänderungen, dh eine Änderung des Grundgesetzes ist unter anderem nur dann möglich, wenn zwei Drittel der gesetzlichen Mitglieder des Bundestages diese befürworten. Ein Beispiel für eine qualifizierte relative Mehrheit findet sich in Art. 42 I 2 GG. Danach ist für einen Ausschluss der Öffentlichkeit bei Verhandlungen des Bundestages eine Mehrheit von zwei Dritteln der abgegebenen Stimmen erforderlich. 55

Schließlich gibt es auch Entscheidungen, die dem Mehrheitsprinzip vollständig entzogen sind. Die in der sog. Ewigkeitsklausel in Art. 79 III GG festgeschriebenen Grundprinzipien des Grundgesetzes sind einer Abstimmung generell nicht zugänglich. 56

bb) Minderheitenschutz im Grundgesetz

Eine funktionierende, vom Mehrheitsprinzip getragene Demokratie muss auch den Schutz von Minderheiten gewährleisten. Es muss insbesondere sichergestellt sein, dass die Minderheit zur Mehrheit werden kann. Neben der Möglichkeit des Machtwechsels durch regelmäßige Wahlen, muss ein funktionierendes demokratisches System etwaige (parlamentarische) Minderheiten respektieren und schützen. Das Grundgesetz gewährleistet einen Minderheitenschutz an verschiedenen Stellen. Hier sind beispielhaft die Garantie der kommunikativen Grundrechte auf freie Meinungsäußerung, Versammlungs- und Koalitionsfreiheit in den Art. 5, 8 und 9 GG sowie die Gewährleistung des Rechtsschutzes in Art. 19 IV GG zu nennen. Weiteres Beispiel insbesondere für den Schutz der parlamentarischen Opposition als Minderheit ist das Recht zur Einberufung eines Untersuchungsausschusses bereits durch ein Viertel der Mitglieder des Bundestages in Art. 44 I 1 GG. 57

2. Ausübung der Staatsgewalt in Wahlen

Das Grundgesetz gibt in Art. 20 II 2 GG vor, dass das Volk unter anderem die Staatsgewalt „in Wahlen" ausübt. Diese Notwendigkeit von regelmäßigen Wahlen bezieht sich nicht nur auf den Bund, sondern gem. Art. 28 I 2 GG auch auf Länder, Kreise und Gemeinden. In Art. 38 I 1 GG gibt das Grundgesetz schließlich die Wahlrechtsgrundsätze vor: Wahlen müssen allgemein, unmittelbar, frei, gleich und geheim sein. 58

a) Wahlsystem

Ein bestimmtes Wahlsystem schreibt das Grundgesetz hingegen nicht vor. Die Festlegung des Wahlsystems hat das Grundgesetz dem Gesetzgeber überlassen. 59

Im Grundsatz sind zwei Wahlsysteme voneinander zu unterscheiden, das Mehrheitswahlsystem und das Verhältniswahlsystem. Das Mehrheitswahlsystem wird insbesondere in Großbritannien bei Wahlen für das englische Parlament, das „Unterhaus", angewandt und funktioniert – vereinfacht dargestellt – wie folgt: Das Wahlgebiet wird in so viele Wahlkreise eingeteilt wie insgesamt Abgeordnete für das Parlament zu wählen sind. In den einzelnen Wahlkreisen ist der Abgeordnete gewählt, der die (einfache) Mehrheit der Stimmen auf sich vereinen kann. Zentraler Nachteil dieses Systems ist, dass alle übrigen Stimmen für unter- 60 legene Kandidaten anderer Parteien ohne Einfluss auf die Zusammensetzung des Parlaments bleiben. Strukturell begünstigt ein Mehrheitswahlsystem ein Zwei-Parteien-System, wie es auch in Großbritannien lange von der *„Labour Party“* und der *„Conservative Party“* geprägt war. Ein Mehrparteiensystem, in dem auch kleinere Parteien Geltung beanspruchen, kann sich bei diesem Wahlsystem nur schwer entwickeln.

61 Diesen Nachteilen versucht das System der (reinen) Verhältniswahl – wie es zB in Art. 22 WRV festgeschrieben war – zu begegnen. Bei einer Verhältniswahl bilden die politischen Parteien vor der Wahl Listen, in die die Kandidaten in einer parteiintern festgelegten Reihenfolge eingetragen werden. Die wahlberechtigten Bürger geben bei der Wahl ihre Stimmen nicht für einen bestimmten Kandidaten, sondern für die Liste der Partei ab. Die Parteien erhalten dann im Parlament so viele Sitze, wie prozentual Stimmen für sie abgegeben wurden. Vorteil dieses Systems ist, dass der Zählwert der abgegebenen Stimmen sich auch im Erfolgswert der entsprechenden Sitzverteilung im Parlament abbildet. Dieses Hauptziel der Verhältniswahl, den Willen der Wählerschaft möglichst wirklichkeitsnah mit der Sitzverteilung im gewählten Parlament abzubilden, führt aber zwangsläufig auch dazu, dass viele kleine Parteien im Parlament vertreten sind und eine stabile Mehrheitsbildung komplex oder gar unmöglich ist.[26] Diese strukturelle Gefahr der Parlamentszersplitterung erschwerte bzw. lähmte schließlich auch zum Ende der Weimarer Republik in den Jahren von 1928–1933 die Mehrheitsfindung im damaligen Reichstag. Zwischen zwölf bis 14 Parteien und Gruppierungen war die Bildung stabiler Mehrheiten schlicht nicht möglich. Die Funktionsfähigkeit des Reichstages war schließlich aufgehoben und häufige Neuwahlen waren die Konsequenz. Nicht zuletzt durch diesen Umstand wurde die Machtübernahme durch die Nationalsozialisten begünstigt.

62 Vor dem Hintergrund der Vor- und Nachteile beider Wahlsysteme hat sich der Gesetzgeber im Bundeswahlgesetz und den jeweiligen Landeswahlgesetzen für eine Kombination des Mehrheits- und Verhältniswahlsystems entschieden und das System der personalisierten Verhältniswahl eingeführt, nach dem der Bundestag und die Länderparlamente gewählt werden. Bei der personalisierten Verhältniswahl werden jedem Wahlberechtigten zwei Stimmen verliehen. Mit der „Erststimme“ wird die Hälfte der gesetzlichen Mitglieder zB des Bundestages[27] direkt – nach dem Prinzip der Mehrheitswahl – in den Wahlkreisen gewählt. Mit der „Zweitstimme“ wählt der Wahlberechtigte – nach dem Prinzip der Verhältniswahl – die Liste einer Partei. Nach den prozentual abgegebenen Stimmen für die Listen der Parteien wird dann die andere Hälfte der Parlamentssitze vergeben. Um der bereits aufgezeigten Gefahr der Parlamentszersplitterung entgegenzuwirken, wurde aber die sog. 5%-Hürde geschaffen. Danach erfolgt ein Einzug einer Partei/Liste ins Parlament in der Regel nur dann, wenn diese mindestens 5% der Zweitstimmen erhält. Wird dieses Quorum nicht erreicht,

[26] Vgl. auch BVerfGE 95, 408 (419) = NJW 1997, 1568.

[27] Nach dem Bundeswahlgesetz (§ 1 I BWG) liegt die gesetzliche Mitgliederzahl des Bundestages bei 598 Abgeordneten. Mit der Wahl zum 19. Deutschen Bundestag 2017 hat sich diese Mitgliederzahl durch Ausgleichs- und Überhangsmandate auf 709 Abgeordnete erhöht.

bleiben die abgegebenen Stimmen für die Sitzverteilung außer Betracht (vgl. zur 5%-Sperrklausel auch → Kap. 2 Rn. 67).

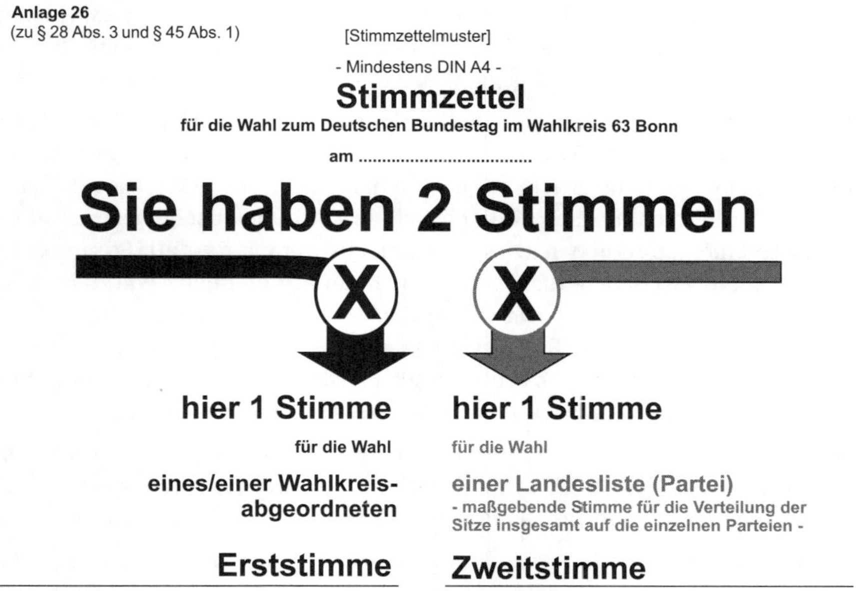

Abb. 5 Erst- und Zweitstimme bei der personalisierten Verhältniswahl

b) Einzelne Wahlrechtsgrundsätze

Wahlen in der Bundesrepublik Deutschland müssen allgemein, unmittelbar, frei, 63
gleich und geheim sein. Neben diesen explizit in Art. 38 GG festgeschriebenen Grundsätzen der Wahl ist darüber hinaus zu beachten, dass Wahlen öffentlich und in periodisch wiederkehrenden Zeitabständen durchgeführt werden.

Allgemeinheit der Wahl bedeutet, dass das Wahlrecht grundsätzlich allen 64
Bürgern zustehen muss. Eine Beschränkung des Wahlrechts auf bestimmte Schichten, Gruppen oder etwa nur Männer[28] ist ebenso unzulässig, wie eine Staffelung des Wahl- oder Stimmrechts nach Einkommensverhältnissen oder Steueraufkommen.[29] Das Wahlrecht umfasst dabei das aktive und passive Wahlrecht. Aktives Wahlrecht meint das Recht, selbst zu wählen. Passives Wahlrecht ist hingegen das Recht, gewählt zu werden. Das Bundeswahlgesetz nimmt für Bundestagswahlen eine – zulässige – Einschränkung des Grundsatzes der Allgemeinheit der Wahl vor. Danach sind wahlberechtigt insbesondere nur Deutsche, die das 18. Lebensjahr vollendet haben.[30] Diese Altersgrenze besteht für das aktive Wahlrecht seit 1970 und für das passive Wahlrecht seit 1975. Zuvor lagen die Altersgrenzen des Grundgesetzes deutlich höher. Die Ursprungsform des Grundgesetzes sah ein aktives Wahlrecht ab dem 21. Lebensjahr und das

[28] Das Frauenwahlrecht wurde in Deutschland 1919 mit den Wahlen zur verfassunggebenden Versammlung eingeführt, → Kap. 2 Rn. 7.

[29] Vgl. das preußische Dreiklassenwahlrecht, → Kap. 2 Rn. 5.

[30] Vgl. § 12 BWG.

passive Wahlrecht erst ab dem 25. Lebensjahr vor. Eine weitere Herabsenkung des Wahlalters - konkret auf 16 Jahre - wird seit einigen Jahren diskutiert und ist auf Ebene des aktiven Kommunalwahlrechts bereits in einigen Bundesländern (Nordrhein-Westfalen und Niedersachsen) Realität. Im Bund haben sich bislang nicht die nötigen Mehrheiten für eine Verfassungsänderung des Art. 38 II GG gefunden, sodass die maßgebliche Altersgrenze weiterhin bei 18 Jahren liegt.

65 Der Grundsatz der Gleichheit der Wahl untergliedert sich in die passive und aktive Wahlrechtsgleichheit. Passive Wahlrechtsgleichheit meint, dass alle Wahlkandidaten bei Wahlen die gleichen Chancen haben. Die aktive Wahlrechtsgleichheit gewährleistet, dass alle Wähler durch ihre Stimmen den gleichen Einfluss auf das Wahlergebnis haben. Dies setzt zunächst voraus, dass alle Stimmen den gleichen Zählwert haben und Stimmen nicht unterschiedlich - wie zB im Klassenwahlrecht Preußens - gewichtet werden. Maßgeblicher als der gleiche Zählwert der Stimmen ist der Grundsatz des gleichen Erfolgswertes der Stimmen, dh, dass jede Wählerstimme grundsätzlich auch den gleichen Einfluss auf die Zusammensetzung des gewählten Organs, zB des Bundestages, hat.

66 Der Grundsatz des gleichen Erfolgswertes der Wählerstimmen wird durch mehrere Regelungen des Bundeswahlgesetzes eingeschränkt,[31] exemplarisch soll dies an der bereits angesprochenen 5%-Klausel verdeutlicht werden.

67 Nach der in § 6 III BWG vorgesehenen 5%-Sperrklausel bleiben Parteien, auf die nicht mindestens 5% der im gesamten Wahlgebiet abgegebenen Zweitstimmen entfallen, bei der Bildung des Bundestages unberücksichtigt. Dies kann im Einzelfall bedeuten, dass eine Partei, die mehrere Millionen Wählerstimmen erhalten hat, die aber insgesamt nur 4,9% der Zweitstimmen ausmachen, nicht im Bundestag vertreten ist, während eine Partei, die nur unwesentlich mehr Stimmen erhalten hat, aber einen prozentualen Stimmenanteil von 5% hat, mit nahezu 20 Abgeordneten im Bundestag vertreten ist. Diese klare Einschränkung des gleichen Erfolgswertes der Wählerstimmen bei Bundestagswahlen war und ist nach feststehender Rechtsprechung des BVerfG gerechtfertigt, um die Handlungs- und Entscheidungsfähigkeit des Parlaments zu sichern und die Gefahr einer parlamentarischen Zersplitterung wie gegen Ende der Weimarer Republik auszuschließen.[32] Obgleich sich die historischen Erfahrungen vom Ende der Weimarer Republik angesichts der mittlerweile stabilen demokratischen Verhältnisse in der Bundesrepublik relativieren,[33] ist die 5%-Sperrklausel bei Bundestagswahlen eine nach wie vor zulässige Einschränkung des Grundsatzes der Gleichheit der Wahl. Anders beurteilt das BVerfG dies bei Wahlen zum Europäischen Parlament und bei Kommunalwahlen. Hier sind Sperrklauseln (5%- und sogar 3%-Klausel) nach neuerer Rechtsprechung des BVerfG nicht mehr zulässig.[34]

68 Unmittelbar ist eine Wahl dann, wenn die Abgeordneten durch die Stimmabgabe der Wähler selbst bestimmt werden und keine weitere Instanz zwischengeschal-

[31] Zu nennen sind hier die Überhangmandate mit/ohne Ausgleichspflicht, die Grundmandatsklausel und das sog. negative Stimmgewicht. Vgl. hierzu ausf. *Kloepfer* VerfassungsR I § 7 Rn. 111 ff.
[32] Vgl. nur BVerfG 95, 408 (419) = NJW 1997, 1568.
[33] Vgl. *Kloepfer* VerfassungsR I § 7 Rn. 118 mwN.
[34] Vgl. BVerfG NVwZ 2008, 407.

tet ist. Wahlmännergremien oder ein Rotationsprinzip, bei dem eine Partei nach der Hälfte der Legislaturperiode die gewählten Abgeordneten durch Listennachfolger ersetzt, sind nicht zulässig. Mit dem Grundsatz der Unmittelbarkeit ist es aber vereinbar, dass bei der Wahl zum Deutschen Bundestag die Hälfte der Abgeordneten mit der Zweitstimme durch Listenwahl gewählt wird. Allerdings muss die Reihenfolge der Liste feststehen.[35]

Der Grundsatz der Freiheit der Wahl beinhaltet, dass kein öffentlicher oder pri- 69
vater Zwang auf den Wähler und dessen Wahlentscheidung ausgeübt werden darf. Die Wahlfreiheit beinhaltet nicht nur die Entscheidung über das „Wie", sondern auch das „Ob" der Wahl.[36] Dementsprechend besteht in der Bundesrepublik keine Wahlplicht. Beispiele aus anderen demokratischen Ländern (zB Belgien) belegen zwar, dass eine solche Wahlpflicht mit dem Demokratieprinzip durchaus vereinbar ist. Eine Einführung in Deutschland würde aber eine Grundgesetzänderung voraussetzen.

Der Grundsatz der Geheimheit der Wahl schützt den Wähler vor der Offenbarung 70
wie er wählt, gewählt hat oder wählen will. Die Stimmabgabe selbst, aber auch die Wahlvorbereitung ist geschützt. Dies ist zB relevant bei Briefwahl und der Aufstellung sichtgeschützter Wahlkabinen. „Angriffe" auf diesen Grundsatz sind denkbar bei Einflussnahme auf elektronische Wahlcomputer und bei Manipulationen von Wahlzetteln insbesondere im Rahmen der Briefwahl.

Aus Art. 39 I 1 GG ergibt sich der Wahlrechtsgrundsatz der Periodizität, dh Wah- 71
len sind in regelmäßigen Abständen durchzuführen. Herrschaft in einer Demokratie ist eine Herrschaft auf Zeit. Es gehört zu den wesentlichen Prinzipien des freiheitlichen, demokratischen Rechtsstaats, dass Volksvertretungen in regelmäßigen, im Voraus bestimmten Abständen durch Wahlen abgelöst und neu legitimiert werden.[37] Nur wenn das Verfassungssystem ermöglicht, dass die gewählten Verantwortlichen sich regelmäßig dem Votum des Volkes als Souverän stellen müssen, ist sichergestellt, dass die Willensbildung von unten nach oben verläuft und die gewählten Volksvertreter auch dem Volk „verantwortlich" bleiben. Art. 39 I 1 GG legt als Zeitspanne für die Bundestagswahlen vier Jahre fest. Dies ist als traditioneller Richtwert aufzufassen. Eine kürzere Zeitspanne würde sicherlich die demokratische Legitimation erhöhen, aber gleichzeitig angesichts Wahlvorbereitungen und Regierungsbildung die Phase der effektiven Regierungsarbeit zu sehr beschränken, Wahlmüdigkeit und Politikverdrossenheit würden möglicherweise gefördert. Eine längere Zeitspanne von fünf oder sechs Jahren wäre nach allgemeiner Ansicht wohl auch noch mit dem Demokratieprinzip vereinbar, würde aber eine Verfassungsänderung voraussetzen (Art. 79 II GG) und könnte nur für zukünftige Wahlperioden erfolgen. Eine „Quasi"-Selbstverlängerung einer laufenden Wahlperiode durch den Bundestag wäre in jedem Falle unzulässig.[38]

Ungeschriebener Wahlgrundsatz ist schließlich die Öffentlichkeit der Wahlen. 72
Nach der Rechtsprechung des BVerfG müssen alle wesentlichen Schritte einer

[35] Vgl. *Badura* StaatsR Kap. E Rn. 3.
[36] Vgl. *Kloepfer* VerfassungsR I § 7 Rn. 136.
[37] BVerfGE 18, 151 (154) = BeckRS 1964, 00451.
[38] BVerfGE 1, 14 (33) = NJW 1951, 877.

Wahl öffentlich überprüfbar sein.[39] Der Einsatz von Wahlcomputern ist daher vom BVerfG nur in engen Grenzen erlaubt worden.[40]

3. Ausübung der Staatsgewalt in Abstimmungen

73 Neben der Ausübung der Staatsgewalt durch das Volk mittels Wahlen sieht Art. 20 II 1 GG auch „Abstimmungen" vor. Dies steht nicht im Widerspruch zum Konzept des Grundgesetzes der repräsentativen Demokratie. Nach überwiegender Ansicht sind nach dem Grundgesetz „Abstimmungen" durch das Volk nur zulässig, sofern sie im Grundgesetz angeordnet sind.[41] Hier sind Art. 29, 118, 118a GG zu nennen, die sich auf die Neuordnung des Bundesgebietes bzw. einzelner Bundesländer beziehen. Darüber hinausgehende Elemente unmittelbarer Demokratie, zB Volksabstimmungen respektive Volksbefragungen, Volksentscheide und Volksbegehren sind nach dem Grundgesetz auf Bundesebene derzeit nicht zulässig. Eine Einführung von zB Volksabstimmungen zu einzelnen Sachfragen ist nur mittels einer Änderung des Grundgesetzes möglich.

74 Auf der Ebene der Bundesländer gibt es hingegen ergänzende Elemente unmittelbarer Demokratie. So sind zB in Nordrhein-Westfalen zu einzelnen Sachfragen Volksentscheide und Volksbegehren möglich.[42]

4. Staatliches Handeln und Demokratieprinzip

75 Nach dem System des Grundgesetzes übt das Volk seine Staatsgewalt unmittelbar mittels regelmäßiger Wahlen und – in seltenen Fällen – mittels Abstimmungen aus, Art. 20 II 2 Hs. 1 GG. Nur noch mittelbar übt das Volk gem. Art. 20 II 2 Hs. 2 GG die Staatsgewalt durch „die besonderen Organe der Gesetzgebung, der vollziehenden Gewalt und der Rechtsprechung" aus. Im Rahmen des Demokratieprinzips bedürfen die Organe dieser drei Gewalten daher bei jeglichem hoheitlichen Handeln einer Legitimation, die sich auf die Gesamtheit der Bürger als Staatsvolk zurückführen lässt.

a) Demokratische Legitimation der gesetzgebenden Organe

76 Die aus den Bundestags- oder Landtagswahlen hervorgegangenen Parlamente sind die einzigen Organe, die unmittelbar demokratisch vom Volk legitimiert sind. Dieser Legitimationsvorsprung berechtigt die Parlamente dazu, Aufgaben der Staatsführung vorrangig wahrzunehmen. Allein den Parlamenten ist die Aufgabe der Gesetzgebung vorbehalten (sog. Parlamentsvorbehalt). Gleichzeitig stehen die Parlamente aber auch in der Pflicht: Sie dürfen ihre primäre Aufgabe – die Gesetzgebung – nicht anderen Stellen innerhalb oder außerhalb der Staatsorganisation zur freien Verfügung überlassen. Konkret bedeutet dies, dass der Bundestag oder die Landtage in konkreten Fällen gesetzgeberisch tätig werden und von ihrem Parlamentsvorbehalt Gebrauch machen müssen. Alle wesentlichen Entscheidungen müssen vom Gesetzgeber selbst getroffen werden. Wesentlich sind dabei Entscheidungen, die für die Grundrechte der Bürger

[39] Vgl. BVerfGE 123, 39 (70) = JuS 2009, 746.
[40] Vgl. BVerfGE 123, 39, (70 ff.) = JuS 2009, 746.
[41] Vgl. *Zippelius/Würtenberger*, Deutsches Staatsrecht, 33. Aufl. 2018, § 10 Rn. 40.
[42] Vgl. Art. 2, 67a, 68 LVerf NRW.

relevant sind.[43] Nach dieser sog. Wesentlichkeitstheorie des BVerfG ist die Verpflichtung des Gesetzgebers selbst tätig zu werden umso größer, je nachhaltiger die Grundrechte der Bürger betroffen oder bedroht sind.

Beispiel:[44] Im Jahr 1970 führte die zuständige Schulbehörde des Bundeslandes X per Erlass das Fach „Sexualerziehung" in den Lehrplan der Schulen ein. Dabei sollte die Vermittlung der entsprechenden Inhalte offen und unabhängig von weltanschaulichen oder religiösen Fragen erfolgen. Zahlreiche Eltern sahen sich in ihrem Recht auf Erziehung aus Art. 6 II GG, das auch das Recht auf individuelle Sexualerziehung umfasst, verletzt und zogen bis vor das BVerfG. Das BVerfG legte in seinem Beschluss unter anderem fest, dass die Einführung des Faches „Sexualerziehung" eben wegen des Erziehungsrechts der Eltern eine hohe Grundrechtsrelevanz aufweise und es sich somit um eine wesentliche Entscheidung handelte, über die der zuständige Landesgesetzgeber selbst zu entscheiden hatte. Die Einführung des Faches „Sexualerziehung" durch die Schulbehörde als Exekutivorgan war daher verfassungswidrig. Wegen der hohen Grundrechtsrelevanz musste die Frage der Einführung des Unterrichtsfaches durch einen Gesetzesbeschluss des betreffenden Länderparlaments selbst getroffen werden.

b) Demokratische Legitimation der Organe der Exekutive

Auch die Organe und Amtswalter der Exekutive benötigen zur Ausübung der 77
Staatsgewalt eine demokratische Legitimation. Diese ist dann ausreichend, wenn sich die Bestellung der Amtsträger auf das Staatsvolk zurückführen lässt und das Handeln der Amtsträger selbst eine ausreichende sachlich-inhaltliche Legitimation erfährt. Dabei können je nach Aufgaben des Amtsträgers die Legitimationsketten unterschiedlich lang sein. Dies wird plastisch am Beispiel des Bundesinnenministers und eines Polizeikommissaranwärters beim Polizeipräsidium Köln:

[43] Vgl. zur „Wesentlichkeitstheorie" des BVerfG zB BVerfGE 49, 89 ff. = NJW 1979, 359; BVerfGE 57, 295 ff. = NJW 1981, 1774; BVerfGE 84, 212 ff. = NJW 1991, 2549; BVerfGE 85, 386 ff. = NJW 1992, 1875; BVerfGE 90, 298 ff. = NJW 1994, 2207; BVerfGE 98, 218 ff. = NJW 1998, 2515.

[44] Vgl. BVerfGE 47, 46 ff. = NJW 1978, 807.

Bundesinnenminister	Polizeikommissaranwärter beim PP Köln
↑ bestimmt, Bundespräsident ernennt (Art. 64 GG) **Bundeskanzler**	↑ ernennt **Polizeipräsident Köln**
↑ wählt (Art. 63 GG) **Bundestag**	↑ ernennt **Innenminister**
↑ wählt **Volk**	↑ ernennt (Art. 52 III LVerf NRW) **Ministerpräsident**
	↑ wählt (Art. 52 I LVerf NRW) **Landtag NRW**
	↑ wählt **(Landes)-Volk**

Abb. 6 Legitimationsketten unterschiedlicher Organe der Exekutive

c) Demokratische Legitimation der Organe der Judikative

78 Deutsche Gerichte sprechen ihre Urteile „im Namen des Volkes". Die Organe der rechtsprechenden Gewalt sind in unterschiedlicher und differenzierter Weise demokratisch legitimiert. Die unmittelbarste demokratische Legitimation hat das BVerfG. Nach Art. 94 I 2 GG werden die Mitglieder des BVerfG je zur Hälfte vom Bundestag und Bundesrat gewählt. Demgegenüber werden die Richter der obersten Bundesgerichte – Bundesgerichtshof (BGH), Bundesverwaltungsgericht (BVerwG), Bundesfinanzhof (BFH), Bundesarbeitsgericht (BAG) und Bundessozialgericht (BSG) – vom jeweils zuständigen Bundesminister und einem Richterwahlausschuss gem. Art. 95 II GG ernannt. Ungleich länger, aber ebenfalls ununterbrochen ist schließlich die demokratische Legitimationskette für Richter an den Amts- und Landgerichten. Diese werden durch den jeweils zuständigen Landesjustizminister ernannt, der seinerseits vom durch den Landtag gewählten Ministerpräsidenten ernannt wird.

IV. Sozialstaatsprinzip

79 Das Sozialstaatsprinzip ist an mehreren Stellen im Grundgesetz verankert. In Art. 20 I GG („sozialer Bundesstaat") und Art. 28 I 1 GG („sozialer Rechtsstaat") finden sich entsprechende Grundaussagen. Anschaulich erfassen lässt sich die Bedeutung des Sozialstaatsprinzips, wenn man den sozialen Rechtsstaat vom

(nur) liberalen Rechtsstaat abgrenzt. Während in liberalen Rechtsstaaten (zB USA) der Staat grundsätzlich nur für eine rechtliche Chancengleichheit sorgt, muss in sozialen Rechtsstaaten der Staat auch für eine tatsächliche Chancengleichheit Sorge tragen.

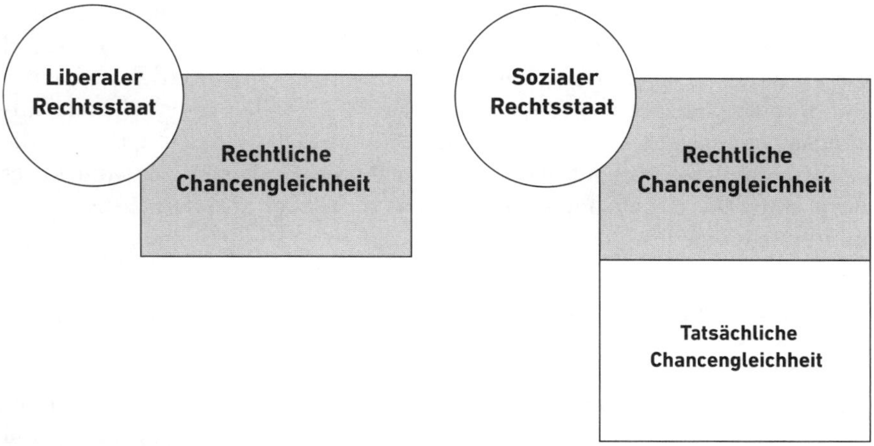

Abb. 7 Abgrenzung liberaler und sozialer Rechtsstaat

Folglich muss der Staat eine gerechte Sozialordnung gewährleisten.[45] Hieraus 80 ergibt sich der konkrete staatliche Handlungsauftrag zur Herstellung und Erhaltung von tatsächlicher Chancengleichheit und sozialer Gerechtigkeit sowie zur Herstellung und Erhaltung sozialer Sicherheit. Beispiele und (einfachgesetzliche) Konkretisierungen des Sozialstaatsprinzips sind zB in Art. 3 II 2 GG (Auftrag an den Staat zur Förderung der Gleichberechtigung von Männern und Frauen), in den Regelungen zur Prozesskostenhilfe[46], die auch finanzschwachen Bürgern zu berechtigtem gerichtlichen Rechtsschutz verhelfen wollen, sowie in den Regelungen zum Bundesausbildungsförderungsgesetz (BAföG) enthalten. Daneben finden sich im Arbeits- und Mietrecht als Ausprägung des Sozialstaatsprinzips zahlreiche Schutzvorschriften zugunsten der wirtschaftlich schwächeren Vertragsparteien der Arbeitnehmer bzw. Mieter.[47] Schließlich besteht ein staatlicher Handlungsauftrag auf dem klassischen Gebiet des Sozialrechts, der Fürsorge von Hilfsbedürftigen im Rahmen der allgemeinen Sozialhilfe nach dem SGB XII bzw. den Sozialversicherungsleistungen nach dem SGB I–XI. Nur in eng umgrenzten Ausnahmefällen kann das Sozialstaatsprinzip eine konkrete Anspruchsgrundlage für den Bürger bilden, zB hinsichtlich des Anspruchs auf ein Existenzminimum aus Art. 1 I GG und Art. 2 II 1 GG.[48] Zwingend zu beachten ist dabei aber, dass sich angesichts der Weite und Unbestimmtheit des Prinzips nach ständiger Rechtsprechung des BVerfG daraus regelmäßig kein Gebot entnehmen lässt, soziale Leistungen in einem bestimmten Umfang zu gewähren.[49]

[45] BVerfGE 110, 412 (445) = NJW-RR 2004, 1657.
[46] BVerfGE 78, 104 (117 f.) = NJW 1988, 2231.
[47] Vgl. zum Mietrecht BVerfGE 93, 1 = NJW 1995, 2477.
[48] Vgl. *Kloepfer* VerfassungsR I § 11 Rn. 76 ff. und 82 ff.
[49] BVerfGE 94, 241 (263) = NJW 1996, 2293.

Es ist dem Gesetzgeber überlassen, den Verfassungsauftrag des nicht näher konkretisierten Sozialstaatsprinzips mit Leben zu füllen.[50] Zwingend ist lediglich, dass der Staat die Mindestvoraussetzungen für ein menschenwürdiges Dasein seiner Bürger schafft.[51] Das Sozialstaatsprinzip begründet daher im Ergebnis kein subjektives Recht bzw. keinen Anspruch des Bürgers auf eine bestimmte Leistung. Allerdings muss der aus dem Sozialstaatsprinzip abgeleitete Schutzauftrag des Staates sowie der Grundsatz der Menschenwürde aus Art. 1 I GG bei der Kürzung von Sozialbezügen hinreichend berücksichtigt werden. So hat das Bundesverfassungsgericht festgestellt, dass die im SGB II vorgesehenen Kürzungsmöglichkeiten um 60 % oder gar 100 % der Hartz-IV-Leistungen im Falle der Verletzung von Mitwirkungspflichten nicht verhältnismäßig sind und in der Regel einen zu weit gehenden Eingriff in das zum Leben erforderliche Existenzminimum darstellen.[52]

V. Bundesstaatsprinzip

1. Verankerung und Funktion

81 Das Bundesstaatsprinzip findet seine zentrale Verankerung in Art. 20 I GG („Die Bundesrepublik ist ein demokratischer und sozialer Bundesstaat.“) und Art. 28 I 1 GG („Die verfassungsmäßige Ordnung in den Ländern …“). Darüber hinaus ist das Neben- und Miteinander von Bund und Ländern im Rahmen des föderativen Aufbaus der Bundesrepublik Deutschland an verschiedenen Stellen im Grundgesetz strukturell vorgesehen (Art. 30, 31, 70 ff., 83 ff., 92 ff. GG). Dies führt dazu, dass sich die Bundesrepublik Deutschland im Bund als Gesamtstaat mit der Hauptstadt Berlin und den Bundesländern als Gliedstaaten darstellt. Seit der Wiedervereinigung 1990 gibt es die folgenden 16 Bundesländer mit den dazugehörigen Landeshauptstädten:

Bundesland	Hauptstadt
Baden-Württemberg	Stuttgart
Bayern	München
Berlin	
Brandenburg	Potsdam
Bremen	
Hamburg	
Hessen	Wiesbaden
Mecklenburg-Vorpommern	Schwerin
Niedersachsen	Hannover
Nordrhein-Westfalen	Düsseldorf
Rheinland-Pfalz	Mainz

50 BVerfGE 1, 97 (105) = NJW 1952, 297; BVerfGE 100, 271 (284) = JuS 2000, 291; BVerfGE 110, 412 (445) = NJW-RR 2004, 1657.

51 BVerfGE 82, 60 (80) = NJW 1990, 2869; BVerfGE 110, 412 (445) = NJW-RR 2004, 1657.

52 BVerfG NJW 2019, 3703.

Bundesland	Hauptstadt
Saarland	Saarbrücken
Sachsen	Dresden
Sachsen-Anhalt	Magdeburg
Schleswig-Holstein	Kiel
Thüringen	Erfurt

Abb. 8 Bundesländer und Landeshauptstädte

Das Bundesstaatsprinzip ist durch Art. 79 III GG in besonderer Weise abgesichert. Eine Änderung des Grundgesetzes, „welche die Gliederung des Bundes in Länder" oder die „grundsätzliche Mitwirkung der Länder bei der Gesetzgebung" berührt, wäre danach unzulässig. Daraus folgt aber nicht, dass die Struktur von 16 Bundesländern zwingend ist. Hier lässt das Grundgesetz grundsätzlich eine Neugliederung zu. Voraussetzung ist, dass mindestens zwei Länder oder mehr neben dem Bund bestehen, sodass das Bundesstaatsprinzip gewährleistet ist. Neugliederungen der Länder sind in der Vergangenheit verschiedentlich diskutiert worden – zuletzt ein etwaiger Zusammenschluss von Berlin und Brandenburg, der im Rahmen eines für diese Fälle gem. Art. 29 II GG vorgesehenen Volksentscheids 1996 abgelehnt wurde –, sind derzeit aber politisch eher unwahrscheinlich.[53] 82

Kernfunktion des Bundesstaatsprinzips ist vor allem die Gewährleistung der vertikalen Gewaltenteilung durch eine Beteiligung der Länder über den Bundesrat bei der Gesetzgebung und die Verteilung der Zuständigkeiten zwischen Bund und Länder. Eine besondere Stärke der dezentralen, föderalen Struktur ist die stärkere Beachtung regionaler und länderspezifischer Besonderheiten. 83

2. Begriff des Bundesstaates

Begrifflich stellt sich der Bundesstaat als eine staatsrechtliche und somit feste und unkündbare Verbindung mehrerer nichtsouveräner Gliedstaaten (Länder) zu einem Gesamtstaat (Bund) dar. Der Bund selbst ist ein Staat, aber auch die Länder besitzen Staatsqualität, dh sie verfügen über die drei Elemente des Staates – Staatsgebiet, Staatsvolk und originäre Staatsgewalt. 84

Der Bundesstaat ist abzugrenzen von den Staatsformen des Einheitsstaates und des Staatenbundes. Der zentralistisch organisierte Einheitsstaat stellt sich als fest zusammengefügtes Staatsgebilde dar, das in einzelne regionale Untergliederungen (Provinzen, Regierungsbezirke) aufgeteilt ist. Diese Teilgebiete sind bloße Verwaltungseinheiten des Zentralstaats und haben kaum eigene Zuständigkeiten.[54] Staatsqualität hat nur der Zentralstaat. Beispiele für solche zentralistischen Einheitsstaaten sind Frankreich und Spanien. 85

Der Staatenbund hingegen ist ein völkerrechtliches und somit jederzeit aufkündbares Bündnis mehrerer souveräner Staaten. Diese übertragen zur Erreichung gemeinsamer Ziele einen begrenzten Teil ihrer nationalstaatlichen Aufgaben 86

[53] Vgl. *Badura* StaatsR Kap. D Rn. 71.
[54] Vgl. *Dohr* Staat 93.

auf gemeinsame Organe und Einrichtungen. Diese Organe nehmen nach außen hin staatliche Aufgaben wahr, nach innen bedürfen die Anordnungen aber der Umsetzung der im Staatenbund zusammengeschlossenen Staaten.[55] Beispiele für einen Staatenbund stellen der „*British Commonwealth of Nations*" sowie die nach dem Ende der Sowjetunion in den 1990er Jahren gebildete „Gemeinschaft Unabhängiger Staaten (GUS)" dar.

Exkurs: Europäische Union

87 Nicht klar in die Kategorien von Einheitsstaat, Staatenbund und Bundesstaat einzuordnen ist die Europäische Union. Der Europäischen Union stehen zwar hoheitsrechtliche Befugnisse – insbesondere im Wege der Gesetzgebung über Richtlinien und Verordnungen – gegenüber den einzelnen Mitgliedsstaaten und den Staatsangehörigen zu. Diese Kompetenz ist aber nicht umfassend, sondern von der Übertragung der einzelnen Mitgliedsstaaten abhängig (vgl. Art. 23 GG). Wegen dieser fehlenden umfassenden staatlichen Hoheitsbefugnisse ist die Europäische Union mit ihren 27 Mitgliedsstaaten kein (Bundes-)Staat, sondern eine sog. supranationale Organisation in Form eines Staatenverbundes.[56]

Mitgliedsstaat	Beitrittsjahr
Belgien	1958
Deutschland	1958
Frankreich	1958
Italien	1958
Luxemburg	1958
Niederlande	1958
Dänemark	1973
Irland	1973
Großbritannien (ehemaliger Mitgliedsstaat)	1973 (Austritt Januar 2020)
Griechenland	1981
Portugal	1986
Spanien	1986
Finnland	1995
Österreich	1995
Schweden	1995
Estland	2004
Lettland	2004
Litauen	2004
Malta	2004

[55] Vgl. *Dohr* Staat 94.

[56] BVerfG NJW 1993, 3047 (3052) – Maastricht; BVerfG NJW 2009, 2267 – Lissabon.

Mitgliedsstaat	Beitrittsjahr
Polen	2004
Slowakei	2004
Slowenien	2004
Tschechien	2004
Ungarn	2004
Zypern	2004
Bulgarien	2007
Rumänien	2007
Kroatien	2013

Abb. 9 Mitgliedsstaaten der EU

Kennzeichen dieses europäischen Staatenverbundes ist nach Auffassung des BVerfG eine enge, auf Dauer angelegte Verbindung souverän bleibender Staaten, die auf vertraglicher Grundlage öffentliche Gewalt ausübt, deren Grundordnung jedoch allein der Verfügung der Mitgliedsstaaten unterliegt und in der die Völker bzw. Bürger der Mitgliedsstaaten die Subjekte demokratischer Legitimation bleiben.[57] 88

3. Verhältnis von Bund und Ländern

Die Bundesländer sind im Verhältnis zum Bund nicht vollkommen souverän, sondern werden durch das Grundgesetz in wesentlichen Bereichen durch Befugnisse des Bundes beschränkt. 89

So müssen gem. Art. 28 I 1 GG die Länderverfassungen „den Grundsätzen des republikanischen, demokratischen und sozialen Rechtsstaates im Sinne dieses Grundgesetzes entsprechen". Dieses sog. Homogenitätsprinzip verlangt allerdings keine absolute Gleichförmigkeit der Länderverfassungen, sondern will ein Minimum an Homogenität der Verfassungsgrundsätze auf Bundes- und Länderebene sicherstellen. 90

Im Verhältnis zu anderen internationalen Staaten tritt der Bund nach außen auf. Die Pflege auswärtiger Beziehungen und der Abschluss völkerrechtlicher Verträge ist den Bundesländern nur in Ausnahmefällen und nur mit Zustimmung der Bundesregierung möglich (vgl. Art. 24 Ia GG und Art. 32 III GG). In Bereichen, in denen die Länder für die Gesetzgebung zuständig sind, zB Schule und Kultur, sind die Länder insofern (teil-)völkerrechtsfähig und können mit Zustimmung des Bundes internationale Vereinbarungen abschließen. Praktisches Beispiel hierfür sind die Vereinbarungen für die grenzüberschreitende Zusammenarbeit der Polizei NRW und der niederländischen Polizei im Rahmen der euroregionalen Zusammenarbeit. 91

[57] BVerfG NJW 2009, 2267 (Ls. 1) – Lissabon.

92 Ein einseitiges Recht zum Austritt bzw. zur Abspaltung von der Bundesrepublik Deutschland steht den einzelnen Bundesländern nicht zu. Ein Ausscheiden eines oder mehrerer Bundesländer ist nur durch eine Änderung des Grundgesetzes mit einer entsprechenden Zweidrittelmehrheit in Bundestag und Bundesrat gem. Art. 79 II GG denkbar und somit praktisch ausgeschlossen.[58]

93 Im Rahmen der Rechtssetzung gilt im Verhältnis von Bund und Ländern gem. Art. 31 GG der Grundsatz „Bundesrecht bricht Landesrecht." Aufgrund der weitestgehend lückenlos aufgeteilten Gesetzgebungskompetenzen ist der praktische Anwendungsbereich der Norm eher gering. Zu beachten ist aber, dass innerhalb des Bundesrechts nicht differenziert wird und somit auch einfaches Bundesrecht (zB einfache Bundesgesetze wie zB die StPO oder das StGB) Landesrecht sogar in der Form von Landesverfassungsrecht vorangeht. Darüber hinaus ist mittlerweile anerkannt, dass Art. 31 GG nur im tatsächlichen Kollisionsfall greift, dh gleichlautendes Landesrecht bleibt im Verhältnis zum Bundesrecht in Kraft.[59]

Exkurs: Regelung der Todesstrafe in Hessen

94 Ein verfassungsrechtliches Kuriosum fand sich bis Oktober 2018 in der Hessischen Verfassung v. 1.12.1946. Dort war in Art. 21 I HV die Möglichkeit der Todesstrafe für schwere Verbrechen vorgesehen. In Anbetracht der im Jahr 1949 verankerten Abschaffung der Todesstrafe in Art. 102 GG sowie den Regelungen in den §§ 38 ff. StGB wurde diese Regelung der hessischen Landesverfassung aber gem. Art. 31 GG durchbrochen, sodass auch im Bundesland Hessen die Todesstrafe mit Geltung des Grundgesetzes immer schon abgeschafft war und keine zulässige strafrechtliche Sanktion darstellte. Eine klarstellende Änderung oder Streichung der bedeutungslosen Vorschrift aus der hessischen Landesverfassung war bis zum 28.10.2018 aufgrund des komplexen hessischen Verfahrens zur Verfassungsänderung nicht initiiert worden. Die Verfassungsänderung musste unter anderem von der Mehrheit der abstimmenden Bürger im Rahmen eines Volksentscheids bestätigt werden (vgl. Art. 21 I, 1 HV).[60] Dies erfolgte im Herbst 2018 im Rahmen eines Volksentscheides mit der notwendigen Mehrheit, sodass seit diesem Zeitpunkt die Todesstrafe auch aus der hessischen Landesverfassung gestrichen werden konnte und nur noch als (peinliches) Relikt in Erinnerung bleiben wird.[61]

4. Aufgaben zwischen Bund und Ländern

95 Die Kompetenzen zwischen Bund und Ländern sind durch das Grundgesetz klar abgegrenzt.

96 Als Grundregel für die Ausübung der staatlichen Gewalt legt Art. 30 GG fest, dass die Ausübung staatlicher Befugnisse und die Erfüllung staatlicher Aufgaben Sache der Länder ist, soweit das Grundgesetz keine andere Regelung trifft oder zulässt. Damit gilt zunächst eine Zuständigkeitsvermutung für die Länder.

[58] Vgl. *Degenhardt*, Klausurenkurs im Staatsrecht II, mit Bezügen zum Europarecht, 7. Aufl. 2015, Rn. 461.

[59] Vgl. *Badura* StaatsR Kap. D Rn. 51.

[60] Vgl. *Kloepfer* VerfassungsR I § 3 Rn. 39 mwN.

[61] Vgl. zum Ganzen: *Gundling* ZLVR 2019, 33.

Die Gesetzgebungskompetenz liegt ebenfalls gem. Art. 70 GG bei den Ländern, soweit das Grundgesetz nicht dem Bund Gesetzgebungsbefugnisse verleiht. Hinsichtlich der Gesetzgebungskompetenzen sind die ausschließlichen Gesetzgebungskompetenzen von Bund bzw. Ländern sowie die konkurrierende Gesetzgebungskompetenz zu unterscheiden.[62] 97

Insgesamt liegt das Schwergewicht der Gesetzgebungskompetenz tatsächlich beim Bund. Den Ländern steht aber gem. Art. 70 GG iVm Art. 30 GG immer dann die Gesetzgebungskompetenz zu, wenn das Grundgesetz keine ausdrückliche Regelung zugunsten des Bundes trifft. Zu den wichtigen Rechtsgebieten, die in der Gesetzgebungszuständigkeit der Länder liegen, gehören insbesondere das kommunale Verfassungsrecht, das Straßen- und Wegerecht, das Schul- und Kulturwesen sowie das Recht der öffentlichen Sicherheit und Ordnung. Hierzu gehört insbesondere die Polizeihoheit der Länder. Angelegenheiten der Polizei sind daher grundsätzlich Ländersache. In Nordrhein-Westfalen finden sich die entsprechenden Regelungen daher im Polizeigesetz des Landes Nordrhein-Westfalen (PolG NRW). Ausgenommen von der Polizeihoheit der Länder sind Angelegenheiten der Bundespolizei, der Einrichtung des Bundeskriminalamtes, der internationalen Verbrechensbekämpfung sowie Fragen der Zusammenarbeit des Bundes und der Länder in den Bereichen Kriminalpolizei und Verfassungsschutz.[63] 98

Bund		Länder	
Ausschließliche Gesetzgebung:	**Konkurrierende Gesetzgebung:**	**Ausschließliche Gesetzgebung:**	**Konkurrierende Gesetzgebung:**
alleinige Zuständigkeit	Bundeszuständigkeit, soweit bundesweite Regelung erforderlich	Alleinige Zuständigkeit bei ausdrücklicher gesetzlicher Ermächtigung bzw. Fehlen einer Zuweisung an den Bund	Länderzuständigkeit, grundsätzlich nur solange und soweit der Bund von seiner Zuständigkeit keinen Gebrauch gemacht hat bzw. die Herstellung einheitlicher Lebensverhältnisse nicht eine bundesgesetzliche Regelung erforderlich macht (Ausnahme Art. 72 I GG).
Art. 71, 73 GG	Art. 72, 74 GG	Art. 70, 71 GG	Art. 72 I, II und III GG
zB: Verteidigung, Währungswesen	zB: Strafrecht, Gerichtsverfassung	zB: Schulwesen, Gefahrenabwehr (Schul- und Polizeihoheit)	

Abb. 10 Gesetzgebungskompetenzen von Bund und Ländern

62 Vgl. ausf. zu den Gesetzgebungskompetenzen des Bundes und der Länder: *Hebeler* JA 2010, 688.
63 Vgl. *Dohr* Staat 101.

99 Im Bereich der Verwaltung, dh der Gesetzesausführung legt das Grundgesetz einen eindeutigen Schwerpunkt bei den Kompetenzen der Länder. Nach Art. 83 GG führen die Länder die Gesetze aus, der Bund ist nur dort für die administrative Gesetzesausführung zuständig, wo das Grundgesetz entsprechende ausdrückliche Zuweisungen vornimmt.[64]

100 Für den Bereich der Rechtsprechung liegt die Kompetenz gem. Art. 92 GG grundsätzlich bei den Ländern. Der Bund hat die Rechtsprechungskompetenz nur in Fällen besonderer Zuweisung. Neben dem BVerfG hat der Bund insbesondere die Rechtsprechungskompetenz für die obersten Bundesgerichte (BGH, BAG, BSG, BVerwG, BFH) der verschiedenen Gerichtsbarkeiten. Für die Mehrzahl der erst- und zweitinstanzlichen Gerichte der einzelnen Gerichtszweige liegt die Zuständigkeit hingegen bei den Ländern.

Gesetzesausführung durch			
Länder			Bund
Landeseigene Gesetze Art. 30 GG zB PolG NRW durch Polizeibehörden	Gesetze des Bundes in landeseigener Verwaltung Art. 83, 84 GG zB StVG durch Straßenverkehrsbehörden	Gesetze des Bundes als Bundesauftragsverwaltung Art. 85 GG zB Kernenergie (Art. 87c GG)	Bundeseigene Verwaltung Art. 86 GG zB Auswärtiger Dienst

Abb. 11 Verwaltungskompetenzen von Bund und Ländern

5. Grundsatz des „bundesfreundlichen Verhaltens"

101 Über die im Grundgesetz festgelegten gegenseitigen Verflechtungen hinaus gilt für Bund und Länder die Pflicht zu wechselseitiger Loyalität. Das Gebot des bundesfreundlichen Verhaltens wurde vom BVerfG entwickelt und verpflichtet Bund und Länder, sich gegenseitig zu respektieren und zu unterstützen. Das BVerfG hat insoweit instruktiv ausgeführt, dass sich aus dem Bundesstaatsprinzip die verfassungsrechtliche Pflicht ergibt, „... dass die Glieder des Bundes sowohl einander als auch dem größeren Ganzen und der Bund den Gliedern die Treue halten und sich verständigen. Der im Bundesstaat geltende verfassungsrechtliche Grundsatz des Föderalismus enthält deshalb die Rechtspflicht des Bundes und aller seiner Glieder zu „bundesfreundlichem Verhalten"; dh alle an dem verfassungsrechtlichen „Bündnis" Beteiligten sind gehalten, dem Wesen dieses Bündnisses entsprechend zusammenzuwirken und zu seiner Festigung und zur Wahrung seiner und der wohlverstandenen Belange seiner Glieder beizutragen."[65]

102 Das Gebot der Bundestreue zielt dabei nicht nur auf ein länderfreundliches Verhalten des Bundes und ein bundesfreundliches Verhalten der Länder umgekehrt ab, sondern beinhaltet auch ein gegenseitiges Rücksichtnahme- und Unterstützungsgebot der Bundesländer untereinander.

[64] Ausf. und mit Grundfällen zu Verwaltungskompetenzen von Bund und Land: *Frenzel* JuS 2012, 1082.

[65] BVerfGE 1, 299 (315) = BeckRS 9998, 124866.

Für die polizeiliche Praxis wird dies im Rahmen der gegenseitigen Unterstützung der Bereitschaftspolizeien bei (länderübergreifenden) Großeinsätzen oder der gegenseitigen Unterstützung von Bundespolizei und Länderpolizei deutlich. Bei zahlreichen Großeinsätzen in unterschiedlichen Bundesländern (zB Castortransporte im niedersächsischen Wendland, Einsätze anlässlich des 1.-Mai-Feiertages in Hamburg und Berlin, Großeinsätze anlässlich von Fußballspielen oder politische Großveranstaltungen wie dem G 20-Gipfel) unterstützen sich die Polizeien der Länder und des Bundes gegenseitig, indem zB ganze Hundertschaften der nordrheinwestfälischen Bereitschaftspolizei in anderen Bundesländern bei Großereignissen eingesetzt werden. 103

6. Aufbau der Polizei im Bundesstaat

Neben den bereits dargelegten, gegenseitigen Unterstützungspflichten im Rahmen der Bundestreue und den unterschiedlichen Gesetzgebungskompetenzen für Bundes- und Landespolizei wirkt sich das Bundesstaatsprinzip naturgemäß auch auf den organisatorischen Aufbau der Polizei in der Bundesrepublik aus. 104

Zu unterscheiden sind die Länderpolizeien der 16 Bundesländer und auf Bundesebene, die Bundespolizei als Schutzpolizei und das Bundeskriminalamt (BKA) als national koordinierende Kriminalpolizei. 105

Der Bund hat eine begrenzte Polizeigewalt. Das Bundeskriminalamt (BKA) mit Hauptsitz in Wiesbaden koordiniert als Zentralstelle die Zusammenarbeit der Kriminalpolizei von Bund und Ländern und ist unter anderem für den klassischen polizeilichen Staatsschutz und die Bekämpfung der organisierten Kriminalität zuständig. Organisatorisch gehört das BKA zum Geschäftsbereich des Bundesministeriums des Innern (BMI). Das BKA beschäftigt rund 6.400 Mitarbeiter. Besondere Bedeutung erlangte das BKA in der Zeit des staatlichen und polizeilichen Vorgehens gegen den RAF-Terrorismus in den 1970er Jahren und im Rahmen der Bekämpfung des internationalen Terrorismus nach den Anschlägen auf das World Trade Center in New York am 11.9.2001.[66] 106

Wesentlich größer als das BKA ist die Bundespolizei, die bis 2005 als Bundesgrenzschutz (2005) bekannt war, mit Sitz des Bundespolizeipräsidiums in Potsdam. Insgesamt rund 40.000 Bundespolizisten nehmen primär Aufgaben des klassischen Grenzschutzes wahr. Daneben hat die Bundespolizei in den letzten Jahren zahlreiche weitere Aufgaben erhalten, die von Schutzaufgaben bezüglich der Bundesorgane über die Unterstützung der Landespolizeien bei Großdemonstrationen bis zur Verfolgung von Straftaten reichen.[67] 107

Auf Länderebene sind rund 230.000 Polizeibeamte vor allem für die polizeilichen Kernbereiche der Gefahrenabwehr, Strafverfolgung und Verkehrssicherheitsarbeit verantwortlich. In Nordrhein-Westfalen sind rund 42.000 Polizeibeamte beschäftigt. Neben der gemeinsamen klassischen Differenzierung in Schutz-, Kriminal- und Bereitschaftspolizei unterscheiden sich die Länderpolizeien in Organisation und Ausbildung deutlich. Dies wird für den Bereich der Ausbildung augenfällig am Beispiel von Nordrhein-Westfalen, Hessen und Niedersachsen, die sich für 108

66 *Möllers/van Oyen* APuZ 48 (2008), 26 (28).
67 *Möllers/van Oyen* APuZ 48 (2008), 26 (28).

eine zweigeteilte Laufbahn entschieden haben. Während hier nur noch für den gehobenen und höheren Dienst ausgebildet wird und die Anwärter ein Studium zu absolvieren haben, haben andere Länder wie Bayern und Baden-Württemberg den mittleren Dienst und damit die dreigeteilte Laufbahn beibehalten.[68]

VI. Rechtsstaatsprinzip

1. Verankerung und Funktion

109 Das Rechtsstaatprinzip will die Bindung aller Staatsgewalten an das Recht garantieren und materielle Gerechtigkeit im Staat sichern. Im Kern sichert das Rechtsstaatsprinzip die „Spielregeln" des Staates und seiner Gesellschaft ab. Die Herleitung des Rechtsstaatsprinzips ergibt sich aus einer Zusammenschau mehrerer Vorschriften des Grundgesetzes.[69] Zu nennen sind Art. 20 III, Art. 1 III, Art. 19 IV GG sowie Art. 28 I 1 GG. Zentrale Norm, die den Grundsatz der Bindung des Staates an Verfassung und Recht enthält, ist Art. 20 III GG: „Die Gesetzgebung ist an die verfassungsmäßige Ordnung, die vollziehende Gewalt und die Rechtsprechung sind an Gesetz und Recht gebunden."

110 Wesentliche Elemente des Rechtsstaatsprinzips sind unter anderem die Gewaltenteilung, die Verfassungs- und Grundrechtsbindung der Staatsorgane, die Gesetzmäßigkeit der Verwaltung sowie die Gewährleistung eines rechtsstaatlichen Rechtsschutzes. Für polizeiliches Handeln ist es zudem von besonderer Bedeutung, dass für den Bürger verbindliches staatliches Handeln dem Übermaßverbot unterliegt.

2. Grundsatz der Gewaltenteilung

111 Die Rechtsgrundlage des Gewaltenteilungsprinzips findet sich in Art. 1 III GG („Die nachfolgenden Grundrechte binden Gesetzgebung, vollziehende Gewalt und Rechtsprechung als unmittelbar geltendes Recht.") sowie in Art. 20 II 2 GG („... durch besondere Organe der Gesetzgebung, der vollziehenden Gewalt und der Rechtsprechung ausgeübt.").

112 Das Gewaltenteilungsprinzip hat mehrfache Funktionen. Nach der Rechtsprechung des BVerfG ist die „Gewaltenteilung ein tragendes Organisationsprinzip des Grundgesetzes; seine Bedeutung liegt in der politischen Machtverteilung, dem Ineinandergreifen der drei Gewalten und der daraus resultierenden Mäßigung der Staatsherrschaft".[70] Zusammengefasst lassen sich drei Kernfunktionen des Gewaltenteilungsprinzips identifizieren:

- Begrenzung und Kontrolle der Staatsgewalt und damit
- Sicherung der Freiheit des Einzelnen sowie
- Einführung einer sinnvollen Arbeitsteilung zwischen den Staatsgewalten und ihren Organen.

113 Gewaltenteilung findet in verschiedenen Formen statt. Zu unterscheiden sind die horizontale, die organisatorische, die vertikale sowie die persönliche Gewaltenteilung.

[68] *Groß* APuZ 48 (2008), 20 ff.
[69] Vgl. *Kloepfer* VerfassungsR I § 10 Rn. 21.
[70] Vgl. BVerfGE 3, 225 (247) = NJW 1954, 65; BVerfGE 67, 100 (130) = LMRR 1984, 42.

114 Die horizontale Gewaltenteilung ist die klassische, funktionelle Aufteilung der drei Gewalten nach ihren Staatsfunktionen in Legislative, Exekutive und Judikative.

Staatsgewalten		
Legislative (Gesetzgebung)	**Exekutive** (Verwaltung)	**Judikative** (Rechtsprechung)

Abb. 12 Gewaltenteilungsprinzip

115 Die Trennung der drei Gewalten beinhaltet zugleich ein dichtes Geflecht gegenseitiger Machtbegrenzung und -kontrolle.[71] Anschaulich wird dieses vielfältige System der *„checks and balances"* an folgendem

Beispiel: Die Bundesregierung als Teil der Exekutive bringt einen Gesetzentwurf zur Änderung der Strafprozessordnung (StPO) in den Bundestag ein (Art. 76 I GG). Konkret sollen die Kompetenzen der Strafverfolgungsorgane bei der Telefonüberwachung erweitert werden. Dieser Entwurf wird nur dann Gesetz, wenn sich im Bundestag als Legislativorgan eine entsprechende parlamentarische Mehrheit findet (Art. 77 I GG) und der Gesetzentwurf auch den Bundesrat als Legislativorgan der Bundesländer passiert (Art. 78 GG). Der Bundespräsident als Teil der Exekutive prüft und fertigt das beschlossene Gesetz aus (Art. 82 I GG).[72] Nach Veröffentlichung im Bundesgesetzblatt (vgl. Art. 82 II GG) sind die Organe der Exekutive – hier insbesondere Staatsanwaltschaft und Polizei – und die Gerichte als Teil der Judikative an das Gesetz gebunden. Gleichzeitig kontrollieren die Gerichte das Gesetz als solches auf seine Verfassungsmäßigkeit hin und überprüfen einzelne, auf Grundlage des Gesetzes ergangene Telefonüberwachungsanordnungen hinsichtlich ihrer Rechtmäßigkeit.

116 Die organisatorische Gewaltenteilung bezieht sich darauf, dass innerhalb der einzelnen Staatsgewalten Organe gebildet werden, die die entsprechenden Aufgaben verbindlich wahrnehmen. Im Bereich der Legislative wird dies an der Kompetenzverteilung von Bundestag und Bundesrat bei der Gesetzgebung augenfällig.

117 Der Begriff der vertikalen Gewaltenteilung bezieht sich auf die Kompetenzverteilung zwischen Bund und Ländern sowie zwischen Bund/Ländern und Gemeinden. Deutlich wird dies zB an den unterschiedlichen Gesetzgebungskompetenzen.[73] Während die Länder zB ihr Schulrecht und Polizeirecht individuell in eigener Zuständigkeit ausgestalten können, sind die Regelungen des gerichtlichen Rechtsschutzes in diesen Teilbereichen des Verwaltungsrechts Aufgabe des Bundes. Dieser ist zuständig für Fragen des gerichtlichen Rechtsschutzes und der Gerichtsverfassung (vgl. Art. 72, 74 I Nr. 1 GG); hier konkret der entsprechenden Regelungen der Verwaltungsgerichtsordnung (VwGO). Die

[71] Vgl. ausf. hierzu *Dohr* Staat 85 ff.

[72] Die Reichweite eines Prüfungsrechts des Bundespräsidenten ist iE umstritten, vgl. hierzu: *Jarass/Pieroth* GG Art. 82 Rn. 3.

[73] Vgl. zu den Gesetzgebungskompetenzen auch → Kap. 2 Rn. 95.

Länder können in diesem Bereich ihre Interessen im Gesetzgebungsverfahren über den Bundesrat geltend machen (vgl. Art. 77, 78 GG).

118 Der Grundsatz der persönlichen Gewaltenteilung meint das Verbot der Ämterhäufung und wird auch mit dem Begriff „Inkompatibilität" bezeichnet. Nach diesem Grundsatz funktioniert Gewaltenteilung nur dann, wenn die Staatsgewalten nicht nur funktionell, sondern auch persönlich getrennt sind.[74] Mit anderen Worten: Eine Person kann nicht **gleichzeitig** als Abgeordneter im Bundestag Gesetze beschließen (zB Änderungen der StPO), die sie selbst als Polizeibeamter anwendet oder als Richter auf ihre Rechtmäßigkeit überprüft.

Exkurs: Gewaltenteilung und Parteiendemokratie

119 Angesichts der zentralen Bedeutung der Parteien im politischen Alltag ist das verfassungsrechtliche Konzept der Gewaltenteilung durchaus kritisch zu hinterfragen. In der Verfassungswirklichkeit bestimmen die (Regierungs-) Parteien die Entscheidungsfindung in der Legislative (Bundestag) wie auch in der Exekutive (Bundesregierung). Darüber hinaus wird von den Parteien im Vorhinein abgestimmt, wie einflussreiche Ämter zum Beispiel beim BVerfG oder den obersten Bundesgerichten zu besetzen sind. Insgesamt ist eine Gewaltenverschmelzung zwischen der Parlamentsmehrheit und der Regierung unter dem Dach der Parteien deutlich wahrnehmbar. Einziges echtes Gegengewicht bildet häufig nur die parlamentarische Opposition. Diese Entwicklung entfernt sich zwar vom Gewaltenteilungskonzept des Grundgesetzes, ist aber angesichts der Entscheidung des Grundgesetzes für eine Parteiendemokratie (vgl. Art. 21 GG) hinzunehmen.[75]

3. Verfassungs- und Grundrechtsbindung der Staatsorgane insbesondere der Legislative

120 Das Grundgesetz statuiert in Art. 20 III GG die Bindung der Legislative an die verfassungsmäßige Ordnung sowie die Bindung von Exekutive und Judikative an Recht und Gesetz. Die Auswirkungen des Rechtsstaatsprinzips für die Legislative lassen sich unter den Überschriften Rechtsklarheit, Bestimmtheit und Rechtssicherheit zusammenfassen. Dabei ist zu beachten, dass diese Prinzipien in unterschiedlichen Ausprägungen auch Geltung für Rechtsprechung und Verwaltung beanspruchen.

121 Deutlich wird dies bereits am Prinzip der Rechtsklarheit. Staatliche, dh hoheitliche Akte müssen dem Bürger bekanntgegeben werden. Bei Verwaltungsakten der Exekutive erfolgt dies durch die Bekanntgabe gegenüber dem Bürger (§ 41 VwVfG), bei Gesetzen durch Verkündung (vgl. Art. 82 I 1 GG).

Beispiele:

- Ein Polizeibeamter spricht gegenüber einem nächtlichen Ruhestörer einen Platzverweis (§ 34 PolG NRW) aus (Bekanntgabe eines mündlichen Verwaltungsaktes gem. § 41 VwVfG).

[74] BVerfGE 18, 172 (183) = BeckRS 1964, 103906.

[75] Vgl. zur Rolle der Parteien im System der Gewaltenteilung: *Kloepfer* VerfassungsR I § 10 Rn. 87.

- Eine von Bundestag und Bundesrat beschlossene Änderung des § 113 StGB (Widerstand gegen Vollstreckungsbeamte) wird im Bundesgesetzblatt verkündet (Bekanntgabe durch Veröffentlichung im Bundesgesetzblatt, Art. 82 I 1 GG).

Evident ist, dass Gesetze und sonstige Hoheitsakte klar und verständlich sein müssen. Der Bürger muss wissen, wie er sich verhalten soll. Darüber hinaus muss die Gesetzeslage widerspruchsfrei sein. Angesichts der hohen Regelungsdichte und der verschiedenen Gesetzgebungskompetenzen von Bund und Ländern ist dies nicht immer selbstverständlich. Das BVerfG hat daher gegenüber den verschiedenen Gesetzgebungsorganen das Postulat formuliert, dass „die Regelungen so aufeinander ab(zu)stimmen (sind), dass den Normadressaten nicht gegenläufige Regelungen erreichen, die die Rechtsordnung widersprüchlich machen“.[76] 122

Gesetze müssen darüber hinaus so bestimmt sein, dass für den Bürger deutlich erkennbar ist, was ein Gesetz regeln will. Staatliches Handeln auf der Grundlage eines Gesetzes muss für den Bürger vorhersehbar sein. Der Bestimmtheitsgrundsatz verlangt Präzision bei der Formulierung von Rechtsvorschriften, lässt aber auch die Verwendung von unbestimmten Rechtsbegriffen (zB „Sittengesetz“ in Art. 2 I GG oder „öffentliches Interesse“ in § 153 StPO) und Generalklauseln (vgl. zB § 8 I PolG NRW) zu.[77] Wegen der besonderen Grundrechtsintensität von Strafgesetzen – hier drohen unter Umständen Freiheitsstrafen – gilt der Bestimmtheitsgrundsatz im Strafrecht in besonderer Weise, vgl. Art. 103 II GG. 123

Schließlich umfasst das Rechtsstaatsprinzip den Grundsatz der Rechtssicherheit. Rechtssicherheit wird durch den Vertrauensschutz des Bürgers auf bestehende Gesetze und die Begrenzung von rückwirkenden Gesetzen gewährleistet. Ganz allgemein meint Vertrauensschutz aus der Perspektive des Bürgers, dass sich dieser auf den Bestand von Verwaltungsakten und Gesetzen verlassen kann. So können Verwaltungsakte nur unter engen Voraussetzungen widerrufen bzw. zurückgenommen werden (vgl. §§ 48, 49 VwVfG). Allerdings sind Gesetzgebungsprozesse dynamisch. Vertrauensschutz meint diesbezüglich nicht, dass der Bürger auch für die Zukunft darauf vertrauen kann, dass geltendes Recht fortbesteht. 124

Beispiel: Sammler A ist im Besitz mehrerer japanischer Samuraischwerter. Für den Besitz dieser Gegenstände war bislang keine Erlaubnis nach dem Waffengesetz erforderlich. Wegen der Missbrauchsgefahren haben Bundestag und Bundesrat eine Änderung des Waffengesetzes beschlossen. Danach ist auch der Besitz der Sammlerschwerter des A erlaubnispflichtig. Die betreffende Änderung des Waffengesetzes tritt zum 1.1.2020 in Kraft.

Erhöhter Vertrauensschutz gilt für den Bürger aber bei der rückwirkenden (belastenden) Änderung von Gesetzen. Der Bürger darf im Grundsatz darauf vertrauen, dass Gesetze nicht rückwirkend geändert werden. Für das Strafrecht gilt dieses Rückwirkungsverbot gem. Art. 103 II GG absolut: „Eine Tat kann nur 125

[76] Vgl. BVerfGE 98, 106 (118 f.) = NJW 1998, 2341; BVerfGE 98, 265 (301) = NJW 1999, 841.
[77] Vgl. BVerfGE 8, 274 (326) = NJW 1959, 475; BVerfGE 54, 143 (144 f.) = NJW 1980, 2572.

bestraft werden, wenn die Strafbarkeit gesetzlich bestimmt war, bevor die Tat begangen wurde."

126 Für alle übrigen belastenden Gesetze besteht hingegen kein absolutes Rückwirkungsverbot. Hinsichtlich der Zulässigkeit rückwirkender Gesetze ist nach feststehender Rechtsprechung des BVerfG zwischen „echter" und „unechter" Rückwirkung zu unterscheiden.[78]

127 Eine echte Rückwirkung liegt vor, wenn die Anwendung eines Gesetzes nachträglich zeitlich in einen Zeitraum vor dem Zeitpunkt des Inkrafttretens der Norm erstreckt wird. Dabei wird nachträglich ändernd in vergangene, abgeschlossene Tatbestände eingegriffen und neue Rechtsfolgen werden gesetzt.

Fall 1:
Der Gesetzgeber entscheidet im Jahr 2020 nachträglich die Umsatzsteuer für das schon abgelaufene Jahr 2019 auf 20 % zu erhöhen.

128 Die unechte Rückwirkung von Gesetzen bezeichnet hingegen Gesetzesänderungen für einen zeitlich bereits begonnenen, aber noch nicht abgeschlossenen Sachverhalt. Rechtsfolgen einer Gesetzesänderung betreffen also Tatbestände die vor Inkrafttreten der Änderung begonnen haben, aber noch nicht abgeschlossen sind.

Fall 2:
Im laufenden Veranlagungsjahr 2020 erhöht der Gesetzgeber angesichts knapper Haushaltsmittel den Einkommenssteuersatz.

129 Nach der Rechtsprechung des BVerfG gelten für die Zulässigkeit von echter bzw. unechter Rückwirkung folgende Leitlinien:[79]

Rückwirkung von Gesetzen	
Echte Rückwirkung	**Unechte Rückwirkung**
ist grundsätzlich unzulässig.	**ist grundsätzlich zulässig,**
Aber ausnahmsweise zulässig, wenn ▪ damit zu rechnen war, ▪ eine unklare Rechtslage bestand, ▪ die maßgebliche Norm nichtig war oder ▪ zwingende Gründe des Allgemeinwohls eine echte Rückwirkung rechtfertigen.	▪ wenn kein überwiegender Vertrauensschutz des Bürgers besteht und ▪ soweit erforderlich Übergangsregelungen getroffen werden.

Abb. 13 Rückwirkung von Gesetzen

[78] Vgl. BVerfGE 23, 85 (93) = DÖV 1968, 574; BVerfGE 72, 200 (257 f.) = NJW 1987, 1749; BVerfGE 97, 67 (78) = NJW 1998, 1547.

[79] Vgl. BVerfGE 97, 67 (78) = NJW 1998, 1547.

Lösung:

Vor diesem Hintergrund wird klar, dass die nachträgliche Erhöhung der Umsatzsteuer für das Jahr 2019 (Fall 1) als Fall echter Rückwirkung grundsätzlich nicht zulässig ist. Nur für den Fall, dass diesbezüglich die Rechtslage verworren und/oder mit einer Neuregelung zu rechnen war, treten Vertrauensschutzgesichtspunkte des Bürgers ausnahmsweise zurück. Die Erhöhung des Einkommenssteuersatzes im laufenden Haushaltsjahr (Fall 2) ist als Fall unechter Rückwirkung dagegen grundsätzlich zulässig.

Es ist offensichtlich, dass eventuelle Rückwirkungsverbote nur für belastende 130
Gesetze gelten. Für den – zugegeben – seltenen Fall eines rückwirkenden begünstigenden Gesetzes wird es regelmäßig im Interesse des betroffenen Bürgers sein, von den Rechtsfolgen des Gesetzes zu profitieren.

Fall 3:

Der Landtag NRW beschließt im Herbst 2014 für das Jahr 2013 die Beamtenbesoldung für alle Besoldungsgruppen ab A 11 nachträglich um 1,5 % zu erhöhen und eine nachträgliche Einmalzahlung von 360 EUR für das Jahr 2013 zu gewähren. Eine solche rückwirkende, begünstigende Regelung ist zulässig.

4. Grundsatz der Gesetzmäßigkeit staatlichen Handelns

Der Grundsatz der Gesetzmäßigkeit der Verwaltung ergibt sich aus der Bindung 131
der vollziehenden Gewalt an „Gesetz und Recht“ (Art. 20 III Hs. 2 GG). Zur vollziehenden Gewalt gehören auch alle Polizeivollzugsbeamten des Bundes und der Länder. Als Teil der Exekutive unterliegt ihr Handeln dem Grundsatz der Gesetzmäßigkeit. Konkret darf polizeiliches Handeln nicht gegen ein Gesetz verstoßen (Vorrang des Gesetzes) und die Polizei darf grundsätzlich nicht ohne gesetzliche Ermächtigung tätig werden (Vorbehalt des Gesetzes).

a) Vorrang des Gesetzes

Vorrang des Gesetzes bedeutet, dass die Verwaltung bei ihrem Handeln nicht 132
gegen geltendes Recht verstoßen darf. Als Kurzformel formuliert: Kein Verwaltungshandeln gegen das Gesetz. Die Bindung auch der Polizei an diesen Grundsatz lässt sich an folgendem Fallbeispiel verdeutlichen:

Fall:

Die Polizei ermittelt nach einem abendlichen Raubüberfall am Montag im beliebten Stadtpark „Aachener Weiher“ in Köln. Unter anderem sind die Polizeibeamten Arens (A) und Behrens (B) am Mittwochabend im Stadtpark unterwegs, um eventuell Zeugen unter Spaziergängern zu ermitteln. Sie kommen mit einer älteren Dame (D) ins Gespräch und teilen ihr mit, sie ermittelten wegen des vorgestern geschehenen Überfalls. Die Dame äußert, sie sei froh, dass die Beamten da etwas unternähmen, sie habe die ganze Nacht nicht geschlafen, nachdem sie so etwas Schreckliches habe mit ansehen müssen. A und B sagen ihr jetzt, ihre Beobachtungen seien sehr wichtig. Sie fordern D auf, ihnen bitte ihren Namen und die Anschrift mitzuteilen. D antwortet, in eine solche Sache wolle sie in ihrem Alter nicht hineingezogen werden; ihren Namen werde sie nicht sagen. Der

A greift daraufhin mit den Worten „Zeugenpflicht ist Bürgerpflicht" beherzt in die Handtasche der D, holt ihre Geldbörse hervor und findet darin D's Personalausweis. Die D ist empört über die Durchsuchung ihrer Handtasche, da diese ihrer Auffassung nach nicht vom Gesetz gedeckt war. Hat sie Recht?

Lösung:

Die Polizeibeamten befragen die D als eventuelle Zeugin einer Straftat. Zu diesem Zwecke wollen sie gem. § 163b II StPO die Personalien der D als unverdächtige Person feststellen, damit diese im Laufe des Strafverfahrens als Zeugin zur Verfügung steht.[80] Nachdem D sich weigert, von sich aus Personalien anzugeben, ist die kurzerhand vorgenommene polizeiliche Durchsuchung der Handtasche der D nach Ausweispapieren nicht rechtmäßig. Zwar dürfen im Rahmen einer Identitätsfeststellung auch mitgeführte Sachen von unverdächtigen Personen durchsucht werden, dies allerdings nur dann, wenn dies nicht gegen den Willen der betroffenen Person geschieht – vgl. § 163b II 2 StPO iVm § 163b I 3 StPO. Die ältere Dame war vorliegend ersichtlich nicht mit der Durchsuchung ihrer Handtasche einverstanden, sodass die gesetzlichen Voraussetzungen nicht vorliegen und das polizeiliche Handeln wegen Verstoßes gegen das Gebot des Vorrangs des Gesetzes rechtswidrig ist.

b) Vorbehalt des Gesetzes

133 Nach dem Grundsatz des Vorbehalts des Gesetzes bedarf die Verwaltung zum Tätigwerden grundsätzlich einer gesetzlichen Ermächtigungsgrundlage. Kurz gefasst: Kein Verwaltungshandeln ohne Gesetz. Für polizeiliches Handeln wird dies an folgendem Fallbeispiel deutlich.

Fall:

Karnevalist K geht gegen 0:30 Uhr nach einer Karnevalssitzung gut gelaunt und lauthals „MER LOSSE D'R DOM EN KÖLLE" singend durch ein ruhiges Wohnviertel nach Hause. Eine Polizeistreife, die auf ihn aufmerksam wird, spricht ihn an und fordert ihn auf, ruhig nach Hause zu gehen. K kommt der Aufforderung umgehend nach. Was ist die Rechtsgrundlage für die polizeiliche Aufforderung an K?

Lösung:

Die polizeiliche Aufforderung an K, ruhig nach Hause zu gehen, bedarf nach dem Grundsatz des Vorbehalts des Gesetzes einer gesetzlichen Ermächtigungsgrundlage. Für präventives polizeiliches Handeln finden sich Ermächtigungsgrundlagen, sofern nicht Spezialgesetze einschlägig sind, typischerweise im Polizeigesetz Nordrhein-Westfalen (PolG NRW). Da vorliegend keine der Standardermächtigungen aus §§ 9–46 PolG NRW einschlägig ist, greift die Generalklausel aus § 8 PolG NRW.[81] Danach kann die Polizei zur Abwehr einer Gefahr die notwendigen Maßnahmen treffen. Insofern hier durch das lautstarke Singen des K die Nachtruhe und der Schlaf der Anwohner gestört wurde, bestand eine Gefahr für Individualrechtsgüter sowie – wegen der Verletzung einschlägiger Bestimmungen des Landesimmissionsschutzgesetzes Nordrhein-Westfalen (LImSchG NRW) – eine Gefahr für die objektive Rechtsordnung. Die handelnden Polizeibeamten waren daher berechtigt, auf Grundlage des § 8 PolG NRW tätig zu werden. Der Grundsatz des Vorbehalts des Gesetzes ist folglich gewahrt worden.

[80] Vgl. ausf. zur Identitätsfeststellung bei Nichtverdächtigen: *Bialon/Springer* EingriffsR Kap. 12 Rn. 18 ff.

[81] Vgl. *Bialon/Springer* EingriffsR Kap. 8 Rn. 2 ff.

Während der Grundsatz des Vorrangs des Gesetzes ausnahmslos gilt, wird die Reichweite des Grundsatzes des Vorbehalts des Gesetzes verschiedentlich diskutiert.[82] Hier wird zum Teil vertreten, dass staatliches Handeln außerhalb der Eingriffsverwaltung, das ausschließlich begünstigend für den Bürger wirkt, keiner gesetzlichen Grundlage bedarf. Insofern typisches polizeiliches Handeln im Rahmen von Strafverfolgung und Gefahrenabwehr regelmäßig Grundrechte des Bürgers berührt und zur klassischen Eingriffsverwaltung zählt, soll diese Thematik vorliegend mangels Studien- und Praxisbezug nicht weiter vertieft werden. 134

c) Formelle und materielle Gesetze

Abschließend geklärt werden muss aber, was beide Grundsätze unter „Gesetzen" verstehen. Hier ist die Unterscheidung von sog. formellen und materiellen Gesetzen von Bedeutung. 135

Formelle Gesetze sind alle parlamentarischen Gesetze. Parlamentarische Bundesgesetze (zB die StPO oder StGB) werden von Bundestag und Bundesrat im parlamentarischen Gesetzgebungsverfahren beschlossen (Art. 76–82 GG). Parlamentarische Landesgesetze (zB das PolG NRW) werden von den jeweiligen Landesparlamenten beschlossen. Der Begriff „formelles Gesetz" bezieht sich auf das Verfahren. Formelle Gesetze sind regelmäßig auch materielle Gesetze. Der Begriff des materiellen Gesetzes ist inhaltsbezogen. Ein materielles Gesetz liegt vor, wenn eine rechtliche Regelung eine unbestimmte Vielzahl von Fällen regelt und sie regelmäßig für eine unbestimmte Vielzahl von Personen gilt. Der gesetzgeberische Normalfall ist eine Kombination von formellem und materiellem Gesetz, wie zB in StPO, StGB und PolG NRW. Bei diesen Regelungen handelt es sich sämtlich um Gesetze im materiellen Sinn, die in einem parlamentarischen Verfahren beschlossen wurden und damit auch Gesetz im formellen Sinn sind. Gesetzgeberischer Sonderfall sind „nur"-formelle Gesetze wie zB Haushaltsgesetze des Bundestages (Art. 110 II 1 GG). Diese ergehen zwar im parlamentarischen Verfahren, haben aber keinerlei materiellen Regelungsinhalt nach außen. Für das Grundstudium im Staatsrecht relevant sind die „nur"-materiellen Gesetze. Dies sind materielle Regelungen, zB Rechtsverordnungen oder Satzungen, die von der Exekutive aufgrund eines Gesetzes erlassen worden sind. 136

> **Beispiel:** Die Straßenverkehrsordnung (StVO) ist vom Bundesinnenminister auf der Grundlage des § 6 Straßenverkehrsgesetz (StVG) erlassen worden. Das StVG selbst ist ein materielles und formelles Bundesgesetz, da es von Bundestag und Bundesrat im parlamentarischen Verfahren beschlossen worden ist. Die StVO ihrerseits ist nicht in einem parlamentarischen Verfahren beschlossen worden und ist daher nur materielles Gesetz.

Bei staatsrechtlichen Fallprüfungen wird die Unterscheidung zwischen formellem und materiellem Gesetz insbesondere bei Eingriffen in die Freiheit der Person gem. Art. 2 II 2 GG iVm Art. 104 GG bedeutsam. Wegen der hohen Bedeutung der Freiheit der Person kann ein Eingriff in dieses Grundrecht gem. Art. 104 I 1 GG grundsätzlich nur dann verfassungsrechtlich gerechtfertigt sein, wenn er „aufgrund eines förmlichen Gesetzes" erfolgt. Der Begriff des förmlichen Ge- 137

[82] Vgl. zum Meinungsstand ausführlich: *Kloepfer* VerfassungsR I § 10 Rn. 114 ff.

setzes ist dabei mit dem Begriff des formellen Gesetzes gleichzusetzen, dh die Ermächtigungsgrundlage muss ein Parlamentsgesetz sein.

Beispiele:
- Die Polizei nimmt den vollkommen betrunkenen und hilflosen T bis zum nächsten Morgen in Gewahrsam.
- Nach einem Tankstellenraub wird R noch vor Ort von zwei Polizeibeamten vorläufig festgenommen.

Die Eingriffe in das Grundrecht des T sowie des R auf Freiheit der Person aus Art. 2 II 2 GG iVm Art. 104 GG sind nur dann verfassungsrechtlich gerechtfertigt, wenn sie nach dem Grundsatz des Vorbehalts des Gesetzes auf einer gesetzlichen Grundlage beruhen. Dabei muss es sich gem. Art. 104 I 1 GG um ein förmliches Gesetz handeln. In beiden Fällen ist die verfassungsrechtliche Vorgabe eingehalten. Die Ingewahrsamnahme des T erfolgt auf Grundlage des § 35 I Nr. 1 PolG NRW; der R wird gem. § 127 II StPO vorläufig festgenommen. Bei beiden Gesetzen handelt es sich um „förmliche" bzw. formelle Parlamentsgesetze. Während § 35 I Nr. 1 PolG NRW ein förmliches Landesgesetz ist, handelt es sich bei § 127 II StPO um ein förmliches Bundesgesetz. In beiden Fällen ist somit auch die besondere verfassungsrechtliche Vorgabe aus Art. 104 I 1 GG eingehalten.

138 Nach allgemeiner Auffassung gilt auch bei staatlichen Eingriffen in die Grundrechte aus Art. 2 II 1 GG – Leben und körperliche Unversehrtheit – das verfassungsrechtliche Erfordernis, dass es sich bei der Ermächtigungsgrundlage um ein formelles Gesetz handeln muss, obwohl dies nicht explizit im Grundgesetz vorgesehen ist.[83] Mit Blick auf die grundrechtlichen Schutzgüter – Leben, körperliche Unversehrtheit und Freiheit der Person – wäre es schlicht widersinnig, bei polizeilichen Eingriffen in die Freiheit der Person zB bei einem Festhalten im Rahmen einer Identitätsfeststellung gem. Art. 104 I 1 GG ein förmliches Parlamentsgesetz als Ermächtigungsgrundlage zu verlangen, während bei Eingriffen in das Leben oder die körperliche Unversehrtheit, zB bei der Durchsetzung einer polizeilichen Maßnahme mit unmittelbarem körperlichem Zwang, ein „nur"-materielles Gesetz zB in Form einer Rechtsverordnung für die verfassungsrechtliche Rechtfertigung ausreichen würde. Vor diesem Hintergrund erhellt sich, dass verfassungskonforme staatliche Eingriffe auch in Leben oder körperliche Unversehrtheit (Art. 2 II 2 GG) nur aufgrund eines förmlichen Gesetzes möglich sind. Dies steht auch im Einklang mit der Wesentlichkeitstheorie des BVerfG, wonach alle „wesentlichen", dh insbesondere grundrechtsrelevanten Entscheidungen unter dem Parlamentsvorbehalt stehen und damit vom jeweiligen Parlament selbst getroffen werden müssen.[84]

[83] Vgl. *Jarass/Pieroth* GG Art. 2 Rn. 95.

[84] Vgl. zur „Wesentlichkeitstheorie" des BVerfG zB BVerfGE 49, 89 ff. = NJW 1979, 359; BVerfGE 57, 295 ff. = NJW 1981, 1774; BVerfGE 84, 212 ff. = NJW 1991, 2549; BVerfGE 85, 386 ff. = NJW 1992, 1875; BVerfGE 90, 298 ff. = NJW 1994, 2207; BVerfGE 98, 218 ff. = NJW 1998, 2515.

<table>
<tr><th>Materielle Gesetze</th><th>Formelle Gesetze</th></tr>
<tr><td>= inhaltsbezogen, dh Gesetze regeln Vielzahl von Fällen und richten sich an Vielzahl von Adressaten nach außen.</td><td>= verfahrensbezogen, dh alle Gesetze die in einem verfassungsmäßigen parlamentarischen Verfahren beschlossen worden sind.</td></tr>
<tr><td colspan="2">Gesetzgeberischer „Normalfall“: Gesetze im materiellen und formellen Sinn
(Relevanz bei staatsrechtlichen Fallprüfungen wg. Art. 104 I 1 GG „förmliches Gesetz“)</td></tr>
<tr><td colspan="2">▪ zB: StPO, StGB, StVG, Beamtenstatusgesetz (förmliche Bundesgesetze)
▪ zB: PolG NRW, Landesbeamtengesetz NRW (förmliche Landesgesetze)</td></tr>
<tr><td>Gesetzgeberischer „Sonderfall“: nur materielles Gesetz</td><td>Gesetzgeberischer „Sonderfall“: nur formelles Gesetz</td></tr>
<tr><td>Rechtsverordnungen und Satzungen – zB StVO</td><td>zB Haushaltsgesetze gem. Art. 110 II 1 GG</td></tr>
</table>

Abb. 14 Formelle und materielle Gesetze

5. Übermaßverbot

Aus dem Rechtsstaatsprinzip (Art. 20 III GG) wird das Übermaßverbot abgeleitet. 139
Dieses wird begrifflich auch als Verhältnismäßigkeitsprinzip im weiteren Sinne bezeichnet, der Begriff des Übermaßverbots ist aber präziser und vermeidet sprachliche Dopplungen.[85] Das Übermaßverbot ist eine allgemeine rechtsstaatliche Grundregel für jedes staatliche Handeln. Insbesondere polizeiliche Maßnahmen müssen im Einklang mit dem Übermaßverbot/Verhältnismäßigkeitsgrundsatz im weiteren Sinne stehen; dh dass die eingesetzten polizeilichen Mittel und das verfolgte polizeiliche Ziel in einem angemessenen Verhältnis stehen müssen.

> **Fall:**
>
> Auf dem Kölner Alter Markt wird am 11.11. der Karneval eröffnet. Auch der Karnevalsjeck Max Dralle ist aus der Eifel angereist, um mitzufeiern. Er hat jedoch deutlich zu viel Alkohol getrunken und wird anderen Besuchern gegenüber verbal aggressiv, indem er sie lautstark anpöbelt. Die beiden Polizeibeamten P und W, die das Geschehen vom Rande aus beobachten, haben Max Dralle bereits eindringlich zur Ordnung gerufen und ermahnt. Als Max Dralle erneut Besucher anpöbelt, erteilen sie Max Dralle einen Platzverweis für den Bereich der Kölner Altstadt.
>
> **Aufgabenstellung:**
>
> Prüfen Sie gutachtlich, ob Max Dralle durch den polizeilichen Platzverweis in seinen Grundrechten verletzt wird! Vorliegend ist nur auf das **Übermaßverbot/Verhältnismäßigkeit** im weiteren Sinne einzugehen!

Im Rahmen einer staatsrechtlichen Prüfung ist das Übermaßverbot als allgemei- 140
ne Verfassungsvorgabe aus Art. 20 III GG im Rahmen der verfassungsrechtlichen Rechtfertigung des Eingriffs bei den „Schranken-Schranken“ zu prüfen. Die

[85] Umfassend und mwN zur Terminologie: *Kloepfer* VerfassungsR I § 10 Rn. 199.

Prüfung des Übermaßverbots bzw. der Verhältnismäßigkeit im weiteren Sinne ist Bestandteil jeder staatsrechtlichen Grundrechtsprüfung.

„Übermaßverbot/Verhältnismäßigkeit im weiteren Sinne" im Prüfungsschema einer Grundrechtsprüfung im Staatsrecht

1. Bezeichnung des betroffenen Grundrechts
2. Eröffnung des Schutzbereichs des Grundrechts in persönlicher (Wer wird geschützt?) und sachlicher (Was wird geschützt?) Hinsicht
3. Eingriff in den Schutzbereich
4. Verfassungsrechtliche Rechtfertigung des Eingriffs
   a) Grundrechtsschranken (Sind die allgemeinen verfassungsrechtlichen Vorgaben, nach denen ein Eingriff in das Grundrecht erlaubt ist, eingehalten worden?)
   b) sog. „Schranken-Schranken" (Sind die verfassungsrechtlichen Vorgaben bei der konkreten Gesetzesanwendung eingehalten worden?)
      aa) besondere Verfassungsvorgaben (zB Art. 104 II GG – Richtervorbehalt)
      bb) allgemeine Verfassungsvorgabe (immer zu prüfen!) – Art. 20 III GG Übermaßverbot
5. Ergebnis

141 Im Einzelnen erfolgt die Prüfung des Übermaßverbots in fünf Schritten. Es ist zunächst das (polizeiliche) Ziel der Maßnahme und das (polizeiliche) Mittel zu benennen. Sodann ist zu überprüfen, ob das Mittel den Grundsätzen der Geeignetheit, der Erforderlichkeit und der Verhältnismäßigkeit im engeren Sinn (Angemessenheit) entspricht.

Prüfungsschema: Übermaßverbot

1. Benennung des (polizeilichen) Ziels
2. Benennung des (polizeilichen) Mittels
3. Geeignetheit
4. Erforderlichkeit
5. Verhältnismäßigkeit im engeren Sinn (Angemessenheit)

142 Die Begriffe der Geeignetheit, Erforderlichkeit und Verhältnismäßigkeit im engeren Sinn (Angemessenheit) sind erläuterungsbedürftig. Geeignet ist ein Mittel dann, „wenn mit seiner Hilfe der gewünschte Erfolg gefördert werden kann".[86] Die objektive Zwecktauglichkeit und Förderung der Zweckerreichung ist insofern ausreichend. Als Hürde bedeutsamer ist das Kriterium der Erforderlichkeit einer staatlichen Maßnahme. Erforderlich ist ein polizeiliches Mittel dann, wenn das Ziel der Maßnahme durch kein anderes, gleich wirksames milderes Mittel erreicht werden kann, das die Grundrechte des Betroffenen und die Allgemeinheit weniger belastet.[87] Verhältnismäßig im engeren Sinne (bzw. angemessen oder

[86] Vgl. nur BVerfGE 33, 171 (187) = NJW 1972, 1509.
[87] Vgl. BVerfGE 53, 135 (145) = NJW 1980, 1511; BVerfGE 67, 157 (177) = NJW 1985, 121; BVerfGE 68, 196 (219).

zumutbar) ist eine polizeiliche Maßnahme dann, wenn die mit der Maßnahme verbundene Belastung nicht (völlig) außer Verhältnis zu dem damit verfolgten polizeilichen Ziel steht.[88] Notwendig ist hier eine Güterabwägung zwischen dem öffentlichen Interesse an der Erfüllung der polizeilichen Aufgabe und der Schwere des Eingriffs beim betroffenen Bürger. Wenn die Intensität des Eingriffs in einem krassen Missverhältnis[89] zu dem mit der Maßnahme verfolgten Zweck steht, ist die Maßnahme nicht angemessen bzw. verhältnismäßig im engeren Sinn. Anschaulich werden diese Grundsätze, wenn man sie auf den Ausgangsfall überträgt.

Lösung:

Anmerkung: Der Lösungsvorschlag stellt eine ausführliche Prüfung nur der Verhältnismäßigkeit im weiteren Sinne vor und zeigt auf, an welcher Stelle im Prüfungsschema diese Prüfung zu erfolgen hat. Ausführliche und vollständige Formulierungsbeispiele für Grundrechtsprüfungen finden sich unter → Kap. 4 Rn. 332 ff.

1. Betroffenes Grundrecht

Max Dralle könnte durch den erteilten Platzverweis in seinem Grundrecht auf Freiheit der Person aus Art. 2 II 2 GG iVm Art. 104 GG verletzt worden sein.[90] Eine Grundrechtsverletzung liegt dann vor, wenn staatliche Organe verfassungswidrig in das Grundrecht eingegriffen haben.

2. Schutzbereich

(…)

3. Eingriff in den Schutzbereich

(…)

4. Verfassungsrechtliche Rechtfertigung des Eingriffs

a) Schranken

(…)

b) Schranken-Schranken

(1) Besondere Verfassungsvorgaben

(…)

(2) Allgemeine Verfassungsvorgaben

Aus dem Rechtsstaatsprinzip (Art. 20 III GG) ergibt sich schließlich die allgemeine Verfassungsvorgabe des Übermaßverbots. Das verfolgte staatliche Ziel muss in einem angemessenen Verhältnis zu den eingesetzten Mitteln stehen. Es ist daher zu überprüfen, ob der erteilte Platzverweis im Einklang mit dem Übermaßverbot steht. Das ist dann der Fall, wenn der Platzverweis das geeignete, erforderliche und angemessene Mittel zur Erreichung des polizeilichen Ziels ist.

88 Vgl. *Kloepfer* VerfassungsR I § 10 Rn. 213.

89 Vgl. BVerfGE 16, 194 (204) = NJW 1963, 1597; BVerfGE 30, 292 (316) = NJW 1971, 1255.

90 Nach hM greift ein polizeilicher Platzverweis in die körperliche Fortbewegungsfreiheit ein. Bei der Frage, ob der sachliche Schutzbereich eröffnet ist, sollte in Fallbearbeitungen aber immer in Richtung Freizügigkeit (Art. 11 GG) und allgemeiner Handlungsfreiheit (Art. 2 I GG) abgegrenzt werden. Vgl. auch → Kap. 4 Rn. 88 sowie *Bialon/Springer* EingriffsR Kap. 19 Rn. 4, 5.

Polizeiliches Ziel der Maßnahme von P und W ist die Abwehr von Gefahren für Besucher des Alter Markts, die durch das Verhalten von Max Dralle drohen. Durch seine aggressiven Pöbeleien bestehen Gefahren für Ehre, Freiheit und körperliche Unversehrtheit der übrigen Karnevalsbesucher. Gleichzeitig sollen durch die Maßnahme entsprechende Straftaten wie Beleidigungen, Bedrohungen, Nötigungen und Körperverletzungen verhindert werden.

Polizeiliches Mittel zur Erreichung dieses Ziels ist der Platzverweis gegenüber Max Dralle gem. § 34 PolG NRW. Hiermit wird ihm der Aufenthalt im Bereich der Kölner Altstadt für die Dauer der Karnevalsfeierlichkeiten an diesem Tag untersagt.

Der Platzverweis müsste geeignet sein, das polizeiliche Ziel zu erreichen. Geeignet ist ein Mittel, wenn es objektiv zwecktauglich ist und das angestrebte Ziel zumindest fördert. Insofern der Platzverweis Max Dralle daran hindert, den Ort der Karnevalsfeierlichkeiten zu betreten, um dort die Karnevalsbesucher weiter anzupöbeln und zu bedrohen, ist der Platzverweis ein geeignetes polizeiliches Mittel.

Der Platzverweis müsste auch das erforderliche Mittel sein. Erforderlich ist ein polizeiliches Mittel, wenn das Ziel der Maßnahme durch kein anderes, gleich wirksames milderes Mittel erreicht werden kann, das die Grundrechte des Betroffenen und die Allgemeinheit weniger belastet. Als milderes Mittel kommt hier die Aufforderung an Max Dralle, sich ruhig zu verhalten, in Betracht. Eine solche Aufforderung ist von den Polizeibeamten jedoch schon im Vorfeld ausgesprochen worden und hat sich als nicht zielführend erwiesen. Der Platzverweis ist somit das nächstmildere, erforderliche Mittel.

Schließlich müsste der Platzverweis auch verhältnismäßig im engeren Sinne bzw. angemessen sein. Angemessen ist eine polizeiliche Maßnahme, wenn die mit der Maßnahme verbundene Belastung nicht (völlig) außer Verhältnis zu dem damit verfolgten polizeilichen Ziel steht. Notwendig ist hier eine Güterabwägung zwischen dem öffentlichen Interesse an der Erfüllung der polizeilichen Aufgabe und der Schwere des Eingriffs beim betroffenen Bürger. Vorliegend wird Max Dralle durch den Platzverweis für den Bereich der Altstadt in seiner persönlichen Freiheit (Hinbewegungsfreiheit) beschränkt und de facto von den Karnevalsfeierlichkeiten in diesem örtlichen Bereich ausgeschlossen. Dies ist eine Grundrechtsbeschränkung, die Gewicht hat, allerdings zeitlich und örtlich begrenzt ist. Andererseits werden durch den Platzverweis Rechtsgüter der übrigen Besucher – konkret: Ehre, Freiheit, körperliche Unversehrtheit – geschützt, die von Max Dralle bedroht wurden und korrespondierend damit zu erwartende Straftaten verhindert. Insgesamt überwiegt dieses öffentliche Interesse der Gefahrenabwehr die Nachteile von Max Dralle deutlich, sodass der Platzverweis auch das angemessene Mittel ist.

Die polizeiliche Maßnahme verstößt somit nicht gegen das Übermaßverbot und ist insgesamt verfassungsgemäß.

5. Ergebnis

Das Grundrecht aus Art. 2 II 2 GG iVm Art. 104 GG wurde nicht verletzt, da der Eingriff verfassungsrechtlich gerechtfertigt ist.

6. Staatlicher Rechtsschutz

143 Der Rechtsstaat gewährt seinen Bürgern Rechtsschutz. Der Bürger soll vor allem die Möglichkeit erhalten, rechtsstaatliche Garantien vor den Gerichten zu erzwingen. Das Grundgesetz enthält zahlreiche entsprechende Gewährleistungen.

Von Bedeutung ist insbesondere die Rechtsschutzgarantie in Art. 19 IV GG, die sicherstellt, dass alle Maßnahmen der Staatsgewalt nachprüfbar sind, sowie die Justizgrundrechte in den Art. 101–104 GG. Im Überblick stellen sich die wichtigsten grundgesetzlichen Regelungen wie folgt dar:

Staatlicher Rechtsschutz und Justizgrundrechte	
Art. 19 IV GG	Eröffnung des Rechtswegs
Art. 92 GG	Ausübung der Rechtsprechung durch die Gerichte
Art. 97 I GG	Persönliche und sachliche Unabhängigkeit der Richter
Art. 97 II GG	Grundsätzliche Unabsetzbarkeit und Unversetzbarkeit der Richter
Art. 101 I GG	Gesetzlicher Richter; Verbot von Ausnahmegerichten
Art. 103 I GG	Anspruch auf rechtliches Gehör
Art. 103 II GG	Keine Strafe ohne Gesetz, absolutes Rückwirkungsverbot im Strafrecht und OWiG
Art. 103 III GG	Verbot der Mehrfachbestrafung
Art. 104 I GG	Freiheitsentzug nur aufgrund förmlichen Gesetzes
Art. 104 II GG	Grundsätzlich Richtervorbehalt bei Freiheitsentzug
Art. 104 III GG	Vorführungspflicht vor den Richter
Art. 104 IV GG	Benachrichtigungspflichten bei Freiheitsentzug

Abb. 15 Staatlicher Rechtsschutz und Justizgrundrechte

VII. Kontrollfragen

?

1. Was beinhaltet das Staatsformmerkmal der Republik? Welche anderen Staatsformen kennen Sie?
2. Wer ist nach dem Grundgesetz das Staatsoberhaupt in der Bundesrepublik Deutschland?
3. Wer wählt das Staatsoberhaupt in der Bundesrepublik?
4. Was sind die Kerninhalte des Demokratieprinzips?
5. Wo ist das Demokratieprinzip im Grundgesetz verankert?
6. Was sind die wesentlichen Unterschiede zwischen mittelbarer und unmittelbarer Demokratie?
7. Erläutern Sie das Prinzip der personalisierten Verhältniswahl in der Bundesrepublik!
8. Nennen Sie die Mehrheitsbegriffe des Grundgesetzes und erläutern Sie diese an Beispielen!
9. Warum ist Minderheitenschutz für eine Demokratie notwendig? Wo finden sich im Grundgesetz Beispiele für Minderheitenschutz?
10. Erläutern Sie die Wahlrechtsgrundsätze aus Art. 38, 39 GG!
11. Wie ist die Formulierung „Abstimmungen“ in Art. 20 II 2 GG zu verstehen?

12. Skizzieren Sie die demokratische Legitimation der Organe der Legislative, Exekutive und Judikative in der Bundesrepublik!
13. Was ist Inhalt der „Wesentlichkeitstheorie“ des BVerfG?
14. Was ist der Unterschied zwischen dem liberalen und dem sozialen Rechtsstaat?
15. Nennen Sie konkrete Beispiele für das Sozialstaatsprinzip!
16. Beschreiben Sie die Kernfunktion des Bundesstaatsprinzips!
17. Wie ist das Bundesstaatsprinzip abgesichert?
18. Wie sind die Aufgaben zwischen Bund und Ländern aufgeteilt?
19. Was beschreibt der Grundsatz des „bundesfreundlichen Verhaltens“?
20. Wie wirkt sich das Bundesstaatsprinzip auf den Aufbau und die Aufgaben der Polizei aus?
21. Aus welchen Vorschriften des Grundgesetzes wird das Rechtsstaatsprinzip abgeleitet?
22. Nennen Sie vier wesentliche Elemente des Rechtsstaatsprinzips!
23. Erläutern sie die Begriffe der horizontalen, vertikalen, organisatorischen und persönlichen Gewaltenteilung!
24. Was beinhalten die Grundsätze der Rechtsklarheit, Bestimmtheit und Rechtssicherheit?
25. Unter welchen Voraussetzungen ist eine Rückwirkung von Gesetzen möglich? Erläutern Sie die Begriffe der echten und unechten Rückwirkung!
26. Was besagen die Grundsätze vom Vorrang und Vorbehalt des Gesetzes?
27. Was sind formelle und materielle Gesetze?
28. Was beinhaltet das Übermaßverbot bzw. der Verhältnismäßigkeitsgrundsatz im weiteren Sinne?
29. An welcher Stelle und in welcher Reihenfolge wird das Übermaßverbot bei einer Grundrechtsprüfung im Staatsrecht geprüft?
30. Nennen Sie die Definitionen der Geeignetheit, Erforderlichkeit und Angemessenheit!

3. KAPITEL. Grundrechtslehre und Grundrechte in der polizeilichen Fallbearbeitung

A. Einführung in die Grundrechtslehre

Die Grundrechte des Grundgesetzes sind richtungsweisend für das Handeln des Staates. Die gesamte öffentliche Gewalt in der Bundesrepublik ist gem. Art. 1 III GG an die Grundrechte als unmittelbar geltendes Recht gebunden. Dies gilt sowohl für die in Art. 1 bis 19 GG benannten Grundrechte als auch für die sog. grundrechtsgleichen Rechte, die in Art. 93 I Nr. 4a GG zusammenfassend aufgezählt sind (→ Kap. 2 Rn. 26). Neben dieser Unterscheidung lassen sich Grundrechte des Grundgesetzes hinsichtlich ihrer Funktion und der unterschiedlichen Grundrechtsarten differenzieren. 1

I. Funktionen der Grundrechte

Die meisten Grundrechte haben eine Doppelfunktion. Zu unterscheiden ist zwischen der subjektiv-rechtlichen und der objektiv-rechtlichen Funktion der Grundrechte. 2

Als subjektiv-öffentliche Rechte enthalten die Grundrechte eine konkrete Begünstigung des Einzelnen und sollen die Freiheitssphäre des Bürgers vor Eingriffen der öffentlichen Gewalt sichern. 3

> **Beispiel:** In Art. 2 II 1 GG wird ausdrücklich das Recht auf Leben und körperliche Unversehrtheit gewährleistet. Damit werden Abwehrrechte des Bürgers gegen Eingriffe der öffentlichen Gewalt in die Rechtsgüter Leben und körperliche Unversehrtheit begründet, die er im Bedarfsfall mit Rechtsbehelfen gerichtlich durchsetzen kann. So kann zB der Bürger, der nach einer Trunkenheitsfahrt (§ 316 StGB) einer Blutprobe gem. § 81a StPO unterzogen worden ist, diesen Eingriff in seine körperliche Unversehrtheit gerichtlich überprüfen lassen.

Darüber hinaus haben die Grundrechte aber auch eine objektiv-rechtliche Funktion, mit der objektive Gewährleistungen durch den Staat verbunden sind. Nach der Rechtsprechung des BVerfG sind Grundrechte „nicht allein Abwehrrechte des Einzelnen gegen die öffentliche Gewalt, sondern stellen zugleich objektiv-rechtliche Wertentscheidungen der Verfassung dar, die für alle Beteiligten der Rechtsordnung gelten und Richtlinien für Gesetzgebung, Verwaltung und Rechtsprechung geben.“[1] 4

[1] Feststehende Rspr. des BVerfG seit BVerfGE 5, 85 = NJW 1956, 1393 – KPD-Verbot.

5 Die Grundrechte auf Leben und körperliche Unversehrtheit sind nicht nur Abwehrrechte des Bürgers gegen Eingriffe des Staates in diese Rechtsgüter, sie stellen als Rechtsgüter auch zentrale Werte der Verfassung dar, die den Staat ganz allgemein binden. Deutlich wird dies an zahlreichen Schutzpflichten des Staates, zB im Bereich des Schutzes des ungeborenen Lebens, des Mutterschutzes, des Arbeitsschutzes sowie im Bereich der Sterbehilfe.[2]

1. Subjektiv-rechtliche Funktion der Grundrechte

6 Im Rahmen ihrer subjektiv-rechtlichen Funktion wirken die Grundrechte als Abwehrrechte, Leistungsrechte und Mitwirkungsrechte.

Subjektiv-öffentliche Funktion(en) der Grundrechte		
Abwehrrechte	Leistungsrechte	Mitwirkungsrechte

Abb. 16 Subjektiv-rechtliche Funktion(en) der Grundrechte

a) Grundrechte als Abwehrrechte

7 Grundrechte gewähren traditionell „Freiheit vor dem Staat“. Sie sind damit auf die Abwehr staatlicher Eingriffe gerichtet und verpflichten den Staat, die grundrechtlich geschützten Freiheiten des Einzelnen zu respektieren.[3]

8 Die Abwehrfunktion der Grundrechte ist die klassische Funktion der Grundrechte und hat im Bereich des polizeilichen Eingriffshandelns überragende Bedeutung. Polizeiliche Maßnahmen greifen regelmäßig in geschützte Grundrechtspositionen ein. Die Abwehrfunktion der Grundrechte stellt sicher, dass dies nur im Rahmen der verfassungsrechtlichen Voraussetzungen erfolgen darf.

> **Beispiel:** Die Polizei nimmt den Tatverdächtigen eines Raubes (§ 249 StGB) gem. § 127 II StPO vorläufig fest. Dies stellt einen Eingriff in das Grundrecht der Freiheit der Person gem. Art. 2 II 2 GG iVm Art. 104 GG dar. Die Abwehrfunktion des Grundrechts hat zur Folge, dass dieser freiheitsentziehende Eingriff nur bei Wahrung der verfassungsrechtlichen Vorgaben erfolgen darf. Im Einzelnen ist zu beachten, dass gem. Art. 2. II 3 GG der Eingriff nur aufgrund eines Gesetzes erfolgen darf und die besonderen Verfassungsvorgaben aus Art. 104 I–IV GG (unter anderem Richtervorbehalt) sowie die allgemeine Vorgabe des Übermaßverbots aus dem Rechtsstaatsprinzip gem. Art. 20 III GG eingehalten werden.

b) Grundrechte als Leistungsrechte

9 Während der Staat durch die Abwehrfunktion der Grundrechte dazu angehalten wird, Beeinträchtigungen des Bürgers zu unterlassen, zielt die Leistungsfunktion der Grundrechte auf ein aktives staatliches Handeln zugunsten des Einzelnen ab.

10 Aus einigen Grundrechten ergibt sich bereits ausdrücklich ein Leistungsanspruch des Bürgers. Beispiele sind Art. 6 IV GG (Anspruch der Mutter auf Schutz

[2] Vgl. *Jarass/Pieroth* GG Art. 2 Rn. 91 ff.
[3] Vgl. BVerfGE 7, 198 = NJW 1958, 257.

und Fürsorge durch die Gemeinschaft), Art. 16a I GG (Anspruch auf Asyl), Art. 19 IV GG (Anspruch auf Rechtsschutz gegen Maßnahmen der Exekutive), Art. 101 I 2 GG (Anspruch auf den gesetzlichen Richter) und Art. 103 I GG (Anspruch auf rechtliches Gehör). Diese Grundrechte werden auch als originäre Leistungsrechte bezeichnet, da sie einen Anspruch auf etwas begründen, was gegebenenfalls vorher noch gar nicht vorhanden war und infolge des Leistungsanspruchs des Bürgers vom Staat einzurichten ist.[4]

Davon abzugrenzen sind die sog. derivativen Leistungsrechte oder Teilhaberechte. Hier gewährleisten die Grundrechte für den Bürger nur eine Teilhabe am Vorhandenen. 11

Beispiel: Der Studiengang „Medizin" an den Hochschulen hat traditionell einen starken Bewerberandrang, sodass im Rahmen der begrenzten Ausbildungskapazitäten nicht alle Bewerber berücksichtigt werden können. Die staatlichen Hochschulen treffen daher eine Auswahlentscheidung, die sich primär an der Note des Zeugnisses der allgemeinen Hochschulreife orientiert („Numerus-Clausus"). Im Rahmen der bestehenden Ausbildungsressourcen steht Bewerbern grundsätzlich gem. Art. 12 GG iVm Art. 3 I GG ein Recht auf Teilhabe an den staatlichen Ausbildungsressourcen zu. Dies beinhaltet aber wegen der beschränkten Kapazitäten nicht das Recht auf Zulassung zum Studiengang (mit der zwangsläufigen Folge, dass der Staat gegebenenfalls verpflichtet wäre, weitere Studienplätze zu schaffen), sondern nur das Recht auf eine sachgerechte, gleichheitsmäßige Auswahl der Bewerber/innen im Rahmen der bestehenden Studienplatzkapazitäten.[5]

c) Grundrechte als Mitwirkungsrechte

Grundrechte sichern schließlich auch die Mitwirkung des Bürgers an der staatlichen Willensbildung ab. Die Mitwirkungsrechte oder auch staatsbürgerlichen Rechte gewährleisten zB gem. Art. 38 GG das aktive und passive Wahlrecht des Bürgers oder gewähren jedem Einzelnen die gleichen Chancen beim Zugang zu öffentlichen Ämtern gem. Art. 33 I–III GG. 12

2. Objektiv-rechtliche Funktion der Grundrechte

Aus den Grundrechten ergeben sich darüber hinaus auch objektive verfassungsrechtliche Prinzipien, die für alle Rechtsbereiche gelten und Richtlinien für das staatliche Handeln bilden. Die Aspekte der objektiv-rechtlichen Funktionen der Grundrechte lassen sich vereinfacht wie folgt darstellen: 13

Objektiv-rechtliche Funktion(en) der Grundrechte		
Einrichtungsgarantien ▪ Institutionelle Garantien ▪ Institutsgarantien	**Staatliche Schutzpflichten**	**Ausstrahlungswirkung**

Abb. 17 Objektiv-rechtliche Funktion(en) der Grundrechte

[4] Vgl. *Kingreen/Poscher* StaatsR II Rn. 157.

[5] Vgl. BVerfGE 33, 303 = NJW 1972, 1561; BVerfGE 43, 291 (316) = NJW 1977, 569; BVerfG NJW 2018, 361 (362).

14 Im Bereich der Einrichtungsgarantien beziehen sich die institutionellen Garantien auf die Gewährleistung von Einrichtungen des öffentlichen Rechts. Beispielhaft zu nennen sind die institutionelle Garantie des Berufsbeamtentums gem. Art. 33 V GG oder die Garantie der staatlichen Schulaufsicht in Art. 7 I GG.

15 Der Begriff der Institutsgarantien bezieht sich hingegen auf die Gewährleistung von Rechtseinrichtungen des Privatrechts. So gewährleistet zB Art. 6 I GG den Bestand von Ehe und Familie[6] sowie Art. 14 GG das Eigentum und das Erbrecht als privatrechtliche Rechtsinstitute.[7]

16 Darüber hinaus ergeben sich aus den Grundrechten objektive staatliche Schutzpflichten. Der Staat hat sich schützend und fördernd vor die Grundrechte zu stellen.[8] Staatliche Handlungspflichten bestehen insbesondere dann, wenn mögliche Grundrechtsverletzungen irreparabel sind. Dies wird besonders deutlich für die in Art. 2 II 1 GG geschützten Rechtsgüter Leben und körperliche Unversehrtheit. Wegen der Sensibilität der Rechtsgüter bestehen hier weitreichende staatliche Schutzpflichten, die Ausdruck in zahlreichen Entscheidungen des BVerfG zB zum Schutz des ungeborenen Lebens[9], Schutzplichten bei der Gefahr einer Selbsttötung[10] und zum staatlichen Nichtraucherschutz[11] gefunden haben.

17 Anerkannt ist schließlich, dass die Grundrechte nicht nur unmittelbar im Verhältnis des Bürgers zum Staat gelten, sondern auch mittelbar auf die Rechtsbeziehungen zwischen den Bürgern ausstrahlen.[12] Diese Ausstrahlungswirkung der Grundrechte reicht weit ins Zivilrecht hinein. Insbesondere sog. unbestimmte Rechtsbegriffe und Generalklauseln (zB § 138 BGB – „gute Sitten"; § 242 BGB – „Treu und Glauben") müssen im Kontext der Grundrechte ausgelegt und angewandt werden. Soweit der Gesetzgeber oder die Gerichte allerdings auf der Zivilrechtsebene tätig werden, handelt es sich weiterhin um eine unmittelbare Drittwirkung.[13] Von einer mittelbaren Drittwirkung wird nur dann gesprochen, wenn die Grundrechte ausschließlich zwischen Privaten Wirkung entfalten.[14] Die Grundrechte verpflichten zwar auch dann die privaten Parteien untereinander nicht direkt, sie strahlen aber auf die privatrechtlichen Rechtsbeziehungen aus. Die Freiheit der einen ist dabei mit der Freiheit der anderen in Einklang zu bringen. Dabei hängt die Reichweite der mittelbaren Grundrechtswirkung von den Umständen des Einzelfalls ab.[15]

[6] Vgl. BVerfGE 6, 55 = NJW 1957, 417.
[7] Vgl. BVerfGE 24, 367 = NJW 1969, 309.
[8] Vgl. BVerfGE 39, 1 (41 f.) = NJW 1975, 573.
[9] BVerfGE 39, 1 = NJW 1975, 573; BVerfGE 88, 203 = NJW 1993, 1751.
[10] BVerfG DÖV 1990, 972.
[11] BVerfG NJW 2008, 2409.
[12] Vgl. *Jarass/Pieroth* GG vor Art. 1 Rn. 13 mwN.
[13] *Epping* GrundR Rn. 347.
[14] BVerfGE 7, 198 (205) = BeckRS 1958, 869; BVerfGE 137, 273 (313) = BeckRS 2014, 58356.
[15] BVerfG NJW 2018, 1667 (1668).

II. Grundrechtsarten

18 Neben der Systematisierung der Grundrechte nach ihren Funktionen hat sich in der Praxis der Fallbearbeitung eine Differenzierung der Grundrechte nach der Art des gewährleisteten Rechts als sinnvoll erwiesen. Hierbei wird in Freiheits- und Gleichheitsgrundrechte unterschieden.

Freiheitsgrundrechte	Gleichheitsgrundrechte
Spezielle Freiheitsgrundrechte, zB ▪ Recht auf körperliche Unversehrtheit (Art. 2 II 1 GG), ▪ Recht auf Freizügigkeit (Art. 11 GG) ▪ Recht auf Eigentum (Art. 14 GG)	**Spezielle Gleichheitsgrundrechte, zB** ▪ Gleichheit von Mann und Frau (Art. 3 II GG) ▪ Sonstige spezielle Gleichheitssätze (Art. 3 III GG)
Allgemeines Freiheitsgrundrecht ▪ Allgemeine Handlungsfreiheit gem. Art. 2 I GG	**Allgemeines Gleichheitsgrundrecht** ▪ Allgemeiner Gleichheitssatz gem. Art. 3 I GG

Abb. 18 Freiheits- und Gleichheitsgrundrechte

1. Freiheitsgrundrechte

19 Freiheitsgrundrechte gewähren dem Bürger bestimmte Freiräume, Rechte oder Handlungsfreiräume. Freiheitsrechte sind primär in den Art. 2, 4 bis 6, 8 bis 14 und 16 bis 17 GG zu finden. Dabei gibt es für besondere Sachverhaltskonstellationen spezielle Freiheitsgrundrechte, zB die Versammlungsfreiheit (Art. 8 GG), das Recht auf Freizügigkeit (Art. 11 GG) oder das Recht auf Freiheit der Person (Art. 2 II 2 GG iVm Art. 104 GG). Ist eine Freiheitsbetätigung nicht von einem speziellen Freiheitsgrundrecht erfasst, so ist das allgemeine Freiheitsgrundrecht aus Art. 2 I GG als Auffanggrundrecht heranzuziehen.

Klausurtipp für Fallbearbeitung von Freiheitsgrundrechten: Beginnen Sie in Fallprüfungen Ihr Gutachten immer mit einer möglichen Verletzung des Bürgers in einem speziellen Freiheitsgrundrecht. Erst wenn Sie zu dem Ergebnis kommen, dass der Betroffene gar nicht von dem speziellen Freiheitsgrundrecht geschützt wird – dh der persönliche Schutzbereich des Grundrechts ist nicht eröffnet – oder die konkrete Verhaltensweise nicht von dem speziellen Freiheitsgrundrecht geschützt wird – dh der sachliche Schutzbereich des Grundrechts nicht eröffnet ist – prüfen Sie eine mögliche Verletzung des Grundrechts der allgemeinen Handlungsfreiheit aus Art. 2 I GG als Auffanggrundrecht.

Fall 1:

Der tunesische Staatsangehörige X wird nach Gewalttätigkeiten gegen seine Freundin von den Polizeibeamten Schmitz und Meier aus der Wohnung der Freundin verwiesen. Gleichzeitig wird ihm ein Rückkehrverbot erteilt. Wird der X durch die polizeiliche Maßnahme in seinen Grundrechten verletzt?

Lösung:

Die Wohnungsverweisung mit Rückkehrverbot gem. § 34a PolG NRW könnte zunächst in das Grundrecht des X auf Freizügigkeit gem. Art. 11 GG eingreifen, sodass die Fallprüfung mit diesem Grundrecht zu beginnen ist. Als spezielles

Freiheitsgrundrecht ist es sachlich einschlägig, da es unter anderem auch den Aufenthalt schützt. Allerdings schützt Art. 11 GG als Bürgerrecht nur „Deutsche". Als ausländischer Staatsangehöriger gehört X daher nicht zum von Art. 11 GG geschützten Personenkreis, sodass der persönliche Schutzbereich des Grundrechts nicht eröffnet ist. Eine Grundrechtsverletzung des X in dem speziellen Freiheitsgrundrecht aus Art. 11 GG scheidet damit aus. In Betracht kommt allerdings eine Verletzung des X im Grundrecht auf allgemeine Handlungsfreiheit gem. Art. 2 I GG, welches jetzt zu prüfen ist. In sachlicher Hinsicht umfasst die allgemeine Handlungsfreiheit auch das Recht des einzelnen Bürgers, sich dort aufzuhalten wo er möchte, sodass das Grundrecht sachlich einschlägig ist. Insofern Art. 2 I GG als Menschenrecht alle Menschen unabhängig von der Nationalität schützt, ist X auch vom persönlichen Schutzbereich des Grundrechts erfasst.

Mit dem Verweisen aus der Wohnung der Freundin liegt ein Eingriff in den Schutzbereich dieses Grundrechts vor. Da § 34a PolG als Ermächtigungsgrundlage den Schrankenbestimmungen genügt und die Wohnungsverweisung mit dem Rückkehrverbot als verhältnismäßig einzustufen ist, ist der Eingriff in Art. 2 I GG gerechtfertigt. Eine Grundrechtsverletzung ist damit nicht gegeben.

Fall 2:

Der lebensmüde L ist im Begriff, von einer Brücke zu springen. Die Polizeibeamten Schmitz und Meier sind vor Ort und versuchen L von diesem Vorhaben abzubringen. Zu diesem Zweck verwickeln sie L in ein Gespräch. Im Rahmen dieses Gesprächs ergibt sich für Meier eine günstige Gelegenheit, den L mit einem beherzten Griff vom Brückengeländer zurückzuziehen. Wird der L durch das Herunterziehen vom Brückengeländer in seinen Grundrechten verletzt?

Lösung:

Die Prüfung ist mit einer möglichen Verletzung des L in seinem Grundrecht auf Leben aus Art. 2 II 1 GG zu beginnen, da dieses das speziellere Freiheitsgrundrecht ist. Das Grundrecht auf Leben schützt aber nur das aktive Leben, nicht die Entscheidung, nicht mehr leben zu wollen (→ Kap. 4 Rn. 69), sodass das Grundrecht sachlich nicht einschlägig ist. Die Prüfung einer möglichen Grundrechtsverletzung des L aus Art. 2 II 1 GG ist damit beendet. Nun ist eine Verletzung des L im allgemeinen Freiheitsgrundrecht aus Art. 2 I GG zu prüfen. Die allgemeine Handlungsfreiheit beinhaltet insoweit auch die Entscheidungsfreiheit des Einzelnen, nicht mehr leben zu wollen.

Klausurtipp: Nur ausnahmsweise, wenn offensichtlich kein spezielles Freiheitsgrundrecht in Betracht kommt, beginnen Sie Ihre Prüfung unmittelbar mit einer möglichen Verletzung des Betroffenen aus Art. 2 I GG.

Fall 3:

Max Dralle geht abends laut grölend durch ein ruhiges Wohnviertel nach Hause. Polizeibeamte werden auf ihn aufmerksam und weisen ihn an, seinen Weg ruhig und leise fortzusetzen. Prüfen Sie gutachtlich, ob Max Dralle durch die polizeiliche Weisung in seinen Grundrechten verletzt worden ist!

Lösung:

Die polizeiliche Weisung an Max Dralle, leise zu sein, stützt sich auf § 8 I PolG NRW. Da offensichtlich kein spezielles Freiheitsgrundrecht einschlägig ist, darf hier unmittelbar mit der Prüfung einer möglichen Grundrechtsverletzung aus Art. 2 I GG begonnen werden. Das Grundrecht der allgemeinen Handlungsfreiheit schützt die Freiheit des Einzelnen, zu tun und zu lassen, was er möchte. Damit ist auch die Freiheit, laut zu grölen, von Art. 2 I GG geschützt.

2. Gleichheitsgrundrechte

Von den Freiheitsgrundrechten abzugrenzen sind die Gleichheitsgrundrechte. 20
Diese stellen sicher, dass der Bürger im Verhältnis zu seinen Mitbürgern staatlicherseits nur aus einem sachlichen Grund ungleich oder gleich behandelt werden darf. Die Systematik der Gleichheitsrechte ist im Wesentlichen parallel zu den Freiheitsrechten. Es gibt spezielle Gleichheitsrechte in Art. 3 II, III GG, Art. 6 I und V GG, Art. 33 I–III GG, Art. 38 I 1 GG und das allgemeine Gleichheitsrecht aus Art. 3 I GG. Sind spezielle Gleichheitsrechte nicht einschlägig, so greift Art. 3 I GG als Auffanggrundrecht im Bereich der Gleichheitsgrundrechte.

III. Grundrechtsverpflichtete

Unabhängig von Art und Funktion, sind die Grundrechte gem. Art. 1 III GG „un- 21
mittelbar geltendes Recht" und verpflichten Gesetzgebung, vollziehende Gewalt und Rechtsprechung. Diese umfassende Grundrechtsbindung ist ein wesentlicher Unterschied unseres Grundgesetzes gegenüber der Weimarer Reichsverfassung. Diese stufte viele Grundrechte nur als programmatische Grundsätze ein, die gerichtlich nicht durchgesetzt und somit praktisch kaum wirksam werden konnten. Anders das Grundgesetz, das in Art. 1 III GG alle staatliche Gewalt umfassend und gleich welcher Art erfasst.[16] Als Grundrechtsverpflichtete oder Grundrechtsadressaten nennt Art. 1 III GG Gesetzgebung, vollziehende Gewalt und Rechtsprechung. Somit unterliegt jeder einzelne Polizeivollzugsbeamte des Bundes oder einer der Länderpolizeien bei seinem Handeln als Teil der vollziehenden Gewalt einer unmittelbaren Grundrechtsbindung aus Art. 1 III GG.

IV. Grundrechtsberechtigte

Träger von Grundrechten können nach dem Grundgesetz natürliche Personen 22
und – unter den Voraussetzungen des Art. 19 III GG – juristische Personen sein. Die Frage, ob jemand Grundrechtsberechtigter oder Grundrechtsträger eines Grundrechts ist, hat Bedeutung für die Fallbearbeitung. Bei der Beurteilung der Verfassungsmäßigkeit einer polizeilichen Maßnahme gegenüber dem Bürger ist immer zu klären, ob der einzelne Bürger ein bestimmtes Grundrecht für sich in Anspruch nehmen kann, sprich der persönliche Schutzbereich des Grundrechts für ihn eröffnet ist. Hinsichtlich des Kreises möglicher Grundrechtsberechtigter kann wie folgt differenziert werden:

16 Vgl. umfassend und detailliert zum Kreis der Grundrechtsverpflichteten aus Art. 1 III GG: *Jarass/Pieroth* GG Art. 1 Rn. 30 ff.

Grundrechtsberechtigte		
Natürliche Personen (Differenzierung der Grundrechte in **Menschenrechte** und **Bürgerrechte**)	**Juristische Personen**	
	des Privatrechts	**des öffentlichen Rechts**

Abb. 19 Grundrechtsberechtigte

1. Natürliche Personen als Grundrechtsberechtigte

23 Die Grundrechtsfähigkeit von natürlichen Personen erstreckt sich grundsätzlich von der Vollendung der Geburt bis zum Tod hin. Auch das werdende Leben (sog. nasciturus) ist Träger von Grundrechten. Dies ist jedenfalls hinsichtlich der Menschenwürde (Art. 1 I GG), des Rechts auf Leben und körperliche Unversehrtheit (Art. 2 II 1 GG) und des Erbrechts (Art. 14 GG) der Fall.[17] Tote können nicht Träger von Grundrechten sein. Ein „postmortaler Persönlichkeitsschutz" wird allerdings über Art. 1 I GG gewährleistet.[18]

24 Grundsätzlich kann jede natürliche Person Träger von Grundrechten sein. Dabei unterscheidet das Grundgesetz zwischen Grundrechten, die allen Menschen, Deutschen und Ausländern, zustehen (sog. Menschenrechte oder Jedermanngrundrechte) und solchen, die nur Deutschen vorbehalten sind (sog. Bürger- oder Deutschengrundrechte).

25 Menschenrechte oder Jedermann-Grundrechte stehen allen Menschen zu. Eine Begrenzung der Berechtigung in persönlicher Hinsicht ist nicht vorhanden. Menschenrechte sind im Grundgesetz durch die Bezeichnungen „alle Menschen" (zB Art. 3 I GG), „jeder" (zB Art. 2 I, II GG), „jedermann" (zB Art. 17 GG) und „niemand" (zB Art. 3 III GG) zu erkennen. Menschenrechte sind darüber hinaus auch die Grundrechte, die eine grundrechtlich geschützte Position ohne Einschränkung in persönlicher Hinsicht statuieren, wie zB „die Unverletzlichkeit der Wohnung" in Art. 13 GG oder „die Freiheit des Glaubens" in Art. 4 GG.

26 Bürgerrechte oder Deutschengrundrechte sind hingegen die Grundrechte, die nur Deutschen zustehen. Deutsche sind primär alle deutschen Staatsangehörigen iSd Art. 116 GG.[19] Die Bürgerrechte des Grundgesetzes sind durch die Formulierung „alle Deutschen" zu erkennen (zB in Art. 8, 9, 11, 12 GG). Ausländer können sich nicht unmittelbar auf diese Menschenrechte berufen, für sie gilt ein eingeschränkter Grundrechtsschutz über das allgemeine Freiheitsgrundrecht aus Art. 2 I GG.

27 Bei EU-Ausländern ist die Geltung der Bürgerrechte des Grundgesetzes umstritten. Hier wird zum Teil vertreten, dass wegen der Diskriminierungsverbote in den EU-Verträgen die Bürgerrechte des Grundgesetzes unmittelbar auch für EU-Ausländer gelten müssen.[20] Die Gegenmeinung stellt auf den eindeutigen

[17] Vgl. dazu BVerfGE 39, 1 (41) = NJW 1975, 573; BVerfGE 88, 203 (251).
[18] Vgl. BVerfGE 30, 173 (174) = NJW 1971, 1645.
[19] Vgl. zum Begriff des Deutschen in Art. 116 GG, → Kap. 1 Rn. 39.
[20] Vgl. *Schoch* JURA 2001, 201 (203) mwN.

Wortlaut des Grundgesetzes („alle Deutschen“) ab und will auch EU-Ausländern in diesen Fällen Grundrechtsschutz nur über Art. 2 I GG gewähren.[21]

2. Juristische Personen als Grundrechtsberechtigte

Bei juristischen Personen ist zwischen juristischen Personen des Zivilrechts und juristischen Personen des öffentlichen Rechts zu unterscheiden. 28

Juristische Personen des Zivilrechts sind Personenmehrheiten, die voll rechtsfähig sind und deren Vermögen vollständig vom Vermögen der Mitglieder oder Gesellschafter getrennt ist (zB rechtsfähige, eingetragene Vereine (eV), Gesellschaften mit beschränkter Haftung (GmbH), Aktiengesellschaften (AG). Darüber hinaus gibt es auch juristische Personen, die nur teilrechtsfähig sind (zB nichtrechtsfähige, nicht eingetragene Vereine, Gesellschaften bürgerlichen Rechts [GbR]). Juristische Personen des öffentlichen Rechts sind Körperschaften (zB Gemeinden), Anstalten (zB Sparkassen) und Stiftungen. 29

Die Grundrechte des Grundgesetzes gelten gem. Art. 19 III GG auch für juristische inländische Personen, wenn sie ihrem Wesen nach auf sie anwendbar sind. Erste Voraussetzung für eine Inanspruchnahme von Grundrechten durch eine juristische Person ist somit, dass diese ihren Sitz in der Bundesrepublik hat. Darüber hinaus muss das Grundrecht seinem Wesen nach auf die juristische Person anwendbar sein. Dies ist grundsätzlich bei allen Grundrechten der Fall, die auch kollektiv ausgeübt werden können, wie zB Eigentum (Art. 14 GG), Versammlungsfreiheit (Art. 8 GG) oder allgemeine Handlungsfreiheit (Art. 2 I GG). 30

Beispiele:

- Eine juristische Person hat wie eine natürliche Person Eigentum (Art. 14 GG): Der Sportverein hat ein eigenes Vereinsgrundstück.
- Eine juristische Person kann ungleich behandelt werden (Art. 3 GG): Bei der Sanierung einer Straße werden alle Anlieger zu Erschließungskosten herangezogen. Die ortsansässige X-GmbH erhält im Verhältnis zu den anderen Anliegern ohne sachlichen Grund einen überhöhten Kostenbescheid.

Eine juristische Person kann eine Meinung äußern (Art. 5 I 1 GG): Ein Tierschutzverein veröffentlicht auf seiner Homepage und auf Flyern eine kritische Berichterstattung gegenüber einem Geflügelproduzenten. 31

Ausgeschlossen ist die Anwendbarkeit eines Grundrechts auf juristische Personen immer dann, wenn einzelne Grundrechte und ihre Betätigung unmittelbar mit der menschlichen Person verbunden sind, wie zB das Grundrecht auf Leben und körperliche Unversehrtheit (Art. 2 II 1 GG). 32

Beispiele: Eine juristische Person kann nicht in ihrer körperlichen Unversehrtheit oder der Freiheit der Person beeinträchtigt werden. Adressat zB einer Blutprobe gem. § 81a StPO oder einer Ingewahrsamnahme gem. § 35 PolG NRW kann nur eine natürliche Person sein. Diese Maßnahmen können sich nicht gegen einen Verein oder eine Aktiengesellschaft als Ganzes richten, sondern nur gegen

[21] Vgl. *Epping* GrundR Rn. 585 mwN.

einzelne oder mehrere Vereinsmitglieder bzw. Angehörige der Aktiengesellschaft.

33 Für juristische Personen des öffentlichen Rechts gelten die Grundrechte grundsätzlich nicht. Nach Auffassung des BVerfG schützen die Grundrechte primär die Freiheitsrechte des Einzelnen gegenüber dem Staat. Der Staat ist also Grundrechtsverpflichteter bzw. Adressat der Grundrechte (vgl. Art. 1 III GG). Daraus ergibt sich, dass der Staat nicht gleichzeitig Berechtigter und Verpflichteter aus den Grundrechten sein kann. Das ist mit dem Wesen der Grundrechte nicht vereinbar.[22] Dennoch hat das BVerfG Ausnahmen von diesem Grundsatz zugelassen und zB Rundfunkanstalten (für Art. 5 I 2, 2. Fall - Rundfunkfreiheit)[23] und Universitäten (für Art. 5 III - Freiheit von Forschung und Lehre)[24] eine teilweise Grundrechtsberechtigung zuerkannt. Für Kirchen und Religionsgemeinschaften als Körperschaften des öffentlichen Rechts ist darüber hinaus eine umfassende Grundrechtsfähigkeit anerkannt.[25]

V. Differenzierter Überblick über die für das Staatsrecht relevanten Grundrechte

1. Grundstudium

34 Im Grundstudium Staatsrecht (Modul GS 2.1) an der HSPV NRW werden folgende polizeirelevante Grundrechte näher behandelt:

- Art. 1 I GG - Recht auf Menschenwürde
- Art. 2 I GG - Allgemeine Handlungsfreiheit
- Art. 2 I GG iVm Art. 1 I GG - Allgemeines Persönlichkeitsrecht mit Schwerpunkt Recht auf informationelle Selbstbestimmung (RIS)
- Art. 2 II 1 GG - Recht auf Leben und körperliche Unversehrtheit
- Art. 2 II 2 GG iVm Art. 104 GG - Recht auf Freiheit der Person
- Art. 3 I GG - Allgemeines Gleichheitsgrundrecht
- Art. 4 GG - Glaubens-, Gewissens- und Religionsfreiheit
- Art. 10 GG - Brief-, Post- und Fernmeldegeheimnis
- Art. 11 GG - Freizügigkeit
- Art. 13 GG - Unverletzlichkeit der Wohnung
- Art. 14 GG - Recht auf Eigentum

2. Hauptstudium

35 Im Hauptstudium (Modul HS 2.2) an der HSPV NRW werden folgende Grundrechte näher behandelt:

- Art. 5 I, II GG - Meinungs-, Informations- und Pressefreiheit
- Art. 8 GG - Versammlungsfreiheit
- Art. 16a GG - Asylrecht

22 BVerfG NVwZ 2005, 572; NJW 1997, 1634.
23 BVerfGE 31, 314 (322) = NJW 1971, 1739.
24 BVerfGE 15, 156 (262) = NJW 1963, 196.
25 BVerfGE 19, 1 (5) = NJW 1965, 1427.

Differenziert man diese studienrelevanten Grundrechte nach den vorgestellten Grundrechtsarten und Grundrechtsfunktionen, so ergibt sich folgendes Bild: 36

Allein Art. 3 I GG gehört zu den Gleichheitsrechten. Im Rahmen des Grundstudiums Staatsrecht wird das allgemeine Gleichheitsgrundrecht näher vorgestellt (→ Kap. 4 Rn. 103 ff.). Die speziellen Gleichheitsgrundrechte sind nicht Thema. 37

Alle übrigen für das Grundstudium relevanten Grundrechte stellen sich als Freiheitsgrundrechte dar. Zu den speziellen Freiheitsgrundrechten gehören Art. 1 I, Art. 2 I GG iVm Art. 1 I; Art. 2 II 1; Art. 2 II 2 GG iVm Art. 104 GG; Art. 4 GG; Art. 10 GG; Art. 11 GG; Art. 13 GG und Art. 14 GG. Diese werden ausführlich und fallorientiert vorgestellt. Auch das Grundrecht der allgemeinen Handlungsfreiheit aus Art. 2 I GG nimmt als Auffanggrundrecht im Bereich der Freiheitsgrundrechte breiten Raum ein (→ Kap. 4 Rn. 31 ff.). 38

Bei den im Hauptstudium 2 zu vermittelnden Grundrechten, den beiden sog. Kommunikationsgrundrechten aus Art. 5 und 8 GG sowie dem Asylgrundrecht handelt es sich insgesamt um Freiheitsrechte. 39

Differenziert man die relevanten Grundrechte nach Bürger- und Menschenrechten, so stellen sich nur die Rechte auf Freizügigkeit aus Art. 11 GG sowie auf Versammlungsfreiheit aus Art. 8 GG als Bürgerrecht dar. Eine Besonderheit gilt insoweit für Art. 16a GG. Träger dieses Grundrechts können auch nur natürliche Personen sein, in diesem Fall allerdings nur Ausländer. Wegen Art. 16a II GG sind keine Fälle denkbar, dass Deutsche in einem europäischen Staat politisch verfolgt werden. Bei allen übrigen Grundrechten handelt es sich um Menschenrechte. 40

Mit Blick auf die klassischen Aufgabenfelder der Polizei in den Bereichen Gefahrenabwehr und Strafverfolgung steht bei sämtlichen Grundrechten die Funktion der Grundrechte als Abwehrrechte des Bürgers im Vordergrund. 41

Schließlich können hinsichtlich der Anwendbarkeit der Grundrechte auf inländische juristische Personen gem. Art. 19 III GG die Grundrechte aus Art. 1 I GG (Menschenwürde), Art. 2 II 1 GG (Recht auf Leben und körperliche Unversehrtheit) sowie Art. 2 II 2 GG iVm Art. 104 GG (Recht auf Freiheit der Person) ausgeschlossen werden. Diese sind wegen ihrer unmittelbaren Anknüpfung an natürliche Eigenschaften des Menschen grundsätzlich nicht auf juristische Personen anwendbar. Bei allen anderen im Rahmen des Grund- und Hauptstudiums Staatsrecht behandelten Grundrechten kommt eine Anwendbarkeit auf juristische Personen im Einzelfall grundsätzlich in Betracht. 42

VI. Kontrollfragen

1. Was sind die verschiedenen Funktionen der Grundrechte?
2. Was beinhaltet die subjektiv-rechtliche Funktion der Grundrechte?
3. Warum ist die Abwehrfunktion der Grundrechte gerade bei polizeilichem Handeln relevant?
4. Welche Arten der Leistungsrechte können unterschieden werden? Benennen Sie jeweils ein Beispiel!

?

5. Was beinhaltet die objektiv-rechtliche Funktion der Grundrechte?
6. Wie sind Institutsgarantien und institutionelle Garantien voneinander abzugrenzen? Nennen Sie Beispiele!
7. Erläutern Sie die Unterscheidung in Freiheits- und Gleichheitsgrundrechte!
8. Nach welcher Reihenfolge sind Freiheitsrechte in der Fallbearbeitung zu prüfen?
9. Wen verpflichten die Grundrechte? Nennen Sie die entsprechende Norm des Grundgesetzes!
10. Wen berechtigen die Grundrechte?
11. Unter welchen Voraussetzungen sind Grundrechte auf juristische Personen anwendbar?
12. Erläutern Sie die Begriffe Menschenrechte und Bürgerrechte!
13. Sind die Bürgerrechte des Grundgesetzes auch auf EU-Ausländer anwendbar?
14. Benennen Sie die für das Grund- und Hauptstudium Staatsrecht an der HSPV NRW relevanten Grundrechte und differenzieren Sie diese hinsichtlich der Grundrechtsfunktionen und -arten!

B. Freiheitsgrundrechte in der Fallbearbeitung

43 Wie in allen juristischen Prüfungsarbeiten ist ein gut strukturierter Aufbau einer Klausurlösung ein Punkt, der wesentlichen Einfluss auf das Ergebnis hat. Dabei darf jedoch nicht außer Acht gelassen werden, dass ein Prüfungsschema immer nur eine gedankliche Stütze ist und niemals alle Punkte für die Lösung von gleicher Relevanz sind. Es ist also immer auf die richtige Schwerpunktbildung zu achten – diese ist jedoch von Fall zu Fall unterschiedlich. Aus diesem Grund lassen sich auch keine festen Regeln aufstellen, in welchem Umfang einzelne Punkte des Schemas zu behandeln sind.

44 Ähnlich wie im Strafrecht, wo zur Ermittlung der Strafbarkeit eines Täters Tatbestand, Rechtswidrigkeit und Schuld gegeben sein müssen, hat sich auch zur Feststellung einer Grundrechtsverletzung ein dreigliedriger Aufbau durchgesetzt. Dazu gehört die Eröffnung des Schutzbereichs, der Eingriff in den Schutzbereich und das Fehlen einer verfassungsrechtlichen Rechtfertigung für den Eingriff.

I. Bezeichnung des Grundrechts

45 Betrachtet man die Bezeichnung des Grundrechts mit dem Obersatz noch als separaten Punkt, so kann man auch von insgesamt vier Prüfungsschritten sprechen. Dieser erste Schritt ist von ganz entscheidender Bedeutung, weil nach dem ersten Lesen des Sachverhalts eine gedankliche „Grobsubsumtion" stattfinden muss, bei der man sich jedenfalls über die zu prüfenden Grundrechte Klarheit verschafft haben sollte. Kommen mehrere Grundrechtsverletzungen in Betracht, so ist die Prüfung mit dem sachnächsten Grundrecht zu beginnen. Bevor jedoch auf ein zweites oder drittes Grundrecht eingegangen wird, ist die erste oder zwei-

te Prüfung zwingend abzuschließen. Das heißt, am Ende einer jeden Prüfung muss der Satz stehen, ob eine Verletzung des Grundrechts durch die jeweilige Maßnahme vorliegt oder nicht. In diesem Zusammenhang erlangt nun der Obersatz eine besondere Bedeutung. Am Anfang einer jeden Prüfung steht ein solcher Obersatz. Dieser enthält den Hoheitsakt, durch den der betroffene Bürger in seinem Grundrecht aus einem bestimmten Artikel des Grundgesetzes verletzt sein könnte. Üblicherweise schließt sich daran der Satz an, in dem ausgesagt wird, dass eine Grundrechtsverletzung nur dann vorliegt, wenn ein möglicher Eingriff in das Grundrecht nicht verfassungsrechtlich gerechtfertigt ist.

Beispiele für Obersätze:

- „Durch die Durchsuchung seiner Person könnte der Bürger in seinem allgemeinen Persönlichkeitsrecht aus Art. 1 I GG iVm Art. 2 I GG verletzt worden sein. Dann müsste ein verfassungsrechtlich nicht gerechtfertigter Eingriff in dieses Grundrecht vorliegen."
- „Durch die Entnahme der Blutprobe könnte der Bürger in seinem Grundrecht auf körperliche Unversehrtheit nach Art. 2 II 1 GG verletzt worden sein. Dann müsste ein verfassungsrechtlich nicht gerechtfertigter Eingriff in dieses Grundrecht vorliegen."

II. Schutzbereich

Im Anschluss daran ist zunächst zu prüfen, ob der Schutzbereich des genannten Grundrechts betroffen ist. Dabei ist zwischen dem persönlichen und dem sachlichen Schutzbereich zu unterscheiden. 46

1. Persönlicher Schutzbereich

Innerhalb des persönlichen Schutzbereichs ist zunächst die Grundrechtsfähigkeit von Bedeutung. Grundsätzlich können sowohl natürliche als auch juristische Personen grundrechtsfähig sein. 47

Bei den natürlichen Personen beginnt die Grundrechtsfähigkeit mit der Vollendung der Geburt und endet mit dem Tod.[26] In Ausnahmefällen ist jedoch auch der nasciturus – das bereits gezeugte, aber noch ungeborene Kind – schon grundrechtsfähig.[27] Dies ist überwiegend anerkannt hinsichtlich der Menschenwürde (Art. 1 I GG), dem Recht auf körperliche Unversehrtheit und des Lebens (Art. 2 II 1 GG), und des in Art. 14 I GG garantierten Erbrechts.[28] Darüber hinaus hat das BVerfG ein postmortales Persönlichkeitsrecht anerkannt → Kap. 3 Rn. 23). 48

Die Grundrechtsfähigkeit von juristischen Personen richtet sich nach Art. 19 III GG. Da die Grundrechte die gesamte öffentliche Gewalt binden, können sich juristische Personen des öffentlichen Rechts nur in eng begrenzten Ausnahmefällen auf Grundrechte berufen (→ Kap. 3 Rn. 28). Anderes gilt allerdings für juristische Personen des Zivilrechts (→ Kap. 3 Rn. 28). So kann sich beispielsweise eine Gesellschaft mit beschränkter Haftung (GmbH) oder eine Aktiengesellschaft 49

[26] *Epping* GrundR Rn. 154 f.
[27] *Epping* GrundR Rn. 155.
[28] *Epping* GrundR Rn. 155.

(AG) ebenso wie ein eingetragener Verein auf ihr Grundrecht aus Art. 14 I GG berufen, wenn die Polizei im Rahmen eines Ermittlungsverfahrens dort Beweismittel beschlagnahmt.

50 Vielfach wird von der Grundrechtsfähigkeit die Grundrechtsberechtigung unterschieden. Während die Grundrechtsfähigkeit abstrakt festzustellen ist, kommt es bei der Grundrechtsberechtigung auf den konkreten Fall an. Zur Grundrechtsberechtigung gehört in diesem Zusammenhang die Feststellung, ob es sich um ein Jedermann-Grundrecht - beispielsweise Art. 2 I GG - oder um ein Deutschen-Grundrecht - beispielsweise Art. 8 I GG - handelt (→ Kap. 3 Rn. 23 ff.).

51 Schließlich kann im Rahmen der Prüfung des persönlichen Schutzbereichs die Grundrechtsmündigkeit von Bedeutung sein. Unter der Grundrechtsmündigkeit ist die Fähigkeit zu verstehen, ein Grundrecht entsprechend seinem Einsichts- und Entscheidungsvermögen nach selbstständig auszuüben.[29] Problematisch kann dies vor allem bei Minderjährigen, im Normalfall nicht aber bei erwachsenen Personen sein. Entscheidend für die Feststellung der Grundrechtsmündigkeit muss sein, ob der Betroffene fähig ist, die Tragweite der Grundrechte zu erkennen.

! **Klausurtipp:** Auf die einzelnen Punkte - Grundrechtsfähigkeit, Grundrechtsberechtigung und Grundrechtsmündigkeit - ist im Detail nur einzugehen, wenn sie problematisch sind. Ansonsten kann die Feststellung, dass der Betroffene vom persönlichen Schutzbereich erfasst wird, recht knapp gehalten werden.

2. Sachlicher Schutzbereich

52 Innerhalb der Festlegung des sachlichen Schutzbereichs ist der Regelungs- oder Lebensbereich festzulegen, in dem das Grundrecht handlungsbezogen wirkt. Welcher Lebensbereich von dem jeweiligen Grundrecht erfasst wird, ist in Anlehnung an den Wortlaut durch Auslegung der Vorschrift zu ermitteln. Im Zweifel ist eine großzügige Interpretation der Schutzbereiche vorzunehmen, das heißt, es ist von einer grundsätzlichen Freiheitsvermutung auszugehen, die nur unter bestimmten Voraussetzungen eingeschränkt werden darf.[30] Das bedeutet aber gleichzeitig, dass auch sachliche Begrenzungen, die der Verfassungstext vorsieht, zu berücksichtigen sind.

53 So erfasst Art. 8 GG beispielsweise Versammlungen, die friedlich und ohne Waffen durchgeführt werden. Unfriedliche Versammlungen oder solche, bei denen Waffen verwendet werden, sind hingegen vom sachlichen Schutzbereich des Art. 8 GG nicht erfasst.

III. Eingriff in den Schutzbereich

54 Der Eingriff in den Schutzbereich des Grundrechts ist eine weitere Prüfungsvoraussetzung, um feststellen zu können, ob eine Grundrechtsverletzung gegeben ist. Dabei muss die zu prüfende Maßnahme jedoch Eingriffsqualität haben.[31]

[29] *Kingreen/Poscher* StaatsR II Rn. 185.
[30] BVerwG NVwZ 2007, 1431 (1432 f.); v. Münch/Kunig/*v. Münch* GG Vorb. Art. 1–19 Rn. 51.
[31] *Epping* GrundR Rn. 568.

So greift beispielsweise die Zusendung von Werbebeilagen in der abonnierten Tageszeitung noch nicht in ein Grundrecht ein. Sofern eine solche Beilage nicht gewünscht wird, handelt es sich allenfalls um eine alltägliche Belästigung, die aufgrund subjektiver Empfindlichkeiten als Störung empfunden wird. Solche Störungen oder auch Bagatellen haben nicht die erforderliche Eingriffsqualität.[32] Entsprechendes gilt für bloße Streifengänge von Polizeibeamten. Würde man in solchen Handlungen schon einen Eingriff sehen, käme es zu einer Ausweitung des durch Art. 2 I GG abgesicherten Vorbehalt des Gesetzes auf jedes Staatshandeln. 55

1. Klassischer Eingriffsbegriff

Nach der diesem Begriff zugrunde liegenden Definition ist ein Eingriff gegeben, wenn gegenüber dem Einzelnen final, unmittelbar, durch Rechtsakt sowie mit Befehl und Zwang gegenüber dem Einzelnen eine Anordnung getroffen wird. 56

Finalität bedeutet dabei, dass eine staatliche Maßnahme mit dem Ziel einer Grundrechtsbeeinträchtigung vollzogen wird – zumindest aber die Beeinträchtigung von Grundrechten ein vorrangiger Zweck ist.[33] 57

Unmittelbar ist das Grundrecht betroffen, wenn das staatliche Handeln ohne Hinzutreten weiterer Ursachen zur Beeinträchtigung des Bürgers in diesem Grundrecht führt.[34] 58

Des Weiteren muss dies durch Rechtsakt geschehen, also durch einen Verwaltungsakt, ein Gesetz, Verordnungen oder auch Gerichtsentscheidungen. 59

Schließlich wird nach überwiegender Auffassung als weiteres Merkmal für das Vorliegen eines „klassischen Eingriffs" gefordert, dass die Grundrechtsbeeinträchtigung Folge einer mit Befehl und Zwang durchsetzbaren Anordnung ist.[35] 60

Eingriffe im klassischen Sinne sind danach vor allem Verwaltungsakte iSd § 35 S. 1 VwVfG NRW in Form von Ge- und Verboten, wie der polizeiliche Platzverweis nach § 34 PolG NRW, die Untersagung eines Gewerbes nach § 35 GewO oder die Anordnung zur Feststellung des genetischen Fingerabdrucks (DNA-Feststellung). Von diesem klassischen Eingriffsbegriff wird jedoch Handeln, das nicht bekanntgegeben wird – wie beispielsweise die Observation oder die Telefonüberwachung – nicht erfasst. So fallen solche „heimlichen Maßnahmen" der Polizei nicht unter diesen engen Eingriffsbegriff. 61

2. Weiter Eingriffsbegriff

Nach diesem neuen oder auch weiten Begriff liegt ein Eingriff vor, wenn staatliches Handeln dem Einzelnen ein Verhalten, das in den Schutzbereich eines Grundrechts fällt, ganz oder teilweise unmöglich gemacht wird, wobei es nicht darauf ankommt, ob diese Wirkung final oder unbeabsichtigt, unmittelbar oder mittelbar, rechtlich oder faktisch, mit oder ohne Befehl und Zwang erfolgt.[36] Das 62

[32] *Kingreen/Poscher* StaatsR II Rn. 301.
[33] *Epping* GrundR Rn. 392.
[34] *Epping* GrundR Rn. 392; *Hufen* StaatsR II § 8 Rn. 5.
[35] *Epping* GrundR Rn. 392.
[36] BVerfG NJW 2011, 2113 (2114 f.); *Schmidt* StaatsOrgR Rn. 151.

heißt, schlicht hoheitliches Handeln, das nicht auf eine Rechtsfolge gerichtet ist, aber Eingriffscharakter hat, fällt unter diesen weiten Eingriffsbegriff. Schwierigkeiten ergeben sich insoweit hinsichtlich der Grundrechtserheblichkeit vor allem bei mittelbaren Eingriffen.

63 Dies ist beispielsweise der Fall, wenn aufgrund einer allgemeinen Verkehrskontrolle der Verkehr verlangsamt wird und im Rückstau ein Autofahrer warten muss. In diesem Zusammenhang ist auch die dem Antragsteller erteilte Baugenehmigung zu nennen, die dazu führt, dass der Nachbar zukünftig keine freie Sicht mehr auf die vor ihm liegende Straße und gleichzeitig durch den geplanten Anbau weniger Sonnenlicht auf seiner Terrasse hat.

64 Faktisch und nicht durch Rechtsakt greift der Sektenbeauftragte der Bundesregierung in die Grundrechte einer Sekte ein, wenn er die Allgemeinheit in Broschüren vor den Gefahren sog. Psycho- und Jugendsekten warnt. Dadurch wird der Zulauf zu den entsprechenden Sekten nämlich reduziert.

! **Klausurtipp:** In einer Klausur ist auf den weiten Eingriffsbegriff einzugehen.

3. Grundrechtsverzicht

65 Unabhängig von der Intensität der Grundrechtsbeeinträchtigung liegt ein Eingriff nicht vor, wenn der Betroffene wirksam auf sein Grundrecht verzichtet.

66 Dies ist beispielsweise der Fall, wenn der Polizeibewerber sich beim Amtsarzt untersuchen lässt und sich ausdrücklich mit der Entnahme einer Blutprobe einverstanden erklärt. Ein Grundrechtsverzicht ist aber auch gegeben, wenn der Wohnungsinhaber die vor der Tür stehenden Polizeibeamten in seine Wohnung bittet.

67 Ein Grundrechtsverzicht ist in zwei Schritten zu prüfen.

68 Zunächst muss eine rechtlich verbindliche Erklärung freiwillig abgegeben werden.[37] Der Verzicht muss also sowohl frei von etwaiger Täuschung oder Willensmängeln, aber auch frei von Drohung oder gar etwaiger Gewalteinwirkung erfolgen. So liegt im oben genannten Beispielsfall kein wirksamer Verzicht vor, wenn der Wohnungsinhaber Polizeibeamte in seine Wohnung bittet, nachdem diese einen Vorwand angegeben haben, aber tatsächlich einen ganz anderen Zweck mit dem Betreten der Wohnung verfolgen.

69 Eine solche Verzichtserklärung kann darüber hinaus nur Wirkung entfalten, wenn sie nicht voreilig, also erst nach Kenntnis des gesamten Sachverhalts abgegeben wird. Für ein freiwilliges Handeln ist schließlich erforderlich, dass dem Betroffenen ohne den Verzicht keine gewichtigen Nachteile entstehen.

70 Als zweiter Schritt ist zu prüfen, ob ein Verzicht auf das betroffene Grundrecht überhaupt möglich ist. So steht die Menschenwürde aus Art. 1 GG nicht zur Disposition des Einzelnen, das Recht auf körperliche Unversehrtheit, das im oben genannten Beispiel betroffen ist, ist hingegen verzichtbar.

[37] *Jarass/Pieroth* GG Vorb. Art. 1 Rn. 35 f.

Zu unterscheiden ist der Verzicht von einem Nichtgebrauch des Grundrechts. Der Bürger, der bei einer Bundes- oder Landtagswahl seine Stimme nicht abgibt, verzichtet nicht auf sein Recht aus Art. 38 I GG, sondern macht von seinem Wahlrecht keinen Gebrauch. 71

Klausurtipp: Ein Grundrechtsverzicht ist nur näher anzusprechen, wenn der Sachverhalt hierfür Anhaltspunkte liefert. Ansonsten kann kurz festgestellt werden, dass keine Anhaltspunkte für einen Grundrechtsverzicht vorliegen.

IV. Verfassungsrechtliche Rechtfertigung des Eingriffs

Die Tatsache, dass ein Eingriff in ein Grundrecht vorliegt, bedeutet noch nicht, dass das Grundrecht auch verletzt ist. Die Verletzung des Grundrechts ist nämlich nur dann gegeben, wenn der Eingriff verfassungsrechtlich nicht gerechtfertigt ist. 72

An erster Stelle dieser Prüfung ist zunächst festzustellen, unter welchen Schranken das Grundrecht gewährleistet wird. Mit anderen Worten geht es hierbei um die Frage, in welchem Ausmaß das Grundgesetz ein Grundrecht gewährt bzw. ob und inwieweit im Grundgesetz Einschränkungen des Grundrechts enthalten sind. 73

1. Grundrechtsschranken

Die meisten Freiheitsrechte stehen unter einem Gesetzesvorbehalt. In diesen Fällen können die grundrechtlichen Gewährleistungen gesetzlich eingeschränkt werden. Im Einzelnen kennt das Grundgesetz folgende Möglichkeiten der Beschränkbarkeit: 74

a) Verfassungsunmittelbare Schranken

Bei diesen Schranken wird der Eingriff unmittelbar auf das Grundgesetz gestützt, ein formelles Gesetz, das die Beschränkung regelt, ist in diesem Fall nicht erforderlich. Liegt ein solches Gesetz oder ein entsprechender Verwaltungsakt vor, so dürfen diese die verfassungsunmittelbare Schranke lediglich konkretisieren. Zu diesen unmittelbaren Schranken gehören: Art. 8 I GG, Art. 9 II GG; Art. 13 VII Hs. 1 GG. Betrachtet man beispielsweise die Formulierung in Art. 8 I GG – „friedlich und ohne Waffen" –, muss festgestellt werden, dass es sich hierbei um eine Formulierung handelt, die aufgrund des Wortlauts zu den Schranken gehört.[38] Unabhängig von der Stelle, an der diese Voraussetzung in der Klausur erörtert wird – die hM nimmt insoweit eine Schutzbereichskonkretisierung an[39] –, bedeutet dies jedenfalls, dass eine Definition der Unfriedlichkeit im Rahmen dieses Grundrechts denkbar eng gefasst werden muss.[40] Erfolgt eine solche Konkretisierung dann durch Gesetz, so stellt sich dies im Ergebnis wieder als einfacher Gesetzesvorbehalt dar (→ Kap. 3 Rn. 77). 75

[38] *Hufen* StaatsR II § 30 Rn. 13.

[39] *Kimms/Schlünder* VerfassungsR II § 9 Rn. 13 ff.; *Schmidt* StaatsOrgR Rn. 603.

[40] BVerfGE 73, 236 (248) = StV 1987, 13; *Hufen* StaatsR II § 30 Rn. 13.

b) Verfassungsimmanente Schranken

76 Bei diesen Schranken findet der Schutzbereich eines Grundrechts seine Grenzen in anderen Verfassungsgütern. Das heißt, die Einschränkungsmöglichkeit scheinbar vorbehaltlos gewährleisteter Grundrechte ergibt sich zum Schutz wichtiger Verfassungsgüter oder zum Schutz der Grundrechte Dritter. Die Glaubens- und Religionsfreiheit aus Art. 4 GG gehört zu den Grundrechten, die „nur" verfassungsimmanent einschränkbar sind. Eine verfassungsimmanente Schranke lässt sich auch bei Art. 16a GG annehmen. Auch wenn dieses Grundrecht keinen Gesetzesvorbehalt enthält, so kann ein politisch Verfolgter auch dann abgeschoben werden, wenn beispielsweise die freiheitlich demokratische Grundordnung der Bundesrepublik gefährdet ist. Dieses wichtige Verfassungsgut würde dann das Recht auf Asyl immanent einschränken.

c) Einfacher Gesetzesvorbehalt

77 Ein einfacher Gesetzesvorbehalt liegt vor, wenn ein Grundrecht durch Gesetz oder aufgrund eines Gesetzes eingeschränkt werden kann. Dabei bedeutet die Formulierung „durch Gesetz", dass das Grundrecht unmittelbar durch ein Gesetz beschränkt wird. Sieht das Grundgesetz hingegen die Einschränkungsmöglichkeit „aufgrund eines Gesetzes" vor, heißt dies, dass ein Gesetz existieren darf, das die Einschränkung eines Grundrechts durch Exekutivakt ermöglicht. Hierunter fällt sowohl die Rechtsverordnung als auch der Verwaltungs- oder Realakt. Unter diese Schranke fallen die Rechte aus Art. 2 II 1 GG; Art. 8 II GG; Art. 10 I GG. Dies gilt in gleicher Weise für die Merkmale der Schrankentrias und damit für Art. 2 I GG sowie Art. 2 I, 1 I GG. Eine unmittelbare Geltung der Schrankentrias ohne Erfordernis eines gesetzlichen Akts (in Form einer verfassungsunmittelbaren Schranke) ist nach heutiger Auffassung ausgeschlossen.[41]

d) Qualifizierter Gesetzesvorbehalt

78 Ein solcher liegt vor, wenn ein Grundrecht an das einschränkende Gesetz besondere Anforderungen materieller Art stellt. Ein qualifizierter Gesetzesvorbehalt ergibt sich unter anderem aus Art. 2 II 2 GG iVm Art. 104 II GG; Art. 5 II GG; Art. 13 VII Hs. 2 GG; Art. 13 II–V GG; Art. 14 III 2 GG; Art. 11 II GG.

2. Anforderungen an die Beschränkbarkeit

79 Da die meisten Grundrechte unter einem Gesetzesvorbehalt stehen oder selbst bei einer verfassungsunmittelbaren Schranke regelmäßig eine konkretisierende Vorschrift vorhanden ist, ist als nächster Schritt die Ermächtigungsgrundlage zu nennen, auf die der Eingriff gestützt wird. Diese konkrete Vorschrift muss dabei den Anforderungen, die sich aus der Schranke ergeben, entsprechen. Hierhin gehört beispielsweise die Feststellung, dass es sich bei dem einschränkenden Gesetz um ein förmliches handelt – wenn die Schranke dies verlangt.

3. Schranken-Schranken

80 Durch die in den Grundrechten vorhandenen Gesetzesvorbehalte wird dem Gesetzgeber erlaubt, in diese einzugreifen. Das heißt, der Gesetzgeber kann

[41] Maunz/Dürig/*Di Fabio* GG Art. 2 Rn. 38.

dadurch den Grundrechtsgebrauch beschränken.[42] Der Begriff der Schranken-Schranken bezeichnet nun die Beschränkungen, die für den Gesetzgeber bzw. die Exekutive gelten, wenn sie die Grundrechtsausübung beschränken bzw. in geschützte Grundrechtspositionen eingreifen wollen. Im Rahmen einer Fallbearbeitung geht es an dieser Stelle um die Frage, ob Polizeibeamte bei einem Grundrechtseingriff – zB Freiheit der Person bei einer vorläufigen Festnahme – besondere und allgemeine Vorgaben unmittelbar aus der Verfassung beachten müssen.

a) Besondere Verfassungsvorgaben

Besondere Verfassungsvorgaben bestehen für einzelne Grundrechte des Grundgesetzes und sind dort explizit genannt. Hier steht an erster Stelle der Richtervorbehalt. Dieses Erfordernis ergibt sich zB aus Art. 2 II 2 GG iVm Art. 104 II GG; Art. 13 II GG. Zu beachten ist, dass sich die besonderen Verfassungsvorgaben unmittelbar aus der Verfassung ergeben müssen. Besondere Verfahrensvorschriften wie zB das Gebot der Durchsuchung einer Person von Angehörigen des gleichen Geschlechts aus § 39 III PolG NRW ergeben sich nicht unmittelbar aus dem Grundgesetz, sondern aus den einfachen Gesetzen, sind mithin in staatsrechtlichen Aufgabenstellungen nicht als besondere explizite Verfassungsvorgaben zu prüfen. 81

Bestehen für ein Grundrecht keine besonderen Verfassungsvorgaben wie zB Art. 2 I GG, so kann in der Fallbearbeitung kurz und präzise festgestellt werden, dass „von den Polizeibeamten keine besonderen Verfassungsvorgaben zu beachten waren“. 82

b) Allgemeine Verfassungsvorgaben

Aus dem Rechtsstaatsprinzip aus Art. 20 III GG ergibt sich das Übermaßverbot bzw. der Grundsatz der Verhältnismäßigkeit als die bedeutsamste Schranken-Schranke. Als allgemeine Verfassungsvorgabe ist das Übermaßverbot immer zu prüfen. Konkret ist zu thematisieren, ob 83

- der vom Staat verfolgte Zweck legitim ist und
- das zur Erreichung eingesetzte Mittel
- geeignet,
- erforderlich und
- angemessen ist.

Zu Einzelheiten der Prüfung des Grundsatzes der Verhältnismäßigkeit – auch bezogen auf die Anwendung im konkreten Beispielfall – wird auf die ausführliche Prüfung im Rahmen des Lösungsvorschlags zum Ausgangsfall verwiesen (→ Kap. 2 Rn. 140). 84

c) Verbot des Einzelfallgesetzes, Art. 19 I, 1 GG

Dieses Verbot verpflichtet den Gesetzgeber, grundrechtseinschränkende Gesetze so zu fassen, dass sie für die Allgemeinheit Gültigkeit haben und sich nicht auf eine oder mehrere einzelne Personen beziehen. 85

[42] *Kingreen/Poscher* StaatsR II Rn. 327 f.

86 Die Regelung konkretisiert einerseits den Grundsatz der Gewaltenteilung, indem der Gesetzgeber daran gehindert wird, durch einen Rechtsakt einen Einzelfall zu regeln und so nicht in den Funktionsbereich der Verwaltung eingreifen kann. Des Weiteren wird hierdurch der Gleichheitsgrundsatz konkretisiert, indem einem Einzelnen allein eine Grundrechtsbeschränkung nicht auferlegt werden kann.

! **Klausurtipp:** In einer Klausur ist auf diesen Punkt nur einzugehen, wenn dies in der Aufgabenstellung ausdrücklich verlangt wird.

d) Zitiergebot, Art. 19 I 2 GG

87 Dieses Gebot besagt, dass das grundrechtseinschränkende Gesetz das Grundrecht, das es einschränkt, unter Angabe des entsprechenden Artikels benennen muss.

88 Hierin soll einerseits eine Klarstellungsfunktion liegen. Wer sich auf eine gesetzliche Vorschrift bezieht, soll sogleich wissen, in welche Grundrechte die jeweilige Norm eingreifen darf. Andererseits hat dies für den Gesetzgeber aber auch eine Warnfunktion. Bei Erlass entsprechender Gesetze soll er deutlich zu erkennen geben, welche weitere Möglichkeit des Grundrechtseingriffs durch das neue Gesetz geschaffen wird.

! **Klausurtipp:** In einer Klausur ist auch das Zitiergebot nur dann zu thematisieren, wenn dies in der Aufgabenstellung ausdrücklich verlangt ist.

e) Wesensgehaltsgarantie, Art. 19 II GG

89 Gemäß Art. 19 II GG darf ein Grundrecht nicht in seinem Wesensgehalt angetastet werden.

90 Ob der Wesensgehalt eines Grundrechts absolut oder relativ, dh auf den Einzelfall bezogen bestimmt werden muss, ist nicht abschließend geklärt.[43]

! **Klausurtipp:** Aufgrund der Nähe des Wesensgehalts eines Grundrechts zum Übermaßverbot reicht es in der Regel aus, wenn in der Klausur der Grundsatz der Verhältnismäßigkeit geprüft wird.

f) Bestimmtheitsgrundsatz

91 Aus dem Rechtsstaatsprinzip des Art. 20 III GG folgt das Gebot rechtsstaatlicher Klarheit und Bestimmtheit. Es muss also erkennbar sein, welcher Eingriff durch Gesetz, die Maßnahme eines Gerichts oder der Verwaltung zugelassen oder vorgenommen wird.

! **Klausurtipp:** Auch dieser Punkt erlangt in der Klausur grundsätzlich keine Bedeutung.

[43] Vgl. zum Ganzen *Jarass/Pieroth* GG Art. 19 Rn. 9.

Unter Berücksichtigung aller oben genannten Besonderheiten ergibt sich damit 92
für die Prüfung der Grundrechtsverletzung in einer Klausur folgendes Aufbauschema:

Prüfungsschema: Grundrechtsprüfung eines Freiheitsrechts **Ausgangsfrage: Wurden durch die polizeiliche Maßnahme Grundrechte des X verletzt?**	
1. Bezeichnung des betroffenen Grundrechts	„X könnte in seinem Grundrecht aus Art. ... GG verletzt worden sein. Eine Grundrechtsverletzung liegt nur dann vor, wenn staatliche Organe verfassungswidrig in das Grundrecht eingegriffen haben."
2. Schutzbereich betroffen?	a) Persönlicher Schutzbereich („wer wird geschützt") b) Sachlicher Schutzbereich („was wird geschützt")
3. Eingriff in den Schutzbereich?	a) Eingriffsdefinition (klassischer/weiter Eingriffsbegriff) b) Kein Grundrechtsverzicht
4. Verfassungsrechtliche Rechtfertigung des Eingriffs?	„Der Eingriff ist verfassungsmäßig gerechtfertigt, wenn er durch die Schranke des betroffenen Grundrechts gedeckt ist." **1. Schranke (Beschränkung des Grundrechts)** Verfassungsgemäße Schranke nennen: ▪ Verfassungsunmittelbare Schranken ▪ Verfassungsimmanente Schranken ▪ Einfacher Gesetzesvorbehalt ▪ Qualifizierter Gesetzesvorbehalt In jedem Fall bedarf es wegen des Grundsatzes „Vorbehalt des Gesetzes" zur Einschränkung von Grundrechten eines Gesetzes. Mögliche konkrete gesetzliche Ermächtigung nennen und prüfen, ob diese dem jeweiligen Schrankenvorbehalt genügt. **2. Schranken-Schranken (Beschränkung der Staatsgewalt)** a) Verfassungsmäßigkeit der gesetzlichen Eingriffsgrundlage (wird idR vorausgesetzt) b) Verfassungsmäßigkeit der Gesetzesanwendung **Anmerkung:** Hier hat keine eingriffsrechtliche Prüfung zu erfolgen. Bezüglich der Verfassungskonformität kommt es primär nicht auf die einfach-gesetzliche Rechtmäßigkeit an, sondern auf die Einhaltung der Verfassungsvorgaben, insbesondere die Einhaltung des Verhältnismäßigkeitsgrundsatzes. **Folge:** Hier hat eine **verfassungsrechtliche** Einzelfallprüfung stattzufinden: ▪ Ermächtigungsnorm/-voraussetzungen sind (allenfalls nur) zu nennen ▪ gegebenenfalls **spezielle Verfassungsvorgaben** prüfen (zB Folterverbot Art. 104 I GG; Vorgaben des Art. 13 GG; Richtervorbehalt; Vorgaben des Art. 104 II GG bei Freiheitsentziehungen etc) ▪ immer zu prüfen: Verhältnismäßigkeit des Einzelaktes (weil **allgemeine Verfassungsvorgabe** aus dem Rechtsstaatsprinzip, Art. 20 III GG)
5. Ergebnis	„Das Grundrecht aus Art. ... GG wurde durch die polizeiliche Maßnahme (nicht) verletzt.

C. Exkurs: Einschränkung von Freiheitsgrundrechten im Zuge der COVID-19-Pandemie

93 Im Zuge des weltweiten Ausbruchs der Viruserkrankung COVID-19 (engl. Coronavirus disease 2019), umgangssprachlich auch Corona genannt, kam es im Frühjahr 2020 in Deutschland zu weitreichenden Maßnahmen zur Eindämmung der Pandemie. Mangels eines Impfstoffs und spezieller Medikamente war – um eine Überforderung des Gesundheitssystems zu vermeiden und eine ausreichende Versorgung Erkrankter mit Intensiv- und Beatmungsplätzen in den Krankenhäusern sicherzustellen – eine drastische Reduzierung physischer sozialer Kontakte in der Bevölkerung erforderlich. Dies erfolgte auf der Grundlage des Infektionsschutzgesetzes (IfSG). Dieses Bundesgesetz ermöglicht es unter anderem in § 32 IfSG, dass die Landesregierungen der Bundesländer zur Bekämpfung von Infektionskrankheiten durch Rechtsverordnung nähere Regelungen treffen. Auf dieser Basis wurden auf der Ebene der Bundesländer, konkret durch die jeweiligen Landesgesundheitsministerien, zahlreiche Coronaschutzverordnungen (CoronaSchVO) erlassen. In der Hochphase des sog. „Lockdown" waren die entsprechenden Regelungen drastisch und hatten die umfangreichsten Grundrechtseinschränkungen für die Bürger seit Bestehen des Grundgesetzes zur Folge. So sah die Coronaschutzverordnung für das Land NRW vom 22.3.2020 unter anderem Betretungsverbote in Krankenhäusern und Altenheimen für Angehörige, das Verbot des Betriebes von Theatern, Museen, Schwimmbädern, Bars, Spiel- und Sportplätzen usw, das Verbot des Betriebes von zahlreichen – sog. nicht systemrelevanten – Einzelhandelsgeschäften sowie weitgehende Betriebsverbote für touristische und gastronomische Betriebe vor. Darüber hinaus waren Versammlungen und Veranstaltungen untersagt, Versammlungen zu religiösen Zwecken sollten „unterbleiben" und in der Öffentlichkeit waren – mit wenigen Ausnahmen – Zusammenkünfte und Ansammlungen von mehr als zwei Personen untersagt.[44] Weitere Regelungen nach dem IfSG sehen Quarantäneanordnungen und Beschränkungen der Freizügigkeit vor. Die Bürger waren in dieser Phase der COVID-19-Pandemie mit weitreichenden Einschränkungen Ihrer Grundrechte unter anderem aus Art. 8 GG (Versammlungsfreiheit), Art. 4 GG (Religionsausübungsfreiheit), Art. 2 II, 2 GG iVm Art. 104 GG (Freiheit der Person), Art. 11 GG (Freizügigkeit), Art. 12 GG (Berufsausübungsfreiheit) und Art. 2 I GG (Allg. Handlungsfreiheit) konfrontiert.

94 Im Zuge der Überwachung der auf der Grundlage des IfSG und der CoronaSchVO NRW getroffenen Anordnungen und Verbote ergaben sich auch für die Polizei neue Aufgabenfelder, die bislang nicht typischer Bestandteil des Streifendienstes waren. Die CoronaSchVO regelt, dass die Einhaltung ihrer Bestimmungen primär durch die Ordnungsbehörden zu überwachen und durchzusetzen ist. Im Rahmen der subsidiären Zuständigkeit (§ 1 I, 3 PolG NRW) und der Vollzugshilfe (§ 1 III PolG NRW) ist dies aber auch eine Aufgabe der Polizei. Zudem stellen Verstöße gegen Verbote bzw. Anordnungen nach der CoronaSchVO bzw. dem IfSG Ordnungswidrigkeiten oder gar Straftaten dar (vgl. §§ 73–75 IfSG), die ein poli-

[44] Vgl. zum Ganzen: Verordnung zum Schutz vor Neuinfizierungen mit dem Coronavirus SARS-CoV-2 (CoronaSchVO) v. 22.3.2020 (GV. NRW Nr. 6a,177a–184a).

zeiliches Handeln erforderlich machen. Zahlreiche Polizeieinsätze im Zuge der Auflösung von sog. „Coronaparties" – also verbotenen Zusammenkünften von mehreren Personen im öffentlichen Raum – und deren Verfolgung sind Beispiel für dieses neue polizeiliche Aufgabengebiet.[45]

Angesichts der weitgehenden Grundrechtseinschränkungen unterliegen die 95
getroffenen Maßnahmen in besonderem Maße dem Gebot der Verhältnismäßigkeit, insbesondere den Grundsätzen der Erforderlichkeit und der Angemessenheit. Dementsprechend waren (und sind) die getroffenen Maßnahmen von vorneherein jeweils auf wenige Wochen befristet. Darüber hinaus müssen die Maßnahmen ständig – je nach aktueller Lage der COVID-19-Pandemie – auf ihre Erforderlichkeit und Angemessenheit zum Gesundheitsschutz hin überprüft werden. Zahlreiche Beschränkungen und die damit verbundenen Grundrechtseinschränkungen konnten daher im Mai 2020 zurückgenommen werden.[46]

[45] Vgl.: https://www.n-tv.de/regionales/nordrhein-westfalen/Jugendlicher-attackiert-Polizisten-nach-Party-Aufloesung-article21762444.html (Stand: 20.5.2020).

[46] Vgl. Coronaschutzverordnung für Nordrhein-Westfalen in der Fassung v. 11.5.2020; abrufbar über https://www.land.nrw/corona (Stand 20.5.2020).

4. KAPITEL. Ausgewählte Grundrechte in der polizeilichen Fallbearbeitung

A. Menschenwürde, Art. 1 GG

Leitentscheidungen:

BVerfGE 45, 187 ff. = NJW 1977, 1525 – Lebenslange Freiheitsstrafe; BVerfGE 115, 118 ff. = NJW 2006, 751 – Luftsicherheitsgesetz; BVerfGE 96, 375 (399 ff.) = NJW 1998, 129 – Kind als Schaden; BVerfGE 132, 134 ff. = NVwZ 2012, 1024 – Existenzminimum; BVerfG NJW 1995, 651 – Lockspitzeleinsatz; BVerfGE 109, 273 ff. = NJW 2004, 1155 – Wohnraumüberwachung.

Weiterführende Literatur:

Classen, Die Menschenwürde ist – und bleibt – unantastbar, DÖV 2009, 689; *Fahl,* Angewandte Rechtsphilosophie – Darf der Staat foltern?, JR 2004, 182; *Frenz,* Terrorismus und Menschenwürde, DÖV 2015, 305; *Schaks,* Die Wesensgehaltgarantie, JuS 2015, 407; *Streng,* Die Todesstrafe – eigentlich kein Thema, jM 2015, 29; *Wolter,* Repressive und präventive Verwertung tagebuchartiger Aufzeichnungen, StV 1990, 175.

I. Fälle

a) Polizist P observiert den wegen eines Sexualdeliktes Verdächtigen V. Als er feststellt, dass V sich in eine Kirche begibt, um dort zu beichten, schleicht er sich in die Nähe des Beichtstuhles, um dort das Gespräch zwischen V und dem Priester zu belauschen.

b) K steht unter dringendem Tatverdacht, eine Prostituierte ermordet zu haben. Er befindet sich in Untersuchungshaft. Während des Ermittlungsverfahrens macht K keine Aussagen. Aus der Haftanstalt wird bekannt, dass K mehrere Stunden täglich tagebuchähnliche Aufzeichnungen macht. Das Tagebuch wird beschlagnahmt. Es enthält eine ausführliche Schilderung des Tatgeschehens sowie Gewaltphantasien des K. Im Strafprozess widerspricht Verteidiger V einer Verwertung des Tagebuchs zu Beweiszwecken, da die Aufzeichnungen zum durch Art. 1 GG geschützten Kernbereich der Privatsphäre des K gehörten.

II. Schutzbereich

Die Menschenwürde ist der „oberste Verfassungswert“.[1] Sie wurde unter dem Eindruck der nationalsozialistischen Gewaltherrschaft an den Anfang des 1

[1] BVerfGE 109, 279 (311) = NJW 2004, 999.

Grundgesetzes gestellt, um dies zu verdeutlichen. Art. 1 GG ist durch Art. 79 III GG geschützt und kann nicht abgeändert werden. Die Menschenwürde kann auch nicht durch andere Verfassungsnormen eingeschränkt werden; vielmehr ist Art. 1 GG bei der Auslegung der Grundrechte als Wertentscheidung zu beachten.

1. Persönlicher Schutzbereich

2 Die Bestimmung des persönlichen Schutzbereichs von Art. 1 GG erscheint zunächst einfach: Grundrechtsberechtigt ist jeder Mensch, also alle natürlichen Personen. „Die Menschenwürde besitzt jeder ohne Rücksicht auf seine Eigenschaften, seine Leistungen und seinen sozialen Status“[2].

3 Es gibt also selbstverständlich keine Einschränkung für Ausländer, Kinder, Strafgefangene oder Geisteskranke.[3]

4 Es kommt auch nicht drauf an, ob sich die betreffende Person aufgrund ihres körperlichen oder geistigen Zustands dieser Würde bewusst ist[4] oder sich gar – freiwillig – unwürdig verhält.

5 Da der Schutz der Menschenwürde an das „Menschsein“ anknüpft, können sich Gruppen oder juristische Personen nicht auf die Menschenwürde berufen (wohl aber ihre einzelnen Mitglieder).

6 Der Schutz des Art. 1 GG gilt aber auch schon vor der Geburt des Menschen, zumindest ab der Einnistung des befruchteten Eies in die Gebärmutter[5] (sog. „Nidation“).

7 Mit dem Tod, also dem endgültigen Stillstand der Hirntätigkeit, kann der Verstorbene nicht mehr Träger des Grundrechtes sein. Da Art. 1 GG in Zusammenhang mit den anderen Grundrechtsnormen auch eine objektive Wertordnung als verfassungsrechtliche Grundentscheidung enthält,[6] gilt der Achtungsanspruch des Verstorbenen allerdings auch über den Tod hinaus.

2. Sachlicher Schutzbereich

8 Art. 1 GG ist erfreulich eindeutig formuliert: „Die Menschenwürde ist unantastbar“.

9 Die Menschenwürde ist also ein absoluter Wert – ein Eingriff lässt sich verfassungsrechtlich nicht rechtfertigen, die Menschenwürde ist „abwägungsfest“. Stellt man also fest, dass eine Maßnahme die Menschenwürde verletzt, ist dies **immer** ein Verstoß gegen die Verfassung, also verfassungswidrig.

! **Klausurtipp:** Die Prüfung eines Verstoßes gegen die Menschenwürde ist in einer Klausur eher selten. Sollte diese in einer Klausur gefordert sein, so kann man die Prüfung beenden, wenn man zu dem Ergebnis gelangt, die Menschenwürde sei betroffen bzw. verletzt. Die weiteren Schritte des Prüfungsschemas erübrigen sich,

2 BVerfGE 87, 209 (228) = NJW 1993, 1457.
3 *Jarass/Pieroth* GG Art. 1 Rn. 7.
4 BVerfGE 87, 209 (228) = NJW 1993, 1457.
5 BVerfGE 39, 1 = NJW 1975, 573: Hier hat das BVerfG ausdrücklich offen gelassen, ob das ungeborene Kind selbst Träger des Grundrechtes ist.
6 BVerfGE 39, 1 = NJW 1975, 573 (vgl. dazu auch § 189 StGB und § 218 StGB).

da eine Verletzung von Art. 1 GG nicht durch Schranken gerechtfertigt werden und damit ohnehin auch niemals verhältnismäßig sein kann.

Nicht ganz unproblematisch ist es, zu bestimmen, was unter dem Begriff der Menschenwürde zu verstehen ist. 10

Man kann dies einerseits positiv versuchen, also umschreiben, was unter der Würde eines Menschen zu verstehen ist. 11

Leichter und besser umzusetzen erscheint es dagegen, die Menschenwürde negativ abzugrenzen, also zu umschreiben, was die Menschenwürde verletzt oder verletzen würde. Dazu kann man zunächst die vom BVerfG in vielen Entscheidungen[7] verwendete „Objektformel" heranziehen. 12

Danach verbietet es der „soziale Wert- und Achtungsanspruch", der sich aus Art. 1 GG ergibt, „den Menschen zum bloßen Objekt des Staates zu machen oder ihn einer Behandlung auszusetzen, die seine Subjektqualität prinzipiell infrage stellt"[8]. 13

Eine solche Behandlung liegt etwa nicht schon darin, dass jemand überhaupt zum Ziel staatlicher Strafverfolgungsmaßnahmen gemacht wird. Das Grundgesetz lässt allerdings eine Wahrheitsfindung „um jeden Preis" nicht zu. Um eine Verletzung der Menschenwürde handelt es sich aber, wenn eine Aussage durch Folter erpresst wird[9], wenn eine Person bis in den Kernbereich des Privaten ausgeforscht[10] oder ohne die Hoffnung, je wieder freigelassen zu werden, eingesperrt wird[11]. 14

In all diesen Fällen „würde die öffentliche Gewalt die Achtung des Wertes vermissen lassen, der jedem Menschen um seiner selbst willen zukommt".[12] 15

Das BVerfG hat in seiner Entscheidung zum Luftsicherheitsgesetz[13] dieses Gesetz als verfassungswidrig und damit nichtig bewertet. Es sah die rechtliche Befugnis zum Abschuss eines Flugzeugs und damit zur Tötung Unschuldiger als letztes Mittel vor, wenn Terroristen drohten, dieses so zum Absturz zu bringen, dass dadurch eine höhere Anzahl von Menschen getötet würde. Dadurch sah das BVerfG die Menschenwürde betroffen, weil die unschuldigen Passagiere ihre Lebensumstände in dieser Situation nicht selbst bestimmen und beeinflussen können und vom Staat als bloße Objekte seiner Rettungsaktion zum Schutze anderer behandelt würden. Hier liegt auch der Unterschied zum sog. „finalen Rettungsschuss", bei dem ein eigenverantwortlich handelnder Täter betroffen ist. 16

Auch die „Objektformel" erlaubt aber nicht immer, abstrakt festzustellen, ob ein Eingriff in die Würde des Menschen vorliegt. Vielmehr ist sie „mit dem Blick auf die spezifische Situation näher zu konkretisieren, in der es zum Konfliktfall kommen 17

7 ZB BVerfGE 27, 1 ff. (6) = NJW 1969, 1707; BVerfGE 45, 187 (227) = NJW 1977, 1525; BVerfGE 109, 133 (149 f.) = JuS 2004, 527.

8 BVerfGE 131, 268 (316) = NJW 2012, 3357.

9 BVerfGE NJW 2005, 656 (657).

10 BVerfGE 109, 279 = NJW 2004, 999 – Großer Lauschangriff.

11 BVerfGE 45, 187 (229) = NJW 1977, 1525.

12 BVerfGE 109, 279 ff. = NJW 2004, 999.

13 BVerfGE 115, 118 ff. = JuS 2006, 448.

kann"[14]. Es ist also sinnvoll, vom jeweiligen Eingriff auszugehen und zu prüfen, ob es dadurch zu einer „Missachtung des Wert- und Achtungsanspruches ..." kam.

18 Art. 1 I GG gewährt dem Einzelnen in Verbindung mit dem Sozialstaatsprinzip auch die Gewährleistung eines Existenzminimums, welches ihm ein menschenwürdiges Leben ermöglicht.[15]

Missachtung des Lebens und der körperlichen oder seelischen Integrität	Missachtung durch grundlegende Ungleichbehandlung	Bedingungen, unter denen eine menschenwürdige Existenz nicht möglich ist
▪ Folter ▪ Verabreichung von Brechmitteln zur Beweisgewinnung ▪ Aktive Sterbehilfe ▪ Tötung Unbeteiligter, um andere Menschen zu retten[16] ▪ Zwangsweise Blutspende oder Organentnahme ▪ Unangemessene oder grausame Strafen ▪ Lebenslange Sicherungsverwahrung oder Freiheitsstrafe ohne Aussicht auf Entlassung ▪ Achtung des Kernbereichs privater Lebensgestaltung ▪ Sog. „großer Lauschangriff" ▪ Abhören von Selbstgesprächen im Auto ▪ Demütigende, schikanöse Behandlung	▪ Sklaverei ▪ Rassische Diskriminierung	▪ Kein Existenzminimum ▪ Entwürdigende Haftbedingungen

Abb. 20 Eingriffe in die Menschenwürde, Art. 1 GG

19 Diese oben aufgeführten Beispiele sollen deutlich machen, wie schwierig es ist, die Menschenwürde abstrakt zu bestimmen. Ob sie betroffen ist, lässt sich in aller Regel nur anhand des vorgenommenen „Eingriffs" bestimmen.

20 Die Menschenwürde ist unverzichtbar. Daher wird sich sehr häufig die Frage stellen, inwieweit der Einzelne selbst darüber bestimmen kann, bei welcher Gelegenheit er seine Würde verletzt sieht[17] und wo es dem Staat erlaubt oder sogar durch die Verfassung aufgegeben ist, die Würde des Einzelnen vor sich selbst zu schützen. Auch das Selbstbestimmungsrecht ist aber Teil der Menschenwürde. Im Zweifel sollte hier das Selbstbestimmungsrecht vorgehen und nur in erheblichen Fällen (durchaus bestreitbar entschieden zum Beispiel für „Peepshows") zurücktreten.[18]

14 BVerfGE 109, 279 (311) = NJW 2004, 999.
15 Vgl. dazu → Kap. 2 Rn. 88.
16 BVerfGE 115, 118 = JuS 2006, 448.
17 Man denke zB an TV-Sendungen wie Big Brother oder Dschungelcamp.
18 Bedenklich daher zB eine Entscheidung des OLG Jena NStZ 95, 256, in der das Gesuch eines Strafgefangenen, einen unüberwachten Besuch seiner Ehefrau empfangen zu dürfen, unter anderem mit der Begründung abgelehnt wurde, dies sei für die Ehefrau „entwürdigend".

III. Eingriff in den Schutzbereich

Da die Frage, ob der Schutzbereich von Art. 1 GG betroffen ist, sich auch aus der Art des Eingriffs ergibt, lassen sich Schutzbereich und Eingriff nicht klar trennen. 21

Mit anderen Worten: Gelangt man zum Ergebnis, dass der Schutzbereich betroffen ist, liegt auch ein Eingriff vor. 22

IV. Verfassungsrechtliche Rechtfertigung des Grundrechtseingriffs

Die Menschenwürde ist nicht einschränkbar. Sie ist – auch in Relation zu anderen Grundrechten – abwägungsfest. 23

V. Lösungshinweise zu den Fällen

> **a)** Das Belauschen eines Beichtgesprächs würde dann gegen Art. 1 GG verstoßen, wenn damit in den Kernbereich absolut geschützter privater Lebensgestaltung eingegriffen würde. Die Beichte als „Zwiegespräch mit dem Seelsorger ist dem Kernbereich privater Lebensgestaltung zuzurechnen, der dem staatlichen Zugriff schlechthin entzogen ist, und bedarf daher umfassenden Schutzes vor staatlicher Kenntnisnahme" (BT-Drs. 16/5846, 35). V darf davon ausgehen, dass die Vertraulichkeit seines Gesprächs mit dem Geistlichen umfassend geschützt ist (vgl. dazu auch § 53 I Nr. 1 StPO). Eine gezielte Kenntnisnahme durch staatliche Stellen ist verfassungsrechtlich nicht zu rechtfertigen, da der Schutzbereich von Art. 1 GG verletzt ist.
>
> **b)** Mit der Verwertung von tagebuchartigen Aufzeichnungen eines Beschuldigten, dem ein Frauenmord zur Last gelegt wurde, hat sich das BVerfG 1989 befasst.[19] Es führte dazu aus: „Die Verfassung gebietet nicht, Tagebücher oder ähnliche private Aufzeichnungen schlechthin von der Verwertung im Strafverfahren auszunehmen. Enthalten solche Aufzeichnungen etwa Angaben über die Planung bevorstehender oder Berichte über begangene Straftaten und stehen also in einem unmittelbaren Bezug zu konkreten strafbaren Handlungen, so gehören sie dem unantastbaren Bereich privater Lebensgestaltung nicht an. Im Rahmen der Strafverfolgung können sie daraufhin durchgesehen werden, ob sie der prozessualen Verwertung zugängliche Informationen enthalten, wobei allerdings die größtmögliche Zurückhaltung zur Wahrung durch geeignete Maßnahmen sicherzustellen ist."

Diese Begründung ist nicht unproblematisch. Sie führt in die an sich abwägungsfeste Prüfung, ob der Schutzbereich von Art. 1 GG betroffen ist, Verhältnismäßigkeitserwägungen mit ein und definiert den Kernbereich über das mit seiner Einschränkung verbundene Ziel der wirksamen Strafverfolgung. Die Entscheidung wurde dementsprechend auch nur von vier der acht Bundesverfassungsrichter vertreten, während die übrigen vier Richter zu dem Ergebnis kamen, der Kernbereich sei verletzt und eine Verwertung wegen eines Verstoßes gegen die Menschenwürde verletzt. 24

Als relativ schwaches, aber einziges Argument, das nicht den obengenannten Bedenken ausgesetzt ist, wurde vom BVerfG ausgeführt, „solche Notizen gehö- 25

[19] BVerfGE 80, 367 ff. = NJW 1990, 563.

ren nicht dem absolut geschützten Kernbereich an; denn die Gedanken wurden schriftlich niedergelegt und damit der Gefahr des Zugriffs preisgegeben." Der Verfasser habe sie damit aus seinem absolut geschützten Innenbereich entlassen.

26 Da es sich im Beispielsfall um schriftlich fixierte Gedanken handelt, die sich inhaltlich mit der vorgeworfenen Tat und einer möglichen Tatmotivation befassen, war eine Verwertung nicht durch Art. 1 GG ausgeschlossen. Eine weitere Prüfung hätte dann im Rahmen des allgemeinen Persönlichkeitsrechtes zu berücksichtigen, ob eine „Rechtfertigung durch ein überwiegendes Interesse der Allgemeinheit" besteht, „wobei das Grundrecht auf freie Entfaltung der Persönlichkeit mit den Bedürfnissen einer wirksamen Strafverfolgung und dem öffentlichen Interesse an einer möglichst vollständigen Wahrheitsermittlung im Strafverfahren abzuwägen und die Verhältnismäßigkeit des Eingriffs in die Privatsphäre zu prüfen ist."[20]

VI. Kontrollfragen

?

1. Der offensichtlich geistig verwirrte ältere Herr H irrt wild gestikulierend mit einer Schlafanzughose bekleidet in der Fußgängerzone umher. H hat sich eingenässt und wird von Jugendlichen umringt, die sich über ihn lustig machen. Diskutieren Sie mit Blick auf Art. 1 GG, ob die Beamten ihn notfalls auch ohne seinen Willen in Gewahrsam nehmen dürfen oder dies sogar müssen.
2. Diskutieren Sie mit Blick auf Art. 1 GG, ob
   a) der möglicherweise tödliche Schuss auf einen Geiselnehmer, der glaubhaft androht, seine Geiseln zu töten
   b) der Abschuss eines durch Terroristen gekaperten Verkehrsflugzeuges, das diese über einer dicht bevölkerten Stadt zum Absturz bringen wollen und in dem sich auch 94 unbeteiligte Passagiere befinden, verfassungsrechtlich zu rechtfertigen sind.

VII. Exkurs: Menschenwürde als Grundlage der unveräußerlichen Menschenrechte (AEMR und EMRK)

27 Die Menschenwürde sowie die Grundrechte bzw. Menschenrechte ganz allgemein werden nicht nur durch das Grundgesetz gewährleistet. Auch internationale Verträge und Konventionen enthalten Grundrechtsgewährleistungen.

28 Die Allgemeine Erklärung der Menschenrechte (AEMR) wurde am 10.12.1948 von der Generalversammlung der Vereinten Nationen beschlossen. Sie stellt die erste völkerrechtliche Normierung der Grundpflicht zur Förderung der Menschenrechte dar. Obwohl ihr eine unmittelbare Rechtsverbindlichkeit fehlt, hat die AEMR große politische Bedeutung. Inhaltlich normiert die AEMR den Grundsatz, dass alle Menschen frei und gleich an Würde und Rechten geboren

[20] BVerfGE 80, 367 (375) = NJW 1990, 563.

sind (Art. 1). Darüber hinaus enthält die Erklärung zahlreiche Freiheitsrechte (zB das Recht auf Leben und Freiheit, Art. 3, den Schutz der Freiheitssphäre des Einzelnen, Art. 12, oder den Schutz der Versammlungsfreiheit, Art. 20) sowie verschiedene (straf-)prozessuale Freiheiten (zB Anspruch auf Rechtsschutz, Art. 8, den Schutz vor willkürlicher Verhaftung, Art. 9, sowie die Grundsätze der Unschuldsvermutung und des „nulla poena sine lege", Art. 11).

Besondere Bedeutung hat die Europäische Menschenrechtskonvention (EMRK), 29
welche die Mitglieder des Europarates unterzeichnet haben. Als völkerrechtlicher Vertrag hat die EMRK mittlerweile grundlegende Bedeutung für die objektive europäische Werte- und Rechtsordnung. Inhaltlich sind in der EMRK sowie den dazugehörigen Zusatzprotokollen neben Justizgewährleistungsrechten wie zB dem Anspruch auf ein faires Verfahren sowie der Garantie der Unschuldsvermutung (Art. 6 EMRK) zahlreiche Menschenrechte und Grundfreiheiten enthalten. Die im Curriculum des Staatsrechts im Studiengang „Polizeivollzugsdienst" enthaltenen Grundrechte finden allesamt eine völkerrechtliche Entsprechung in der EMRK:

Grundgesetz (GG)	Europäische Menschenrechtskonvention (EMRK)
Art. 1 I GG (Menschenwürde)	Verweis auf die allgemeine Erklärung der Menschenrechte der Generalversammlung der Vereinten Nationen in der Präambel, Art. 3 EMRK (Folterverbot, Art. 4 EMRK) (Verbot von Sklaverei, Zwangsarbeit)
Art. 2 I GG (Allgemeine Handlungsfreiheit)	Art. 8 EMRK (Achtung des Privat und Familienlebens)
Art. 2 I GG iVm Art. 1 I GG (APR, RiS)	Art. 8 EMRK
Art. 2 II, 1 GG (Leben, körperliche Unversehrtheit)	Art. 2 EMRK, Art. 3, 5 EMRK, Art. 10 II EMRK
Art. 2 II, 2 GG iVm Art. 104 GG (Freiheit der Person)	Art. 5 EMRK
Art. 3 GG (Gleichheitsgrundsatz)	Art. 14 EMRK
Art. 4 GG (Glaubens- und Gewissensfreiheit)	Art. 9 EMRK
Art. 10 GG (Brief-, Post- und Fernmeldegeheimnis)	Art. 8 I EMRK
Art. 11 GG (Freizügigkeit)	Art. 2 des 4. Zusatzprotokolls zur EMRK
Art. 13 GG (Unverletzlichkeit der Wohnung)	Art. 8 EMRK
Art. 14 GG (Eigentum)	Art. 1 des 1. Zusatzprotokolls zur EMRK
Art. 5 GG (Meinungs- und Informationsfreiheit)	Art. 10 EMRK
Art. 8 GG (Versammlungsfreiheit)	Art. 11 EMRK
Art. 16a GG (Asylgrundrecht)	Schutz vor Ausweisung über Art. 2 und 3 EMRK

Abb. 21 Synopse GG – EMRK

30 Anders als bei der AEMR ist für die EMRK durch den ständigen Europäischen Gerichtshof für Menschenrechte (EGMR) in Straßburg ein effektiver Rechtsschutz gewährleistet. Jede Person, die sich in ihren Rechte nach der EMRK oder den dazugehörigen Protokollen durch einen Vertragsstaat verletzt fühlt, kann sich mit einer Beschwerde an den Gerichtshof wenden. Urteile des EGMR haben auch immer wieder polizeiliche Maßnahmen zum Gegenstand. Beispielhaft sei hier ein aktuelles Urteil des EGMR aus dem Jahr 2017 genannt, das sich mit der Verhältnismäßigkeit eines Polizeieinsatzes gegen Besucher eines Fußballspiels zwischen dem FC Bayern München und dem TSV 1860 München auseinandersetzt. Daneben hat der EGMR den Fall zum Anlass genommen, in seinem Urteil die fehlende Kennzeichnung der eingesetzten Polizeibeamten durch Namen oder Nummern zu kritisieren.[21]

B. Allgemeine Handlungsfreiheit, Art. 2 I GG

Leitentscheidungen:

BVerfGE 80, 137 ff. = NJW 1989, 2525 – Reiten im Walde; BVerfGE 97, 332 ff. = NJW 1998, 2128 – Kindergartenbeiträge; BVerfGE 120, 224 = JuS 2008, 550 – Inzestverbot.

Weiterführende Literatur:

- *Grundfälle: Kahl* JuS 2008, 499 ff., 595 ff.
- *Hebeler*, Die Gefährderansprache, NVwZ 2011, 1364; *Kay*, Formen des Rechtseingriffs, Polizei 2015, 25 ff.

I. Fälle

a) T füttert auf einem kleinen Spielplatz am Aachener Weiher in der Stadt K Tauben. Die dort spielenden Kinder beobachten dies zunächst nur. Als sich jedoch immer mehr Tauben dort versammeln und sich auf die verstreuten Brotkrümel „stürzen", bekommen die Kinder Angst und fangen an zu weinen. Durch die Bitten der Mütter lässt T sich nicht davon abhalten, die in mehreren Tüten mitgebrachten Brotreste zu verteilen. Teilweise wirft er sie sogar in unmittelbarer Nähe der von den Kindern benutzten Rutsche und Schaukel. Als die Polizisten bei ihrem Streifengang diese Situation mitbekommen und sehen, dass T den Tauben immer wieder neue Brotkrümel hinwirft, untersagen sie ihm dies. T fühlt sich hierdurch in seinen Grundrechten verletzt. Zu Recht?

Anmerkung: Gehen Sie davon aus, dass die Stadt K eine formell und materiell rechtmäßig zustande gekommene Straßensatzung enthält, wonach das Füttern von Tauben verboten ist.

b) Der 20-jährige A hat vor zwei Monaten seine Führerscheinprüfung für Krafträder abgelegt. Jetzt kann er endlich die bereits seit seinem Geburtstag in der Garage stehende BMW benutzen. Von der Schutzhelmpflicht hält er jedoch gar nichts. Er sieht die in § 21a II StVO niedergelegte Regelung als verfassungswidrig an und bittet einen befreundeten Polizeibeamten, der gerade seine Fachhochschulzeit absolviert hat, um eine Prüfung.

[21] EGMR FD-StrafR 2017, 396207.

c) Als die Polizeibeamten P1 und P2 sehen, wie der offensichtlich volltrunkene F in sein Fahrzeug einsteigen will, fordern sie ihn auf, seinen Führerschein vorzuzeigen. F antwortet lallend, diesen habe er nicht dabei. Daraufhin untersagen ihm die Polizisten, sein Auto in dieser Nacht noch zu benutzen. Nach kurzem Murren akzeptiert F dies und nimmt sich ein Taxi nach Hause. Wird M durch das Verbot, sein Fahrzeug zu benutzen, in seinem Grundrecht aus Art. 2 I GG verletzt?

II. Schutzbereich

Art. 2 I GG enthält nach der Rechtsprechung des BVerfG zwei Grundrechte, nämlich einerseits die allgemeine Handlungsfreiheit und iVm Art. 1 I GG das allgemeine Persönlichkeitsrecht. 31

Die allgemeine Handlungsfreiheit nach Art. 2 I GG ist ein Auffanggrundrecht. Diese Vorschrift ist daher anwendbar, wenn speziellere Grundrechte nicht greifen, weil der persönliche oder sachliche Schutzbereich nicht eröffnet ist. Wollen sich also Nicht-Deutsche zu einer politischen Demonstration versammeln, können sie sich nicht auf Art. 8 GG berufen, weil es sich dabei um ein „Deutschengrundrecht" handelt. Daher kommt in diesem Fall Art. 2 I GG in Betracht. Das gleiche gilt, wenn es sich zwar um Deutsche handelt, diese sich aber bewaffnet versammeln möchten.[22] 32

Von der allgemeinen Handlungsfreiheit geschützt werden darüber hinaus die Fortbewegungsfreiheit (soweit nicht Art. 2 II GG oder Art. 11 GG betroffen sind), das Recht, an einem Ort zu verbleiben, das Recht von Deutschen, aus dem Bundesgebiet auszureisen (nicht Art. 11 GG)[23] sowie die Freizügigkeit für Ausländer[24]. Andererseits ist Art. 2 I GG aufgrund seines „Auffangcharakters" subsidiär, das heißt nachrangig zu speziellen Freiheitsrechten (→ Kap. 3 Rn. 13 f.) So kommt ein Rückgriff auf Art. 2 I GG beispielsweise dann nicht mehr in Betracht, wenn ein Eingriff in Art. 13 GG vorliegt, dieser aber gerechtfertigt ist. 33

Klausurtipp: In der Klausur ist Art. 2 I GG erst nach den spezielleren Grundrechten anzusprechen. Darüber hinaus scheidet eine detaillierte Prüfung des Art. 2 I GG aus, wenn ein anderes Grundrecht thematisch einschlägig ist. !

1. Persönlicher Schutzbereich

Grundrechtsträger sind alle natürlichen Personen, unabhängig davon, wie alt sie sind, was ihre Nationalität oder ihr körperlicher oder geistiger Zustand ist (Jedermann-Grundrecht). Auch auf juristische Personen des Privatrechts und Personenmehrheiten ist Art. 2 I GG gem. Art. 19 III GG anwendbar, weil das Grundrecht nicht an natürliche Eigenschaften des Menschen anknüpft. Ausgeschlossen sind nur juristische Personen des öffentlichen Rechts – wie beispielsweise Gemeinden.[25] 34

[22] *Kniesel/Poscher* in Lisken/Denninger PolR-HdB Rn. 62.
[23] *Jarass/Pieroth* GG Art. 2 Rn. 32.
[24] BVerwGE 100, 335 (342 f.) = NVwZ-RR 1997, 317.
[25] BVerfGE 23, 12 (30) = NJW 1968, 739.

2. Sachlicher Schutzbereich

35 Art. 2 I GG schützt mit der freien Entfaltung der Persönlichkeit die allgemeine Verhaltensfreiheit, also die Freiheit des Menschen, zu tun oder zu lassen, was er will.[26] Darüber hinaus ist die gesamte anerkannte Rechtssphäre des Einzelnen geschützt.

36 Es ist nicht relevant, ob es sich um „wichtige" oder für die Entfaltung der Persönlichkeit bedeutsame Tätigkeiten handelt.[27] Auch das Recht, seine Freizeit im öffentlichen Park zu verbringen und dabei seinen eigenen Vorstellungen entsprechend gekleidet zu sein, wird von Art. 2 I GG, der Handlungsfreiheit im umfassenden Sinn erfasst.[28] So erlangt die Vorschrift vor allem für solche Tätigkeiten Bedeutung, die keinem speziellen grundrechtlichen Schutz unterliegen. Hierzu gehört beispielsweise die Ausreisefreiheit, die im Gegensatz zur Einreisefreiheit nicht unter den Schutz des Art. 11 GG fällt.[29] Es kommt auch nicht darauf an, ob die Tätigkeiten gesellschaftlich anerkannt oder erwünscht sind. Daher fallen auch Alkoholkonsum, der Konsum illegaler Drogen wie Cannabis und das Rauchen unter die allgemeine Handlungsfreiheit.[30] Dem Gesetzgeber ist es aber unbenommen, durch entsprechende Gesetze (zB Nichtraucherschutzgesetze, BtMG) regulierend einzugreifen.

III. Eingriff in den Schutzbereich

37 Da der Schutzbereich des Grundrechtes der allgemeinen Handlungsfreiheit umfassend und weit ist, stellt sich in besonderem Maße die Frage, wie der Eingriffsbegriff zu bestimmen ist. Wenn schon jede in Zusammenhang mit staatlicher Tätigkeit stehende Beeinträchtigung des „Rechts zu tun und zu lassen, was man will" einen Eingriff darstellen würde, würde dies den Anwendungsbereich unbestimmbar ausufern lassen und damit auch den Kreis derer, die gem. Art. 19 IV GG gegen staatliches Verhalten klagen könnten.[31] Unproblematisch liegt zunächst ein Eingriff vor, wenn durch eine staatliche Maßnahme unmittelbar, gezielt und rechtlich eingegriffen wird. Eine Meldeauflage sowie die Gefährderansprache, die im Ergebnis meist darauf gerichtet ist, eine Handlung zu unterlassen, stellen solche gezielten Eingriffe dar.[32] Des Weiteren ist in diesem Zusammenhang die Vorladung zu einer Vernehmung zu nennen. Aber auch der Dieb, dem die Beute durch die Polizei abgenommen wird, „erleidet" einen Eingriff in Art. 2 I GG, während beim Bestohlenen ein Eingriff in Art. 14 GG gegeben ist. Aufgrund der Spezialität des Art. 14 GG gegenüber Art. 2 I GG kann der Eigentümer sich auch nicht auf das Auffanggrundrecht beziehen. Entsprechendes gilt, wenn der Wagen des Kraftfahrzeughalters abgeschleppt wird. Hier wird in das Nutzungsrecht eingegriffen und damit in Art. 14 GG.

[26] StRspr des BVerfG seit BerfGE 6, 32 (36) = NJW 1957, 297.
[27] BVerfGE 54, 143 (146) = NJW 1980, 2572; BVerfGE 80, 137 (155) = NJW 1980, 2572.
[28] BVerfGE 75, 108 (154) = NJW 1987, 3115.
[29] BVerfGE 6, 32 (34 ff.) = NJW 1957, 297; v. Münch/Kunig/*Kunig* GG Art. 2 Rn. 14; *Pieroth* JuS 1985, 81 (84).
[30] BVerfGE 90, 145 ff. = NJW 1994, 1577; *Schmidt* StaatsOrgR Rn. 249.
[31] Dies wäre der Fall, wenn ein Autofahrer in einem durch eine polizeiliche Maßnahme verursachten Rückstau wenige Minuten warten müsste.
[32] *Hebeler* NVwZ 2011, 1364 f.

Bei sonstigen Eingriffen kann eine Eingrenzung nur über das – wenn gleich nicht besonders scharf umrissene – Merkmal erfolgen, dass es sich um eine „erhebliche“ Beeinträchtigung, und damit um keine bloße Belästigung im Sinne einer Bagatelle handeln muss. Unter eine solche Bagatelle fällt beispielsweise die Situation, wenn der Autofahrer an einer „grünen Ampel“ warten muss, weil er dem Polizeifahrzeug, das in die Kreuzung unter Nutzung von Sonderrechten einfährt, Vorfahrt gewähren muss. Ob noch Bagatelle oder schon ein Eingriff vorliegt, ist sicherlich eine Frage des Einzelfalls. Die denkbaren Konstellationen sind vielfältig – zB wenn ein Polizeibeamter den Zuschauer eines Marathonlaufs bittet, einen Schritt zurückzutreten, damit kein Läufer behindert wird – und sollten im Rahmen der Fallbearbeitung näher erörtert werden. 38

IV. Verfassungsrechtliche Rechtfertigung des Grundrechtseingriffs

Das Grundrecht der allgemeinen Handlungsfreiheit unterliegt der sog. „Schrankentrias“ und kann daher gem. Art. 2 I GG eingeschränkt werden, wenn seine Wahrnehmung 39

- die Rechte anderer verletzt,
- gegen die verfassungsmäßige Ordnung oder
- gegen das Sittengesetz verstößt.

1. Schranken

Die ausschlaggebende Schranke ist hierbei die verfassungsmäßige Ordnung. Dem umfangreichen Schutzbereich entsprechend wird der Begriff der verfassungsmäßigen Ordnung weit ausgelegt und umfasst „alle formell und materiell verfassungsmäßigen Gesetze“[33]. Alle Rechtsvorschriften, die im Einklang mit der Verfassung stehen, können daher das Grundrecht einschränken. Im Ergebnis handelt es sich um einen einfachen Gesetzesvorbehalt (→ Kap. 3 Rn. 75). Bei den „Rechten anderer“ handelt es sich nicht nur um Interessen dritter Personen, sondern um solche, die aus der Verfassung abgeleitet sind. Sie müssen also ihren Niederschlag in einer gesetzlichen Regelung gefunden haben. Sie gehen damit in der verfassungsmäßigen Ordnung auf und entfalten keine eigenständige, beschränkende Wirkung. Den Begriff des „Sittengesetzes“ zu umreißen, fällt ebenso schwer wie praktische Beispiele zu finden, da es kaum rechtlich relevante Bereiche gibt, die nicht normiert sind.[34] Der bisher einzige Anwendungsfall, über den das Bundesverfassungsgericht zu urteilen hatte, betraf die Strafbarkeit der männlichen Homosexualität.[35] Diesbezüglich urteilte das Gericht, dass die „gleichgeschlechtliche Betätigung eindeutig gegen das Sittengesetz verstößt“.[36] Gerade an diesem Beispiel ist erkennbar, dass der Inhalt des Sittengesetzes sich im Laufe der Jahre geändert hat und auch zukünftig immer wieder ändern wird.[37] Nach hM geht daher auch diese Schranke im Begriff der verfassungsmäßigen Ordnung auf.[38] 40

[33] BVerfGE 96, 10 (21) = NVwZ 1997, 1109.
[34] Vergleichbar mit dem Begriff der „öffentlichen Ordnung“ in § 8 PolG NRW.
[35] BVerfGE 6, 389 ff. = BeckRS 9998, 120252.
[36] BVerfGE 6, 389 (434) = BeckRS 9998, 120252.
[37] *Ipsen* StaatsR II Rn. 788.
[38] v. Münch/Kunig/*Kunig* GG Art. 2 Rn. 28; *Kingreen/Poscher* StaatsR II Rn. 465.

Beachte als mögliches Formulierungsbeispiel für die Klausur:

„Das Grundrecht der allgemeinen Handlungsfreiheit unterliegt der sog. Schrankentrias. Als Begrenzung kommen insoweit die Rechte anderer, die verfassungsmäßige Ordnung und das Sittengesetz in Betracht. Der Begriff der verfassungsmäßigen Ordnung ist gleichzusetzen mit der Summe aller verfassungsgemäß zustande gekommenen Gesetze und Normen in der Bundesrepublik. Angesichts der Weite dieses Begriffs bleibt für die Rechte anderer und das Sittengesetz faktisch kein eigenständiger Anwendungsbereich. Im Umkehrschluss bedeutet dies, dass ein Eingriff in Art. 2 I GG dann gerechtfertigt ist, wenn er im Einklang mit der verfassungsmäßigen Ordnung steht und insbesondere aufgrund einer gesetzlichen Ermächtigungsgrundlage erfolgt. Im Ergebnis steht die allgemeine Handlungsfreiheit daher unter einem einfachen Gesetzesvorbehalt."

41 Die insoweit am häufigsten angewandte Schranke in Form eines Gesetzes oder einer Verordnung könnte in einzelnen Vorschriften aus der StVO zu sehen sein, insbesondere in den Vorschriften, die eine Geschwindigkeitsbeschränkung vorschreiben.

2. Schranken-Schranken

42 Im Rahmen der Schranken-Schranken sind keine besonderen Verfassungsvorgaben zu prüfen. Das heißt, es ist an dieser Stelle lediglich die formelle und materielle Verfassungsmäßigkeit des jeweiligen Gesetzes bzw. der jeweiligen Ermächtigungsgrundlage „festzustellen" und der Verhältnismäßigkeitsgrundsatz im Detail - abhängig von der Aufgabenstellung - zu prüfen. Dieser stellt hier ebenso wie bei den meisten anderen Grundrechten als allgemeine Verfassungsvorgabe des Art. 20 III GG die eigentliche Schranken-Schranke dar.

V. Lösungshinweise zu den Fällen

a) Im „Taubenfall" kommen besondere Freiheitsrechte nicht in Betracht, sodass Art. 2 I GG zu prüfen ist.

T wird als Mensch vom persönlichen Schutzbereich erfasst. Es ist aber auch der sachliche Schutzbereich betroffen. Dieser umfasst die allgemeine Verhaltensfreiheit, also die Tatsache, dass jeder das tun und lassen kann, was er will. Da T Tauben füttern möchte und hieran durch die Polizisten gehindert wird, ist die allgemeine Handlungsfreiheit betroffen.

Durch das Verbot, den Tauben weiterhin Brot zu geben, greifen die Polizeibeamten - die hier wegen der Eilbedürftigkeit anstelle der Ordnungsbehörde tätig werden - final unmittelbar in den Schutzbereich ein.

Der Eingriff ist durch § 8 PolG NRW, der das Verbot der Straßensatzung umsetzt, aber gerechtfertigt. Art. 2 I GG enthält einen einfachen Gesetzesvorbehalt. Das heißt, es ist eine Einschränkung durch irgendeine Rechtsnorm möglich, also auch durch die Vorschrift aus der Straßensatzung der Stadt K.

Im Rahmen der Schranken-Schranken kommt es nur auf die Wahrung des Verhältnismäßigkeitsgrundsatzes der konkreten polizeilichen Maßnahme an. Als legitimes Ziel gilt jede mit der Verfassung verträgliche Zielsetzung. Hier kommen der Schutz der Kinder auf einem Spielplatz, die Reinlichkeit von öffentlichen Anlagen, die Verhütung von Gefahren für das Eigentum, der Schutz verkehrssicherer

Gehsteige sowie auch der Gesundheitsschutz in Betracht. Da zumindest eine Verminderung der Verunreinigung durch Tauben bei einem Fütterungsverbot erwartet werden kann, ist die Eignung der Maßnahme gegeben. Auch ein milderes Mittel, der Taubenplage Herr zu werden, ist nicht ersichtlich, womit das Verbot erforderlich ist. Im Hinblick darauf, dass das verfolgte Ziel den Schutz hoher verfassungsrechtlich geschützter Rechtsgüter im Auge hat und das Fütterungsverbot nur einen sehr begrenzten Eingriff in die Freiheit der Ausübung von Tierliebe bedeutet, ist das Verbot auch angemessen und damit insgesamt verhältnismäßig. Eine Verletzung des Grundrechts aus Art. 2 I GG scheidet daher aus.

b) Im Rahmen des zweiten Falles ist die Verletzung spezieller Freiheitsrechte aufgrund der Schutzhelmpflicht nicht ersichtlich, sodass nur eine Prüfung des Art. 2 I GG in Betracht kommt.

Unstrittig wird A vom persönlichen Schutzbereich des Menschenrechts erfasst. Des Weiteren ist der sachliche Schutzbereich betroffen. A „wehrt“ sich gegen die mögliche Verhängung einer staatlichen Zwangsmaßnahme, weil er nicht tun und lassen kann, was er will – ohne Helm Motorrad fahren.

Bedenken gegen einen Eingriff könnten sich unter dem Gesichtspunkt der Geringfügigkeit ergeben. Wegen des sehr weiten Gewährleistungsgehalts des Art. 2 I GG bietet die Geringfügigkeit aber nur dann eine sichere Abgrenzung, wenn es sich offensichtlich um eine bloße Belästigung handelt. Davon kann aber bei der mit einem Bußgeld bedrohten Vorschrift über das Tragen von Schutzhelmen nach § 21a II StVO nicht ausgegangen werden. Insofern kann ein final unmittelbarer Eingriff bei entsprechenden Maßnahmen angenommen werden.

Bei der Schrankenprüfung lässt sich feststellen, dass die Vorschrift aus der StVO den Anforderungen des einfachen Gesetzesvorbehalts genügt.

Darüber hinaus bestehen im Hinblick auf die formelle Verfassungsmäßigkeit keine Bedenken. Unter materiellen Gesichtspunkten ergeben sich Ansätze für eine Prüfung nur im Hinblick auf den Verhältnismäßigkeitsgrundsatz. Der legitime Zweck dieser Vorschrift besteht in der Sicherung des öffentlichen Interesses an geringen Unfallfolgen und einer geringen Belastung der Sozialversicherungen. Zur Erreichung dieses Zwecks ist die Vorschrift geeignet. Mildere Mittel mit gleicher Eignung sind nicht ersichtlich, sodass es sich auch um eine erforderliche Regelung handelt. Bei der Angemessenheit kann auf der Seite von Motorradfahrern allenfalls ein Bequemlichkeitsinteresse gesehen werden. Dieses muss jedoch hinter dem genannten allgemeinen Interesse der Gesamtbevölkerung zurücktreten. Demnach ist die Angemessenheit einer solchen Regelung ebenfalls gegeben. Art. 2 I GG wird also durch § 21a II StVO nicht verletzt.

c) Beim dritten Fall ist F in den persönlichen Schutzbereich des Art. 2 I GG einbezogen. In den sachlichen Schutzbereich fällt die freie Entfaltung der Persönlichkeit. Hierzu gehört die Möglichkeit, zu tun und zu lassen was man möchte, also auch die Teilnahme am Straßenverkehr. Mit dem Verbot, zukünftig mit einem Kraftfahrzeug am Straßenverkehr teilzunehmen, liegt dann unmittelbar und final ein Eingriff in das Grundrecht auf freie Entfaltung der Persönlichkeit vor.

Fraglich ist aber, ob dieser Eingriff gerechtfertigt ist. Als Ermächtigungsnorm kommt § 8 PolG NRW in Betracht. Diese genügt als förmliches Gesetz den Anforderungen des einfachen Gesetzesvorbehalts. Da von der Verfassungsmäßigkeit dieser Norm ausgegangen werden kann, ist bei den Schranken-Schranken nur der Verhältnismäßigkeitsgrundsatz zu prüfen. Ziel des Verbots ist die Verhinderung einer Trunkenheitsfahrt und eine damit verbundene Gefährdung anderer Verkehrsteilnehmer durch F. Das polizeiliche Verbot ist hierfür geeignet, da es F untersagt, die Fahrt anzutreten. Ein milderes Mittel, F vom Führen eines Fahrzeugs abzuhalten, ist nicht ersichtlich. Schließlich ist das Verbot auch angemessen, da der Schutz der Rechtsgüter anderer Verkehrsteilnehmer Vorrang genießt vor seinem Recht auf allgemeine Handlungsfreiheit durch das Führen von Kraftfahrzeugen.

Folglich wird F durch das Verbot nicht in seinem Grundrecht aus Art. 2 I GG verletzt.

VI. Kontrollfragen

?

1. Fallen folgende Beispiele in den sachlichen Schutzbereich des Art. 2 I GG:
   - die Freiheit, in nichtehelicher Lebensgemeinschaft oder in einer Lebenspartnerschaft zu leben bzw. die Ehe mit einem/r gleichgeschlechtlichen Partner/in einzugehen
   - das Recht eines Inhaftierten, Besuch zu empfangen und
   - die Freiheit, karnevalistisch verkleidet seine Arbeitsstelle aufzusuchen?
2. Das Grundrecht der allgemeinen Handlungsfreiheit enthält nach seinem Wortlaut eine Schrankentrias. Warum erlangt vornehmlich die verfassungsmäßige Ordnung praktische Bedeutung?
3. Was bedeutet Auffanggrundrecht?

C. Allgemeines Persönlichkeitsrecht, Art. 2 I GG iVm Art. 1 I GG

Leitentscheidungen:

BVerfGE 65, 1 ff. = NJW 1984, 419 – Volkszählungsurteil; BVerfGE 117, 202 = NJW 2007, 753 – Heimliche Vaterschaftstests; BVerfG NJW 2017, 3643 – Schutz der geschlechtlichen Identität.

Weiterführende Literatur:

- *Baldarelli*, Polizeiarbeit und der Umgang mit personenbezogenen Daten, Deutsches Polizeiblatt 4/2015, 2 ff.; *Böcking*, Polizeiarbeit und gefahrenabwehrende Eingriffe in das RIS, Deutsches Polizeiblatt 4/2015, 9 ff.; *Britz*, Schutz informationeller Selbstbestimmung gegen schwerwiegende Grundrechtseingriffe – Entwicklungen im Lichte des Vorratsdatenspeicherungsurteils, JA 2011, 81 ff.; *Lang*, Videoüberwachung und das Recht auf informationelle Selbstbestimmung, BayVBl 2006, 522 ff.; *Sänger*, Praktische und rechtliche Probleme der Online-Durchsuchung, Die Polizei 2015, 228 ff.; *Smoydzin*, Grundrecht auf informationelle Selbstbestimmung – Geschichte, Schutzbereich, Fallgruppen, Deutsches Polizeiblatt 4/2015, 6 ff.
- *Grundfälle: Kahl/Ohlendorf* JuS 2008, 682 ff.

I. Fälle

a) Aufgrund eines anonymen, aber wegen der Details offensichtlich zuverlässigen Hinweises erfahren die Beamten des PP Dortmund, dass es am kommenden Montag zwischen 20.00 und 24.00 Uhr zu einer Übergabe geschmuggelter Zigaretten vor einem Kiosk auf der A-Straße kommen soll. Dies führt dazu, dass ein Einsatztrupp an diesem Tag ab 18.00 Uhr den Kiosk von der Straße aus überwacht. Gegen 21.00 Uhr fährt dann tatsächlich ein kleiner Lkw vor den Kiosk und zwei Personen – M und P – steigen aus. Als sie die Ladeklappe des Lkw öffnen und damit beginnen, gefüllte Kisten mit Zigaretten in den Kiosk zu bringen, ruft eine der beiden Personen: „Polizei!" Schnell schmeißt M die Ladetür zu, setzt sich ans Steuer und fährt los. Die zweite Person P können die Beamten stellen. Wurde P durch die Observation in seinem Grundrecht aus Art. 2 I GG iVm Art. 1 I GG verletzt?

b) Am 1.5.2015 findet in Köln eine Kundgebung der rechtsextremistischen R-Partei statt. Für den gleichen Tag wurde nach dem Titel der Karnevalsband Brings „Stell die Stadt op d'r Kopp" eine Gegendemonstration angemeldet. Die Veranstalter wollen damit ein deutliches Zeichen gegen rechtsextremistische Tendenzen setzen. In einer Presseerklärung stellte der Polizeipräsident von Köln klar, dass anreisende Versammlungsteilnehmer kontrolliert werden, um gewalttätige Ausschreitungen zu verhindern. Kurz vor Beginn der Kundgebung wird an einer – zulässig eingerichteten – Kontrollstelle ein auffällig bemalter Pkw angehalten und der Fahrzeugführer F nach dem Ziel und Zweck seiner Fahrt gefragt. Er antwortet ungehalten, dass er auch „gegen das braune Pack" demonstrieren wolle. Polizeikommissar P verlangt den Personalausweis von F, den dieser widerwillig aushändigt, und überprüft über Funk dessen Personalien. Liegt in der Personalien-Überprüfung eine Verletzung des allgemeinen Persönlichkeitsrechts von F?

II. Schutzbereich

Aus Art. 2 I GG iVm Art. 1 I GG hat das BVerfG ein Grundrecht auf Schutz der 43
engeren persönlichen Lebenssphäre abgeleitet.[39] Mittlerweile hat sich das allgemeine Persönlichkeitsrecht durch die verfassungsgerichtliche Rechtsprechung zu einem eigenen Grundrecht verselbstständigt,[40] welches sich – auch durch den technischen Fortschritt – stetig fortentwickelt. Geschützt wird ein autonomer Bereich privater Lebensgestaltung, in dem der Einzelne seine Individualität entwickeln und wahren kann. Dabei wird die geschützte Privatsphäre nicht auf den häuslichen Bereich beschränkt. Der Einzelne muss die Möglichkeit haben, sich auch an anderen, erkennbar abgeschiedenen Orten unbehelligt zu bewegen. Ziel ist es, dass der Bereich der Intimsphäre als Kernbereich unantastbar geschützt ist.

Klausurtipp: Im Gegensatz zur allgemeinen Handlungsfreiheit handelt es sich beim allgemeinen Persönlichkeitsrecht nicht um ein nur subsidiär anzuwendendes Grundrecht. In Fallbearbeitungen kann daher unmittelbar mit einer Prüfung von Art. 2 I GG iVm Art. 1 I GG begonnen werden. !

[39] BVerfGE 54, 148 (153) = NJW 1980, 2070; BVerfGE 72, 155 (170) = NJW 1986, 1859.
[40] *Jarass/Pieroth* GG Art. 2 Rn. 36.

1. Persönlicher Schutzbereich

44 Wie das Grundrecht der allgemeinen Handlungsfreiheit ist auch das allgemeine Persönlichkeitsrecht ein Menschenrecht. Je nach Konstellation können sich juristische Personen des Privatrechts ebenfalls auf dessen Schutz berufen. Das postmortale Persönlichkeitsrecht wird allerdings ausschließlich durch Art. 1 I GG geschützt, das heißt Träger des Grundrechts aus Art. 2 I GG (iVm Art. 1 I GG) können nur lebende Personen sein.[41]

2. Sachlicher Schutzbereich

45 Das allgemeine Persönlichkeitsrecht lässt sich im Wesentlichen in drei verschiedene Aspekte unterteilen:

Allgemeines Persönlichkeitsrecht		
Selbstbewahrung	**Selbstdarstellung**	**Informationelle Selbstbestimmung**
Schutz der engeren Persönlichkeitssphäre	Schutz vor entstellenden und verfälschenden Darstellungen der eigenen Person	Schutz vor Datenverarbeitung (eigene Entscheidung über Preisgabe personenbezogener Daten und Verfestigung auf Datenträger)

Abb. 22 Allgemeines Persönlichkeitsrecht

a) Selbstbewahrung (Recht auf Privatsphäre)

46 Der einzelne Bürger soll einen unantastbaren Bereich privater Lebensgestaltung haben, der der Einwirkung der öffentlichen Gewalt entzogen ist.[42] Dazu gehört ein Bereich, in dem der Einzelne „unbeobachtet sich selbst überlassen ist oder mit Personen seines besonderen Vertrauens ohne Rücksicht auf gesellschaftliche Verhaltenserwartungen und ohne Furcht vor staatlichen Sanktionen verkehren kann“[43]. Hierzu gehört das Recht, „in Ruhe gelassen zu werden“. Dieser Schutz wird nicht selten mit anderen Grundrechten wie Art. 5, 10, 13 GG in Verbindung stehen.

47 Der Schutz bezieht sich auf eine inhaltliche Komponente, aber auch auf einen räumlichen „Bereich, in dem der Einzelne zu sich kommen, entspannen oder sich auch gehen lassen kann“.[44] Der Schutzbereich ist zum Beispiel betroffen durch:

- das Mithören intimer Gespräche,
- das heimliche Beobachten sexueller Handlungen,
- die Bestrafung von beleidigenden Äußerungen, die ein Strafgefangener in überwachten Briefen gemacht hat,
- die erkennungsdienstliche Behandlung
- die Durchsuchung von Personen zur Gefahrenabwehr – sowohl in Mantel-, Jacken- oder Hosentaschen als auch in natürlichen Körperöffnungen.

41 BVerfGE 30, 173 (194) = NJW 1971, 1645; *Epping* GrundR Rn. 626.
42 BVerfGE 6, 32 (41) = NJW 1957, 297.
43 BVerfGE 90, 255 ff. = NJW 1995, 1015.
44 BVerfGE 6, 32 (41) = NJW 1957, 297.

b) Selbstdarstellung

Das Recht auf Selbstdarstellung gewährt dem Einzelnen das Recht, selbst zu bestimmen, ob und wie er sich nach außen wahrnehmbar machen will. Er kann sich so vor verfälschenden und entstellenden Darstellungen schützen. Im Einzelnen sind umfasst: 48

- das Recht am eigenen Bild (vgl. auch § 201a StGB),
- das Recht am eigenen Wort (also etwa vor unbefugtem Aufnehmen eines nicht öffentlich gesprochenen Wortes, vgl. auch § 201 StGB) sowie
- die persönliche Ehre, insbesondere der Schutz von Geheimnis- und Intimsphäre.

Das allgemeine Persönlichkeitsrecht entfaltet eine Ausstrahlungswirkung in den privaten Bereich, etwa wenn es um die Veröffentlichung unberechtigter Fotos einer Person geht. 49

c) Selbstbestimmungsrecht

Das Selbstbestimmungsrecht gibt dem Einzelnen zunächst das Recht der Kenntnis über seine Person, also etwa dem Kind das Recht zu wissen, wer seine leiblichen Eltern sind.[45] Hierzu gehört auch der Schutz der engeren persönlichen Lebenssphäre – beispielsweise der intime Sexualbereich, der die sexuelle Selbstbestimmung des Menschen und damit das Finden und Erkennen der eigenen geschlechtlichen Identität sowie der eigenen sexuellen Orientierung umfasst.[46] So kommt der Zuordnung zu einem Geschlecht für die individuelle Identität herausragende Bedeutung zu. Dabei ist auch die geschlechtliche Identität jener Personen geschützt, die weder dem männlichen noch dem weiblichen Geschlecht zuzuordnen sind.[47] Die Regelung des Personenstandsgesetzes, die eine Pflicht begründete, sich als männlich oder weiblich einzuordnen, verstieß daher gegen das allgemeine Persönlichkeitsrecht. Aufgrund einer möglichen Gefährdung ihrer Entwicklung haben diese Personen das Recht, sich als „inter/divers" zu bezeichnen.[48] Andererseits sieht das BVerfG aber in dem Verbot des Beischlafs zwischen Geschwistern (§ 173 II 2 StGB) vor allem unter dem Gesichtspunkt des Schutzes vor sexueller Gewalt in engen sozialen Beziehungen eine zulässige Beschränkung der sexuellen Selbstbestimmung.[49] 50

Aus diesem umfassenden Selbstbestimmungsrecht hat das BVerfG das Recht auf informationelle Selbstbestimmung (RIS) abgeleitet. Die Bürger sollen „wissen können, wer was, wann und bei welcher Gelegenheit über sie weiß"; der Einzelne soll „grundsätzlich selbst über die Preisgabe und Verwendung seiner persönlichen Daten bestimmen" können.[50] Dabei kommt es nicht darauf an, ob diese Daten sensibler Natur sind oder zum Privat- oder gar Intimbereich gehören. 51

45 BVerfGE 117, 202 f., 226 = NJW 2007, 753.

46 BVerfGE 96, 56 (61) = NJW 1997, 1769; BVerfGE 115, 1 (14) = BeckRS 2008, 38044; BVerfGE 128, 109 (224) = NJW 2011, 909.

47 BVerfG NJW 2017, 3643 (3644).

48 BVerfG NJW 2017, 3643 (3644).

49 BVerfGE 120, 224 = NJW 2008, 1137; *Hufen* JuS 2008, 550 f.

50 BVerfGE 65, 1 (43) = NJW 1984, 419 (Volkszählungsurteil); BVerfGE 118, 168 (183 ff.) = NJW 2007, 2464.

Vielmehr sind alle Daten persönlicher oder personenbezogener Art, also solche zu persönlichen Verhältnissen einer bestimmten Person geschützt.

52 Es liegt auf der Hand, dass dieses Recht auf informationelle Selbstbestimmung von großer Bedeutung für die polizeiliche Arbeit ist, denn sowohl die Erfüllung gefahrenabwehrender als auch strafprozessualer Aufgaben wird in aller Regel nicht ohne die Erhebung personenbezogener Daten möglich sein.

53 Wie oben bereits ausgeführt, gewährt das Recht auf Selbstdarstellung dem Einzelnen unter anderem das Recht am eigenen Bild.[51] Als Ausprägung des allgemeinen Persönlichkeitsrechts werden dem Bürger dadurch Einfluss- und Entscheidungsmöglichkeiten gewährleistet, soweit es um die Anfertigung und Verwendung von Fotografien und Aufzeichnungen seiner Person durch andere geht.[52] Werden Video- und Bildaufnahmen von Personen durch die Polizei gefertigt und gespeichert – wie dies mittels Bodycams möglich ist – ist der sachliche Schutzbereich des Allgemeinen Persönlichkeitsrechtes nach Art. 2 I GG iVm Art. 1 I 1 GG betroffen.

Beispiele: Die polizeiliche Praxis ist in hohem Maß von der Gewinnung, Verwendung und Speicherung personenbezogener Daten geprägt. Dies wird an folgenden Situationen aus der polizeilichen Praxis augenfällig:

a) Polizeibeamter P folgt dem Drogendealer X nach einem BtM-Verkauf, um dessen Drogenversteck zu ermitteln.
b) Polizist P stellt nach einer Straftat bei mehreren Verdächtigen sowie Zeugen die Personalien fest.
c) Bei einer Verkehrskontrolle werden die Fahrzeugpapiere und Führerscheine überprüft und mit polizeilichen Informationssystemen abgeglichen.
d) In einem öffentlichen Park wird das Gespräch zweier Beschuldigter mit einem Richtmikrofon abgehört.
e) Beschuldigter B wird auf Tätowierungen untersucht, die er nach Aussage von Zeugen haben soll.

54 Tabellarisch lassen sich die polizeilichen Maßnahmen, die regelmäßig Bezug zum Recht auf informationelle Selbstbestimmung haben, wie folgt darstellen:

Polizeiliche Maßnahme	Präventiver Charakter	Repressiver Charakter
Identitätsfeststellung	§ 12 PolG NRW	§ 163b StPO
Observation	§ 16a PolG NRW	§§ 163 f., 163 I 2 StPO
Durchsuchung	§§ 39, 40 PolG NRW	§ 102 StPO
Befragung/Vernehmung	§ 9 PolG NRW	§ 163a IV StPO
Datenerhebung mit technischen Mitteln	§§ 15 ff. PolG NRW	§§ 100 f., 100i StPO

Abb. 23 Polizeiliche Maßnahmen bei informationeller Selbstbestimmung

[51] → Kap. 4 Rn. 47.
[52] BVerfGE 97, 228 (268 f.) = NJW 1998, 1627; BVerfGE 101, 361 (381 f.) = NJW 2000, 1021.

Bei der Entstehung des Grundgesetzes noch nicht vorhersehbar waren die Entwicklungen auf dem Gebiet der Computertechnik. Durch moderne Informationstechniken werden in vorher nie dagewesenem Umfang bei Bürgern Daten gesammelt, gebündelt und zugänglich gemacht. Wären sie schutzlos dem staatlichen Zugriff preisgegeben, würden erhebliche Lücken im Grundrechtsschutz entstehen. 55

Aufbauend auf dem allgemeinen Persönlichkeitsrecht hat das BVerfG daher ein Grundrecht auf „Integrität und Vertraulichkeit informatorischer Systeme" entwickelt, welches die Vertraulichkeit der (etwa auf einem Computer oder Smartphone) verarbeiteten Daten auch vor einer Nutzung durch Dritte schützt. 56

> **Beispiel:** So ist eine heimliche Infiltration eines informationstechnischen Systems durch staatliche Behörden zB den Verfassungsschutz, mittels derer die Nutzung des Systems überwacht und seine Speichermedien ausgelesen werden können, verfassungsrechtlich nur zulässig, wenn tatsächliche Anhaltspunkte einer konkreten Gefahr für ein überragend wichtiges Rechtsgut bestehen.[53] Zu den überragend wichtigen Rechtsgütern gehören Leib, Leben und Freiheit der Person sowie solche Güter der Allgemeinheit, deren Bedrohung die Grundlagen oder den Bestand des Staates oder die Grundlagen der Existenz des Menschen berühren.[54] Ein Gesetz, das einen solchen Eingriff zulässt, muss dabei Vorkehrungen enthalten, um den Kernbereich privater Lebensgestaltung zu schützen.[55]

All diese Ausprägungen des allgemeinen Persönlichkeitsrechts sind keine eigenen Grundrechte, sondern nur Teilbereiche des allgemeinen Persönlichkeitsrechts. 57

III. Eingriff in den Schutzbereich

Da der Schutzbereich des allgemeinen Persönlichkeitsrechts bei weitem nicht so weit ist, wie bei der allgemeinen Handlungsfreiheit, lässt sich der Eingriffsbegriff weniger eng definieren. Erfasst werden damit alle Maßnahmen, die gezielt oder ungezielt, unmittelbar oder mittelbar, rechtlich oder faktisch das Grundrecht beeinträchtigen. 58

Insbesondere durch verschiedene Arten der Informationsgewinnung wird dabei häufig in dieses Grundrecht eingegriffen. Dies erhellt sich an folgenden Beispielen: 59

- Der bei frostigen Temperaturen auf einer Parkbank eingeschlafene Betrunkene wird von zwei Polizeibeamten geweckt und nach seinen Personalien und seiner Adresse befragt. Ziel dieser Fragen ist, ihn vor Gesundheitsschäden zu bewahren und ihn nach Hause – ins Warme – bringen zu können. Es handelt sich um eine präventive Maßnahme nach § 12 PolG NRW, die in das Recht auf informationelle Selbstbestimmung eingreift.
- Als der Betrunkene von den Polizeibeamten geweckt wird, zieht er ein Messer aus seiner Jackentasche und greift die Beamten damit an. Die deeskalierenden

53 BVerfGE 120, 274 = NJW 2008, 822.
54 BVerfGE 120, 274 (314) = NJW 2008, 822.
55 BVerfGE 120, 274 = NJW 2008, 822.

Versuche der Beamten, ihn zum Einstecken des Messers zu bewegen gelingen nicht, sodass sie – für den Betrunkenen auch erkennbar – ihre Bodycams einschalten (§ 15c I PolG NRW).

- Nach wiederholten Einbrüchen in einem Neubaugebiet in Gelsenkirchen werden zwei Beamte „abgestellt", um dort in regelmäßigen Abständen Streife zu gehen. Auf einem dieser Streifengänge beobachten die beiden Beamten eine Frau, die gerade dabei ist, ein Fahrzeug aufzubrechen. Nach der vorläufigen Festnahme wird sie zum Motiv für ihre Tat befragt. Hier liegt durch die Vernehmung eine repressive Maßnahme vor, die den Eingriff in Art. 2 I GG iVm Art. 1 I GG (RIS) begründet.
- Aufgrund des verdächtigen Verhaltens eines Mannes in einem „exklusiven" Wohngebiet behalten ihn zwei Beamte im Auge und beobachten jeden seiner weiteren Schritte. Dabei handelt es sich wiederum um eine gefahrenabwehrende Maßnahme gem. § 16a PolG NRW, die den Eingriff begründet.
- Zur Gefahrenabwehr werden Polizeibeamte auch dann tätig, wenn sie nachts am Eingang des Hauptbahnhofs in Köln eine männliche hilflose Person durchsuchen, um mögliche Kenntnisse über ihren Zustand und eine mögliche Erkrankung zu erlangen (§ 39 I PolG NRW).

60 Willigt ein Grundrechtsträger wirksam in die Beeinträchtigung des Grundrechts ein – gibt er also freiwillig seine Daten preis, entfällt aufgrund des Verzichts der Grundrechtseingriff.

IV. Verfassungsrechtliche Rechtfertigung des Eingriffs

1. Schranken

61 Auch für das allgemeine Persönlichkeitsrecht ergeben sich die Schranken aus Art. 2 I GG – es gilt also letztlich ein einfacher Gesetzesvorbehalt.[56]

! **Klausurtipp:** Bei der gutachtlichen Bearbeitung von Eingriffen in Art. 2 I GG iVm Art. 1 I GG gilt der gleiche Formulierungshinweis wie bei Art. 2 I GG (→ Kap. 4 Rn. 23).

2. Schranken-Schranken

62 Spezielle Verfassungsvorgaben sind auch beim allgemeinen Persönlichkeitsrecht nicht zu beachten.

63 Besonderes Gewicht kommt im Rahmen der verfassungsrechtlichen Rechtfertigung dem Verhältnismäßigkeitsgrundsatz (Übermaßverbot) zu: „Je mehr dabei der gesetzliche Eingriff eine elementare Äußerungsform der menschlichen Handlungsfreiheit berührt, um so sorgfältiger müssen die zu seiner Rechtfertigung vorgebrachten Gründe gegen den grundsätzlichen Freiheitsanspruch des Bürgers abgewogen werden."[57]

[56] BVerfGE 97, 228 (269) = NJW 1998, 1627; BVerfGE 120, 180 (201) = NJW 2008, 1793; *Jarass/Pieroth* GG Art. 2 Rn. 58; auch → Kap. 4 Rn. 242.

[57] BVerfGE 17, 306 (314) = NJW 1964, 1219.

Dieser Grundsatz, der auch für das Persönlichkeitsrecht gilt, wird durch die sog. „Sphärentheorie" konkretisiert.[58] Danach ist zunächst der Bereich der „Intimsphäre" auch wegen Art. 1 I GG der staatlichen Beschränkbarkeit generell entzogen. Dieser Bereich umfasst etwa „Äußerungen innerster Gefühle" und „einen Raum, den der Einzelne der Umwelt entzieht". Das Selbstgespräch, das der Autofahrer führt und von der Polizei abgehört wird, kann hier als Beispiel angeführt werden. 64

Die nächste Stufe betrifft die „Privat- oder Geheimnissphäre" - beispielsweise die Kommunikation im Familienkreis. In die Privatsphäre kann nur unter strenger Wahrung des Verhältnismäßigkeitsgrundsatzes bei überwiegendem Interesse der Allgemeinheit eingegriffen werden.[59] 65

Die dritte Stufe betrifft die Sozialsphäre, also den Bereich, in dem der Einzelne sich in der Öffentlichkeit bewegt. Hier gilt eine Einschränkbarkeit wie bei der allgemeinen Handlungsfreiheit. 66

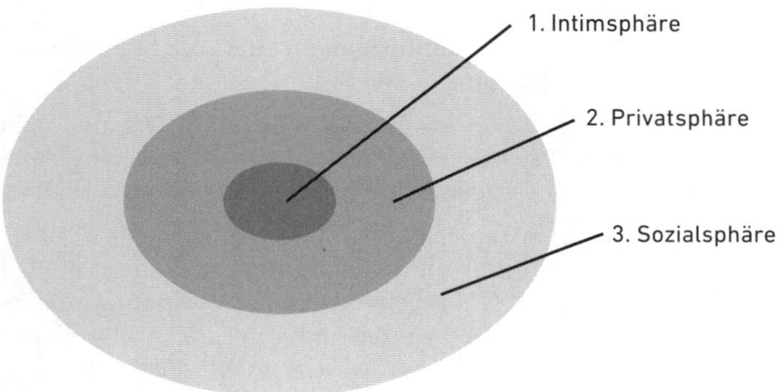

Abb. 24 Sozial-, Privat- und Intimsphäre

V. Lösungshinweise zu den Fällen

a) Durch die Observation könnte P im allgemeinen Persönlichkeitsrecht, genauer in seinem Recht auf informationelle Selbstbestimmung aus Art. 2 I GG iVm Art. 1 I GG verletzt sein.

Auch bei diesem Grundrecht handelt es sich um ein Menschenrecht, sodass P als natürliche Person in den persönlichen Schutzbereich fällt. Das Grundrecht gewährleistet in sachlicher Hinsicht das Recht auf informationelle Selbstbestimmung. Danach entscheidet grundsätzlich jeder Mensch darüber, welche persönlichen Daten er dem Staat preisgibt und wie sie staatlicherseits verwendet werden dürfen. Eine Beobachtung des P bei seiner Entladetätigkeit vor dem Kiosk fällt damit in den sachlichen Schutzbereich. Durch die gezielte Beobachtung des P wird in sein Recht auf informationelle Selbstbestimmung unmittelbar und final eingegriffen. Damit keine Verletzung der Art. 2 I GG iVm Art. 1 I vorliegt, müsste dieser Eingriff gerechtfertigt sein. Dieses Grundrecht steht – wie das der allgemeinen Handlungsfreiheit – unter einfachem Gesetzesvorbehalt. So greift auch hier die Schrankentrias, letztendlich aber „nur" die verfassungsmäßige Ordnung

[58] BVerfGE 6, 32 (41) = NJW 1957, 297; BVerfGE 38, 312 (320) = NJW 1975, 588; *Epping* GrundR Rn. 648.
[59] BVerfGE 27, 344 (350) = NJW 1970, 555.

und damit alle rechtmäßigen materiellen Gesetze. Als Ermächtigungsgrundlage kommt § 163 I 2 StPO in Betracht. Zum Zeitpunkt der Observation besteht ein Anfangsverdacht auf eine bereits begangene Straftat, nämlich ein Verstoß gegen die Abgabenordnung. Die Ermächtigungsgrundlage muss daher repressiver Natur sein. Diese Ermittlungsgeneralklausel aus der StPO genügt als förmliches Gesetz den Anforderungen des Gesetzesvorbehalts. Hinsichtlich der formellen und materiellen Verfassungsmäßigkeit bestehen keine Bedenken, sodass es maßgeblich auf den Verhältnismäßigkeitsgrundsatz ankommt. Ziel der Maßnahme ist es, die Straftat zu verfolgen und die Beteiligten hieran zu ermitteln. Das hierfür eingesetzte Mittel – eine kurzfristige Observation – ist geeignet, da aufgrund der Wahrnehmung der Polizeibeamten Beweise gesichert werden können. Die kurzfristige Observation ist auch erforderlich, da kein milderes Mittel ersichtlich ist, die Straftat aufzuklären. Die Verfolgung einer derartigen Straftat rechtfertigt die relativ begrenzte Beeinträchtigung des Rechts auf informationelle Selbstbestimmung nach Art. 2 I GG iVm 1 I GG, sodass die Maßnahme auch angemessen ist.

Insgesamt wird A damit nicht in seinem allgemeinen Persönlichkeitsrecht verletzt.

b) Auch im zweiten Ausgangsfall kommt konkret eine Verletzung des Rechts auf informationelle Selbstbestimmung in Betracht.

Da erneut die Preisgabe von Daten – diesmal des F – im Vordergrund steht, ist der Schutzbereich eröffnet. Da P den F auffordert, den Personalausweis auszuhändigen, verpflichtet er diesen zur Preisgabe seiner Personalien. Somit liegt ein Eingriff vor.

Bei der Prüfung der Rechtfertigung kommt als Befugnisnorm § 12 I 1 Nr. 4 PolG NRW in Betracht; dieser genügt ebenfalls den Anforderungen des einfachen Gesetzesvorbehalts aus Art. 2 I GG. Ausgehend von der Verfassungsmäßigkeit des PolG NRW ist damit erneut nur die Frage der Verhältnismäßigkeit von Bedeutung. Die Identitätsfeststellung ist ein legitimes Mittel zur Verhinderung von Straftaten, weil damit einerseits der Betroffene aus seiner Anonymität geholt wird und somit eine gewisse Abschreckungswirkung entsteht und andererseits die Identitätsfeststellung Voraussetzung für weitere Maßnahmen der Gefahrenabwehr ist. Hierzu ist sie auch geeignet. Ein milderes Mittel ist nicht ersichtlich, die bloße Befragung nach den Absichten des F wäre nicht gleich geeignet. Mit der Identitätsfeststellung will die Polizei einen Beitrag zu einer friedlichen Versammlung leisten. F muss zwar geringfügige Beeinträchtigungen seines Rechts auf informationelle Selbstbestimmung hinnehmen. Unter Berücksichtigung des verfolgten Zwecks ist der Eingriff angemessen und die Identitätsfeststellung verhältnismäßig. Folglich verletzt sie F nicht in seinem Grundrecht aus Art. 2 I GG iVm Art. 1 I GG.

VI. Kontrollfragen

?

1. Welche Einzelaspekte fallen unter den Schutz des allgemeinen Persönlichkeitsrechts?
2. Warum ist das Recht auf informationelle Selbstbestimmung für die tägliche Polizeiarbeit von besonderer Bedeutung?
3. Woraus ergeben sich die Schranken des allgemeinen Persönlichkeitsrechts?
4. Welche Maßnahmen greifen grundsätzlich ins Recht auf informationelle Selbstbestimmung ein?

D. Recht auf Leben und körperliche Unversehrtheit, Art. 2 II 1 GG

Leitentscheidungen:

BVerfGE 46, 160 ff. = NJW 1977, 2255 – Schleyer-Entscheidung; BVerfGE 77, 170 = NJW 1988, 1651 – Lagerung von Chemiewaffen; BVerfGE 16, 194 ff. = NJW 1963, 1597 – Liquorentnahme; BVerfGE 39, 1 ff. = NJW 1975, 573.

Weiterführende Literatur:

- *Kunig*, Grundrechtlicher Schutz des Lebens, JURA 1991, 415; *Meyer-Mews*, Das Dilemma des Betäubungsmittelstrafrechts, StraFo 2013, 147.
- *Grundfälle: Augsberg* JuS 2011, 128.

I. Fälle

a) Terrorist T hat sich mit acht Geiseln in der Schalterhalle eines Einwohnermeldeamtes verschanzt. Er hat die Geiseln gefesselt und an ihren Körpern Sprengvorrichtungen befestigt, die er über einen Fernauslöser zünden kann. Von der Bundesregierung fordert er, unverzüglich die Freilassung terroristischer Straftäter in den USA zu bewirken. Um seinen Forderungen Nachdruck zu verleihen, hat er bereits zwei Geiseln getötet. Er droht jetzt, er werde stündlich eine Geisel erschießen, sollten seine Forderungen nicht erfüllt werden. Verhandlungsversuche bleiben erfolglos. Eine Erstürmung der Halle ist wegen der Sprengvorrichtungen nicht möglich. Nachdem etwa 50 Minuten verstrichen sind, meldet ein Präzisionsschütze, er habe den T im Zielfeld. Einsatzleiter E gibt daraufhin die Anordnung zum Schuss, obwohl dieser wegen der Sprengvorrichtung in einer Weise erfolgen muss, die für T mit hoher Wahrscheinlichkeit tödlich sein wird.

b) W ist dringend verdächtig, vor zwei Jahren einen Mord begangen zu haben. Erst jetzt konnte er aufgrund eines Haftbefehls festgenommen werden. Die Polizei möchte eine Gegenüberstellung zum Zwecke der Identifizierung durch Zeugen, die die damalige Tat beobachtet haben, durchführen. W hat allerdings inzwischen deutlich längere Haare und sich einen dichten Bart wachsen lassen. Wäre eine (zwangsweise) Veränderung des Bartes und der Haare zur Frisur, die von W zum Tatzeitpunkt getragen wurde, zulässig?

II. Schutzbereich

Nach den menschenverachtenden Ereignissen im Umgang mit menschlichem 67
Leben während des Nationalsozialismus (sog. „Euthanasieprogramme“, Vernichtung „unwerten“ Lebens, Folterungen) enthält Art. 2 II 1 GG das Grundrecht auf Leben sowie auf körperliche Unversehrtheit. Zunächst wurde dieses Grundrecht vor dem historischen Kontext (ausschließlich) als Abwehrrecht gegen den Staat gesehen,[60] später daraus auch eine Schutzpflicht des Staates abgeleitet.[61]

[60] BVerfGE 39, 1 (41) = NJW 1975, 573.

[61] BVerfGE 39, 1 (41) = NJW 1975, 573 („Abtreibungsurteil“).

1. Persönlicher Schutzbereich

68 Träger des Grundrechts ist jede natürliche Person, also jeder Mensch bis zu seinem Tod. Zwar erstreckt sich der Schutz auch schon auf die vorgeburtliche Phase; ob aber das ungeborene Leben selbst Grundrechtsträger ist, wurde vom BVerfG offengelassen.[62]

2. Sachlicher Schutzbereich

a) Recht auf Leben

69 Das Recht auf Leben schützt die körperliche Existenz bis zum Tod. Der Tod ist hier der Hirntod, das bedeutet, dass das Gehirn irreversibel funktionsunfähig geworden ist (vgl. § 3 II Nr. 2 TPG). Der Beginn des Lebens ist dabei nicht die Geburt, sondern nach BVerfG[63] wegen des einsetzenden kontinuierlichen Entwicklungsprozesses spätestens die Nidation, also der 14. Tag nach der Empfängnis.[64] Andererseits wird kein Recht auf Selbsttötung erfasst, was jedoch ein Abwehrrecht gegen nicht gewollte lebenserhaltende medizinische Eingriffe einschließlich künstlicher Ernährung nicht ausschließt.[65]

b) Recht auf körperliche Unversehrtheit

70 Geschützt ist zunächst die Unversehrtheit des Körpers in biologisch-physiologischer Hinsicht.[66]

71 Nicht geschützt ist das allgemeine Wohlbefinden. Erreichen allerdings psychisch-seelische Beeinträchtigungen ein Ausmaß, welches einer körperlichen Beeinträchtigung gleichkommt oder körperlichen Schmerzen entspricht,[67] ist nach dem Wortlaut der Schutzbereich eröffnet, da eine klare Trennung zwischen einer körperlichen und psychischen Beeinträchtigung nicht möglich ist.

III. Eingriff in den Schutzbereich

1. Recht auf Leben

72 Jedes staatliche Verhalten, das zum Tod eines Menschen führt, stellt einen Eingriff in das Recht auf Leben dar. Es kommt hierbei nicht darauf an, ob der Tod gewollt (gezielter Schuss auf Geiselnehmer zur Rettung von Menschen) oder ungewollt (bei Rettungsaktionen wird ohne Vorsatz ein Unbeteiligter getötet) herbeigeführt wird. Auch durch ein Unterlassen ist ein staatlicher Eingriff zu bejahen, wenn eine staatliche Schutzpflicht bestand (P kommt im Polizeigewahrsam zu Tode).

73 Bei Selbsttötungen besteht eine Pflicht des Staates zum Einschreiten jedenfalls dann, wenn der Bürger sich in einem Zustand befindet, in dem keine selbstbestimmte Entscheidung mehr möglich ist. Eine aktive Sterbehilfe stellt einen Eingriff dar. Ebenfalls würde die Vollstreckung einer Todesstrafe, aber auch die Auslieferung in ein Land, wo deren Vollstreckung droht, einen Eingriff darstellen.

62 BVerfGE 39, 1 (37) = NJW 1975, 573.
63 BVerfGE 39, 1 (37) = NJW 1975, 573.
64 Vgl. dazu die Definition des Begriffes „Mensch" zB in § 212 StGB.
65 *Kingreen/Poscher* StaatsR II Rn. 473; *Hufen* StaatsR II § 13 Rn. 5.
66 BVerfGE 56, 54 (73) = NJW 1981, 1655.
67 BVerfGE 56, 54 (74) = NJW 1981, 1655.

2. Recht auf körperliche Unversehrtheit

Jedes staatliche Handeln, also auch faktische und mittelbare Beeinträchtigungen, welche die Gesundheit schädigen oder gefährden oder zu Schmerzen führen, stellen einen Eingriff dar. 74

Beispiele:

- Blutprobenentnahme,
- Entnahme von Hirn- oder Rückenmarkflüssigkeiten,
- Maßnahmen unmittelbaren Zwangs im Rahmen polizeilicher Tätigkeiten,
- Staatlich angeordnete ärztliche Behandlungen,
- Zwangsweise Veränderung von Haar- oder Barttracht zu Identifizierungszwecken im Strafverfahren.[68]

Dem entsprechend stellt eine bloße Anordnung, die Kopfhaare schneiden zu lassen (ohne Ausübung von Zwang), keinen Eingriff in dieses Recht dar, sondern wird „nur" von Art. 2 Abs. 1 erfasst.[69] 75

IV. Verfassungsrechtliche Rechtfertigung des Eingriffs

1. Schranken

Nach dem Wortlaut von Art. 2 II 3 GG sind Eingriffe „auf Grund eines Gesetzes" zulässig. Dies würde bedeuten, auch schon durch eine Rechtsverordnung ließen sich Eingriffe in das Recht auf Leben oder die körperliche Unversehrtheit rechtfertigen. Dieses würde aber mit der „Wesentlichkeitsrechtsprechung" des BVerfG kollidieren, wonach der Gesetzgeber grundlegende wesentliche Entscheidungen selbst zu treffen hat (→ Kap. 2 Rn. 139). 76

Für das Leben als höchstes Rechtsgut erstarkt daher der einfache Gesetzesvorbehalt zum Parlamentsvorbehalt, das heißt, Einschränkungen sind nur durch förmliches Gesetz möglich. Dies gilt ebenso für Eingriffe in die körperliche Unversehrtheit. 77

Als weitere – rechtfertigende – Schranke ist eine freiwillige, selbstbestimmte Einwilligung des Grundrechtsträgers in den Eingriff zu sehen. Zu beachten ist allerdings, dass das Rechtsgut Leben nicht disponibel ist. 78

2. Schranken-Schranken

Als besondere Einschränkung der Beschränkbarkeit von Art. 2 II 1 GG sind Art. 102 GG und Art. 104 I 2 GG zu beachten. 79

a) Art. 102 GG

Art. 102 GG verbietet die Todesstrafe, also eine gezielte Tötung eines Menschen als Rechtsfolge auf eine Straftat. Neben den in Deutschland gemachten historischen Erfahrungen und einer Reihe weiterer Gründe ist ein Bann der Todesstrafe schon durch Art. 1 I GG, die Menschenwürde, geboten. 80

[68] BVerfGE 47, 239 (247) = NJW 1978, 1149.

[69] BVerwGE 125, 85 (88) = NVwZ-RR 2007, 781.

b) Art. 104 I 2 GG

81 Art. 104 I 2 GG stellt eine Beschränkung für die verfassungsrechtliche Rechtfertigung durch Gesetz dar. Personen, die sich im Gewahrsam des Staates befinden und damit ihm im besonderen Maße ausgeliefert sind, sollen nicht nur vor entwürdigender Behandlung, sondern auch vor körperlichen Beeinträchtigungen geschützt werden.

82 Neben diesen beiden Schranken-Schranken genießt das stets zu beachtende Verhältnismäßigkeitsprinzip wegen der Wichtigkeit der Schutzgüter besondere Bedeutung.

83 Augenfällig wird dies beim sog. finalen Rettungsschuss – also einem Schuss, der abgegeben wird, um beispielsweise bei einer Geiselnahme den Täter daran zu hindern, sein Opfer zu töten, bei dem aber mit der beabsichtigten Handlungsunfähigkeit des Täters auch sein Tod mit großer Wahrscheinlichkeit einhergeht. Dieser Schusswaffengebrauch ist in einigen Bundesländern, so auch in Nordrhein-Westfalen, gesetzlich geregelt (vgl. § 63 II 2 PolG NRW). Er ist nur zulässig bei Abwendung einer Lebensgefahr oder **schwerwiegender** Körperverletzung und ausschließlich, wenn es das letzte oder einzige Mittel zur Gefahrenabwendung ist. Eine strikte und sorgfältige Beachtung des Übermaßverbotes gilt ebenso bei körperlichen Beeinträchtigungen.

V. Lösungshinweise zu den Fällen

a) Terrorist wird vom persönlichen Schutzbereich des Art. 2 II GG erfasst. Auch der sachliche Schutzbereich ist durch den tödlichen Schuss eröffnet. Dieser stellt auch einen Eingriff dar. Das Recht auf Leben ist nur durch ein förmliches Gesetz beschränkbar. Dieses findet sich in § 63 II PolG NRW.

Der schwerwiegendste Grundrechtseingriff, die Tötung eines Menschen, kann nur unter sorgfältigster Beachtung des Übermaßverbotes erfolgen. Hier war der Schuss geeignet, die unmittelbar bevorstehende greifbare Gefährdung weiterer Leben Unbeteiligter abzuwenden. Er war auch erforderlich, da andere Möglichkeiten (Verhandlungen, Stürmung) keinen Erfolg versprachen oder nicht möglich waren. Auch waren die Forderungen des Geiselnehmers nicht erfüllbar (Die Erfüllung der Forderungen wäre im Übrigen auch verfassungsrechtlich nicht geboten gewesen.). Ein milderes Mittel zum Schutz des Lebens der Geiseln kam also nicht in Betracht. Die wahrscheinliche Tötung des Geiselnehmers stand auch nicht außer Verhältnis zum angestrebten Erfolg, da es sich beim Geiselnehmer um den Verursacher der Gefahr und bei den zu Schützenden, deren Leben ebenfalls bedroht war, um Unbeteiligte handelte.

Der Einsatz war also verfassungsgemäß.

b) Zunächst ist unproblematisch der persönliche Schutzbereich eröffnet. Haare und Bart fallen bei zwangsweiser Veränderung in den Schutzbereich des Grundrechtes auf körperliche Unversehrtheit. Werden sie dann abgeschnitten, so stellt dies einen Eingriff dar. Für eine verfassungsrechtliche Rechtfertigung verlangt Art. 2 II 1 ein förmliches Gesetz. Dieses liegt hier vor. Die Regelung des § 81a StPO gestattet die zwangsweise Veränderung von Bart und Haaren eines Beschuldigten – bis hin zu Eingriffen in die Substanz seiner Haar- und Barttracht – zum Zwecke seiner Gegenüberstellung mit Zeugen. Voraussetzung ist jedoch, dass diese Maßnahme der Identifizierung des Beschuldigten als Person oder Täter dient und ihm ein Aussehen gegeben werden soll, das nach dem Stande der Ermittlungen demjenigen entspricht, welches er zu einem früheren Zeitpunkt frei gewählt hatte. Diese Befugnis wurde von der Rechtsprechung in verfassungsrechtlich unbedenklicher Weise durch Auslegung hergeleitet. Der Eingriff wäre auch verhältnismäßig. „Die zwangsweise Veränderung der Haar- und Barttracht steht nicht grundsätzlich außer Verhältnis zu dem mit ihr angestrebten Zweck, die Identität des Beschuldigten mithilfe von Zeugen zu ermitteln oder seine mutmaßliche Täterschaft aufzuklären. Als relativ geringfügiger Eingriff bewirkt sie für ihn zudem keine übermäßige Belastung, zumal § 81a StPO erheblich einschneidendere Maßnahmen als diese gestattet. Ihre Anordnung setzt deshalb auch keinen besonderen, die Anforderungen der §§ 170 I, 203 StPO übersteigenden Tatverdacht voraus und ist auch bei Straftaten geringeren Gewichts – sofern die sonstigen Voraussetzungen vorliegen – regelmäßig zulässig."[70] Da im vorliegenden Fall ein Mord aufgeklärt werden soll, bestehen insoweit keine Bedenken.

Die Anordnung und Durchführung wäre also verfassungsgemäß

VI. Kontrollfragen

?

1. Lesen Sie § 218 StGB und diskutieren Sie, ob die Regelungen im Hinblick auf Art. 2 I verfassungsrechtlich geboten waren.
2. In der Stadt P wurde ein brutaler Raubüberfall auf einen Autofahrer begangen. Die Täter flüchteten mit dem erbeuteten hochwertigen Fahrzeug. Eine Verfolgungsfahrt wurde durch die Polizeibeamten abgebrochen, da die Gefahr für unbeteiligte Verkehrsteilnehmer zu groß war. Dies erregt in der Presse große Aufmerksamkeit, auch weil es sich bei dem Opfer um einen prominenten Fußballspieler handelte. Boulevardjournalist J fordert in einem Leitartikel den Polizeipräsidenten P auf, eine Dienstanweisung zu erlassen, bei vergleichbaren Fällen die Verfolgung kompromisslos bis zur Ergreifung der Täter fortzusetzen, auch wenn eine unmittelbare Gefahr für das Leben Dritter bestünde. Den Einwand von P, dies sei abwegig und verbiete sich schon verfassungsrechtlich, kann J nicht verstehen. Wer hat Recht?
3. Benennen Sie gesetzlich vorgesehene Eingriffe in das Grundrecht auf körperliche Unversehrtheit aus StPO und PolG.
4. Welche Schranken gelten für das Recht auf Leben und körperliche Unversehrtheit?
5. Der schwerkranke und schwer depressive D möchte sich töten. Dürfte Polizistin P ihn daran hindern? Müsste sie es sogar?
6. Wäre es verfassungsrechtlich zulässig, die Kompetenz für die Anordnung einer Blutprobenentnahme auch dann auf die Polizei zu übertragen, wenn keine Gefahr im Verzug vorliegt?

[70] BVerfGE 47, 239 (253) = NJW 1978, 1149.

E. Freiheit der Person, Art. 2 II 2 GG iVm Art. 104 GG

Leitentscheidungen:

BVerfGE 82, 24 = NJW 1989, 2484 – Freiheitsentziehung zur Gefahrenabwehr bei Demonstration; BVerfG BeckRS 2011, 49493 mAnm *Ehrbeck* NJ 2012, 464; BVerfG StV 2011, 389ff. – Mehrstündiges Festhalten zur Identitätsfeststellung; BVerfGE 94, 166 = NVwZ 1996, 678 – Festhalten zur Abschiebung.

Weiterführende Literatur:

Muckel, Anm. zu BVerfG, Kammerbeschluss 2 BvR 371/12, JA 2014, 73 (Fall Mollath); *Trurnit*, Umschließungen bei Versammlungen, VBlBW 2015, 186–192.

I. Fälle

a) Kevin K. wird von zwei Polizisten zufällig dabei beobachtet, wie er versucht ein Auto aufzubrechen. Die Polizisten fordern ihn auf sich auszuweisen. Als K sich weigert, seinen Namen nicht nennen will und auch eine Durchsuchung keine Hinweise zu seiner Identität ergibt, nehmen ihn die Polizisten mit zur Wache.

Dort angelangt, erkennt ihn nach etwa zehn Minuten zufällig ein älterer Kollege der Polizisten, der bereits in mehreren Verfahren gegen K ermittelt hat. Nach dieser Klärung seiner Identität kann K gehen.

b) Die Polizei wird morgens gegen drei Uhr von Türstehern einer ländlichen Großraumdisco gerufen. Vor Ort stellen die Beamten einen jungen Mann fest, der augenscheinlich angetrunken ist. Er pöbelt lautstark und hochaggressiv andere Gäste an und droht ihnen Schläge an. Die Türsteher sagen aus, dies ginge bereits eine ganze Weile so und sie hätten nur mit Mühe einige der Bedrohten davon abhalten können, den jungen Mann zu verprügeln. Als die Beamten ihn ansprechen, greift er auch sie verbal an und sagt, sie sollten ruhig versuchen, ihn wegzuschicken, davon würde er sich nicht abhalten lassen, die Disco und ihre Gäste „aufzumischen". Da die Beamten keine andere Möglichkeit sehen, nehmen sie den jungen Mann in Gewahrsam. Am nächsten Morgen um 7.00 Uhr ist er wieder nüchterner und hat sich beruhigt; daraufhin wird er wie geplant wieder auf freien Fuß gesetzt. Ein richterlicher Notdienst ist in dem ländlichen Amtsgerichtsbezirk von 6.30 Uhr bis 0.00 Uhr erreichbar.

c) Am 11.11. gegen 15.00 Uhr erhalten die Polizeibeamten P1 und P2 in Köln den Einsatz, zur Karnevalsbühne am Heumarkt zu fahren. Dort würde ein Besucher B der Veranstaltung andere Feiernde anpöbeln und belästigen. Als die beiden Beamten dort ankommen und sich durch die Massen gewühlt haben, stellen sie relativ schnell fest, um welche Person es sich handelt. Im Rahmen eines kurzen Gesprächs teilt B den Beamten seine Personalien mit. Selbst während dieses Gesprächs sucht er zu den umstehenden Personen immer wieder in aggressiver Weise Kontakt, weil diese sich – teilweise ängstlich – von ihm abwenden. Auf die Aufforderungen der Beamten, dies zu unterlassen, reagiert B gar nicht. Aufgrund seines Alkoholkonsums sowie der Beschwerden der anderen Feiernden sprechen P1 und P2 einen Platzverweis gegenüber B aus. Wird B hierdurch in seinen Grundrechten verletzt?

II. Schutzbereich

Selbst wenn man Art. 104 GG im Verhältnis zu Art. 2 II 2 GG nicht als „lex specialis" ansieht, so lässt sich Art. 104 GG in einer Prüfung nicht von Art. 2 II GG trennen, da er den grundrechtlichen Anspruch auf Freiheit der Person um die spezielleren Gewährleistungen und Schranken-Schranken ergänzt und damit letztlich ausweitet. 84

1. Persönlicher Schutzbereich

Als Träger des Grundrechts kommt jede natürliche Person in Betracht. Da Art. 2 II 2 GG die körperliche Bewegungsfreiheit schützt,[71] scheiden juristische Personen als Grundrechtsträger aus. 85

2. Sachlicher Schutzbereich

Art. 2 II GG schützt die Freiheit. Zu unterscheiden ist dabei die reine Freiheitsbeschränkung von der Freiheitsentziehung. Die Differenzierung erfolgt danach, wie intensiv die Freiheit eingeschränkt wird.[72] Voraussetzung für eine Freiheitsentziehung ist zunächst, dass die körperliche Bewegungsfreiheit nach jeder Richtung hin aufgehoben wird, der Betroffene mit Zwang (oder seiner Androhung) auf einen eng umgrenzten Raum beschränkt wird. Ist die Einschränkung nur kurzfristig, handelt es sich lediglich um eine Freiheitsbeschränkung. Eine feste Grenze für diese Kurzfristigkeit gibt es nicht; die Obergrenze dürfte bei einigen Stunden liegen. Dem Grund für die Freiheitsbeschränkung (also etwa ein Festhalten zu einer Blutprobenentnahme) dagegen kommt nur indizielle Wirkung zu.[73] Jedenfalls muss die Unterbringung einer Person gegen ihren Willen in einem Haftraum als Freiheitsentziehung iSv Art. 104 II GG angesehen werden.[74] 86

Dass die Entziehung der Freiheit die Einschränkung der körperlichen Bewegungsfreiheit meint, ist unumstritten. Dazu gehört zunächst die Freiheit des Einzelnen, einen Raum zu verlassen und einen anderen Raum aufzusuchen – allerdings mit der Einschränkung, dass dieser tatsächlich wie rechtlich für ihn zugänglich ist.[75] Diese Begrenzung auf „rechtlich zugängliche" Räume ist nicht unproblematisch, da sie schon den Schutzbereich von Art. 2 I GG verkürzen würde.[76] Die rechtliche Zulässigkeit muss sich dabei ebenfalls an dem Erfordernis einer verfassungsmäßigen Beschränkbarkeit messen lassen. 87

Zwar umfasst auch nach der Rechtsprechung des BVerfG der Gewährleistungsbereich des Art. 2 II GG „von vornherein nicht eine Befugnis, sich unbegrenzt überall aufhalten und überall hin bewegen zu dürfen."[77] Wird jemand jedoch durch die öffentliche Gewalt daran gehindert, einen bestimmten Raum aufzusuchen, der ihm an sich rechtlich wie tatsächlich zugänglich ist, so stellt dies eine Freiheitsbeschränkung dar. Daran anknüpfend sieht eine Meinung bei einer 88

71 BVerfGE 94, 166 = NVwZ 1996, 678.
72 BVerfGE 105, 239 = NJW 2002, 3161.
73 *Jarass/Pieroth* GG Art. 2 Rn. 114.
74 BGHZ 82, 261 (264) = NJW 1982, 753; BVerwGE 62, 317 (318) = NJW 1982, 536.
75 BVerfGE 94, 166 = NVwZ 1996, 678.
76 *Gröpl/Windthorst/v. Coelln* GG Art. 2 Rn. 154.
77 BVerGE 94, 166 (198) = NVwZ 1996, 678.

Platzverweisung nach § 34 Abs. 1 PolG NW das Grundrecht aus Art. 2 II 2 GG als betroffen an.[78] Nach einer anderen Meinung umfasst der Schutzbereich lediglich die körperliche Fortbewegungsfreiheit.[79] Danach diene das Grundrecht dazu, tatsächliche Zugriffe auf den Körper abzuwehren.[80] Die Freiheit der Person sei vom habeas-corpus-Gedanken geprägt und umfasse die Weg-, nicht aber die Hinbewegungsfreiheit; das Grundrecht könne sich daher nicht gegen staatliche Ge- oder Verbote – wie den Platzverweis – richten.[81]

89 Umstritten ist darüber hinaus, ob Art. 2 II GG auch die negative Fortbewegungsfreiheit schützt, also die Freiheit, einen bestimmten Ort **nicht** aufzusuchen (etwa bei einer staatsanwaltlichen Vorladung nicht zu erscheinen oder an einem Verkehrsunterricht nicht teilzunehmen). Diese wird teilweise in den Schutzbereich einbezogen.[82] Solange der Pflicht zum Erscheinen das Merkmal des körperlichen Zwangs fehlt, scheint es überzeugender, hier auf den Schutz durch die allgemeine Handlungsfreiheit abzustellen und erst bei einer zwangsweisen Durchsetzung der Vorladungen auf Art. 2 II 2 GG.[83]

III. Eingriff

90 Ein Eingriff ist dann gegeben, wenn der Einzelne durch staatlichen Zwang daran gehindert wird, einen umgrenzten Raum zu verlassen. Der staatliche Zwang kann hier unmittelbar bestehen (zB durch Fesselung, durch Verschließen von Türen) oder mittelbar durch Androhung solcher Maßnahmen. Dabei erfolgt der Eingriff in Form der Freiheitsentziehung, wenn die Bewegungsfreiheit nicht nur kurzfristig beschränkt wird; bei sonstigen Freiheitsbeschränkungen ist die Zeitdauer zur Durchführung bestimmter Maßnahmen das entscheidende Kriterium.[84] So stellen aufenthaltsbeschränkende und führungsaufsichtliche Maßnahmen bloße Freiheitsbeschränkungen dar.[85]

IV. Verfassungsrechtliche Rechtfertigung des Eingriffs

1. Schranken

91 Art. 2 II 3 GG verlangt zunächst nur einen einfachen Gesetzesvorbehalt. Da aber Art. 2 II GG mit Art. 104 GG untrennbar verbunden ist und durch diesen ausgestaltet wird, ist für einen Eingriff in Art. 2 II GG immer ein förmliches Gesetz erforderlich.

2. Schranken-Schranken

92 Für eine Freiheits**beschränkung** gilt Art. 104 I GG. Zusätzliche Anforderungen gelten gem. Art. 104 II GG, wenn es sich um eine Freiheits**entziehung** handelt.

[78] BVerfGE 105, 239 (248) = NJW 2002, 3161; BVerfGE 96, 10 (21) = NVwZ 1997, 1109; *Bialon/Springer* EingriffsR Kap. 19 Rn. 4, 5.
[79] *Ipsen* StaatsR II Rn. 265; *Hufen* StaatsR II § 21 Rn. 8; *v. Münch/Mager* StaatsR II Rn. 203.
[80] *Ipsen* StaatsR II Rn. 265; *Hufen* StaatsR II § 21 Rn. 8; *v. Münch/Mager* StaatsR II Rn. 203.
[81] *Ipsen* StaatsR II Rn. 265; *Hufen* StaatsR II § 21 Rn. 8; *v. Münch/Mager* StaatsR II Rn. 203.
[82] *Kingreen/Poscher* StaatsR II Rn. 498.
[83] Vgl. BVerfGE 22, 21 = NJW 1967, 1221.
[84] *Manssen* StaatsR II Rn. 304.
[85] BVerwGE 62, 325 (327) = NJW 1982, 537; *Kingreen/Poscher* StaatsR II Rn. 501.

Hier gilt zunächst der Richtervorbehalt. Über Zulässigkeit und Fortdauer einer Freiheitsentziehung hat nur der Richter zu entscheiden! Diese Entscheidung des Richters muss grundsätzlich **vor** der Freiheitsentziehung aufgrund einer eigenen inhaltlichen Prüfung des Richters ergehen. Die Erreichbarkeit eines Richters müssen die Gerichte organisatorisch gewährleisten.

Nur wenn der mit der Freiheitsentziehung verfolgte verfassungsmäßige Zweck 93
anders nicht erreicht werden kann, darf die Freiheitsentziehung ohne vorherige richterliche Entscheidung erfolgen; diese muss aber unverzüglich nachgeholt werden.

Merke: Die Verfassung benennt nicht die Voraussetzungen für einen Freiheitsentzug ohne vorherige richterliche Entscheidung. Sie geht aber offensichtlich davon aus, dass es Fälle gibt, in denen eine solche Entscheidung vorher nicht eingeholt werden kann, denn sonst würden die Festlegungen in Art. 104 II 2 GG keinen Sinn ergeben. !

Das oben benannte Erfordernis, dass der verfassungsmäßige Zweck keine vor- 94
herige richterliche Entscheidung zulässt, hat in der StPO und im PolG NRW seinen Niederschlag gefunden. Dort erlaubt der einfache Gesetzgeber eine Freiheitsentziehung nur, wenn „Gefahr im Verzug“ besteht, also der Zweck der Maßnahme bei Abwarten einer richterlichen Entscheidung vereitelt oder wesentlich erschwert wäre.

Die Prüfung von Gefahr im Verzug sollte – auch und gerade in der Praxis – sorg- 95
fältig erfolgen und dokumentiert werden.

Ohne richterliche Entscheidung darf niemand länger als bis zum Ablauf des 96
nächsten Tages festgehalten werden (also dem Tag, der auf die Festnahme folgt).[86] Dabei ist die Entscheidung des Richters auch dann erforderlich, wenn die Ingewahrsamnahme endet, bevor diese Frist des Art. 104 II 3 GG abgelaufen ist.

Merke: Dies kennzeichnet nur die äußerste Grenze der Zulässigkeit. Es handelt sich nicht um eine Frist, die nach Belieben durch die Polizei ausgeschöpft werden darf![87] !

Handelt es sich um eine strafprozessuale Festnahme, ist der Festgenommene 97
dem zuständigen Richter spätestens bis zum Ablauf des nächsten Tages vorzuführen. Dieser hat ihn zu vernehmen, ihm die Gründe der Festnahme mitzuteilen und ihm Gelegenheit zu Einwendungen zu geben. Der Richter hat dann entweder einen schriftlichen Haftbefehl zu erlassen, oder den Festgenommenen freizulassen.

Um sicherzustellen, dass keine verhafteten Personen unauffindbar verschwin- 98
den, verlangt Art. 104 IV GG einen Angehörigen oder eine Person des Vertrauens zu benachrichtigen, falls eine festgehaltene Person aufgrund richterlicher Entscheidung in Haft bleibt.

86 BVerfGE 105, 239 (245) = NJW 2002, 3161.
87 BVerfGE 105, 239 (245) = NJW 2002, 3161.

99 Festgehaltene Personen dürfen weder seelisch noch körperlich misshandelt werden. Strikt zu beachten ist wegen des massiven Eingriffs, den eine Freiheitsentziehung darstellt, das Verhältnismäßigkeitsprinzip.

100 Dieses erstarkt umso mehr, je länger eine Freiheitsentziehung dauert. So ist es durchaus nicht ungewöhnlich, wenn eine ursprünglich verfassungsmäßige Freiheitsentziehung durch Zeitablauf unverhältnismäßig und damit verfassungswidrig wird.

101 Auch die Qualität und Dringlichkeit einer abzuwendenden Gefahr sind Argumente, die berücksichtigt werden müssen. Bei einer strafprozessualen Freiheitsentziehung können der Art und Schwere des Tatvorwurfs und die Stärke des Tatverdachtes ebenso für oder gegen die Verhältnismäßigkeit sprechen wie die Frage, ob eine Freiheitsentziehung, zB zur Verhinderung einer Fluchtgefahr erforderlich ist oder ob dieser Zweck nicht durch weniger einschneidende Maßnahmen erreicht werden kann.

102 Im Überblick lassen sich die im Rahmen der Schranken-Schranken zu beachtenden besonderen und allgemeinen Verfassungsvorgaben für freiheitsbeschränkende und freiheitsentziehende Maßnahmen wie folgt strukturieren:

Freiheitsbeschränkung (zB Anhalten zur IDF gem. § 12 PolG NRW bzw. § 163b StPO)	**Präventive Freiheitsentziehungen** (zB § 35 PolG NRW)	**Repressive Freiheitsentziehungen** (zB § 127 II StPO)
Besondere Verfassungsvorgaben: ▪ Folterverbot, Art. 104 I 2 GG	**Besondere Verfassungsvorgaben:** ▪ Folterverbot, Art. 104 I 2 GG ▪ Richtervorbehalt, Art. 104 II GG ▪ Benachrichtigungsgebot, Art. 104 IV GG	**Besondere Verfassungsvorgaben:** ▪ Folterverbot, Art. 104 I 2 GG ▪ Richtervorbehalt, Art. 104 II GG ▪ Richtervorführung, Art. 104 III GG ▪ Benachrichtigungsgebot, Art. 104 IV GG
Allgemeine Verfassungsvorgabe: ▪ Verhältnismäßigkeitsgrundsatz, Art. 20 III GG	**Allgemeine Verfassungsvorgabe:** ▪ Verhältnismäßigkeitsgrundsatz, Art. 20 III GG	**Allgemeine Verfassungsvorgabe:** ▪ Verhältnismäßigkeitsgrundsatz, Art. 20 III GG

Abb. 25 Allgemeine Verfassungsvorgaben für freiheitsbeschränkende und freiheitsentziehende Maßnahmen

V. Lösungshinweise zu den Fällen

a) Der persönliche Schutzbereich ist unproblematisch eröffnet. Durch das Festhalten und sein Verbringen zur Wache ist K (schon mit Beginn dieser Maßnahme) daran gehindert, sich nach seinem Gutdünken frei zu bewegen und damit in seiner körperlichen Bewegungsfreiheit eingeschränkt. Der sachliche Schutzbereich ist damit ebenfalls eröffnet. Wegen der relativ kurzen Dauer der Maßnahme von ca. zehn Minuten handelt es sich hier nicht um eine Freiheitsentziehung, sondern um eine Freiheitsbeschränkung. Auch das Ziel der Maßnahme spricht indiziell für dieses Ergebnis. Als verfassungsmäßig beschränkendes Gesetz ist hier § 163b StPO gegeben. Die Maßnahme war zur Feststellung der Identität des Verdächtigen geeignet, mangels eines milderen Mittels auch erforderlich und in Anbetracht des Tatvorwurfs und der Dringlichkeit des Tatverdachtes auf der einen und der Kurzfristigkeit der Beschränkung und mangelnden Kooperation des K auf der anderen Seite auch angemessen.

b) Persönlicher und sachlicher Schutzbereich sind eröffnet. Durch das mehrstündige Festhalten in einem Gewahrsamsraum ist hier eine Freiheitsentziehung gegeben; es gelten also die Schranken-Schranken aus den Abs. 2–4 des Art. 104. Hier ist insbesondere anzusprechen, dass die Freiheitsentziehung ohne vorherige Entscheidung des Richters erfolgte. Dies wäre nur zulässig gewesen, wenn der verfassungsgemäße Zweck bei vorheriger Anrufung des Richters vereitelt gewesen wäre. Hier war eine sofortige Ingewahrsamnahme des jungen Mannes erforderlich, um die unmittelbar bevorstehende Schädigung Dritter durch ihn und eine Gefahr für ihn selbst abzuwenden. Da ein Richter bis in die Morgenstunden nicht erreichbar war, konnte die Freiheitsentziehung also durch die Polizisten ohne vorherige richterliche Entscheidung ergehen. Fraglich ist, ob die Polizisten diese „unverzüglich" hätten nachholen müssen. Unverzüglich bedeutet in diesem Zusammenhang, dass die richterliche Entscheidung ohne jede Verzögerung, die sich nicht aus sachlichen Gründen rechtfertigen lässt, nachgeholt werden muss.[88] Da der richterliche Notdienst erst 30 Minuten vor der geplanten Entlassung des M wieder erreichbar gewesen wäre, eine begründete, auf eigener richterlicher Prüfung beruhende Entscheidung also fast nicht möglich gewesen wäre, war es nicht schuldhaft, eine Entscheidung nicht herbeizuführen bis zur Entlassung um 7.00 Uhr.

An der Verhältnismäßigkeit bestehen keine Bedenken.

c) In diesem Fall könnten zunächst spezielle Freiheitsrechte betroffen sein.

Das Recht auf Freizügigkeit nach Art. 11 GG wird jedoch nicht beeinträchtigt, da es im Wesentlichen das Recht beinhaltet, den Wohnsitz bzw. Aufenthalt im Bundesgebiet frei zu wählen.

Es könnte jedoch das Recht auf Freiheit der Person nach Art. 2 II 2 GG tangiert sein. Es wird zwar nicht die Fortbewegungsfreiheit beschränkt, weil des Platzes Verwiesene sich frei an jeden anderen Ort bewegen können. Durch den Platzverweis wird aber B daran gehindert, sich an einem Ort aufzuhalten, der für ihn an sich (rechtlich und tatsächlich) zugänglich ist. Nach wohl hM fällt dies unter die ebenfalls von Art. 2 II 2 GG geschützte Hinbewegungsfreiheit.[89]

Eine starke Gegenmeinung sieht hingegen lediglich das Recht auf allgemeine Handlungsfreiheit nach Art. 2 I GG als betroffen an.[90] Diese Ansicht wird damit begründet, dass des Platzes Verwiesene sich frei an jeden anderen Ort bewegen können und damit die von Art. 2 II 2 GG geschützte Fortbewegungsfreiheit nicht berührt ist.

B fällt als natürliche Person in den persönlichen Schutzbereich beider Vorschriften. Da B auf dem Heumarkt vor der Bühne feiern will und ihm dies beim Verlas-

[88] Vgl. BVerfGE 105, 239 (249) = NJW 2002, 3161; BVerwGE 45, 51 (63) = NJW 1974, 807; Maunz/Dürig/*Dürig* GG Art. 104 Rn. 38.

[89] BVerfGE 105, 239 (248) = NJW 2002, 3161.

[90] *Nimtz/Thiel*, Eingriffsrecht Nordrhein-Westfalen, 2020, Rn. 765; *Hufen* StaatsR II § 21 Rn. 8.

sen des Bereichs nicht mehr möglich ist – mangels Rückkehrmöglichkeit (Betroffenheit der Hinbewegungsfreiheit) bzw. er nicht mehr tun und lassen kann, was er will (Betroffenheit der allgemeinen Handlungsfreiheit), ist der Schutzbereich des Art. 2 II 2 bzw. der des Art. 2 I GG betroffen.

Durch die Anordnung von P1 und P2, den Platz zu verlassen, greifen sie unmittelbar und final in das jeweilige Grundrecht ein. Der Eingriff könnte aber nach § 34 I PolG NW, der als förmliches Gesetz den Anforderungen eines einfachen Gesetzesvorbehalts genügt und als verfassungsgemäß zustande gekommene Norm angesehen werden kann, verfassungsrechtlich gerechtfertigt sein. Es kommt daher maßgeblich auf die Beachtung des Verhältnismäßigkeitsgrundsatzes an. Ziel dieser Anordnung ist es, andere Besucher der Veranstaltung vor Belästigungen zu schützen. Dieses Ziel wird dadurch erreicht, sodass die Maßnahme geeignet ist. Ein milderes Mittel, B von den Belästigungen der anderen Besucher abzuhalten, kommt nicht in Betracht. Dies resultiert bereits daraus, dass er selbst bei Anwesenheit der Beamten die Anpöbeleien nicht unterlassen und auf die entsprechende „Ansage" der Beamten nicht reagiert hat. Schließlich ist der Schutz der anderen Besucher, ihnen eine belästigungsfreie Teilnahme an der Veranstaltung zu ermöglichen, höher zu bewerten als das Recht des B, auf die anderen Besucher aggressiv oder störend einwirken zu können.

Folglich wird B durch den Platzverweis auch nicht in seinem Grundrecht aus Art. 2 II 2 GG bzw. Art. 2 I GG verletzt.

VI. Kontrollfragen

?

1. Der M ist bereits seit sieben Monaten wegen des Verdachtes eines Betruges in Untersuchungshaft. Der Haftbefehl wurde mit Fluchtgefahr begründet.

   Diskutieren Sie mit Hinblick auf die Verhältnismäßigkeit, welche Gründe hier (hypothetisch) für und gegen eine Verhältnismäßigkeit der Freiheitsentziehung sprechen könnten.
2. L randaliert nachmittags auf der Domplatte in Köln. Polizist P verbietet ihm, sich weiter auf der Domplatte aufzuhalten und bis zum Geschäftsschluss dorthin zurückzukehren. Handelt es sich um einen Eingriff in Art. 2 II 2 GG iVm Art. 104 GG?
3. Erklären Sie, was der Begriff „Gefahr im Verzug" mit dem Grundrecht auf Fortbewegungsfreiheit zu tun hat.

F. Gleichheitsrecht, Art. 3 GG

Leitentscheidungen:

BVerfGE 82, 126 ff. = NJW 1990, 2246 – Kündigungsfristen für Arbeiter; BVerfGE 131, 239 ff. = NVwZ 2012, 1304 – Lebenspartnerschaft von Beamten.

Weiterführende Literatur:

- *Albers,* Gleichheit und Verhältnismäßigkeit, JuS 2008, 965ff.; *Bryning,* Gleichheitsrechtliche Verhältnismäßigkeit, JZ 2001, 669ff.; *Ogorek,* Bewertung zum Urteil des EuGH vom 29.04.2015 (C-528/13, BeckRS 2015, 80577) zur Diskriminierung durch Blutspendeverbot für homosexuelle Männer, JA 2015, 638 (640); *Sachs,* Die Maßstäbe des allgemeinen Gleichheitssatzes – Willkürverbot und sog. neue Formel, JuS 1997, 124ff.
- *Grundfälle: Schwarz* JuS 2009, 315ff., 417ff.

I. Fälle

a) Der Anwohner A ruft an einem Sonntagabend bei der zuständigen Polizeidienststelle an und informiert die Beamten über zwei parkende Pkw, die beide gleichermaßen eine Feuerwehrzufahrt blockieren. Daraufhin erscheint die Streifenwagenbesatzung mit den Beamten B1 und B2. Der von A geschilderte Sachverhalt ist grundsätzlich zutreffend. Um die Einfahrt wieder zugänglich zu machen, ist es erforderlich, aber auch ausreichend, ein Fahrzeug abzuschleppen. Daraufhin entscheiden die Beamten, einen der Pkw, einen augenscheinlich nagelneuen Porsche 911, abschleppen zu lassen und dem Halter H des anderen Pkw, einem recht alt wirkenden Polo, ein Verwarn- bzw. Bußgeld aufzuerlegen. Obwohl sie von den Anwohnern erfahren haben, dass der Polo schon deutlich länger dort parkt, lassen sie sich von dem Gedanken leiten, dass „es jemand mit einer solchen Bonzenkarre schon recht geschehe, wenn er abgeschleppt wird". Als der Porschefahrer P kurze Zeit später zurückkommt und feststellt, dass sein Wagen offensichtlich abgeschleppt wurde und der Polo noch vor Ort ist, sieht er sich in seinem Grundrecht aus Art. 3 GG verletzt. Zu Recht?

b) Die Polizei muss aufgrund eines Durchsuchungsbefehls die Büro- und Wohnräume des wegen Betruges verdächtigen Immobilienmaklers I durchsuchen. Während der Durchsuchung kommen der Bruder B und die Schwester S des I hinzu. Da sie für die Polizeiaktion kein Verständnis haben und eine Verdächtigung ihres Bruders als „aus der Luft gegriffen" ansehen, stellen sie sich den Beamten regelmäßig in den Weg, beschimpfen diese und geben ironische Kommentare ab. Der Einsatzleiter sieht sich dabei nur durch das Verhalten des „kräftig gebauten" Bruders gestört. Das Verhalten der attraktiven S empfindet er eher als amüsant, obwohl sie die Aktion objektiv in gleicher Weise stört wie ihr Bruder.

Da P es zudem für nicht angebracht sieht, „zarte Frauen so zu behandeln wie harte Kerle", lässt er lediglich den B vor die Tür bringen. Hierfür hat dieser kein Verständnis und meint, durch die polizeiliche Maßnahme zumindest in seinem Grundrecht aus Art. 3 GG verletzt zu sein. Zu Recht?

II. Schutzbereich

Art. 3 GG trägt dem Gerechtigkeitsgedanken Rechnung und legt fest, dass alle 103
Menschen durch die Staatsgewalt gleich behandelt werden sollen. Der Gleichheitsgedanke verbietet nach der vom BVerfG vielfach verwendeten Formulierung, dass „wesentlich Gleiches willkürlich ungleich" und „wesentlich Un-

gleiches willkürlich gleich" behandelt wird.[91] Art. 3 GG soll damit nicht eine absolute Gleichbehandlung aller Bürger gewährleisten, sondern eine Ungleichbehandlung ohne sachlichen Grund verhindern. Der allgemeine Gleichheitsgrundsatz des Art. 3 I GG wird näher ausgestaltet durch die spezielleren Gleichheitssätze in Art. 3 II und III GG[92]. Diese verstärken den Grundrechtsschutz des Art. 3 I GG, indem sie ihn verdrängen.

1. Persönlicher Schutzbereich

104 Da sich Art. 3 I GG auf „alle Menschen" bezieht, sind zunächst alle natürlichen Personen grundrechtsberechtigt. Seinem Wesen nach schützt der Gleichheitsgrundsatz auch juristische Personen des Privatrechts.

2. Sachlicher Schutzbereich

105 Art. 3 I GG enthält einen Verfassungsgrundsatz, der den Einzelnen vor Ungleichbehandlungen seitens des Staates schützt. Daraus resultiert unter anderem das Recht, bei der Vergabe öffentlicher Leistungen nicht benachteiligt zu werden. Er richtet sich aber stets nur an denselben Hoheitsträger. Anders als der Wortlaut auf den ersten Blick vermuten lässt, gewährt Art. 3 I GG nicht nur einen Anspruch auf Gleichbehandlung bei einem bestehenden Gesetz, sondern er verpflichtet auch den Gesetzgeber, bei der Schaffung eines Gesetzes die Gleichbehandlung im Blick zu halten. Der Gleichheitsgrundsatz gewährleistet damit sowohl die Rechtsanwendungsgleichheit (Gleichheit vor dem Gesetz) als auch die Rechtsetzungsgleichheit (Gleichheit des Gesetzes), allerdings nur innerhalb einer Rechtsetzungsgewalt (Bund, einzelnes Land, ...).

III. Prüfung des allgemeinen Gleichheitssatzes

1. Vorliegen einer Ungleichbehandlung

106 Zunächst muss ein und derselbe Hoheitsträger gehandelt haben. Das heißt – wie oben bereits ausgeführt – darf beispielsweise der einzelne Landesgesetzgeber keine Regelung treffen, die sich auf ein und dieselbe Vergleichsgruppe unterschiedlich auswirkt. Verschiedene Landesgesetzgeber hingegen können voneinander verschiedene Regelungen treffen, die sich mithin auf Vergleichsgruppen in den jeweiligen Ländern unterschiedlich positiv oder negativ auswirken.

107 Des Weiteren muss eine grundsätzliche Vergleichbarkeit von Personenmerkmalen oder Sachverhalten gegeben sein. Das ist der Fall, wenn die einzelnen Personengruppen oder Situationen unter einen Oberbegriff fallen. Zu beachten ist dabei, dass der Anknüpfungspunkt für die Bildung der Vergleichsgruppe richtig gewählt wird.[93] Es muss sich dabei immer um den sachnächsten Gesichtspunkt handeln, also der „Auslöser", der den Anlass für die rechtliche Behandlung gegeben hat, ist zu betrachten. Werden beispielsweise unterschiedliche Einstellungsvoraussetzungen für Polizeibewerber mit und ohne Migrationshintergrund festgelegt, so werden zwar alle Bewerber, die einen solchen Hintergrund

[91] BVerfGE 1, 14 (16) = NJW 1951, 877; BVerfGE 4, 144 (155) = NJW 1955, 625; BVerfGE 49, 148 (165) = NJW 1979, 151.
[92] Ebenfalls spezielle Ausgestaltungen finden sich auch in Art. 6 GG.
[93] *Kempny* JZ 2015, 1086; *Sachs/Jasper* JuS 2016, 769 (775).

aufweisen und diejenigen, die einen solchen Hintergrund nicht aufweisen, gleich behandelt. Richtigerweise müsste aber an den Punkt „Bewerbung für den Polizeidienst" angeknüpft werden, denn das ist das Kriterium, was ausschlaggebend für die rechtliche Bewertung ist, sodass eine Differenzierung nach dem Kriterium mit/ohne Migrationshintergrund ausscheidet.

2. Verfassungsrechtliche Rechtfertigung der Ungleichbehandlung

Wie dieses Unterscheidungsmerkmal zu bestimmen ist, ist nicht ganz einfach 108 festzustellen. Ursprünglich verwendete das BVerfG die Formulierung, eine Ungleichbehandlung dürfe nicht „willkürlich" sein. Inzwischen findet sich in vielen Entscheidungen des BVerfG die Formulierung, eine Ungleichbehandlung dürfe nur aus einem „sachlichen Grund" erfolgen.[94]

Die zuerst vom BVerfG angewandte weniger strenge Willkürformel stellt quasi 109 auf eine „Negativprüfung" ab und sieht eine Verletzung des Gleichheitssatzes nur dann, „wenn sich ein vernünftiger, aus der Natur der Sache ergebender oder sonst wie sachlich einleuchtender Grund für die gesetzliche Differenzierung oder Gleichbehandlung nicht finden lässt".[95] Inzwischen differenziert das BVerfG nach der Art der Beeinträchtigung aufgrund der Ungleichbehandlung. Eine Rechtfertigung kann dabei vom bloßen Willkürverbot bis hin zu einer „strengen Bindung an Verhältnismäßigkeitserfordernisse" erfolgen.[96]

Dieser im Vergleich zum Willkürverbot **wesentlich strengere Prüfungsmaßstab** 110 verlangt also eine Überprüfung des sachlichen Grundes der Ungleichbehandlung entlang des Maßstabs, ob sie

- einen legitimen Zweck verfolgt,
- geeignet,
- erforderlich und
- angemessen ist, ob also der erstrebte Zweck in einem angemessenen Verhältnis zur Ungleichbehandlung steht.

Wie stark die Anforderungen und welche Kriterien zu berücksichtigen sind, be- 111 stimmt das BVerfG nicht allgemein, sondern immer bezogen auf den jeweiligen Einzelfall.[97] Das Gericht orientiert sich insoweit am Gerechtigkeitsgedanken und überwacht lediglich „äußerste Grenzen".[98] Immer dann, wenn ein einleuchtender Grund für eine Ungleichbehandlung vorliegt, ist eine Differenzierung nicht willkürlich und damit verfassungsrechtlich nicht zu beanstanden.

Entscheidend kommt es darauf an, ob die Ungleichbehandlung an eine Situ- 112 ation anknüpft (dann Willkürverbot) oder an personenbezogene Merkmale (dann strengerer Prüfungsmaßstab). Des Weiteren kommt die neue Formel zur Anwendung, wenn sich die Ungleichbehandlung auf die Ausübung gesetzlich

94 BVerfGE 129, 49 (68) = NVwZ 2011, 1316; BVerfGE 132, 179 (188) = NJW 2012, 2719.
95 BVerfGE 1, 14 (52) = NJW 1951, 877.
96 BVerfGE 122, 39 (52) = NJW 2009, 209; BVerfGE 129, 49 (69) = NVwZ 2011, 1316; BVerfGE 130, 131 (142) = BeckRS 2012, 47488.
97 BVerfGE 102, 27 (46).
98 BVerfGE 9, 334 (337) = NJW 1959, 1627.

geschützter Freiheiten nachteilig auswirkt.[99] Ein letztes Kriterium ist die Beeinflussbarkeit des Betroffenen für die Ungleichbehandlung.

113 Anzumerken ist noch, dass die Prüfung auch mit „umgekehrten Vorzeichen" erfolgen kann, nämlich dann, wenn es zur Gleichbehandlung von rechtlich verschiedenen Personengruppen oder Situationen kommt. Hierbei ist jedoch zu beachten, dass die Verschiedenheit der gleich geregelten Sachverhalte so bedeutsam sein muss, dass ihre Gleichbehandlung aus Gerechtigkeitsgesichtspunkten unerträglich erscheint.[100] Dies lässt sich anhand einzelner Regelungen im Landeshundegesetz NRW verdeutlichen. Danach werden Hundehaltern – abhängig von der Hunderasse, die sie halten – unterschiedliche Pflichten auferlegt. Hinsichtlich solcher Tiere, die für Leib und Leben von Menschen in besonderer Weise gefährlich sind und überproportional an Beißvorgängen beteiligt sind, und anderen Hunderassen, die nicht in gleicher Weise auffällig geworden sind, enthält das Gesetz unterschiedliche Regelungen. Obwohl man einen gemeinsamen Oberbegriff „Hund" oder „Hundehalter" finden könnte, ist es in diesem Fall nicht angezeigt, alle Hunde bzw. Hundehalter gleich zu behandeln.[101]

3. Folgen der Verletzung des Gleichheitsgebots

a) Ungleichbehandlung durch Gesetzgebung

114 Erfolgt die Ungleichbehandlung durch die Gesetzgebung, sind zwei Formen der Verletzung denkbar. Entweder es findet eine Belastung einer bestimmten Person oder Personengruppe ohne sachlichen Grund statt (allerdings kein Verstoß, wenn die Belastung als solche gerechtfertigt ist und nur bestimmte Personen oder Personengruppen verschont bleiben – mangels eines subjektiven Rechts auf Willkür).

> **Beispiel:** Polizeibeamte der Besoldungsgruppen bis A 12 werden von der freien Heilfürsorge ausgeschlossen und müssen sich privat krankenversichern.

115 Die andere Möglichkeit besteht in der Begünstigung einer bestimmten Person oder Personengruppe, jedoch ohne sachlichen Grund.

> **Beispiel:** Der Bundestag beschließt ein Gesetz, wonach Studierende an Universitäten von GEZ-Gebühren befreit werden, Studierende an Fachhochschulen hingegen nicht.

116 Im ersten Fall erklärt das BVerfG die Regelung für nichtig, sie darf nicht mehr angewandt werden. Bei ungerechtfertigter Begünstigung einer Gruppe erhält der Antragsteller diese dennoch ebenfalls, wenn ein entsprechender Verfassungsauftrag für die Begünstigung besteht. Ansonsten stellt das BVerfG nur die Verfassungswidrigkeit fest und fordert den Gesetzgeber zur Abhilfe auf.

[99] BVerfGE 95, 261 (317).
[100] BVerfGE 55, 261 (269) = NJW 1981, 911.
[101] Vgl. hierzu auch BVerfGE 110, 141 (168) = JuS 2004, 714.

b) Ungleichbehandlung durch Verwaltung

Erfolgt die Ungleichbehandlung durch die Verwaltung, indem sie die ihr überlassenen Ermächtigungen oder Ermessensspielräume unter Verstoß gegen den Gleichheitsgrundsatz ausübt, kommt fachgerichtlicher Rechtsschutz in Betracht. 117

> **Beispiel:** Die Verwaltung lehnt Anträge auf Rehabilitationsmaßnahmen von Kriminalbeamten ohne weitere Prüfung ab. Bei Beamten aus dem Wach- und Wechseldienst werden diese geprüft.

Die Rechtsanwendungsgleichheit gibt jedoch keinen Anspruch auf „Gleichbehandlung im Unrecht"; das heißt, ein Bürger kann nicht Gleichbehandlung einfordern, wenn die Verwaltung in einem gleich gelagerten Fall anders entschieden hat, diese Entscheidung aber fehlerhaft war. 118

> **Beispiel:** Polizist P erhält durch einen Fehler der Verwaltung mehr Erholungsurlaub als ihm zusteht. Sein Kollege möchte auch länger Urlaub machen.

c) Ungleichbehandlung im Privatrechtsverhältnis

Aufgrund der mittelbaren Drittwirkung von Grundrechten bilden diese eine objektive Wertordnung für alle Rechtsbereiche – so auch für das Privatrecht. Bürgerlich-rechtliche Vorschriften sind daher auch im Geiste der Verfassung auszulegen.[102] Während Eingriffe auf der Grundlage kollidierenden Verfassungsrechts jedoch einer strengen Verhältnismäßigkeitsprüfung unterzogen sind, haben die staatlichen Organe im Bereich privater Rechtsverhältnisse einen Gestaltungsspielraum.[103] 119

> **Beispiel:** Einem Fußballfan wird aufgrund von körperlichen Auseinandersetzungen während eines Fußballspiels für ungefähr zwei Jahre ein bundesweites Stadionverbot erteilt. Dabei war er Auslöser für die Streitigkeiten und sogar Beschuldigter im Rahmen eines staatsanwaltschaftlichen Ermittlungsverfahrens wegen Landfriedensbruchs. Dieses Verfahren wird allerdings einige Zeit später wegen geringer Schuld nach § 153 StPO eingestellt.
>
> In diesem Fall stehen sich die Grundrechte des Stadionbetreibers, der sein Hausrecht ausübt, aus Art. 14 I GG und dem Fußballfan, der nicht mehr wie andere Fans für eine gewisse Zeit ein Stadion besuchen darf, aus Art. 3 I GG gegenüber. Es handelt sich damit um ein ausschließlich privates Rechtsverhältnis. Da der Stadionbetreiber einen sachlichen Grund – weiterhin zu befürchtende Gefahren der Störung, was durch die zunächst erfolgte Einleitung des Ermittlungsverfahrens objektiv nachvollziehbar ist – für die Ausübung des Hausrechts anführen kann, genügen diese den verfassungsrechtlichen Anforderungen einer Drittwirkung des Art. 3 I GG. Dem Anspruch des Fans, nicht willkürlich zu entscheiden, wird durch die Begründung – auch aufgrund des bestehenden Gestaltungsspielraums – Genüge getan.[104]

[102] BVerfGE 6, 32 (40) = NJW 1957, 297; BVerfGE 7, 198 (205) = BeckRS 1958, 869.
[103] *Epping* GrundR Rn. 347a.
[104] Beispiel nach BVerfG NJW 2018, 1667 ff.

4. Prüfungsschema

120 Folgendes Schema ist bei der Überprüfung entsprechender Maßnahmen zu beachten:[105]

1. Ungleichbehandlung rechtlich relevanter Art
   a) Ungleichbehandlung von wesentlich Gleichem oder Gleichbehandlung von wesentlich Ungleichem
   b) Rechtliche Notwendigkeit der Ungleich- oder Gleichbehandlung
2. Rechtfertigung (Prüfung des Verhältnismäßigkeitsgrundsatzes)
   a) Legitimer Zweck der Ungleich-/Gleichbehandlung
   b) Eignung
   c) Erforderlichkeit
   d) Angemessenheit
   (Abwägung der Bedeutung des Zwecks zur Intensität der Gleich-/Ungleichbehandlung)

IV. Prüfung der besonderen Gleichheitssätze des Art. 3 II und III GG

1. Ungleichbehandlung und Rechtfertigung

121 Grundsätzlich unzulässige Ungleichbehandlungen können nur ausnahmsweise gerechtfertigt werden. Ein solcher Ausnahmefall kann beispielsweise in Mutterschutzregelungen begründet sein, die an die objektiven biologischen Besonderheiten des weiblichen Geschlechts anknüpfen. Diese lassen sich mit kollidierendem Verfassungsrecht, wie es sich aus Art. 6 IV GG ergibt, rechtfertigen.

122 Nach dem speziellen Gleichheitssatz des Art. 3 III 1 GG ist es unzulässig, eine Person wegen bestimmter, im Einzelnen aufgezählter Merkmale zu benachteiligen oder zu bevorzugen.

Beispiel: Bei einer allgemeinen Verkehrskontrolle macht die Polizei die Überprüfung der Identität von der Hautfarbe abhängig.[106]

123 Das Verbot der Diskriminierung wegen des Geschlechts ist nach neuerer Rechtsprechung des Bundesverfassungsgerichts nicht mehr identisch mit dem Gebot der Gleichberechtigung von Mann und Frau gem. Art. 3 II 1 GG.[107] Das Kriterium „Geschlecht" in Art. 3 III 1 GG schützt vielmehr auch Menschen, die sich diesen beiden Kategorien in ihrer geschlechtlichen Identität nicht zuordnen lassen, vor Diskriminierungen wegen dieses weder allein männlichen noch allein weiblichen Geschlechts.[108] (→ Kap. 4 Rn. 50). Von Art. 3 III 1 GG wird allerdings nicht die sexuelle Orientierung geschützt, diese fällt unter den allgemeinen Gleichheitssatz nach Art. 3 I GG.

[105] Noch differenzierter dazu *Epping* GrundR Rn. 816.
[106] OVG Koblenz NJW 2016, 2820, 2827.
[107] BVerfGE 147, 1 (27 f.) = BeckRS 2017, 130176.
[108] BVerfGE 147, 1 (27 f.) = BeckRS 2017, 130176; *Epping* GrundR Rn. 829.

> **Beispiel:** Eine Kindergärtnerin, die in einer heterosexuellen Beziehung lebt, wird aufgrund ihrer Lebensweise einer Bewerberin, die in einer lesbischen Beziehung lebt, bei der Einstellung bevorzugt. Hierin liegt ein Verstoß gegen den Gleichheitsgrundsatz aus Art. 3 I GG.

Behinderte haben eine Sonderstellung, als sich Art. 3 III 2 GG auf das Verbot be- 124
schränkt, sie wegen ihrer besonderen Eigenschaft zu benachteiligen. Erfolgt eine solche Benachteiligung, kommt es zu einem Verfassungsverstoß.

> **Beispiel:** Behinderter B wird – obwohl er geeignet ist – nicht von der Behörde X eingestellt, weil keine barrierefreien Toiletten zur Verfügung stehen.

Dies schließt andererseits nicht aus, sie wegen dieser besonderen Eigenschaft zu 125
bevorzugen – was zulässig ist.

> **Beispiel:** Behinderter B bewirbt sich gemeinsam mit K auf eine Stelle. Beide sind gleich geeignet. B wird mit der Begründung bevorzugt, dass er mit seiner Behinderung ansonsten weniger Chancen auf dem Arbeitsmarkt hat.

Auch bei diesen speziellen Gleichheitssätzen ist zunächst die Ungleichbehand- 126
lung festzustellen, die an eines der genannten „verbotenen" Kriterien (direkt oder indirekt) anknüpft und rechtlich bedeutsam sein muss. Darüber hinaus muss der Bezug zu diesem Merkmal kausal für die Ungleichbehandlung sein.[109]

Im nächsten Schritt ist dann die verfassungsrechtliche Rechtfertigung zu unter- 127
suchen. Dabei ist zunächst das Differenzierungsziel zu bestimmen. Eine sachliche Rechtfertigung scheidet bereits aus, wenn das Ziel verfassungsrechtlich unzulässig ist. Denkt man beispielsweise an einen Satz, der aus vielen Bewerbungsausschreibungen bekannt ist: „Frauen werden bei gleicher Eignung und Befähigung bevorzugt", so löst dies bei vielen männlichen Bewerbern sogleich den Gedanken einer nicht gerechtfertigten Ungleichbehandlung aus. Besteht der Zweck aber darin, die bestehende Unterrepräsentanz von Frauen in vielen Bereichen des öffentlichen Dienstes auszugleichen und die rechtliche Chancengleichheit durch eine tatsächliche zu ergänzen, so ist ein solches Ziel verfassungsrechtlich nicht zu beanstanden.[110] Dies ist allerdings nicht vollkommen unstrittig; nach anderer Meinung kann Art. 3 II 2 Alt. 1 GG nämlich keine Ergebnis-, sondern nur eine tatsächliche Chancengleichheit zum Ziel haben.[111] Es handele sich nicht um ein Gruppenrecht, wonach die Gruppe der Frauen der Gruppe der Männer gleichgestellt werden müsse.

Neben dem Differenzierungsziel muss auch das Differenzierungskriterium mit 128
der Verfassung in Einklang stehen. Gerade im Hinblick auf das Geschlechtsmerkmal kommen insoweit nur biologisch bedingte Gründe in Betracht. Dar-

109 Vgl. hierzu entsprechend die Voraussetzungen bei der Prüfung des allgemeinen Gleichheitssatzes.

110 Vgl. hierzu BAGE 114, 119 (129) = NZA 2005, 1252; OVG Münster NVwZ-RR 2000, 176 (177 f.).

111 Maunz/Dürig/*Scholz* GG Art. 3 Rn. 68 f.

über hinaus darf das Geschlecht nicht als Anknüpfungspunkt für eine rechtliche Ungleichbehandlung herangezogen werden. Insofern schützt Art. III 2 GG auch Menschen vor Diskriminierung, die nicht zum männlichen oder weiblichen Geschlecht gehören.[112] Für die betroffenen Personen muss daher die Möglichkeit bestehen, in offiziellen Formularen nicht mit dem Geschlecht „männlich" oder „weiblich", sondern mit „inter/divers" eingetragen zu werden.[113] Im Übrigen kann eine Ungleichbehandlung durch kollidierendes Verfassungsrecht legitimiert sein. Ist die Ungleichbehandlung ausdrücklich erlaubt, wie bei Art. 12a I GG, kommt ein Verstoß gegen Art. 3 II oder III GG nicht in Betracht. Kommt es hingegen zu einer „Kollision" mit anderen Normen, hat noch eine strenge Verhältnismäßigkeitsprüfung zu erfolgen, die nur ausnahmsweise zu einer Rechtfertigung führen wird.

2. Prüfungsschema

129 Zusammenfassend ergibt sich hier folgendes Prüfungsschema:

1. **Ungleichbehandlung rechtlich relevanter Art**
   a) Ungleichbehandlung von wesentlich Gleichem oder Gleichbehandlung von wesentlich Ungleichem
   b) Unmittelbarer oder mittelbarer Bezug zu einem Merkmal aus Art. 3 III 1 GG
   c) Kausalität
   d) Rechtliche Notwendigkeit der Ungleich- oder Gleichbehandlung
2. **Rechtfertigung**
   a) Zulässiges Differenzierungsziel
   b) Zulässiges Differenzierungskriterium
   c) Verhältnismäßigkeit
      aa) legitimer Zweck
      bb) Eignung
      cc) Erforderlichkeit
      dd) Angemessenheit (Abwägung zwischen öffentlichem Interesse an der Realisierung des Zwecks und dem Individualinteresse)

V. Lösungshinweise zu den Fällen

a) Im ersten Fall kommen besondere Gleichheitssätze nicht in Betracht, sodass eine Prüfung nach Art. 3 I GG erfolgt.

Es muss zunächst eine Ungleichbehandlung vorliegen. Sowohl H als auch P sind Halter von Kraftfahrzeugen, die ihre Fahrzeuge gleichermaßen verbotswidrig abgestellt haben. Hierdurch unterfallen sie einer Vergleichsgruppe. Allein der Wagen des P ist jedoch infolge des Verkehrsverstoßes abgeschleppt worden, während H hierfür nur ein Verwarn- bzw. Bußgeld auferlegt wurde, obwohl er schon länger dort parkte. Insofern liegt eine Ungleichbehandlung vor. Diese ist auch von rechtlicher Bedeutung, da beide (H und P) zur „Gruppe der Kraftfahrzeughalter, die verbotswidrig geparkt haben", gehören.

[112] BVerfG NJW 2017, 3643 (3646 f.).

[113] BVerfG NJW 2017, 3643 (3646 f.).

Fraglich ist, ob diese Verschiedenbehandlung von H und P gerechtfertigt ist.

Handelt es sich um eine Ungleichbehandlung mit geringerer Intensität, gilt die sog. „Willkür-Formel", das heißt, im Wege einer Evidenzkontrolle ist lediglich zu prüfen, ob sich ein sachlicher Grund für die Ungleichbehandlung anführen lässt. Ein sachlicher Grund liegt hier jedenfalls nicht vor. Das Abschleppen eines größeren, teureren Autos (möglicherweise noch unter Rückschluss auf die finanzielle Situation des Kfz-Halters – „Bonzenkarre") anstelle der Auferlegung eines Bußgeldes kann die unterschiedliche Vorgehensweise bei demselben Verkehrsverstoß jedenfalls nicht rechtfertigen.

Selbst wenn man eine Ungleichbehandlung größerer Intensität annähme, können die unterschiedlichen Maßnahmen nicht gerechtfertigt sein.

Die Notwendigkeit des Abschleppens bzw. das Erteilen von Verwarnungs- und Bußgeldern bei verkehrswidrigem Verhalten wollte der Gesetzgeber nicht vom Fahrzeugtyp und auch nicht von einer mutmaßlichen finanziellen Situation des Halters abhängig machen. Insofern ergibt sich kein Grund zur Differenzierung zulasten des Porschehalters. Ein solcher ergäbe sich im vorliegenden Fall allenfalls aus der Tatsache, dass der Polo bereits dort längere Zeit verbotswidrig die Einfahrt blockierte.

Vor diesem Hintergrund hat P Recht, es liegt eine Verletzung des Art. 3 I GG vor.

b) Im Rahmen des zweiten Falles könnte eine Verletzung des Art. 3 II 1, III 1 GG vorliegen.

Eine Ungleichbehandlung liegt insofern vor, als der Einsatzleiter durch die Maßnahme nach § 164 StPO einer Person einen Nachteil zufügt, den er gegenüber einer Person des anderen Geschlechts nicht anordnet. Der Bezug zu einem Merkmal aus Art. 3 III 1 GG ist damit gegeben. Des Weiteren ist dieses Merkmal dafür ursächlich, dass es zu dieser unterschiedlichen Behandlung kommt.

Zu prüfen ist, ob diese unterschiedliche Behandlung gerechtfertigt ist. Unabhängig davon, dass sich ein zulässiges Differenzierungsziel schon nicht finden lässt, kommt innerhalb der Prüfung des Differenzierungskriteriums bei dem sog. absoluten Gleichheitsrecht des Art. 3 II 1 und III 1 GG eine Ausnahme nicht in Betracht. Es handelt sich nicht um einen Lebenssachverhalt, der seiner Natur nach nur entweder bei Frauen oder Männern auftreten kann. Die Behinderung einer polizeilichen Durchsuchung kann sowohl durch Frauen als auch durch Männer erfolgen. Zudem kommt auch keine Grundrechtsbegrenzung aufgrund einer anderen Verfassungsbestimmung in Betracht.

Die nur gegen B und nicht auch gegen S gerichtete Maßnahme steht somit nicht im Einklang mit Art. 3 II 1, III 1 GG.

VI. Kontrollfragen

?

1. Erklären Sie die Willkürformel und die neue Formel des BVerfG!
2. Was ist bei der Verhältnismäßigkeitsprüfung im Rahmen des allgemeinen Gleichheitssatzes zu beachten?
3. Was ist das Besondere bei der Prüfung von Art. 3 III 2 GG?

G. Glaubensfreiheit, Art. 4 I 1. Var. GG

Leitentscheidungen:

BVerfGE 93, 1 ff. = NJW 1995, 2477 – Kruzifix; BVerfGE 108, 282 ff. = NJW 2003, 3111 – Kopftuch.

Weiterführende Literatur:

- *Barczak*, Die Glaubens- und Gewissensfreiheit des Grundgesetzes, JURA 2015, 463 ff.; *Sachs*, Grundrechte: Kein allgemeines Kopftuchverbot für Lehrerinnen in der Schule, JZ 2015, 199 ff.
- *Grundfälle: Neureither* JuS 2006, 1067.

I. Fälle

a) Der Geschäftsmann Kemal J. wurde wegen des dringenden Tatverdachts, Steuern in Millionenhöhe hinterzogen zu haben vorläufig festgenommen. Wegen des komplexen Sachverhaltes und der umfangreichen Aktenlage zieht sich die polizeiliche Vernehmung des aussagebereiten K über mehrere Tage. Der gläubige Moslem K bittet darum, die Vernehmung jeweils zu unterbrechen, damit er Gelegenheit habe, zu den vorgeschriebenen Zeiten zu beten. Polizist P meint, darauf könne man keine Rücksicht nehmen, seine Gebete könne K auch nach der Vernehmung verrichten.

b) Dienstgruppenleiter Hauptkommissar Dinkel ist, wie auch seine Kollegen in der kleinen Eifelgemeinde, praktizierender Katholik. Es hat sich auf der Wache eingebürgert, die jeweilige Dienstschicht mit einem kurzen gemeinsamen Gebet zu beginnen. Kommissaranwärter Berger, der während seiner praktischen Ausbildung der Wache zugeordnet ist, möchte diesem Gebet fernbleiben, da er überzeugter Atheist ist. Dinkel ist der Auffassung, das Gebet sei Bestandteil des Dienstes und möchte ihn anweisen, daran teilzunehmen.

c) POK Geiger gehört keiner christlichen Kirche oder Sekte an, glaubt aber an Gott und an die Verbindlichkeit der Bibel. Als er in einem Strafverfahren als Zeuge geladen ist, soll er vereidigt werden. B weigert sich unter Berufung auf die Bergpredigt, einen Eid abzulegen, da dies den Geboten Christi widerspreche. Könnte gegen G eine Ordnungsstrafe verhängt werden?

II. Schutzbereich

130 Art. 4 GG schützt in seinen ersten zwei Absätzen die Glaubens- und Bekenntnisfreiheit und geht damit begrifflich über die häufig synonym verwandte Religionsfreiheit hinaus. Da die Glaubensfreiheit unvollständig wäre, dürfte man seinen Glauben nicht ausleben und praktizieren, sind Art. 4 I und II GG als einheitliches Grundrecht anzusehen. Art. 4 GG wird durch die Art. 136 ff. WRV ergänzt, die gem. Art. 140 GG Bestandteil der Verfassung sind.

1. Persönlicher Schutzbereich

131 Grundrechtsträger sind alle natürlichen Personen unabhängig von der Nationalität. Kinder werden bis zu ihrer Grundrechtsmündigkeit bei der Ausübung

der Religionsfreiheit durch ihre Erziehungsberechtigten vertreten. Neben der individuellen Glaubensfreiheit von Einzelpersonen gilt die Glaubensfreiheit auch kollektiv für Glaubensvereinigungen, „deren Zweck die Pflege oder Förderung eines religiösen Bekenntnisses oder die Verkündung des Glaubens ihrer Mitglieder ist".[114]

2. Sachlicher Schutzbereich

Zunächst muss es sich um einen „Glauben" oder eine „Weltanschauung" handeln. Die Begriffe sind nicht klar zu trennen, aber auch gleichermaßen von Art. 4 GG umfasst. Es sind damit nicht nur die großen Weltreligionen (und ihre Unterteilungen) gemeint, denn auf die zahlenmäßige Stärke und die soziale Relevanz kommt es nicht an.[115] Auch kleine Religionsgemeinschaften oder Sekten können sich daher auf Art. 4 GG berufen. Die Begrifflichkeiten „Glaube" und „Weltanschauung" sind nicht leicht zu fassen; häufig werden sie eine Gottvorstellung und einen Jenseitsbezug aufweisen. Um eine Weltanschauung handelt es sich, wenn sie die Ziele des Menschen bestimmt, ihn im Kern seiner Persönlichkeit anspricht und auf eine umfassende Weise den Sinn der Welt und des menschlichen Lebens zu erklären sucht.[116] Dass eine weltanschauliche oder religiöse Gemeinschaft sich auch wirtschaftlich betätigt, ist unschädlich. Handlungen, die allein wirtschaftlichen Zwecken dienen, unterfallen aber nicht Art. 4 GG. 132

Beispiele:

- Die Osho-Sekte vermietet für ein Meditationswochenende Unterkünfte an ihre Anhänger.
- P baut anlässlich des Papstbesuches einen Stand auf dem Kölner Domplatz auf, an dem er kalte Getränke sowie Papstsouvenirs verkauft.

Art. 4 GG entfaltet auch eine Ausstrahlungswirkung, die zum Beispiel Art und Maß zulässiger staatlicher Sanktionen beeinflussen kann.[117] 133

Beispiel: Die sterbenskranke Ehefrau des T weigerte sich aus religiösen Gründen, eine ärztliche Behandlung in Anspruch zu nehmen und verstarb. Der Ehemann hatte es unterlassen, sie zur Aufgabe dieser religiösen Überzeugung zu bewegen und war wegen unterlassener Hilfeleistung verurteilt worden. Das BVerfG befand, dass aufgrund der Ausstrahlungswirkung von Art. 4 GG Rücksicht auf die seelische Zwangslage des Täters zu nehmen und daher die Verurteilung verfassungswidrig war.

III. Eingriff in den Schutzbereich

Ein Eingriff in den durch Art. 4 GG geschützten Bereich liegt vor, wenn durch die öffentliche Gewalt die Ausübung des Glaubens behindert, erschwert oder auch 134

[114] BVerfGE 19, 129 (132) = NJW 1965, 2339.
[115] BVerfGE 32, 98 (106) = NJW 1972, 327 mAnm *Händel.*
[116] BVerfGE 105, 279 (293) = JuS 2003, 186.
[117] BVerfGE 32, 98 (109) = NJW 1972, 327 mAnm *Händel.*

nur geregelt wird oder sich an ein Glaubensbekenntnis oder die Zugehörigkeit an eine Glaubensrichtung negative Folgen knüpfen. Eingriffe können direkte Ge- oder Verbote sein, aber auch faktische oder mittelbare Beeinträchtigungen.

Beispiele:

- Verbot der Beschneidung eines Kindes aus religiösen Gründen
- Verbot, Kopftuch oder andere „religiös motivierte" Kleidung zu tragen
- Verbot liturgischen Glockengeläutes
- staatliche Warnung vor einer Sekte, diese würde „Gehirnwäsche" betreiben
- Kürzung des Arbeitslosengeldes, weil sich ein gläubiger Moslem weigert, in einer Schweineschlachterei zu arbeiten
- Gerichtsverhandlung in einem Saal, in dem ein Kruzifix hängt

IV. Verfassungsrechtliche Rechtfertigung des Eingriffs

1. Schranken

135 Die Glaubensfreiheit gem. Art. 4 GG weist keinen Gesetzesvorbehalt auf, ist also vorbehaltlos gewährleistet. Eine verfassungsrechtliche Rechtfertigung für eine Einschränkung kann sich somit nur aus der Verfassung selbst ergeben, also aus Grundrechten Dritter sowie Gemeinschaftswerten mit Verfassungsrang[118].

136 Für die **kollektive** Glaubensfreiheit ergibt sich eine Schranke aus Art. 137 III 1 WRV. Für die individuelle Glaubensfreiheit enthält dagegen nach der Auffassung des BVerfG[119] Art. 136 I Weimarer Reichsverfassung keinen allgemeinen Gesetzesvorbehalt. Dies wird von Teilen der wohl hM in der Literatur[120] und dem BVerwG[121] bestritten.

2. Schranken-Schranken

137 Es gelten hier keine Besonderheiten, vielmehr ist sorgfältig der Verhältnismäßigkeitsgrundsatz zu prüfen.[122] Zwischen den kollidierenden Verfassungsnormen hat eine Abwägung stattzufinden, um einen gerechten Ausgleich zu finden (praktische Konkordanz). Hierbei muss das verfassungsrechtliche Gebot der Toleranz Berücksichtigung finden.[123] Jedenfalls Einschränkungen, die für die Ausübung der Glaubensfreiheit wesentlich sind, müssen dabei vom Gesetzgeber vorgegeben werden, bedürfen also einer gesetzlichen Grundlage.[124]

[118] ZB BVerfGE 28, 243 (260 f.) = NJW 1970, 1729; BVerfGE 41, 88 (107) = NJW 1976, 952.
[119] BVerfGE 33, 1 (31) = NJW 1972, 811.
[120] *Jarass/Pieroth* GG Art. 4 Rn. 18.
[121] BVerwGE 112, 227 (232) = NJW 2001, 1225 – Schächten.
[122] Zuletzt hatten Gerichte im Rahmen der „Coronakrise" Anlass, sich mit der Verhältnismäßigkeit von Gottesdienstverboten zu beschäftigen, vgl. dazu zB BVerfG NJW 2020, 1427 „überaus schwerwiegender und nach dem Glaubensverständnis des Antragstellers irreversibler Eingriff".
[123] BVerfGE 41, 30 (51) = NJW 1976, 947.
[124] BVerfGE 83, 130 (142) = NJW 1991, 1471 und BVerfGE 108, 282 (311) = NJW 2003, 3111 – Kopftuchverbot für Lehrerin.

V. Lösungshinweise zu den Fällen

a) Art. 4 GG schützt nicht nur das Recht des K, zu glauben, sondern auch diesen Glauben zu leben und seinem Glauben entsprechend religiöse Handlungen vorzunehmen. Zwar ist auch die Strafrechtspflege hier, also die Aufklärung des Wirtschaftsdeliktes, ein anzuerkennender Gemeinschaftswert; dieser wird aber durch eine unproblematisch mögliche Unterbrechung der Vernehmung nicht ernsthaft beeinträchtigt. K muss also die Möglichkeit gegeben werden in entsprechendem Rahmen zu beten.

b) Die Lösung ist hier relativ einfach: da die Glaubensfreiheit auch die „negative" Glaubensfreiheit schützt, also die Freiheit, nicht an Gott zu glauben oder an glaubensgetragenen Handlungen teilzunehmen, kann B hier dem Gebet fernbleiben; eine entsprechende Anweisung zur Teilnahme würde in ihn seinem Grundrecht aus Art. 4 GG verletzen.

c) Die Glaubensfreiheit schützt nicht nur die Glaubensinhalte der großen Kirchen und Glaubensgemeinschaften, sondern auch die aufgrund religiöser Überzeugungen durch den Einzelnen getroffenen, für sich als verpflichtend eingestuften Entscheidungen. Dem Staat ist es nach der Entscheidung des BVerfG aufgrund von Art. 4 GG verwehrt, solche Überzeugungen als „richtig" oder „falsch" zu bewerten; er muss sie vielmehr respektieren.[125] Daran ändert auch nichts, dass eine Eidesleistung auch ohne religiöse Beteuerung, also ohne die Berufung auf Gott möglich ist. Eine Einschränkung dieses Grundrechtes ergibt sich auch nicht aus einer verfassungsunmittelbaren Schranke. Die hier als Gemeinschaftswert infrage kommende Funktionsfähigkeit der Rechtspflege kann auch durch eine Bekräftigung einer Aussage ohne Eid gewährleistet werden. Eine mit Sanktionen verbundene Pflicht zur Eidesleistung wäre also mit dem Grundrechtsschutz des Art. 4 GG nicht vereinbar und damit verfassungswidrig. Der Gesetzgeber hat darauf inzwischen mit der Schaffung des § 65 StPO Rücksicht genommen.

VI. Kontrollfragen

?

1. Einige Anhänger der „Kirche des fliegenden Spaghettimonsters Deutschland eV", sog. „Pastafaris"[126] wollen eine Feiertagsprozession auf dem Kölner Ring abhalten. Können sie sich auf Art. 4 berufen?
2. Argumentieren Sie im Hinblick auf die Glaubensfreiheit, ob es
   a) einer muslimischen Lehrerin untersagt werden kann, in der Schule ein Kopftuch zu tragen,
   b) ein atheistischer Rechtsanwalt verlangen kann, nicht in einem Gerichtssaal verhandeln zu müssen, in dem ein Kruzifix hängt.

[125] BVerfGE 33, 23 ff. = NJW 1972, 1183.
[126] Näheres dazu unter www.pastafari.eu.

H. Gewissensfreiheit, Art. 4 I 2. Var. GG

Leitentscheidungen:

BVerfGE 28, 243 ff. = NJW 1970, 1729 – Dienstpflichtverweigerung; BVerfGE 69, 1 ff. = NJW 1985, 1519 – Kriegsdienstverweigerung II; BVerwGE 105, 73 ff. = NVwZ 1998, 853 – Teilnahme an Tierversuchen.

Weiterführende Literatur:

Barczak, Die Glaubens- und Gewissensfreiheit des Grundgesetzes, JURA 2015, 463 ff.; *Friesecke*, Das Bundesverfassungsgericht und Grundrechte bei der schulischen Sexualerziehung, DVBl 2015, 680 ff.

I. Fall

Bundespolizist P war wiederholt an Einsätzen beteiligt, bei denen abgelehnte Asylbewerber in ihre Herkunftsländer abgeschoben wurden. Als erneut ein Flüchtling abgeschoben werden soll, weigert sich P an dem Einsatz teilzunehmen. Er macht geltend, er könne es mit seinem Gewissen nicht vereinbaren, bei der Abschiebung eines Menschen in ein Land mit bürgerkriegsähnlichen Zuständen mitzuwirken, auch wenn diesem Menschen dort keine politische Verfolgung drohe. P bittet um seine Umsetzung auf einen anderen Dienstposten, was organisatorisch unproblematisch möglich wäre.

II. Schutzbereich

1. Persönlicher Schutzbereich

138 Geschützt sind alle natürlichen Personen. Juristische Personen können nicht Träger des Grundrechts sein.

2. Sachlicher Schutzbereich

139 Die Gewissensfreiheit stellt nach hM ein eigenständiges Grundrecht dar, obwohl starke Parallelen zur Glaubensfreiheit vorhanden sind. Beide Grundrechte gewährleisten das Recht, sich an inneren Wertentscheidungen zu orientieren und diese nach außen zu leben. Auch die Gewissensfreiheit ist daher nicht nur ein Abwehrrecht gegen den Staat, sondern gewährt auch den Anspruch gegen den Staat, eine gewissenskonforme Betätigung zu ermöglichen. Der Begriff des „Gewissens“ ist subjektiv und schwer fassbar. Nach einer Definition des BVerfG ist das Gewissen als ein „real erfahrbares, seelisches Phänomen zu verstehen, dessen Forderungen, Mahnungen und Warnungen für den Menschen evidente Gebote unbedingten Sollens sind“.[127] Eine Gewissensentscheidung ist dementsprechend eine „an den Kategorien von „Gut“ und „Böse“ orientierte Entscheidung anzusehen, die der Einzelne in einer bestimmten Lage als für sich bindend und unbedingt verpflichtend erinnerlich erfährt, sodass er gegen sie nicht ohne ernste Gewissensnot handeln könnte.“[128]

[127] BVerfGE 12, 45 (54) = NJW 1961, 355.
[128] BVerfGE 12, 45 (54) = NJW 1961, 355.

Vereinfachend könnte man also sagen: um eine Gewissensentscheidung (und damit um die Eröffnung des Schutzbereichs) handelt es sich immer dann, wenn jemand aufgrund moralischer Überlegungen (Orientierung an „Gut“ und „Böse“) zu der Überzeugung gelangt, in bestimmter Weise handeln (oder etwas zu unterlassen) zu müssen. 140

III. Eingriff in den Schutzbereich

In den Schutzbereich wird eingegriffen, wenn der Staat auf Gewissensentscheidungen Einfluss nimmt oder sie – auch mittelbar – beeinträchtigt, also ein Handeln nach dem Gewissen unmöglich macht oder erschwert. 141

IV. Verfassungsrechtliche Rechtfertigung des Eingriffs

1. Schranken

Da auch die Gewissensfreiheit unbeschränkt gewährleitet ist, kommt als Schranke nur gleichrangiges Recht in Betracht. Dazu zählen neben den Grundrechten Dritter auch andere verfassungsrechtlich geschützte Belange. 142

2. Schranken-Schranken

Auch bei der Gewissensfreiheit müssen Beschränkungen sorgfältig daraufhin geprüft werden, ob sie dem Verhältnismäßigkeitsgrundsatz genügen. Zu beachten ist hier insbesondere auch, ob ein Eingriff erforderlich ist oder durch andere Maßnahmen das Ziel erreicht werden kann (vgl. dazu auch den Ausgangsfall). Bei schwerwiegenden Eingriffen kann auch die (unantastbare) Menschenwürde betroffen sein. 143

V. Lösungshinweis zum Fall

Mit der oben genannten Definition ist zunächst der Schutzbereich eröffnet. P hat die Überzeugung gewonnen, an den geschilderten Abschiebungen nicht teilnehmen zu dürfen und damit eine anhand moralischer Kategorien orientierte Entscheidung getroffen, die für ihn verbindlich ist. Eine dienstliche Verpflichtung, an diesen Abschiebungen teilzunehmen, stellt auch einen Eingriff in seine Gewissensfreiheit dar. Im Beispielsfall der Gewissensentscheidung stehen im Rahmen der Schranken des Polizisten die beamtenrechtliche Gehorsamspflicht (§ 55 S. 2 BBG) und das Interesse der Allgemeinheit an einer Durchsetzung des Ausländerrechts gegenüber. 144

Da P sich allerdings um eine Umsetzung bemüht hat und diese auch möglich ist, wäre die Pflicht, an Abschiebungen weiterhin teilzunehmen, verfassungswidrig.[129] 145

[129] Vgl. auch BVerfGE 113, 361 (363) = NJW 2000, 88 zur Weigerung eines Postbeamten, Werbepost für Scientology zuzustellen.

VI. Kontrollfragen

?

1. Versuchen Sie zu definieren, worum es sich bei einer Gewissensentscheidung handelt.
2. Der arbeitslose A lebt vegan. Er weigert sich gegenüber der ARGE, eine Stelle als Hilfsarbeiter in einer Schweineschlachterei anzutreten. Die ARGE droht daraufhin eine Kürzung der Leistungen an. Argumentieren Sie, ob dies zulässig wäre oder nicht.

I. Brief-, Post- und Fernmeldegeheimnis, Art. 10 GG

Leitentscheidungen:

BVerfG NJW 2007, 351 ff. – Bestimmung des Standorts einer Person bzw. des Kommunikationsteilnehmers; BVerfGE 125, 260 ff. = JuS 2010, 747 mAnm *Sachs* – Vorratsdatenspeicherung.

Weiterführende Literatur:

- *Gurlit*, Verfassungsrechtliche Rahmenbedingungen des Datenschutzes, NJW 2010, 1035 ff.; *Huber*, Trojaner mit Schlapphut – Heimliche „Online-Durchsuchung" nach dem nordrhein-westfälischen Verfassungsschutzgesetz, NVwZ 2007, 880 ff.; *Jenal*, Grundrechte, Zivilprozessrecht, JA 2003, 274 ff.
- *Grundfälle: Funke/Lüdemann* JuS 2008, 780 ff.

I. Fälle

a) Die Polizei beschlagnahmt in der Wohnung des E Einzelverbindungsnachweise seines Mobiltelefons. Ist der Schutzbereich des Art. 10 GG betroffen?

b) Der von der Mutter des Kindes K getrennt lebende Vater V bringt nach einem Ausflug in den Kölner Zoo – trotz entsprechender Verpflichtung – K nicht zu ihrer Mutter zurück. Die Mutter wendet sich daraufhin an die Polizei. Als K am nächsten Tag noch immer nicht nach Hause zurückgekehrt und V nicht erreichbar ist, wird eine Ortung seines Handys vorgenommen. Ist dadurch der Schutzbereich des Art. 10 GG betroffen?

c) T ist der versuchten Tötung an seinem Sohn verdächtig und sitzt in Untersuchungshaft. In Briefen an Familienangehörige fordert er diese auf, ihm beim nächsten Besuch heimlich ein Mobiltelefon zuzustecken. Die Briefe werden von dem für die Briefkontrolle zuständigen Richter gelesen und von der Beförderung ausgeschlossen. Wird T hierdurch in seinem Grundrecht aus Art. 10 GG verletzt?

II. Schutzbereich

146 Art. 10 GG bezieht sich auf drei Bereiche der Kommunikation, die nicht direkt, sondern über eine Institution oder ein Medium vermittelt, erfolgen. Während bei der direkten Kommunikation zwischen zwei oder mehreren Personen eine di-

rekte Kontrolle möglich ist, an wen welche Inhalte gerichtet sind, trägt Art. 10 GG dem Umstand Rechnung, dass die Kommunikation unter Einschaltung Dritter oder eines technischen Mediums der eigenverantwortlichen Kontrolle zwangsläufig entzogen ist und daher besonderen Schutzes bedarf.[130] Diesem Grundrecht kommt so ein hoher Rang zu. „Es gewährleistet die freie Entfaltung der Persönlichkeit durch einen privaten, vor den Augen der Öffentlichkeit verborgenen Austausch von Nachrichten, Gedanken und Meinungen und wahrt damit die Würde des denkenden und freiheitlich handelnden Menschen."[131]

Die Frage, ob es sich um ein einheitliches Grundrecht handelt oder um drei 147 verschiedene Grundrechte, braucht nicht entschieden werden, solange man die drei Schutzbereiche kennt. Dabei sind Briefgeheimnis, Postgeheimnis und Fernmeldegeheimnis differenziert zu betrachten.[132] „Art. 10 Abs. 1 GG begründet ein Abwehrrecht gegen die Kenntnisnahme des Inhalts und der näheren Umstände der Telekommunikation durch den Staat und einen Auftrag an den Staat, Schutz auch insoweit vorzusehen, als private Dritte sich Zugriff auf die Kommunikation verschaffen."[133] Im Hinblick auf den Vorgang der Kommunikation ist Art. 10 GG daher das speziellere Grundrecht im Verhältnis zum Recht auf informationelle Selbstbestimmung und zum allgemeinen Persönlichkeitsrecht. Andererseits ist nur das Geheimnis, nicht aber der Schutz vor Aufdrängen von Briefen, unerwünschten Anrufen oder Spam-Mails gemeint, sodass solche „Belästigungen" unter Art. 2 I GG iVm Art. 1 I GG fallen.[134]

Schutzbereiche des Art. 10 GG		
Briefgeheimnis	Postgeheimnis	Fernmeldegeheimnis

Abb. 26 Schutzbereich des Art. 10 GG

1. Persönlicher Schutzbereich

Der persönliche Schutzbereich erfasst als Menschenrecht die Kommunikations- 148 teilnehmer (Absender und Empfänger), also alle natürlichen Personen. Inländische juristische Personen des Privatrechts werden im Rahmen des Art. 19 III GG, soweit sie sich in einer grundrechtstypischen Gefährdungslage befinden, einbezogen. Das ist beispielsweise dann der Fall, wenn die Person als Absender eines Briefes auftritt. Die die Kommunikation übermittelnden Dienstleistungsunternehmen selbst sind jedoch nicht geschützt.[135]

Diese (persönliche) Schutzbereichsbestimmung gilt für alle drei geschützten 149 Bereiche des Art. 10 GG.

Auf juristische Personen des öffentlichen Rechts ist der Grundrechtsschutz 150 grundsätzlich nicht anwendbar. Eine Ausnahme gilt allerdings für Rundfunkanstalten des öffentlichen Rechts, weil hier die durch Art. 5 I 2 GG geschützte

130 BVerfG NJW 2016, 3508 (3510).
131 BVerfGE 67, 157 (171) = NJW 1985, 121.
132 S. hierzu *Jarass/Pieroth* GG Art. 10 Rn. 1; *Hufen* StaatsR II § 17 Rn. 4.
133 BVerfGE 106, 28 = NJW 2002, 3619.
134 *Hufen* StaatsR II § 17 Rn. 10.
135 BVerfG NJW 2010, 833 ff.; v. Münch/Kunig/*Löwer* GG Art. 10 Rn. 10.

Rundfunkfreiheit mit einer Gewährleistung der Vertraulichkeit der übermittelten Kommunikation zusammenhängt.[136] Mit dieser Begründung können auch Universitäten geschützt sein, soweit die Kommunikation in engem Zusammenhang mit der Forschungsfreiheit steht.

2. Sachlicher Schutzbereich

151 Allen drei Bereichen des Art. 10 GG ist gemeinsam, dass nicht nur der Inhalt der Kommunikation geschützt wird. Geschützt sind auch Sender und Empfänger vor der Weitergabe und während der Übermittlung, unabhängig von der Tatsache, ob, wann und wie sie Postsendungen gewechselt bzw. kommuniziert haben.[137]

a) Briefgeheimnis

152 Das Grundrecht des Briefgeheimnisses schützt den brieflichen Verkehr bzw. den Inhalt des Briefes der Einzelnen untereinander gegen eine Kenntnisnahme der öffentlichen Gewalt.[138]

153 Der Grundrechtsschutz erstreckt sich insbesondere auf den konkreten Inhalt der übermittelten Sendung, also etwa auf eine Kenntnisnahme durch Öffnen eines verschlossenen Briefes und vor sonstigen Ausforschungen des Inhalts.

154 Der Begriff des Briefes ist dabei weit auszulegen; er umfasst jede mit einem verkörperten Medium verbundene individuelle Kommunikation zwischen einem oder mehreren bestimmten Empfängern.[139]

155 Erfasst werden also nicht nur Briefe, sondern auch Päckchen, Pakete und sonstige Postsendungen - nicht dagegen Postwurfsendungen (Zeitungen, Reklameblätter und dergleichen), da sie sich nicht an bestimmte Empfänger richten und zudem nicht der Beförderung individueller schriftlicher Mitteilungen dienen.

156 In zeitlicher Hinsicht reicht der Schutzbereich vom Verschließen einer Sendung durch den Absender bis zum Öffnen durch den Empfänger bzw. von dem Moment, in dem der Sender den Brief „auf den Weg bringt“ bis zum Erhalt der Briefsendung durch den Adressaten.

157 Ob auch unverschlossene Sendungen - wie Postkarten - dem Briefgeheimnis unterfallen, ist umstritten.[140] Solche Sendungen unterfallen jedenfalls dem Postgeheimnis, sodass die praktische Bedeutung dieser Streitfrage nicht allzu groß ist. Da über den reinen Inhalt hinaus auch Daten geschützt werden, die bei verschlossenen Sendungen einsehbar sind - wie Ort und Datum des Absendens - spricht einiges dafür, auch Postkarten in den Schutzbereich einzubeziehen.

b) Postgeheimnis

158 Das Postgeheimnis schützt den Übermittlungsvorgang von Postsendungen; es kommt nicht darauf an, ob die Sendung verschlossen ist. Auch reine Warensendungen werden geschützt. Unter „Post“ sind alle Dienstleister zu verstehen, die

[136] BVerfGE 107, 299 (310) = JuS 2003, 1213 mAnm *Sachs*.
[137] BVerfGE 67, 157 (172) = NJW 1985, 121.
[138] BVerfGE 33, 1 (11) = NJW 1972, 811.
[139] *Jarass/Pieroth* GG Art. 10 Rn. 3.
[140] Dagegen BVerwGE 6, 299 (300) = NJW 1959, 163; Maunz/Dürig/*Dürig* GG Art. 10 Rn. 13; dafür *Epping* GrundR Rn. 690.

sich gewerblich mit der Übermittlung, also mit dem Sammeln, Weiterleiten und Zustellen von Postsendungen befassen – unabhängig von der Organisationsform. Das Postgeheimnis bezieht sich allerdings nur auf körperliche Gegenstände, nicht also auf Datenverkehr.[141] Es „beginnt" mit der Einlieferung beim Postdienstleister und ist in weiten Teilen mit dem Briefgeheimnis deckungsgleich.

c) Fernmeldegeheimnis

Das Fernmeldegeheimnis hat das Brief- und Postgeheimnis in seiner Bedeutung weit überholt. Während es sich früher im Wesentlichen auf per Funk oder Telefonie vermittelte Kommunikation bezog, hat es sich aufgrund der technischen Entwicklung ausgeweitet zu einem Telekommunikationsgeheimnis.[142] Es ist „entwicklungsoffen" und umfasst auch neuartige Übertragungstechniken. Nicht von Bedeutung ist, auf welche Art (Kabel, Funk, analog oder digital) die Kommunikation erfolgt und ebenso wenig in welcher Ausdrucksform (Sprache, Bilder, Töne, Zeichen oder sonstige Daten).[143] Es umfasst nicht nur den Inhalt geführter Telefongespräche, sondern auch die näheren Umstände. Hierzu gehört auch, ob und wann mit welchen Personen und Anschlüssen telefoniert oder zumindest ein Versuch der Kommunikation gestartet wurde.[144] Daher wird auch ein Auskunftsersuchen staatlicher Stellen über Daten, die bei einem Telekommunikationsunternehmen gespeichert sind, erfasst.[145] Gleiches gilt für Daten, die in einem E-Mail-Postfach auf dem Server eines Anbieters oder in einer „Cloud" gespeichert sind.[146] 159

Haben die Kommunikationsdaten das Endgerät des Empfängers erreicht, so endet der Schutz des Fernmeldegeheimnisses nicht automatisch. Wird etwa ein Gespräch durch eine installierte Abhöranlage am Telefonapparat des Empfängers mitgehört, besteht der Schutz fort. Hat dagegen Mailverkehr den Empfänger erreicht und speichert ihn dieser auf seinem Rechner, endet der Schutz, weil der Empfänger nun selbst Vorkehrungen treffen kann, um seine Daten zu schützen.[147] Damit besteht die typische Gefährdungslage dann nicht mehr.[148] Von Anfang an fallen Rundfunkübertragungen oder Internetseiten, die sich an die Allgemeinheit richten, nicht unter das Fernmeldegeheimnis; dies rührt daher, dass es an der Individualität des Empfängerkreises fehlt. 160

III. Eingriff in den Schutzbereich

Da Art. 10 GG die Vertraulichkeit der Kommunikation schützen will, ist jede Kenntnisnahme, Aufzeichnung oder Verwertung durch staatliche Stellen ein Grundrechtseingriff.[149] Teilweise ist die Abgrenzung, ob in Art. 10 GG oder ein anderes Grundrecht eingegriffen wird, schwierig. Einige Beispiele sollen dies erläutern: 161

141 *Jarass/Pieroth* GG Art. 10 Rn. 4.
142 *Jarass/Pieroth* GG Art. 10 Rn. 5.
143 BVerfGE 115, 166 (182 f.) = NJW 2006, 976.
144 BVerfGE 67, 157 (172) = NJW 1985, 121.
145 BVerfGE 115, 166 (183) = NJW 2006, 976.
146 BVerfGE 124, 43 (54) = NJW 2009, 2431.
147 Sodan/*Ziekow* GG Art. 10 Rn. 7.
148 BVerfGE 115, 166 ff. = NJW 2006, 976.
149 BVerfGE 85, 386 (398) = NJW 1992, 1875.

1. Eingriff in Art. 10 GG

162 In folgenden Fällen liegt ein Eingriff in Art. 10 GG vor:

- Die Polizei fängt DIN-A 4 Briefe an einen Verdächtigen ab und öffnet diese, um festzustellen, ob sich Betäubungsmittel darin befinden.
- Aufgrund einer Bombendrohung öffnet die Polizei das Postfach eines Kunden.
- Um nähere Informationen für ein geplantes Verbrechen zu erhalten, beschlagnahmt die Polizei E-Mails beim Provider.[150]
- Da der Häftling H sich stets über die Haftbedingungen beschwert und äußert, dies auch der Öffentlichkeit kundtun zu wollen, findet eine Postkontrolle gem. § 22 II StVollG NRW statt.
- Obwohl keine Anhaltspunkte dafür bestehen, dass der Verdächtige Informationen zu der verfolgten Straftat in seiner Dropbox gespeichert hat, öffnet der Polizeibeamte P diese bei einer Hausdurchsuchung nach Hehlerware.
- Aufgrund konkreter Hinweise auf mehrere geplante Tötungsdelikte werden die Telefonate eines Verdächtigen abgehört.

2. Eingriff in andere Grundrechte

163 Nicht Art. 10 GG, sondern andere Grundrechte sind hingegen in den folgenden Fällen einschlägig:

- Bei Verhinderung der Kommunikation – wenn dem Verdächtigen beispielsweise nicht die Möglichkeit gegeben wird zu telefonieren – kommt Art. 5 I 1 GG in Betracht, weil der Betroffene nicht die Möglichkeit hat, seine Meinung frei zu äußern oder Art. 2 I GG, weil er nicht tun und lassen kann, was er will.
- Bei der sog. Hörfalle – ein Kommunikationspartner am Telefon lässt die Polizei mithören – ist das Recht am eigenen Wort (Art. 2 I GG iVm Art. 1 I GG), nicht aber Art. 10 GG betroffen.[151]
- Werden Telefonate in Wohnungen – beispielsweise durch ein geöffnetes Fenster – von der Polizei mitgehört, so geht hier der Schutz der räumlichen Privatsphäre gem. Art. 13 I GG vor; Art. 10 GG kommt allenfalls ergänzend in Betracht.
- Wird ein Mobiltelefon beschlagnahmt, um die darauf gespeicherten Daten zu ermitteln, ist ebenfalls nicht der Kommunikationsvorgang selbst betroffen. Dieser ist nämlich bereits abgeschlossen, sodass bezüglich der Daten nur der Eingriff in das Recht auf informationelle Selbstbestimmung gem. Art. 2 I GG iVm Art. 1 I GG in Betracht kommt,[152] die Beschlagnahme des Geräts selbst stellt einen Eingriff in Art. 14 GG dar.
- So ist auch die Ermittlung des Standorts eines Mobiltelefons (und damit auch des Besitzers) nicht von Art. 10 GG erfasst. Diese reine Standortermittlung betrifft nämlich nur die technische Kommunikation zwischen den Geräten, nicht aber den durch Art. 10 GG geschützten Austausch vertraulicher und persönlicher Informationen.[153]

[150] Welche Ermächtigungsgrundlage – § 94 StPO, § 99 StPO – hierfür einschlägig ist, ist nicht ganz unumstritten.

[151] BGHSt 39, 335 (338 ff.) = NJW 1994, 596.

[152] BVerfGE 115, 166 (183 ff.) = NJW 2006, 976.

[153] BVerfG NJW 2007, 351 (353 f.); *Funke/Lüdemann* JuS 2008, 780 (781).

Art. 10 GG schützt den Einzelnen vor staatlicher Datenerhebung innerhalb der geschützten Geheimnisbereiche dieser Vorschrift. Art. 10 GG deckt damit einen Teil des Rechts auf informationelle Selbstbestimmung ab und ist insoweit lex specialis.[154] Im Hinblick auf Art. 13 GG stellt Art. 10 GG eine Ergänzung dar. Während Art. 13 GG sich auf die Kommunikation innerhalb der räumlich geschützten Privatsphäre bezieht, erfasst Art. 10 GG den aus diesem Schutz entlassenen kommunikativen Verkehr. Dabei können durchaus beide Vorschriften gleichzeitig einschlägig sein. Bezüglich des Kernbereichs privater Lebensgestaltung gilt stets der Schutz des Art. 2 I GG iVm Art. 1 I GG. 164

Allgemein liegt ein Eingriff aber nicht nur im Erfassen des Inhalts, sondern auch in der Speicherung von Verbindungsdaten, in der Weitergabe an Dritte und in einer anschließenden Verwendung, also beispielsweise als Beweis in einem späteren Gerichtsverfahren.[155] So gehört auch die Anordnung eines Polizisten gegenüber einem Dritten, Daten herauszugeben oder zu speichern, hierzu. Ferner stellt eine unbefugte Weitergabe erlangter Daten an die Polizei selbst dann einen erneuten rechtfertigungsbedürftigen Eingriff dar, wenn die zugrunde liegende Beobachtung mit nachrichtendienstlichen Mitteln durch Verfassungsschutzorgane gerechtfertigt war.[156] 165

Des Weiteren stellt eine Kenntnisnahme oder Verwendung von Daten, die betriebsbedingt erfolgt, nach ganz hM einen Eingriff dar – beispielsweise das Öffnen eines unzustellbaren Briefes, um den Empfänger zu ermitteln.[157] Die Eingriffsqualität ist nur dann abzulehnen, wenn die betriebsbedingten Maßnahmen – wie das Sortieren – für die Vermittlung der Kommunikation zwingend notwendig sind. 166

Ein Verzicht auf den Schutz von Art. 10 GG ist grundsätzlich möglich. Bei einer beabsichtigten Überwachung des Telekommunikationsverkehrs reicht es dann aber nicht aus, wenn einer der Kommunikationsteilnehmer einseitig verzichtet; wirksam ist der Verzicht erst, wenn alle Beteiligten des Kommunikationsvorgangs verzichten. Zwar steht es jedem Teilnehmer frei, einem Dritten das Mithören seines Gesprächs zu gestatten, ohne dass dadurch in Art. 10 GG eingegriffen wird. Daraus folgt aber nicht, dass ein Teilnehmer mit Wirkung für den anderen gegenüber dem Telekommunikationsunternehmen auf die Wahrung des Fernmeldegeheimnisses verzichten kann. Insoweit gilt Art. 10 GG weiterhin. 167

> **Beispiel:** Der Verdächtige V kann also nicht gegenüber dem Telekommunikationsunternehmen erklären, damit einverstanden zu sein, dass seine gesamten Gespräche mit einem bestimmten anderen Teilnehmer abgehört werden – um hierdurch beispielsweise seine Unschuld zu beweisen.

[154] BVerfGE 67, 157 (171) = NJW 1985, 121.
[155] BVerfGE 110, 33 (56 ff.) = JuS 2004, 910.
[156] BVerfGE 100, 313 (358) = NJW 2000, 55.
[157] BVerfGE 85, 386 (399) = NJW 1992, 1875; *Jarass/Pieroth* GG Art. 10 Rn. 12.

IV. Verfassungsrechtliche Rechtfertigung des Grundrechtseingriffs

1. Schranken

168 Ein Eingriff in das Brief-, Post- und Fernmeldegeheimnis bedarf einer gesetzlichen Grundlage. Gemäß Art. 10 II 1 GG ist ein Eingriff nur „auf Grund eines Gesetzes" zulässig, also bei einer entsprechenden parlamentarischen Ermächtigung auch durch Rechtsverordnung oder Satzung. Zulässig ist aber ebenfalls eine Einschränkung unmittelbar durch förmliches Gesetz.[158] Der Eingriff in Art. 10 I GG kann damit durch einen einfachen Gesetzesvorbehalt erfolgen.

169 Das jeweilige Gesetz darf jedoch nicht stillschweigend eine Eingriffsermächtigung voraussetzen, sondern muss die Ermächtigung „ausdrücklich offenlegen"; es muss „bereichsspezifisch und präzise" den Verwendungszweck bestimmen.[159] Je nach Art und Schwere des für zulässig erklärten Eingriffs richten sich die Anforderungen an die Bestimmtheit. Diese Anforderungen gelten auch für die Weitergabe und Weiterverarbeitung der Daten. Hierfür kommen vor allem die folgenden Vorschriften in Betracht: § 5 II PostG, § 112 ff. TKG, § 99 ff. StPO.

170 Wie bei der Überwachung einer Wohnung muss bei Eingriffen in das Brief-, Post- und Fernmeldegeheimnis der Kernbereich privater Lebensgestaltung unangetastet bleiben. Im Gegensatz zu Art. 13 GG enthält Art. 10 GG aber keinen Richtervorbehalt. Dies lässt sich nur damit erklären, dass die Wohnung für die höchstpersönliche Kommunikation einen weitaus bedeutenderen Stellenwert hat als die Nutzung von Telekommunikationsmitteln.[160] Der einfache Gesetzgeber hat die Anordnungskompetenz jedoch häufig an besondere Voraussetzungen geknüpft, vgl. § 20a PolG NRW, § 100b StPO.

171 In Einzelfällen kann die Schwere des Eingriffs zur Gewährleistung effektiven Rechtsschutzes einen Richtervorbehalt jedoch erforderlich machen.[161]

172 Dies gilt insbesondere dann, wenn der Grundrechtseingriff heimlich erfolgt und für den Betroffenen nicht wahrnehmbar ist. Unabhängig davon ist eine Beteiligung des Richters immer dann notwendig, wenn sich aus spezialgesetzlichen Regelungen eine Anwendung des § 100 StPO ergibt.

2. Schranken-Schranken

173 Hier ist grundsätzlich nur die Prüfung des Verhältnismäßigkeitsgrundsatzes angezeigt. Soweit aber Daten aus einer Überwachungstätigkeit weiter verwendet werden oder auf besonders sensible persönliche Daten zugegriffen wird, sind die besonderen Schranken, die für Eingriffe in das allgemeine Persönlichkeitsrecht entwickelt worden sind, zu berücksichtigen.[162] Insbesondere im Rahmen der Angemessenheit ist dabei stets zu beachten, dass der Zugriff überragend wichtigen Aufgaben des Rechtsgüterschutzes dienen muss. Steht „lediglich" die Verfolgung geringfügiger Straftaten im Raum, sind darauf gestützte Abhörmaßnahmen unverhältnismäßig. Ebenfalls unverhältnismäßig ist ein Eingriff aber

[158] BVerfGE 125, 260 (313) = JuS 2010, 747 mAnm *Sachs*.
[159] BVerfGE 100, 313 (359 f.) = NJW 2000, 55.
[160] BVerfGE 113, 348 (391) = NJW 2005, 2603.
[161] BVerfGE 125, 260 (337 ff.) = JuS 2010, 747 mAnm *Sachs*.
[162] BVerfGE 124, 43 (60) = NJW 2009, 2431; *Manssen* StaatsR II § 24 Rn. 584.

auch dann, wenn eine Speicherung von Daten mittels moderner Technik – auf Datenträgern – erfolgt, obwohl die maßgeblichen Informationen auch durch das bloße Sammeln von Unterlagen hätten erlangt werden können. Die Beachtung des Verhältnismäßigkeitsgrundsatzes bezieht sich also auch auf das eingesetzte Mittel.

Art. 10 II 2 GG erweitert die Einschränkungsmöglichkeiten in einer Weise, die 174
im Hinblick auf das Rechtsstaatsprinzip bedenklich ist. Unter den dort genannten Voraussetzungen (Schutz der freiheitlich demokratischen Grundordnung, Bestand oder Sicherung des Bundes oder eines Landes) ist es dem Gesetzgeber erlaubt festzulegen, dass dem Betroffenen der Eingriff nicht mitgeteilt wird und dass an die Stelle der gerichtlichen Überprüfbarkeit die Nachprüfung durch eine parlamentarisch zu bestimmende Stelle tritt. An das Vorliegen der Voraussetzungen sind hohe Anforderungen zu stellen. Umgesetzt worden ist die Ermächtigung durch das sog. „G10"-Gesetz. Bei Art. 10 II 2 GG handelt es sich damit um eine Schrankenerweiterung.

Klausurtipp:

Bei der Schrankenprüfung:

- Die Ermächtigungsgrundlage muss Anlass, Zweck und Grenzen des Eingriffs genau bestimmen.
- Eine strenge Prüfung des Verhältnismäßigkeitsgrundsatzes ist notwendig.

Beispiele:

- Die Beschlagnahme von E-Mails auf einem Server muss beispielsweise in angemessenem Verhältnis zur Schwere der Straftat und der Stärke des Tatverdachts stehen.
- Die Wahrscheinlichkeit zur Ergreifung eines Täters bei Einrichten einer Abhörmaßnahme nach § 100a StPO darf nicht nur als gering bewertet werden.

V. Lösungshinweise zu den Fällen

a) Im ersten Ausgangsfall wird E als natürliche Person vom persönlichen Schutzbereich dieses Menschenrechts erfasst.

Innerhalb des sachlichen Schutzbereichs von Art. 10 GG kommt nur das Fernmeldegeheimnis in Betracht. Die Einzelverbindungsnachweise enthalten nämlich Daten über einen Telekommunikationsvorgang. Allerdings ist der Schutzumfang des Fernmeldegeheimnisses (wie der der anderen Kommunikationsgeheimnisse) ausschließlich auf den eigentlichen Kommunikationsvorgang beschränkt, da nur im Einflussbereich eines Kommunikationsmittlers die für Art. 10 GG charakteristische Gefahrenlage besteht. Als bloße Aufstellung abgeschlossener Kommunikationsvorgänge fallen die Einzelverbindungsnachweise deshalb nicht in den Schutzbereich des Fernmeldegeheimnisses.

b) Im Rahmen des zweiten Ausgangsfalls wird auf das Mobiltelefon des V zugegriffen. Auch er ist als natürliche Person vom persönlichen Schutzbereich des Art. 10 GG erfasst.

Fraglich ist, ob die Maßnahme in den sachlichen Schutzbereich fällt. Bei genauer Betrachtung beabsichtigt die Polizei, Daten eines Mobiltelefons zu ermitteln. Solche Daten betreffen aber weder den Inhalt einer Kommunikation noch deren äußere Umstände. Bei der Handyortung findet vielmehr gar kein Kommunikationsvorgang zwischen Menschen statt. Dieser ist aber Voraussetzung des Kommunikationsgeheimnisschutzes. Der sachliche Schutzbereich des Art. 10 GG ist also auch hier nicht betroffen. Sachlich einschlägig ist das Recht auf informationelle Selbstbestimmung gem. Art. 2 I GG iVm Art. 1 I GG.

c) Auch im dritten Ausgangsfall ist der persönliche Schutzbereich eröffnet. Zwar befindet sich T in Untersuchungshaft, die Grundrechte gelten aber weiterhin.

Innerhalb des sachlichen Schutzbereichs ist das **Postgeheimnis** nicht betroffen. Dieses erfasst nur den „Zeitraum" von der Einlieferung bis zur Ablieferung beim Empfänger. Das Anhalten des Briefs erfolgte aber bereits vor Aufgabe zur Post.

Das **Briefgeheimnis** deckt hingegen den gesamten Beförderungsweg ab, das heißt, es ist für die Eröffnung des Schutzbereiches bereits ausreichend, dass der Brief zur Weiterleitung abgegeben wurde. Da T den Brief dem Gefängnisbediensteten übergeben hat, ist der Schutzbereich somit eröffnet.

Mit dem Anhalten des Briefs kann zwar noch nicht von einem Eingriff gesprochen werden, da Art. 10 GG nicht die bloße Verhinderung einer Kommunikation erfasst. Es wurde aber auch von dem Inhalt des Briefs Kenntnis genommen, sodass damit ein Eingriff vorliegt.

Dieser könnte aber gerechtfertigt sein.

Da Art. 10 I GG gem. Art. 10 II 1 GG unter einem einfachen Gesetzesvorbehalt steht, greift als Ermächtigungsgrundlage § 119 I 1 Nr. 2 und Satz 6 StPO – als Schranke – hierfür ein.

Bei den Schranken-Schranken kommt es daher im Wesentlichen nur auf die Verhältnismäßigkeit an. Der Zweck der Untersuchungshaft liegt in der Verhinderung von Flucht oder Verdunkelung. Die Kontrolle von Schriftstücken der Untersuchungshäftlinge ist damit für die Zweckerreichung geeignet und erforderlich. Bei Abwägung der Interessen der Allgemeinheit und denen des T kann Anhalten und Lesen des Briefs auch als angemessen angesehen werden.

Eine Verletzung des Art. 10 GG liegt folglich nicht vor.

VI. Kontrollfragen

?

1. Legen Sie die Unterschiede zwischen dem Brief- und dem Postgeheimnis dar!
2. Erläutern Sie den sachlichen Schutzbereich des Fernmeldegeheimnisses!
3. Prüfen Sie, ob die Anordnung einer Abhörmaßnahme nach § 100a I StPO gegen die tatunverdächtige Schwester des Beschuldigten eine Verletzung von Art. 10 GG darstellt, wenn die Wahrscheinlichkeit, durch die Überwachung der Telekommunikation geeignete Hinweise auf den vermeintlichen Mörder zu erhalten, sehr gering ist!

J. Recht auf Freizügigkeit, Art. 11 GG

Leitentscheidungen:

BVerfGE 6, 32 (36) = NJW 1957, 297 - Elfes; BVerfG BeckRS 2008, 142691 - „Lindauer Chaostage".

Weiterführende Literatur:

- *Breucker*, Präventivmaßnahme gegen reisende Hooligans, NJW 2004, 1631; *Hetzer*, Zur Bedeutung des Grundrechts auf Freizügigkeit für polizeiliche Aufenthaltsverbote, JR 2000, 1; *Schoch*, Das Grundrecht der Freizügigkeit, JURA 2005, 34; *Schucht*, Die polizei- und ordnungsrechtliche Meldeauflage, NVwZ 2011, 709; *Siegel*, Hooligans im Verwaltungsrecht, NJW 2013, 1035; *Stein*, Platzverweise, Aufenthalts- und Alkoholverbote für auffällige Jugendliche; NdsVbl. 2010, 193.
- *Grundfälle: Frenzel* JuS 2011, 595.

I. Fall

A, deutscher Staatsangehöriger, ist polizeilich als Gewalttäter im Umfeld von Fußballspielen bekannt. Er gehört zur Dortmunder Hooliganszene. Vor dem bevorstehenden Derby Dortmund gegen Schalke in Gelsenkirchen am Samstag erteilt ihm die Polizei das Verbot, das Stadtgebiet Gelsenkirchen in der Zeit von Samstag 8:00 Uhr bis Sonntag 10:00 Uhr zu betreten. Wird A durch die polizeiliche Maßnahme in seinen Grundrechten verletzt?

Abwandlung: A ist polnischer Staatsangehöriger.

II. Schutzbereich

1. Persönlicher Schutzbereich

Art. 11 GG ist ein Bürgerrecht, das nur Deutschen im Sinne des Grundgesetzes zusteht. Für EU-Ausländer und übrige Ausländer greift Art. 2 I GG als allgemeines Auffanggrundrecht. 175

2. Sachlicher Schutzbereich

Art. 11 GG erfasst die Freizügigkeit im ganzen Bundesgebiet. Geschützt sind das „Wohnsitz nehmen" und das „Aufenthalt nehmen".[163] 176

„Wohnsitz nehmen" (vgl. § 7 BGB) ist die ständige Niederlassung an einem Ort mit dem Willen, den Ort auf Dauer zum Lebensmittelpunkt zu machen. 177

„Aufenthalt nehmen" ist das nicht nur vorübergehende Verweilen an einem anderen Ort. 178

Hier ergeben sich regelmäßig Abgrenzungsprobleme zu Art. 2 II 2 GG iVm Art. 104 I GG, da umstritten ist, wann ein vorübergehendes Verweilen an einem Ort vorliegt. Als maßgeblich wird hier zum Teil auf die Intention bzw. Relevanz des Aufenthalts für den Grundrechtsberechtigten abgestellt.[164] 179

[163] BVerfGE 80, 137 (150) = NJW 1980, 2572; BVerfGE 43, 203 (211) = NJW 1977, 1010; BVerfGE 110, 177 (190 f.) = JuS 2005, 937.

[164] v. Münch/Kunig/*Kunig* GG Art. 11 Rn. 13.

Beispiel: Der Obdachlose O lässt sich jeden Sonntag um 10:00 Uhr auf den Treppen vor dem Kölner Dom nieder, um Spenden zu erhalten. Gegen 13:00 Uhr verlässt er die Örtlichkeit wieder.

180 Stellt man allein auf die Intention des O ab, genau zu dieser Uhrzeit – zu der für gewöhnlich mit „spendenwilligen" Gottesdienst- und Dombesuchern zu rechnen ist – auf den Treppen zu sein, so wird klar, dass das vorübergehende Verweilen für O an dieser bestimmten Stelle eine hohe Relevanz hat. Nach dieser Ansicht würde O „Aufenthalt nehmen" iSd Art. 11 GG. Folglich wäre auch schon bei nur kurzzeitigem Verweilen bei eventuellen ordnungsbehördlichen oder polizeilichen Maßnahmen – zB einem Platzverweis – nach dieser Auffassung der Schutzbereich des Art. 11 GG sachlich einschlägig.

181 Die wohl hM fordert hingegen eine gewisse Mindestdauer, sodass ein bloß flüchtiges Verweilen jedenfalls nicht genügt, um einen Aufenthalt zu begründen.[165] Als Faustregel kann man eine Mindestdauer von 24 Stunden annehmen.[166] Nach der hM hat O im Beispielsfall demnach keinen Aufenthalt begründet, sodass zB im Falle eines polizeilichen Platzverweises Art. 11 GG sachlich nicht einschlägig ist.

Merke: Polizeiliche Platzverweise gem. § 34 I PolG NRW greifen nicht in den Schutzbereich von Art. 11 GG ein.[167] Sachlich einschlägiges Grundrecht ist dann Art. 2 II 2 GG iVm Art. 104 I GG bzw. Art. 2 I GG.

182 Im Einzelnen geschützt im Rahmen der Freizügigkeit ist die **„Freiheit des Ziehens"** im Rahmen von:

- Ortswechseln innerhalb einer Stadt oder Gemeinde (interlokale Freizügigkeit)
- Ortswechseln in eine andere Stadt (interkommunale Freizügigkeit)
- Ortswechseln in ein anderes Bundesland (interterritoriale Freizügigkeit)

183 Geschützt ist insbesondere die Einreisefreiheit in das Bundesgebiet, Art. 11 GG schützt aber nicht die Ausreisefreiheit, dh das Verlassen des Bundesgebiets. Hier ist Art. 2 I GG einschlägig.[168]

184 Geschützt ist auch die Freiheit, einen Ortswechsel gerade nicht vorzunehmen (negative Freizügigkeit). Diese kann zB bei Versetzungen eines Beamten gegen dessen Willen, bei einer sog. Residenzpflicht eines Beamten, oder bei Auslieferung von Bürgern betroffen sein.[169]

III. Eingriff in den Schutzbereich

185 Alle staatlichen Maßnahmen, die die Freizügigkeit behindern oder beeinträchtigen, stellen Eingriffe in Art. 11 GG dar. Klassische polizeiliche Eingriffe in

165 *Jarass/Pieroth* GG Art. 11 Rn. 2 mwN.
166 Epping/Hillgruber/*Baldus* GG Art. 11 Rn. 3.
167 Vgl. *Bialon/Springer* EingriffsR Kap. 19 Rn. 4, 5.
168 Vgl. schon BVerfGE 6, 32 (35 f.) = NJW 1957, 297 – Elfes.
169 Vgl. *Pieroth/Schlink/Kingreen/Poscher* StaatsR II GG Art. 11 Rn. 867–869.

Art. 11 GG sind das Aufenthaltsverbot gem. § 34 II PolG NRW und die Wohnungsverweisung mit Rückkehrverbot gem. § 34a PolG NRW. Darüber hinaus kommen auch Aufenthaltsvorgaben gem. § 34b PolG NRW oder die elektronische Aufenthaltsüberwachung gem. § 34c PolG NRW als Eingriffsmaßnahmen in Betracht. Schließlich ist im Rahmen des Kriminalvorbehalts aus Art. 11 II GG insbesondere an Auflagen und Weisungen zur Wohnsitznahme im Rahmen von Führungs- und Bewährungsaufsicht (vgl. §§ 68b, 56c StGB) zu denken.

IV. Verfassungsrechtliche Rechtfertigung des Grundrechtseingriffs

1. Schranken

Art. 11 GG steht gem. Abs. 2 unter einem qualifizierten Gesetzesvorbehalt und 186 kann nur aufgrund eines förmlichen Gesetzes eingeschränkt werden. Art. 11 II GG nennt verschiedene Anlässe, so den Sozialvorbehalt („ausreichende Lebensgrundlage nicht vorhanden und der Allgemeinheit daraus besondere Lasten entstehen würden"), den Notstandsvorbehalt („Abwehr einer drohenden Gefahr für den Bestand oder die freiheitliche demokratische Grundordnung des Bundes oder eines Landes"), den Seuchen- und Katastrophenschutzvorbehalt („Bekämpfung von Seuchengefahr, Naturkatastrophen oder besonders schweren Unglücksfällen") und den Jugendschutzvorbehalt („Schutz der Jugend vor Verwahrlosung"). Für polizeiliches Handeln ist insbesondere der **Kriminalvorbehalt** („um strafbaren Handlungen vorzubeugen") relevant. Hier sind insbesondere Maßnahmen gem. § 34 II und § 34a PolG NRW zu nennen.

2. Schranken-Schranken

Besondere Verfassungsvorgaben sind im Rahmen des Art. 11 GG nicht zu be- 187 achten. Als allgemeine Verfassungsvorgabe gilt auch hier der Verhältnismäßigkeitsgrundsatz aus Art. 20 III GG.

V. Lösungshinweise zum Fall

Das polizeiliche Aufenthaltsverbot (§ 34 II PolG NRW) greift in das Grundrecht auf Freizügigkeit aus Art. 11 GG ein. Der persönliche Schutzbereich ist eröffnet. A ist deutscher Staatsangehöriger und ist somit vom persönlichen Schutzbereich des Bürgerrechts aus Art. 11 GG erfasst. Sachlich schützt dies unter anderem das Recht, Aufenthalt zu nehmen, dh das vorübergehende Verweilen an einem Ort. Dem A wird vorliegend der Aufenthalt im Stadtgebiet Gelsenkirchen für die Dauer von mehr als 24 Stunden untersagt. Dies stellt mehr als ein nur flüchtiges Verweilen dar, sodass nach der wohl hM der sachliche Schutzbereich eröffnet ist. Auch wenn man primär auf die Relevanz des Aufenthalts abstellt, ist der Schutzbereich des Art. 11 GG eröffnet, da der Aufenthalt in Gelsenkirchen für A von hoher Bedeutung ist. Der Eingriff erfolgt auf Grundlage des § 34 II PolG NRW und ist im Ergebnis verfassungsrechtlich gerechtfertigt. Insbesondere genügt § 34 II PolG NRW dem aus Art. 11 II GG zu entnehmenden qualifizierten Gesetzesvorbehalt, hier konkret dem Kriminalvorbehalt („um strafbaren Handlungen vorzubeugen").

Abwandlung: Für A als polnischen Staatsbürger ist der persönliche Schutzbereich des Bürgerrechts („alle Deutschen") aus Art. 11 GG nicht eröffnet. Einschlägig ist daher das allgemeine Auffanggrundrecht aus Art. 2 I GG.

VI. Kontrollfragen

?

1. Erläutern Sie den sachlichen Schutzbereich des Grundrechts auf Freizügigkeit gem. Art. 11 GG!
2. Wie ist der Begriff „Aufenthalt nehmen" im Rahmen von Art. 11 GG zu verstehen?
3. Welche typischen polizeilichen Maßnahmen greifen in das Grundrecht auf Freizügigkeit gem. Art. 11 GG ein?
4. Erläutern Sie die Schrankenbestimmung aus Art. 11 II GG!

K. Unverletzlichkeit der Wohnung, Art. 13 GG

Leitentscheidungen:

BVerfGE 103, 142 ff. = NJW 2001, 1121; NJW 2019, 1667 ff. – Wohnungsdurchsuchung (Anforderungen an das Merkmal der „Gefahr im Verzuge" und der nichtrichterlichen Anordnung).

Weiterführende Literatur:

- *Braun/Keller*, Heimliches Betreten von Wohnungen als notwendige polizeiliche Begleitmaßnahme?, Die Polizei 2012, 102 ff.; *Ennuschat*, Behördliche Nachschau in Geschäftsräumen und die Unverletzlichkeit der Wohnung gemäß Art. 13 GG, AöR 2002, 252 ff.; *Schoch*, Die Unverletzlichkeit der Wohnung nach Art. 13 GG, JURA 2010, 22 ff.
- *Grundfälle: Wissmann* JuS 2007, 324, 426.

I. Fälle

a) Aufgrund eines anonymen Hinweises erfährt die Polizei in K-Stadt, dass sich in der Gaststätte „Im Rausch" in unregelmäßigen Abständen Vorbestrafte treffen sollen, um neue Straftaten zu planen. Um dies in Erfahrung zu bringen, suchen die Beamten A und B die Lokalität an einem Abend gegen 20.00 Uhr auf. Liegt dadurch ein Eingriff in das Grundrecht des Gastwirts G vor? Stellt das Aufsuchen der Gaststätte eine Durchsuchung gem. Art. 13 II GG dar?

b) R ist Redakteur des Politmagazins „Der Muntermacher" und ein guter Freund des Polizisten P. In einem Artikel „Überall Panzer" schildert er einen Export von Kampfpanzern in ein Krisengebiet. Der Artikel vermittelt den Eindruck, als habe er seine Kenntnisse von den Polizeibeamten erhalten, die mit der Durchführung bzw. Sicherung des Abtransportes von Kampfpanzern beauftragt waren. Das führt dazu, dass ein Strafverfahren unter anderem gegen P eingeleitet wird. Im Rahmen dieses Ermittlungsverfahrens ordnet der zuständige Richter die Durchsuchung der Privatwohnung des P an. P meint, die Durchsuchung verletze ihn in seinem Recht aus Art. 13 GG. Teilen Sie diese Meinung?

Zusatzfrage: Wie ist die Rechtslage zu beurteilen, wenn der zuständige Richter im Rahmen des Ermittlungsverfahrens die Durchsuchung des Dienstzimmers von P anordnet?

c) Die Mieterin M hört aus der neben ihr liegenden Wohnung lautes Geschrei ihrer Nachbarin N. Ungefähr vier Wochen vorher hat N ihr erzählt, dass sie im nächsten Monat für einige Wochen ihren ehemaligen Freund F zu Besuch habe. Dieser müsse sich nach Verbüßung seiner Strafhaft wegen versuchten Totschlags und schwerer Körperverletzung zunächst eine eigene Wohnung suchen. Da sie das Geschrei nur als Hilferufe deuten kann, benachrichtigt sie die Polizei. Diese erscheint kurze Zeit später. Als die Tür trotz mehrfachen Rufens nicht geöffnet wird und das Geschrei eher zu- als abnimmt, bricht einer der beiden Beamten die Tür auf und nimmt F, der N brutal geschlagen hat, fest. N bedankt sich ganz herzlich bei den Beamten und ruft F noch nach, er solle sich nie wieder bei ihr sehen lassen.

Liegt ein Eingriff in Art. 13 GG vor?

II. Schutzbereich

Art. 13 GG gewährt keinen Anspruch darauf, Wohnraum zu haben oder zu behalten. Er bestimmt vielmehr die Unverletzlichkeit der Wohnung und ist damit ein Ausfluss der Menschenwürde und des Rechts auf freie Entfaltung der Persönlichkeit. Er gewährt dem Einzelnen das Recht, einen Raum der öffentlichen Verfügbarkeit zu entziehen, diesen Raum zu seiner räumlichen Privatsphäre zu machen,[170] in den er sich zurückziehen kann und in dem er das Recht hat, „in Ruhe gelassen“ zu werden.[171] 188

Da Art. 13 GG ausdrücklich gegen das technische Eindringen schützt, wird die Vorschrift für diese Eingriffe zum lex specialis gegenüber dem allgemeinen Persönlichkeitsrecht aus Art. 2 I GG iVm Art. 1 I GG. In anderen Fällen können die beiden Grundrechte nebeneinander zur Anwendung kommen. 189

1. Persönlicher Schutzbereich

Der persönliche Schutzbereich von Art. 13 GG erstreckt sich auf alle Nutzer einer Wohnung. Entscheidend ist nicht das Eigentum, auch die Mieter einer Wohnung sind geschützt. Dabei kommt es nicht auf die Rechtmäßigkeit der Nutzung an, ausschlaggebend ist vielmehr die tatsächliche Nutzung. Deshalb ist der den Wohnraum selbst nicht bewohnende Vermieter nicht Träger dieses Jedermann-Rechts. Dementsprechend ist bei vermieteten Hotelzimmern auch der Hotelgast Inhaber des Schutzes aus Art. 13 GG. Strittig ist jedoch die Berechtigung von Hausbesetzern. Hausbesetzungen fallen grundsätzlich unter den Straftatbestand des § 123 StGB. Die Strafbarkeit, die aus dem widerrechtlichen Eindringen und dem dortigen Verweilen resultiert, schließt allerdings nicht aus, dass sich nach einer längeren Zeit des Besetzens eine Atmosphäre des Privatlebens bildet, die den Schutz aus Art. 13 GG aufleben lässt. Teilweise wird daher trotz widerrechtlicher Besitzbegründung die Einschlägigkeit von Art. 13 GG angenommen.[172] Schließlich steht das Grundrecht über Art. 19 III GG auch juristischen Personen und Personenvereinigungen des Privatrechts zu. 190

[170] BVerfGE 51, 97 (107) = NJW 1979, 1539.
[171] BVerfGE 51, 97 (107) = NJW 1979, 1539.
[172] v. Münch/Kunig/*Kunig* GG Art. 13 Rn. 14; *Werwigk* NJW 1983, 2366 (2367); aA Maunz/Dürig/*Maunz* GG Art. 13 Rn. 8b.

2. Sachlicher Schutzbereich

191 Der sachliche Schutzbereich wird durch den Begriff „Wohnung" umschrieben. Hierzu gehören alle Räume, die der allgemeinen Zugänglichkeit durch eine räumliche Abschottung entzogen und zur Stätte privaten Lebens und Wirkens gemacht sind. Entscheidend ist dabei der dementsprechende Wille des Berechtigten, der nach außen zu dokumentieren ist, und die soziale Anerkennung als räumliche Privatsphäre.[173]

Wohnung iSd Art. 13 I GG	Keine Wohnung iSd Art. 13 I GG
▪ Wohnung im eigentlichen Sinn (vgl. § 41 PolG NRW) ▪ (zur Wohnung gehörende) Nebenräume wie Keller, Treppenhäuser, Dachböden, Balkone, Terrassen, Garagen sowie abgeschlossene bzw. umzäunte Gärten und Höfe ▪ Hotelzimmer, Ferienwohnungen, Wohnwagen, Yachten, Container, Vereins- und Clubheime	▪ Auto, Strandkörbe ▪ Sammelunterkünfte ▪ Hafträume, Besucherräume der JVA ▪ eingezäunte, umgrenzte Äcker und Felder

Abb. 27 Wohnung iSd Art. 13 GG

192 Nach – nicht unbestrittener[174] – Rechtsprechung des BVerfG ist der Wohnungsbegriff jedoch weit auszulegen. Damit fallen auch Arbeits- und Geschäftsräume in den Schutzbereich des Art. 13 GG und zwar ohne Differenzierung, ob sie in die „eigentliche" Wohnung integriert oder separat und ob sie während der Geschäftszeiten für die Öffentlichkeit zugänglich sind.[175] Danach gehören nicht nur Verkaufsräume dazu, sondern auch Einkaufszentren und Sportstadien. Nach anderer Ansicht werden Betriebs- und Geschäftsräume nur geschützt, wenn kein unkontrollierter öffentlicher Zugang möglich ist.[176] Dies wird vor allem damit begründet, dass von einem Schutz der Privatsphäre nicht gesprochen werden kann, wenn die betreffenden Räume von der Wohnung getrennt sind und einem öffentlichen Zutritt unkontrolliert zur Verfügung stehen oder – wie bei Kaufhäusern – auf den öffentlichen Zugang sogar angelegt sind.

193 So ist der sachliche Schutzbereich ebenfalls nicht betroffen, wenn lediglich eine Observation von der Straße aus – durch ein Fenster – stattfindet; dies ist auch unabhängig davon, ob es sich um eine lang- oder kurzfristige Observation handelt. Anders sieht es hingegen aus, wenn zwecks Observation die Wohnung betreten werden muss.

III. Eingriff in den Schutzbereich

194 Betrachtet man die Wohnung als den Ort, an den sich der Einzelne zurückziehen kann und in dem er „in Ruhe gelassen" wird, so sind alle staatlichen Maßnah-

173 BVerfGE 96, 44 (51) = NJW 1997, 2165; v. Münch/Kunig/*Kunig* GG Art. 13 Rn. 10.
174 BVerfGE 32, 54 (68) = NJW 1971, 2299; BVerfGE 76, 83 (88); aA: *Behr* NJW 1992, 2125 (2126); s. hierzu *Jarass/Pieroth* GG Art. 13 Rn. 5.
175 BVerfGE 32, 54 (70 ff.) = NJW 1971, 2299.
176 *Ruthig* JuS 1998, 506 (510); *Schmidt* StaatsOrgR Rn. 824.

men, die diese Möglichkeit beeinträchtigen, Eingriffe. Der Staat hat innerhalb der Wohnung die Privatsphäre „unbedingt zu achten“.[177]

Zu eingreifenden Maßnahmen zählen das Betreten, das Durchsuchen sowie eine optische, akustische oder sonstige Überwachung bzw. Beeinträchtigung. 195

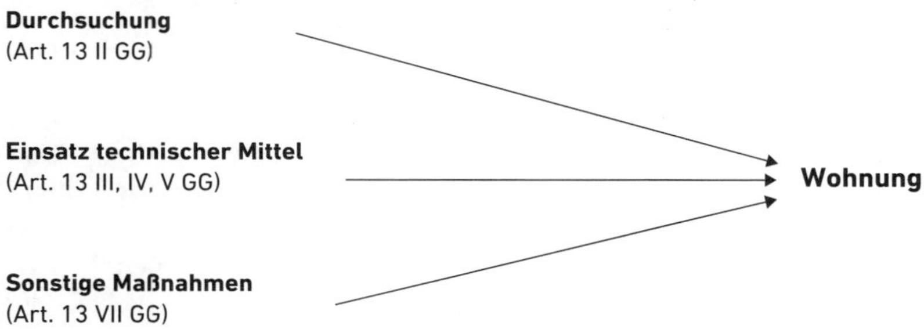

Abb. 28 Eingriffsformen Art. 13 GG

Bei reinen Geschäfts- und Betriebsräumen sieht das BVerfG dagegen im schlichten Betreten zur Durchführung einer Kontrolle während der Öffnungszeiten noch keinen Eingriff, jedenfalls nicht iSv Art. 13 VII GG.[178] Das Bedürfnis, Räume vor staatlichem Eingriff zu schützen, wird nach dem Zweck gemindert, den sie nach dem Willen des Inhabers besitzen. Je mehr sie der Inhaber für geschäftliche Aktivitäten nach außen öffnet, desto geringer wird das Schutzbedürfnis.[179] 196

Wird eine öffentlich zugängliche Gaststätte hingegen mit dem Ziel der Durchführung von Identitätsfeststellungen betreten, so greifen die Beamten hierdurch ziel- und zweckgerichtet in die „Privatsphäre Wohnung“ ein.[180] Das gilt in gleicher Weise bei der Zwangsräumung einer Obdachlosenunterkunft mit einzelnen Zimmern.[181] Des Weiteren liegt ein Eingriff in den Schutzbereich vor, wenn Polizeibeamte nachts ein Grundstück in einer Gartenanlage betreten, weil von dort ruhestörender Lärm zu vernehmen ist. 197

IV. Verfassungsrechtliche Rechtfertigung des Grundrechtseingriffs

Welche Anforderungen an eine verfassungsrechtliche Rechtfertigung zu stellen sind, ergibt sich aus der Art des Eingriffs. 198

1. Durchsuchungen gem. Art. 13 II GG

Eine Durchsuchung ist die ziel- und zweckgerichtete Suche staatlicher Organe nach Personen oder Sachen oder zur Ermittlung eines Sachverhaltes, um etwas aufzuspüren, was der Inhaber der Wohnung von sich aus nicht offenlegen oder herausgeben will.[182] Die Durchsuchung besteht damit aus zwei Elementen: 199

[177] BVerfGE 32, 54 (73) = NJW 1971, 2299.
[178] BVerfGE 32, 54 (76) = NJW 1971, 2299.
[179] BVerfGE 97, 228 (266) = NJW 1998, 1627.
[180] *Rachor* in Lisken/Denninger PolR-HdB E Rn. 638.
[181] OVG Berlin NVwZ-RR 1990, 194.
[182] BVerfGE 51, 97 (107) = NJW 1979, 1539.

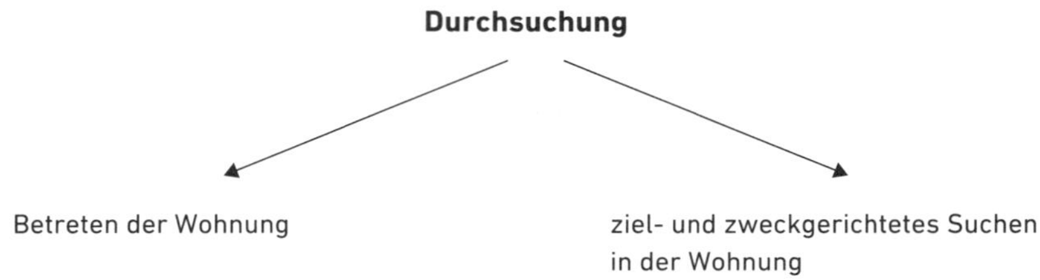

Abb. 29 Durchsuchung gem. Art. 13 I GG

200 Das schlichte Betreten und das Wahrnehmen offen sichtbarer Dinge – also die unvermeidliche Kenntnisnahme von Personen, Sachen oder Zuständen – ist demnach keine Durchsuchung. Das gilt auch, wenn Personen sich in der Wohnung aufhalten – ohne sich zu verstecken – und kontrolliert werden.[183] Wird dagegen nach Personen gesucht, die sich nicht freiwillig zu erkennen geben oder die nicht herausgegeben werden (beispielsweise ein Kind bei einer Inobhutnahme), handelt es sich wieder um eine Durchsuchung.[184]

> **Beispiel:** Die Polizei erhält einen ernst zu nehmenden Hinweis, dass in einem bestimmten Haus ein Unbekannter mit einer Waffe eingedrungen ist und sich dort versteckt hält. Daraufhin wird aufgrund der momentanen Bedrohungslage die Durchsuchung sämtlicher sich in diesem Haus befindlicher Wohnungen einschließlich aller Nebenräume angeordnet.

201 Eine Durchsuchung ist auch dann gegeben, wenn ein entsprechender richterlicher Beschluss anordnet, dass alle Räumlichkeiten eines Hauses zu durchsuchen sind, weil dort mit hoher Wahrscheinlichkeit Diebesgut zu finden ist.

202 Fraglich ist, ob auch im folgenden Fall eine verfassungsrechtliche Rechtfertigung einer Durchsuchung in einer Klausur zu prüfen wäre.

> **Beispiel:** Der Polizeibeamte P vermutet im Einfamilienhaus des B Hehlerware. Als er bei B klingelt und ihm den Sachverhalt eröffnet, weist dieser den Verdacht von sich und bittet P herein unter gleichzeitiger Aufforderung, sich intensiv umzusehen.
>
> Hier liegt bereits kein Eingriff vor. B verzichtet auf den Grundrechtsschutz. Das heißt auf eine etwaige Rechtfertigung kommt es nicht mehr an.

203 Durchsuchungen müssen auf einer gesetzlichen Grundlage beruhen. Art. 13 GG sagt, anders als etwa Art. 104 GG, nicht ausdrücklich, welcher Art die Ermächtigungsgrundlage sein muss. Gleichwohl wird man wegen der Schwere des Eingriffs ein förmliches Gesetz verlangen müssen.[185]

204 Voraussetzung für eine (Wohnungs-)Durchsuchung ist grundsätzlich eine Anordnung durch den Richter nach Art. 13 II GG. Die gesetzlichen Voraussetzungen sollen durch eine neutrale, von Einflussnahme unabhängige Instanz überprüft

[183] BVerwG NJW 2005, 454 (455).
[184] BVerfG NJW 2000, 944.
[185] OVG Berlin DÖV 1974, 28; aA: *Jarass/Pieroth* GG Art. 13 Rn. 16.

werden. Daher muss die richterliche Entscheidung grundsätzlich vor der Durchsuchung ergehen. Die richterliche Entscheidung ist keine reine Formsache, fehlt sie, so wird die Durchsuchung rechtswidrig; handelt es sich um eine strafprozessuale Durchsuchung, so kann dies zur Unverwertbarkeit der aufgefundenen Beweismittel führen. Dieser sog. „Richtervorbehalt" gilt nicht nur für strafprozessuale, sondern für alle Wohnungsdurchsuchungen, § 105 I StPO, § 42 I PolG NRW. Falls er in den einfachgesetzlichen Vorschriften nicht ausdrücklich vorgesehen ist, ergibt er sich unmittelbar aus Art. 13 II GG.

Zur Gewährleistung des Richtervorbehalts gehört die uneingeschränkte Erreich- 205
barkeit eines Ermittlungsrichters bei Tage, allerdings auch außerhalb der üblichen Dienststunden, was zwangsläufig mit der Einrichtung eines richterlichen Bereitschaftsdienstes verbunden ist.[186] Die Tageszeit umfasst dabei ganzjährig die Zeit zwischen 6 Uhr und 21 Uhr; während der Nachtzeit ist ein ermittlungsrichterlicher Bereitschaftsdienst bei einem Bedarf einzurichten, der über den Ausnahmefall hinausgeht.[187]

a) Verfassungsrechtliche Anforderungen an den Inhalt eines Durchsuchungsbeschlusses

Die richterliche Anordnung muss den Rahmen, die Ziele und die Grenzen der 206
Durchsuchung festlegen; bei strafprozessualen Durchsuchungen ist sie an folgende Voraussetzungen geknüpft:

- Name und Anschrift des Betroffenen,
- Inhalt des Tatvorwurfs und Bezeichnung der Straftaten,
- Art der Beweismittel,
- Bezeichnung des zu durchsuchenden Objekts.

Zwar braucht sich der Durchsuchungsbeschluss nicht auf einen bestimmten 207
Termin zu beziehen, dieser kann vielmehr nach taktischen Erwägungen gewählt werden. Nach spätestens sechs Monaten allerdings hat sich die Anordnung überholt und muss, falls erforderlich, erneuert werden.[188]

b) Ausnahme vom Richtervorbehalt

Nur für den Fall, dass eine richterliche Entscheidung nicht rechtzeitig eingeholt 208
werden kann, kann eine entsprechend gesetzlich ermächtigte Behörde auch ohne vorherige Entscheidung des Richters durchsuchen.

Diese sog. „Gefahr im Verzug" liegt vor, wenn der Zweck der Durchsuchung bei 209
Einholung der richterlichen Entscheidung vereitelt oder wesentlich erschwert würde.[189]

Davon ist beispielsweise auszugehen, wenn die Polizei aus einer nächtlichen 210
Telefonüberwachung erfährt, dass der Beschuldigte in seiner Wohnung damit

[186] BVerfGE 105, 239 (248) = NJW 2002, 3161; BVerfGE 139, 245 (267) = BeckRS 2015, 48330.

[187] BVerfGE 139, 245 (268) = BeckRS 2015, 48330.

[188] BVerfGE 96, 44 (54) = NJW 1997, 2165.

[189] BVerfGE 51, 97 (111) = NJW 1979, 1539; BVerfGE 103, 142 (154) = NJW 2001, 1121; *Rachor* in Lisken/Denninger PolR-HdB F Rn. 138.

beginnt, ihn belastende Unterlagen zu vernichten, der Ermittlungsrichter zur Nachtzeit jedoch nicht schnell genug erreichbar ist.

211 „Gefahr im Verzug" ist allerdings wegen der verfassungsrechtlichen Anforderungen eng auszulegen und die Ausnahme. Sie muss mit Tatsachen begründet und diese müssen dokumentiert werden.

212 Die Annahme von Gefahr im Verzug kann nicht allein mit dem abstrakten Hinweis begründet werden, eine richterliche Entscheidung sei gewöhnlich zu einem bestimmten Zeitpunkt mangels Erreichbarkeit eines zuständigen Richters nicht zu erlangen.[190] In einem solchen Fall liegt Gefahr im Verzug nur vor, wenn ein richterlicher Bereitschaftsdienst zu dieser Zeit im Einklang mit Art. 13 II GG nicht eingerichtet wurde und ein Zuwarten bis zur Erreichbarkeit eines Richters nicht möglich ist.[191] Damit korrespondiert die verfassungsrechtliche Verpflichtung der Gerichte, die Erreichbarkeit eines Ermittlungsrichters, auch durch die Einrichtung eines Bereitschaftsdienstes, zu sichern.

213 Das Bundesverfassungsgericht hat in seiner Entscheidung aus dem Jahr 2019[192] jedoch nicht nur die Notwendigkeit eines richterlichen Bereitschaftsdienstes unterstrichen, sondern auch den Schutz der Nachtruhe in Verbindung mit dem Recht der Unverletzlichkeit verdeutlicht. Zur Rechtfertigung einer Durchsuchung zur Nachtzeit ist daher nicht nur der Richtervorbehalt zu prüfen, von dem nur bei Gefahr im Verzug abgerückt werden kann, sondern auch, ob die Gefahr im Verzug es gebietet, zur Nachtzeit die Durchsuchung vorzunehmen. (Beispiel: Die Polizei hat bereits am Vortag einen richterlichen Durchsuchungsbeschluss erwirkt, der am Vormittag des nächsten Tages umgesetzt werden sollte, erfährt aber jetzt, dass der Wohnungsinhaber nachts Beweismittel vernichten will. Hier lag keine Gefahr im Verzug bezüglich der richterlichen Entscheidung, aber Gefahr im Verzug für die Durchführung der Durchsuchung zur Nachtzeit vor.)

214 Interessanterweise hat das Bundesverfassungsgericht mit Blick auf die modernen Lebensverhältnisse und gestützt unmittelbar auf Art. 13 I GG die Regelung in § 104 StPO, wonach die Nachtzeit in den Sommermonaten um vier Uhr morgens endet, faktisch abgeändert. Über den Wortlaut von § 104 III GG hinaus endet damit die Nachtzeit um sechs Uhr morgens. Die Regelung des Polizeigesetzes, die in § 41 II GG ebenfalls das Betreten und Durchsuchen einer Wohnung zur Nachtzeit regelt (und dabei auf § 104 III StPO verweist) ist somit entsprechend verfassungsgemäß zu lesen.

215 So ist eine Durchsuchung rechtswidrig, wenn die Eilzuständigkeit durch die Behörde selbst herbeigeführt wurde. Weiß die Staatsanwaltschaft, dass eine Wohnung innerhalb der nächsten Wochen durchsucht werden muss, schaltet den Richter aber nicht ein, sondern wartet ab, bis tatsächlich „Gefahr im Verzug" vorliegt, so führt dies zur Rechtswidrigkeit der Durchsuchung. Gleichzeitig liegt damit eine Verletzung des Betroffenen in seinem Grundrecht aus Art. 13 GG vor.

[190] BVerfG NJW 2019, 1667 (1668).
[191] BVerfG NJW 2019, 1667 (1668).
[192] BVerfG NJW 2019, 1667 (1668).

Fall:[193]

Im November 2009 werden Ermittlungen gegen A wegen des Verdachts, mit Betäubungsmittel Handel zu treiben, aufgenommen. Nach weiteren Erkenntnissen wird aufgrund richterlicher Anordnung die Telekommunikation des A ab Januar 2010 überwacht. Am Mittag des 17.2.2010 ergibt die Überwachung der Telekommunikation, dass A mit einer Freundin noch an diesem Tag – zum wiederholten Male – mit dem Ziel der Beschaffung von Betäubungsmitteln in die Niederlande fahren werde. Ab dem frühen Abend halten sich Einsatzkräfte der Polizei für eine spätere Wohnungsdurchsuchung bereit. Nach der Wiedereinreise gegen 22.00 Uhr (am selben Tag) werden A und seine Freundin vorläufig festgenommen.

Der sachbearbeitende Polizeibeamte kontaktierte zwischen 22.00 Uhr und 23.00 Uhr die diensthabende Staatsanwältin, die die Wohnungsdurchsuchung des A wegen Gefahr im Verzug anordnete. Der beantragende Polizeibeamte hatte sich vor dem Ende des richterlichen Bereitschaftsdienstes um 21.00 Uhr nicht um den Erlass eines Durchsuchungsbeschlusses durch den Ermittlungsrichter bemüht, weil er die bis zum Nachmittag des 17.2.2010 erlangten Erkenntnisse zu vage hielt und die Erfahrung gemacht hatte, dass Durchsuchungsbeschlüsse aufgrund von Erkenntnissen aus der Telekommunikationsüberwachung nicht „auf Halde" produziert würden.

Lösung:

Die in der Nacht vom 17.2.2010 auf den 18.2.2010 durchgeführten Durchsuchungen sind rechtswidrig, weil eine nach Art. 13 II GG iVm § 105 I 1 StPO grundsätzlich erforderliche richterliche Durchsuchungsanordnung nicht vorliegt. Die Anordnung der Staatsanwältin lässt sich nicht mit einer Eilkompetenz begründen. Denn die Strafverfolgungsbehörden dürfen nicht so lange mit dem Antrag an den Richter warten, bis die Gefahr eines Beweismittelverlusts tatsächlich eingetreten ist und so die vom Grundgesetz vorgesehene Regelzuständigkeit des Richters unterlaufen.[194]

Die Tatsache, dass sich bereits seit dem frühen Abend des 17. Februar Polizeikräfte zur Durchführung der Durchsuchung bereit hielten, führt letztlich zur fehlenden Anordnungskompetenz der Staatsanwältin unter Bezugnahme auf eine Gefahr im Verzug. Hinzu kommt, dass bereits seit Januar 2010 Erkenntnisse für eine Straftat vorlagen, die zu einer richterlichen Anordnung der Überwachung der Telekommunikation geführt hatten, sodass nicht von einer sich überraschend ergebenden Verfahrenssituation gesprochen werden kann.

Wegen der Schwere des Eingriffs kommt der Prüfung des Übermaßverbots, also einer Verhältnismäßigkeit der Durchsuchung, besonderes Gewicht zu. Hier sind insbesondere das Ausmaß der Gefahr bzw. der vorgeworfenen Tat, der Verdachtsgrad sowie die Beweissituation von Bedeutung. So verstößt die Durchsuchung einer Anwaltskanzlei zur Verfolgung einer Ordnungswidrigkeit in der Regel gegen den Verhältnismäßigkeitsgrundsatz.[195] 216

193 BGH NStZ 2012, 104 = StV 2012, 1 ff.
194 BVerfGE 103, 142 (155) = NJW 2001, 1121; BVerfG NJW 2005, 1637 (1638 f.).
195 BVerfG NJW 2006, 3412.

Klausurtipp: Im Rahmen der Prüfung der verfassungsrechtlichen Rechtfertigung einer Durchsuchung ergibt sich folgender Aufbau:
1. Schranke
   Qualifizierter Gesetzesvorbehalt
2. Ermächtigungsgrundlage, zB
   a) §§ 41, 42 PolG NRW (präventive Maßnahmen)
   b) §§ 102, 103, 104 StPO (repressive Maßnahmen)
3. Anforderungen an die Schranke
   - erfüllt durch die förmlichen Gesetze als Ermächtigungsgrundlage
4. Schranken-Schranken
   a) besondere Verfassungsvorgaben
   Richtervorbehalt bzw. Eilkompetenz bei Gefahr im Verzug
   b) Verhältnismäßigkeitsgrundsatz

2. Technische Überwachungsmaßnahmen

217 Die 1998 ins Grundgesetz eingefügten Abs. 3–5 des Art. 13 GG waren jahrelang umstritten. Mit ihnen wurde der sog. „Große Lauschangriff" grundgesetzlich geregelt. Im Jahre 2004 hat das BVerfG Art. 13 III GG bei verfassungskonformer Auslegung für verfassungsgemäß erklärt.[196] Die Entscheidung erfolgte nicht einstimmig, zwei Richterinnen stuften in einem (lesenswerten) Votum die Norm als grundgesetzwidrig ein.[197]

218 Art. 13 III GG regelt die Voraussetzungen einer Wohnraumüberwachung zum Zweck der Strafverfolgung, Abs. 4 eine solche zur Gefahrenabwehr und Abs. 5 den Sonderfall einer Überwachung zum Schutz einer in der Wohnung eingesetzten Person (also etwa eines verdeckt eingesetzten Polizeibeamten).

219 Die Normen beziehen sich auf eine Überwachung mit technischen Mitteln. Neben der eigentlichen Überwachung gewähren sie auch die Befugnis, eine Wohnung heimlich zu betreten, um dort Überwachungstechnik zu installieren.

220 Eine optische Überwachung erlaubt Art. 13 III GG nicht, wohl aber die Abs. 4 und 5.

a) Wohnraumüberwachung zur Strafverfolgung

221 Art. 13 III GG regelt die Wohnraumüberwachung zur Strafverfolgung. Die gesetzliche Grundlage hierfür hat der Gesetzgeber in §§ 100c, d StPO geschaffen. Angeordnet werden muss diese Maßnahme wegen der Schwere des Eingriffs von einem Spruchkörper aus drei Richtern, Art. 13 III 3 GG. Nur bei Gefahr im Verzug kann nach Art. 13 III 4 GG ausnahmsweise ein einzelner Richter entscheiden; eine Eilzuständigkeit einer Behörde wie bei einer Durchsuchung existiert nicht. Man kann daher von einem qualifizierten Richtervorbehalt sprechen. Des Weiteren sind solche Maßnahmen nach Art. 13 III 2 GG zu befristen.

222 Darüber hinaus muss als Anordnungsvoraussetzung der konkrete Verdacht einer besonders schweren Straftat vorliegen. Als besonders schwer iSv Art. 13 GG wiegt eine Tat dann, wenn sie eine Höchststrafe von mehr als fünf Jahren voraussetzt.

[196] BVerfGE 109, 279 ff. = NJW 2004, 999.
[197] BVerfGE 109, 279 (382 ff.) = NJW 2004, 999.

Die akustische Wohnraumüberwachung kann aber den in Art. 13 GG zum Ausdruck kommenden Schutz der Menschenwürde verletzen. Daher muss der absolut geschützte Kernbereich privater Lebensführung gewahrt bleiben – was sich auch aus § 100c IV 1 StPO ergibt. Dieser Kernbereich ist nicht abstrakt, sondern bezogen auf den Einzelfall zu bestimmen. Betroffen ist er jedenfalls dann, wenn jemand Selbstgespräche führt, sich mit engen Familienangehörigen ohne Bezug zu Straftaten unterhält oder etwa betet. 223

Ist der Kernbereich betroffen, muss die Überwachung unterbrochen werden und die in den Kernbereich fallenden bereits erlangten Daten sind unverwertbar und zu löschen. 224

Die Wohnraumüberwachung darf sich nur auf Wohnungen beziehen, in denen sich der Beschuldigte vermutlich aufhält. 225

Letztlich dürfte auch eine Benachrichtigungspflicht bzw. ein entsprechender Anspruch des Bürgers bestehen – auch wenn er nicht ausdrücklich in Art. 13 III GG geregelt ist. Ohne eine solche – spätere – Kenntnis hätte der Bürger keine Möglichkeit, die etwaige Rechtswidrigkeit der Maßnahme feststellen zu lassen oder sein Recht auf Löschung der gewonnenen Daten geltend zu machen. Dies gilt natürlich nur so weit, als der Zweck der Maßnahme dadurch nicht vereitelt wird. 226

Zusammenfassend ergeben sich folgende Prüfungsvoraussetzungen:

1. Ermächtigungsgrundlage: §§ 100c ff. StPO
2. Qualifizierter Richtervorbehalt
3. Besonders schwere Straftat
4. Hinreichender Tatverdacht
5. Nur akustische Maßnahmen
6. Benachrichtigungspflicht

b) Wohnraumüberwachung zur Gefahrenabwehr

Nicht zu repressiven, sondern zu präventiven Zwecken – also der Gefahrenabwehr – erlaubt Art. 13 IV GG die Wohnraumüberwachung – hier nicht nur akustisch, sondern auch optisch oder auf sonstige technische Art. Die Norm des Art. 13 IV GG ist insoweit auch spezieller als Abs. 7. 227

Die Überwachung dient dabei der Abwehr einer „dringenden" Gefahr für die öffentliche Sicherheit. Das BVerfG bestimmt den Begriff der „dringenden Gefahr" nach dem Ausmaß des zu erwartenden Schadens und der Wahrscheinlichkeit des Schadenseintritts.[198] 228

Dies bedeutet, dass mit hoher Wahrscheinlichkeit oder in hohem Ausmaß Schäden für wichtige Rechtsgüter drohen. An die Wahrscheinlichkeit des Schadenseintritts sind umso geringere Anforderungen zu stellen, je größer und folgenschwerer der möglicherweise eintretende Schaden ist.[199] 229

[198] BVerfGE 130, 1 (32) = NJW 2012, 907.

[199] BVerfGE 115, 320 (361) = NJW 2006, 1939.

230 Beispielhaft sind eine gemeine Gefahr – also eine Gefahr für unbestimmt viele Personen oder Sachen (wie sie etwa bei Überschwemmungen, Brandereignissen, drohenden Bombenexplosionen besteht) – oder eine Lebensgefahr für eine einzelne oder mehrere Personen zu nennen.

231 Art. 13 IV GG erfordert ebenfalls eine gesetzliche Grundlage und auch hier gilt der Richtervorbehalt; bei Gefahr im Verzug kann allerdings die Überwachung durch eine andere gesetzlich bestimmte Stelle angeordnet und die richterliche Entscheidung nachgeholt werden. Ob auch bei präventiven Lauschangriffen der Kernbereich privater Lebensgestaltung zu beachten ist – wie im Rahmen des Art. 13 III GG – ist umstritten.[200]

232 Umstritten ist auch, ob der Einsatz von Bodycams in Wohnungen, was ohnehin lediglich in Bayern und Nordrhein Westfalen gestattet ist, durch Art. 13 IV GG (gegebenenfalls iVm Art. 13 III GG) oder Art. 13 VII GG gerechtfertigt ist.

233 Einer Rechtfertigung bedarf es mangels Eingriffs dann nicht, wenn ein Einverständnis des Wohnungsinhabers vorliegt; sind mehrere Personen Wohnungsinhaber, müssen alle ihr Einverständnis erklären.[201]

234 Regelungen über den Einsatz von Bodycams in Wohnungen trifft § 15c PolG NRW. Dessen Abs. 2 regelt die Anfertigung von technischen Aufzeichnungen in Wohnungen (§ 41 I 2 PolG NRW). Diese Ermächtigungsnorm des § 15c PolG NRW wird jedoch nicht von Art. 13 IV GG gedeckt. Dies ergibt sich bereits daraus, dass eine Überwachung von Wohnungen nach Art. 13 IV GG nur zur Abwehr einer dringenden Gefahr für die öffentliche Sicherheit, insbesondere einer gemeinen Gefahr oder einer Lebensgefahr zulässig ist und insoweit bereits eine konkrete Gefahr bestehen müsste. § 15c II PolG NRW verlangt hingegen für die Anfertigung von technischen Aufzeichnungen in Wohnungen mittels Bodycams nur, dass Tatsachen die Annahme rechtfertigen, dass dies zum Schutz von Polizeibeamtinnen oder Polizeibeamten gegen eine dringende Gefahr für Leib oder Leben erforderlich ist. Die Formulierung „Tatsachen die Annahme rechtfertigen" setzt aber gerade noch nicht das Vorliegen einer konkreten Gefahr voraus, vielmehr genügt hierfür bereits ein qualifizierter Gefahrenverdacht.

235 Zudem werden offene Bild- und Tonaufnahmen nicht vom Schutzbereich des Art. 13 IV GG erfasst werden, da dieser sich nur auf den heimlichen Einsatz technischer Mittel zur Überwachung von Wohnungen erstreckt.[202] Die hohen materiell-rechtlichen Hürden, die Art. 13 III und IV GG in Bezug auf eine strafprozessuale bzw. präventivpolizeiliche Wohnraumüberwachung aufstellt, sind zwar bei einem verdeckten Einsatz technischer Mittel sachlich gerechtfertigt. Ihre Berechtigung ergibt sich hier daraus, dass der Betroffene sein Verhalten darauf nicht einzurichten vermag. Das gilt aber nicht bei einem offenen Einsatz dieser Mittel. Dies würde bedeuten, dass selbst eine offen erstellte Fotoaufnahme den Einschränkungen des Art. 13 IV GG unterfallen würde. Die verfassungsgesetzliche Statuierung eines Richtervorbehalts bei verdeckten Eingriffen ergibt sich vielmehr daraus, dass bei ihnen wegen der Heimlichkeit des Eingriffs für

200 Vgl. zum Streitstand BVerfG NJW 2004, 999.
201 v. Mangoldt/Klein/Starck/*Gornig* GG Art. 13 Rn. 52.
202 *Thiel* NWVBl. 2018, 50 (53); *Ziebarth* Die Polizei 2017, 76 (77).

den Betroffenen zunächst keine Möglichkeit des gerichtlichen Rechtsschutzes besteht – ganz anders ist dies bei einem offenen Einsatz von technischen Mitteln. Dagegen kann sich der Betroffene sofort gerichtlich zur Wehr setzen.

Eine Anwendung des Art. 13 IV GG auf die offene Erhebung personenbezogener Daten durch Bodycams hätte nämlich nach Art. 13 VI GG zur Folge, dass auch für solche Maßnahmen eine Berichtspflicht gegenüber den Landesparlamenten bestünde. Da es für die Erfüllung von Berichtspflichten nicht ausreichte, dass über die Zahl der Einsätze berichtet würde, sondern es weiterer Informationen bezüglich der getätigten Einsätze bedürfte, ergäbe sich damit sowohl für die Polizei wie auch für die Parlamente eine nicht unerhebliche Arbeitsbelastung, die die Effizienz der Gefahrenabwehr zusätzlich beeinträchtigte.[203] 236

Im Ergebnis lässt sich daher festhalten, dass die offene Datenerhebung durch den Einsatz von Bodycams in Wohnungen nicht unter Art. 13 IV GG bzw. Art. 13 III GG fallen. 237

So wird auch die vom BVerfG und der heute allgemeinen Meinung für geboten gehaltene nachträgliche Unterrichtung Betroffener von Überwachungsmaßnahmen, die sich auf Art. 13 III–V GG stützen, mit der Heimlichkeit der getroffenen Maßnahmen gerechtfertigt.[204] 238

Zusammenfassend ergeben sich folgende Prüfungsvoraussetzungen:

1. Ermächtigungsgrundlage: §§ 17, 18 PolG NRW
2. Grundsätzlich Richtervorbehalt
3. Schutz eines wichtigen Rechtsgutes
4. Dringende Gefahr
5. Nicht nur akustische Maßnahmen
6. Benachrichtigungspflicht

c) Spezialfall der Wohnraumüberwachung zur Gefahrenabwehr

Art. 13 V GG regelt einen Spezialfall der Wohnungsüberwachung zur Gefahrenabwehr, nämlich zum Schutz von in Wohnungen eingesetzten Personen. Hier kann die Anordnung durch eine gesetzlich bestimmte Behörde erfolgen. 239

Sollen allerdings erlangte Kenntnisse dem Zweck der Strafverfolgung oder Gefahrenabwehr dienen, ist dies nur bei richterlicher Anordnung der Überwachung oder unverzüglicher Nachholung der richterlichen Entscheidung möglich, falls Gefahr im Verzug angenommen wurde. 240

[203] *Jarass/Pieroth* GG Art. 13 Rn. 3.

[204] BVerfGE 109, 279 (363) = NJW 2004, 999.

Zusammenfassend ergeben sich hier folgende Prüfungsvoraussetzungen:

1. Einsatz optischer oder akustischer Mittel dient ausschließlich dem Schutz eines verdeckten Ermittlers
2. Anordnungsbefugnis gem. § 17 IV PolG NRW
3. Besonderes Beweisverwertungsverbot, Art. 13 V 2 GG
4. Benachrichtigungspflicht

d) Pflicht zur parlamentarischen Kontrolle bei Wohnraumüberwachung

241 Art. 13 VI GG regelt eine Berichtspflicht bzw. eine Pflicht zur parlamentarischen Kontrolle für Maßnahmen nach Art. 13 III–V GG über vorgenommene Überwachungsmaßnahmen. Im Jahr 2014 sind im repressiven Bereich in fünf Bundesländern (Bayern, Bremen, Hessen, Hamburg, Niedersachsen) jeweils eine und beim Generalbundesanwalt beim BGH neun Maßnahmen der Wohnraumüberwachung angeordnet worden. Maßnahmen zur Gefahrenabwehr nach Art. 13 IV GG sind im Jahr 2013 gar nicht ergriffen worden. Ebenso sind Maßnahmen zur Eigensicherung nach Art. 13 V GG äußerst selten.[205]

3. Sonstige Maßnahmen

242 Art. 13 VII GG regelt die Zulässigkeit von Eingriffen und Beschränkungen, die „im Übrigen" erfolgen. Die Regelung betrifft also alle Eingriffe in die Unverletzlichkeit der Wohnung, die nicht Durchsuchungen oder technische Überwachung sind, also „Betreten", „Besichtigen" oder „Verweilen". Gegenüber Art. 13 VII GG sind die Schranken des Art. 13 III–V GG spezieller, sodass Eingriffe, die die speziellen Merkmale aus diesen Absätzen erfüllen, nicht auf Art. 13 VII GG gestützt werden können. Lauschangriffe können demnach ebenso wenig auf der Grundlage von Art. 13 VII GG gerechtfertigt werden wie Durchsuchungen. Dieser Absatz hat dabei zwei Anwendungsbereiche.

a) Art. 13 VII Hs. 1 GG

243 Zunächst wird der Fall geregelt, dass der Eingriff zur Abwehr einer gemeinen Gefahr oder Lebensgefahr für einzelne Personen erfolgt.

244 Bei einer gemeinen Gefahr muss eine Gefahr für eine unbestimmte Zahl von Personen (für die Allgemeinheit) bestehen; es muss sich jedoch um eine lebensbedrohende Situation handeln, wie sie etwa durch Lawinenunglücke, Überschwemmungen oder Feuer zu Tage tritt.

245 Bei der Lebensgefahr muss die gefährdete Person nicht der Wohnungsinhaber selbst sein. Hört der Polizist Hilfeschreie aus einer Wohnung und betritt er diese daraufhin, so kommt eine Rechtfertigung unabhängig davon in Betracht, ob es sich um den Wohnungsinhaber oder beispielsweise „nur" um einen Gast des Wohnungsinhabers handelt. Dies gilt in gleicher Weise, wenn die Polizei den Hinweis erhält, dass sich auf einem benachbarten Firmengrundstück eine total betrunkene Person befindet. Wenn das Tor zu dem Firmengelände bei Eintreffen der Beamten verschlossen ist, und sie über das Tor klettern, um der Person

[205] Vgl. beispielhaft BT-Drs. 18/5900, Bericht der Bundesregierung gem. Art. 13 VI 1 GG.

zu helfen, greifen sie in das Recht des Firmeninhabers aus Art. 13 I GG ein, sind aber über Art. 13 VII Hs. 1 GG gerechtfertigt. Es findet keine Durchsuchung statt, vielmehr handelt es sich um einen sonstigen Eingriff, da die Person für die Beamten – unmittelbar sichtbar – auf dem Gelände liegt.

Hier bedarf ein Eingriff keiner einfachgesetzlichen Rechtfertigung, sondern kann direkt – verfassungsunmittelbar – auf Art. 13 VII GG gestützt werden.[206] Gleichwohl gibt es für die meisten Fälle eine gesetzliche Regelung, wie zB § 41 I Nr. 4 PolG NRW, da die Polizei als Exekutive ohne eine gesetzliche Grundlage nicht tätig werden kann. 246

Klausurtipp: Beachte im Rahmen der Schrankenprüfung in der Klausur: !

1. Schranke
   a) Verfassungsunmittelbare Schranke
   b) Bezeichnung der Ermächtigungsgrundlage
   c) Anforderungen an die Ermächtigungsgrundlage
2. Schranken-Schranken
   Verhältnismäßigkeitsgrundsatz

b) Art. 13 VII Hs. 2 GG

Der zweite Regelungsgegenstand betrifft die Verhütung von dringenden Gefahren für die öffentliche Sicherheit und Ordnung, insbesondere zur Behebung der Raumnot, zur Bekämpfung der Seuchengefahr oder zum Schutz gefährdeter Jugendlicher. Hier ist eine einfachgesetzliche Grundlage erforderlich. Im Gegensatz zu Art. 13 VII Hs. 1 GG handelt es sich um einen qualifizierten Gesetzesvorbehalt. 247

Die Begriffe der „öffentlichen Sicherheit und Ordnung" sind ins PolG NRW übernommen worden und sind inhaltsgleich. 248

Mit der Formulierung „Verhütung von Gefahren ..." macht der Verfassungsgesetzgeber deutlich, dass eine dringende Gefahr noch nicht gegeben sein muss, „es genügt, dass die Beschränkung des Grundrechts dem Zweck dient, einen Zustand nicht eintreten zu lassen, der seinerseits eine dringende Gefahr für die öffentliche Sicherheit und Ordnung darstellen würde".[207] 249

Wie oben dargestellt, ist Art. 13 IV GG auf den gesetzlich geregelten Bodycam-Einsatz zum Zwecke der Gefahrenabwehr nicht anwendbar. Dieser Einsatz lässt sich aber nach Art. 13 VII Hs. 2 GG rechtfertigen.[208] Zulässig ist der Bodycam-Einsatz daher nur dann, wenn er der Verhütung einer dringenden Gefahr dient. Es muss daher ein hochwertiges Rechtsgut betroffen sein, was bei einem Handeln zum Schutz von Leben, Gesundheit oder Freiheit, wie es in § 15c II PolG NRW gestattet ist, sicher der Fall ist. 250

Nach Art. 13 VII Hs. 2 GG muss der Eingriff nur zur Verhütung einer dringenden Gefahr für diese Rechtsgüter erfolgen. Eine konkrete Gefahr braucht damit – 251

[206] *Jarass/Pieroth* GG Art. 13 Rn. 35.
[207] BVerfGE 17, 232 (252) = NJW 1964, 1067.
[208] *Sitzberger* Die Polizei 2017, 211 (214); *Arzt/Schuster* DVBl 2018, 351 (353).

anders als nach Art. 13 VII Hs. 1 GG – noch nicht eingetreten zu sein.[209] So reicht bereits ein Gefahrenverdacht aus – jedenfalls dann, wenn er qualifiziert ist. Deshalb ist es ausreichend, wenn § 15c II 1 PolG NRW es genügen lässt, dass Tatsachen die Annahme rechtfertigen, dass der Einsatz von Bodycams zum Schutz von Polizeibeamten oder Dritten gegen eine dringende Gefahr für Leib oder Leben erforderlich ist, und damit noch nicht das Vorliegen einer konkreten Gefahr verlangt.

Klausurtipp: Beachte im Rahmen der Schrankenprüfung in der Klausur
1. Schranke
   a) Qualifizierter Gesetzesvorbehalt
   b) Bezeichnung der Ermächtigungsgrundlage
   c) Anforderungen an die Ermächtigungsgrundlage
2. Schranken-Schranken
   Verhältnismäßigkeitsgrundsatz

4. Besonderheit

252 Problematisch ist die Anwendung des Art. 13 GG auf behördliche Betretungs- und Besichtigungsrechte von Geschäfts- und Betriebsräumen. Nach Auffassung des BVerfG sind zwar solche Räumlichkeiten in den Schutzbereich dieses Grundrechts einbezogen (→ Kap. 4 Rn. 179 f.). Da diesen Räumen nach ihrer Zweckbestimmung durch den Inhaber jedoch eine größere Offenheit – infolge des teilweise freien Zugangs für die Öffentlichkeit – zukommt, ist das Schutzbedürfnis unter dem Gesichtspunkt „räumliche Privat- und Intimsphäre“ unterschiedlich groß. Auch wenn die Grenzen der Zutrittsmöglichkeit durch den Inhaber festgelegt werden, können während der normalen Betriebs- und Geschäftszeiten die strengen Schrankenanforderungen aus Art. 13 VII GG nicht gelten.[210]

253 Das BVerfG hat diese Betretungs- und Besichtigungsbefugnisse daher an die folgenden erleichterten Voraussetzungen geknüpft:[211]

- Ermächtigung zum Betreten aufgrund besonderer gesetzlicher Vorschrift
- Vorhandensein eines erlaubten Zwecks und Erforderlichkeit des Betretens/Besichtigens zur Erreichung des Zwecks
- Erkennbarkeit des Zwecks sowie Gegenstand und Umfang des zugelassenen Betretens/Besichtigung im Gesetz
- Gestattung ausschließlich zu den üblichen Geschäfts- und Betriebszeiten

[209] BVerfGE 17, 232 (251) = BeckRS 1964, 103869; *Epping/Hillgruber/Fink* Art. 13 Rn. 30.
[210] BVerfG NVwZ 2007, 1049 (1050).
[211] BVerfGE 32, 54 (75) = NJW 1971, 2299.

Möglicher **Prüfungsaufbau** bei bloßem behördlichem Betreten von Geschäftsräumen während der Öffnungszeit

Wenn die Polizei nun auf der Grundlage des § 41 IV PolG NRW derartige Räumlichkeiten zum Zweck der Gefahrenabwehr während der Öffnungszeiten betritt, ergibt sich folgender Prüfungsaufbau:

1. Prüfung des persönlichen und sachlichen Schutzbereichs des Art. 13 GG
2. Eingriff
   (+) trotz des geringen Schutzbedürfnisses während der Öffnungszeit
3. Verfassungsrechtliche Rechtfertigung
   a) Art. 13 II GG (-) mangels Durchsuchung
   b) Art. 13 VII GG (-) mangels Vorliegen der besonderen Voraussetzungen
   c) Erleichterte Voraussetzungen bezogen auf § 41 IV PolG (s. oben)
4. Ergebnis
   Keine Verletzung des Art. 13 GG

Lehnt man, was ebenfalls vertretbar ist, aufgrund des geringen Schutzbedürfnisses einen Eingriff in Art. 13 GG ab, so kommt Art. 2 I GG als neuer Prüfungsmaßstab in Betracht.

1. Prüfung des persönlichen und sachlichen Schutzbereichs des Art. 2 I GG
2. Eingriff
3. Verfassungsrechtliche Rechtfertigung
   Erleichterte Voraussetzungen bezogen auf § 41 IV PolG (s. oben)
4. Ergebnis
   Keine Verletzung des Art. 2 I GG

V. Lösungshinweise zu den Fällen

a) Im Rahmen der ersten Frage ist sowohl der persönliche als auch der sachliche Schutzbereich des Art. 13 I GG eröffnet. Als Betreiber der Gaststätte ist G rechtmäßiger Inhaber der Räumlichkeiten, sodass G persönlich von diesem Menschenrecht erfasst wird. Formal schützt Art. 13 GG in sachlicher Hinsicht die Unverletzlichkeit der Wohnung, also die räumliche Privatsphäre. Hierunter fallen neben dem „normalen" Wohnbereich auch Räumlichkeiten wie Keller, Garagen und Zelte. Nicht ganz unstrittig ist, ob auch Arbeits- und Geschäftsräume hiervon erfasst werden. Maßgeblich für den Schutzzweck des Art. 13 GG ist der Schutz der Privatsphäre und der freien Persönlichkeitsentfaltung. Da Arbeitsräume auch die Funktion eines Rückzuggebietes haben können, fasst die hM sie unter den Wohnungsbegriff.

Vor allem kann auch dort die Entfaltung der Persönlichkeit stattfinden.

Mit dem Betreten des Lokals greifen die Beamten damit final und unmittelbar in den Schutzbereich ein.

Zur Beantwortung der zweiten Frage ist zu prüfen, ob sich das bloße Aufsuchen der Gaststätte unter den Begriff der Durchsuchung subsumieren lässt.

Da die Beamten nicht auf der Suche nach bestimmten Personen oder Sachen sind und auch nicht die Aufklärung eines Sachverhaltes beabsichtigt ist, sie sich vielmehr nur allgemein informieren wollen, handelt es sich nicht um eine Durchsuchung. Hierfür spricht auch die Tatsache, dass die Beamten nicht davon ausgehen, dass G irgendwelche Personen oder Sachen verborgen halten will.

b) Im zweiten Ausgangsfall ist der persönliche und sachliche Schutzbereich des Art. 13 GG eröffnet. In persönlicher Hinsicht ist P als natürliche Person von diesem Menschenrecht erfasst. Der sachliche Schutzbereich erfasst zudem die Privatwohnung des P.

Durch die Durchsuchung wird (final) in die geschützten Räume eingedrungen, womit ein Eingriff vorliegt.

Der Eingriff ist gerechtfertigt, wenn er auf einer verfassungskonformen Norm beruht und die Anwendung im konkreten Einzelfall verfassungsgemäß ist. Da Art. 13 II GG bestimmte Anforderungen an die einschränkenden Gesetze stellt, handelt es sich um einen qualifizierten Gesetzesvorbehalt. Diese Voraussetzungen erfüllen §§ 102, 105 StPO. Hinsichtlich der Verfassungsmäßigkeit der beiden Bestimmungen bestehen keine Bedenken.

Mit der Aufklärung und Ahndung von Straftaten (hier: Geheimnisverrat gem. § 353b StGB) verfolgt das Gesetz einen legitimen Zweck. Dafür ist es auch geeignet und gleich wirksame – mildere – Mittel sind nicht ersichtlich. Da Strafverfolgung ohne die Möglichkeit der Durchsuchung kaum sinnvoll ist, andererseits aber grundsätzlich nur auf einen kurzen Zeitraum beschränkt ist, ist sie trotz des gravierenden Eingriffs in die Privatsphäre und der Persönlichkeitsentfaltung angemessen.

Entsprechendes gilt für die Durchsuchung der Wohnung des P. Der Zweck besteht in der Aufklärung einer möglichen Straftat, wozu die Durchsuchung geeignet und erforderlich ist. Die Abwägung im Rahmen der Angemessenheit führt zum gleichen Ergebnis. Das strafrechtliche Aufklärungsinteresse an einer Straftat wie Geheimnisverrat ist im Verhältnis mit der drohenden Beeinträchtigung der durch Art. 13 I GG geschützten Persönlichkeitsentfaltung stärker zu gewichten.

Der Eingriff in den Schutzbereich des Art. 13 I GG ist daher gerechtfertigt. Durch die Durchsuchung wird P nicht in seinem Grundrecht aus Art. 13 GG verletzt.

Zur Zusatzfrage:[212]

Fraglich ist, ob dann überhaupt der sachliche Schutzbereich des Art. 13 GG betroffen ist. Dies hängt davon ab, ob das Dienstzimmer des P unter den Wohnungsbegriff fällt und damit den Schutz des Art. 13 I GG genießt. Das heißt, dieses Zimmer müsste der „räumlichen Privatsphäre" zuzurechnen sein. Bei allgemein zugänglichen Büroräumen ist dies sicherlich nicht der Fall. Wird der Dienstraum aber alleine von P benutzt und befinden sich auch noch persönliche Gegenstände darin, ist er der Öffentlichkeit entzogen und wird dann vom sachlichen Schutzbereich des Art. 13 I GG erfasst.

Hinsichtlich des Eingriffs und der Rechtfertigung ergeben sich keine Unterschiede zum Ausgangsfall.

c) Im Rahmen des dritten Ausgangsfalls fällt N – auch wenn sie wie M nur Mieterin der Wohnung ist – in den persönlichen Schutzbereich des Art. 13 I GG. Als Stätte des privaten Lebens wird die Wohnung vom sachlichen Schutzbereich erfasst.

Fraglich ist aber, ob ein Eingriff vorliegt. Mit dem Betreten der Wohnung durch die Beamten ist der Schutzbereich zwar betroffen. Ein Grundrechtseingriff ist aber dennoch zu verneinen, wenn der Wohnungsinhaber in das Betreten einwil-

[212] S. hierzu BVerfG StV 2004, 633; BVerfGE 103, 142 (150) = NJW 2001, 1121.

ligt. Dieser Grundrechtsverzicht muss natürlich freiwillig sein, kann aber auch durch konkludentes Handeln erfolgen. Dass N mit dem Betreten ihrer Wohnung durch die Polizei „einverstanden" war, ergibt sich einerseits aus der bedrohlichen Lage, in der sie sich befunden hat, und wird andererseits durch ihre letzte Äußerung gegenüber F bestätigt. Insofern fehlt es bereits an einem Eingriff.

Selbst wenn man einen solchen Verzicht nicht annimmt, weil man voraussetzt, dass er vorher erklärt werden muss, oder F mit in den Schutzbereich „aufnimmt" – der sicherlich mit einem Betreten nicht einverstanden war –, kommt eine Rechtfertigung dieses Eingriffs aus Art. 13 VII Hs. 1 GG in Betracht. Für den qualifizierten Gesetzesvorbehalt kommt als Ermächtigungsgrundlage § 41 I Nr. 4 PolG NRW in Betracht – zur Verhütung einer dringenden Gefahr für die körperliche Unversehrtheit von N. Für den im Vordergrund stehenden legitimen Zweck – Schutz der N – war das mit dem Eingreifen verbundene Handeln der Beamten geeignet, erforderlich und angemessen.

VI. Kontrollfragen

?

1. Erläutern Sie die Schrankenregelung zum Betreten, Besichtigen und Verweilen in einer Wohnung nach Art. 13 I GG!
2. Was versteht man unter einer Durchsuchung iSd Art. 13 II GG? Inwiefern unterscheidet sie sich von einer bloßen Kontrolle?
3. Erläutern Sie die Bedeutung des Richtervorbehalts und die Möglichkeit, von diesem Erfordernis abzuweichen!

L. Recht auf Eigentum, Art. 14 GG

Leitentscheidungen:

BVerfGE 58, 300 ff. = NJW 1982, 745 – Nassauskiesung (Abgrenzung zwischen Inhalts- und Schrankenbestimmung einerseits und Enteignung andererseits); BVerfGE 61, 82 ff. = NJW 1982, 2173 – Sasbach (Schutz des Eigentums Privater, nicht das Privateigentum).

Weiterführende Literatur:

- *Berg*, Entwicklung und Grundstrukturen der Eigentumsgarantie, JuS 2005, 961 ff.; *Depenheuer/Grzeszick*, Eigentum und Rechtsstaat, NJW 2000, 385 ff.
- *Grundfälle: Jochum/Durner* JuS 2005, 220 ff.

I. Fälle

a) Die Polizei erhält aus zuverlässiger Quelle den Hinweis auf einen Drogendeal, der an einem bestimmten Ort zu einer bestimmten Zeit stattfinden soll. Die daraufhin dort eingesetzten Beamten finden bei dem Einsatz im Pkw eines Verdächtigen V als Ergebnis ihrer Durchsuchung ein Päckchen mit einer großen Menge „weißem Pulver". V erklärt sofort, dass es sich um Heroin handele – er habe es jedoch käuflich erworben. Durch die Beschlagnahme fühlt V sich in seinem Grundrecht aus Art. 14 GG verletzt.

b) Berufsjäger B wird beschuldigt, seine Ehefrau getötet zu haben. Sein Jagdgewehr wird als mutmaßliche Tatwaffe gem. § 94 StPO und § 111b StPO iVm § 74 StGB beschlagnahmt. Später wird B rechtskräftig wegen Totschlags verurteilt, das Gewehr wird eingezogen.

Handelt es sich

aa) bei der Beschlagnahme um einen Eingriff in Art. 14 GG,

bb) bei der Einziehung um eine Enteignung?

c) Die Nachbarin des Mieters M berichtet der Polizei telefonisch über einen heftigen – lautstarken – Streit in der neben ihr liegenden Wohnung. Die daraufhin entsandte Streifenwagenbesatzung wird nach mehrmaligem Klingeln durch eine junge Frau F in die Wohnung gebeten; sie wohnt seit drei Wochen dort mit M zusammen. Nun erzählt sie den Polizeibeamten, dass M sie zum wiederholten Male während eines Streits mit einem Messer angegriffen und erheblich verletzt habe. Darüber hinaus habe er innerhalb der letzten Stunden mehrere Flaschen Bier und ungefähr eine halbe Flasche Weinbrand getrunken. Die Beamten nehmen M, ohne dass dieser sich dagegen wehrt, zur Blutprobenentnahme mit zur Dienststelle und füllen das Formular für die Wohnungsverweisung/Rückkehrverbot aus, was sie M aushändigen. Hierdurch fühlt sich M in seinem Grundrecht aus Art. 14 GG verletzt. Zu Recht?

II. Schutzbereich

1. Persönlicher Schutzbereich

254 Grundrechtsberechtigt sind alle natürlichen Personen. Das heißt, es handelt sich bei Art. 14 GG nicht um ein Bürgerrecht, sondern um ein Recht, auf das sich jedermann berufen kann. Daneben können sich inländische juristische Personen des Privatrechts – im Rahmen des Art. 19 III GG – auf Art. 14 GG berufen, nicht dagegen solche des öffentlichen Rechts. Gemeinden beispielsweise können zwar Eigentum besitzen; grundrechtsberechtigt sind sie nicht, da insofern keine „grundrechtstypische Gefährdungslage" besteht[213]; die Gemeinden gehören selbst zur staatlichen Gewalt und bedürfen insoweit keines Schutzes. Daher wird nicht das Privateigentum, sondern das Eigentum Privater geschützt.

2. Sachlicher Schutzbereich

255 Zunächst enthält Art. 14 GG ein „elementares Grundrecht, das im Zusammenhang mit der Garantie der persönlichen Freiheit steht"[214].

256 Die Eigentumsgarantie schützt aber nicht nur den einzelnen Bürger, also den Eigentümer und stellt insoweit ein Abwehrrecht gegen den Staat dar. Die Garantie enthält darüber hinaus auch eine grundlegende Wertentscheidung des Grundgesetzes zugunsten des Privateigentums,[215] also eine Garantie des Rechts-

[213] BVerfGE 61, 82 (108) = NJW 1982, 2173.
[214] BVerfGE 24, 367 (389) = NJW 1969, 309.
[215] BVerfGE 14, 263 (278) = NJW 1962, 1667.

institutes Privateigentum, die es dem Staat verbietet, das Eigentumsrecht so auszugestalten, dass es faktisch abgeschafft wäre. Das Grundrecht soll dem Träger „einen Freiheitsraum im vermögensrechtlichen Bereich" sicherstellen, um ihm „damit eine eigenverantwortliche Gestaltung des Lebens zu ermöglichen."[216]

Die Garantie des Erbrechts stellt sicher, das Privateigentum mit dem Tod des 257
Eigentümers nicht untergehen zu lassen, sondern dessen Fortbestand im Wege der Rechtsnachfolge zu sichern.[217] Es umfasst auch die Testierfreiheit, also die Freiheit, selbst die Rechtsnachfolge und den Erben zu bestimmen. Beides ist durch die Wesensgehaltsgarantie abgesichert.

a) Eigentum

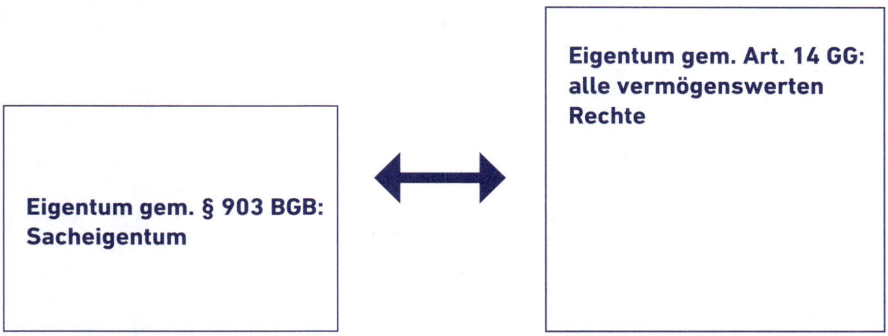

Abb. 30 Eigentum

Eigentum iSd Art. 14 GG sind nicht nur solche Positionen, die der einfache Ge- 258
setzgeber „zu einem bestimmten Zeitpunkt" als Eigentum definiert hat.[218] Damit unterliegt nicht nur der Begriff selbst einem ständigen Wandel, sondern auch der damit zusammenhängende Eigentumsschutz.

So ist auch der verfassungsrechtliche Eigentumsbegriff mit dem des Zivilrechts, 259
wie er sich aus § 903 BGB ergibt, nicht identisch.[219] Vielmehr umfasst das Eigentum aus Art. 14 GG alle vermögenswerten Rechte.[220] Damit ist allerdings nicht das Vermögen in seiner Gesamtheit erfasst, sondern nur einzelne vermögenswerte Positionen. Dies ist für die Praxis von ganz wesentlicher Bedeutung. Beispielsweise ist bei der Erhebung einer Gebühr seitens der Kommune der Schutzbereich des Art. 14 GG nicht betroffen. Denn mit der Gebührenerhebung greift die Gemeinde nicht auf eine konkrete vermögenswerte Rechtsposition zu, sondern auf das Vermögen als Ganzes. Der Bürger kann selbst entscheiden, wie er die Forderung erfüllt.

Des Weiteren müssen die Rechtspositionen dem Rechtsträger als privatnützig 260
zugeordnet sein, auf nicht unerheblichen Eigenleistungen beruhen und seiner

[216] BVerfGE 24, 367 (389) = NJW 1969, 309.
[217] BVerfGE 91, 358 = NJW 1995, 2977.
[218] BVerfGE 58, 300 (336) = NJW 1982, 745.
[219] v. Münch/Kunig/*Bryde* GG Art. 14 Rn. 11.
[220] BVerfGE 74, 129 (148) = BeckRS 9998, 148996.

Existenzsicherung dienen.[221] Eigentumsschutz aus Art. 14 GG entfällt daher insbesondere dann, wenn der Anspruch vorwiegend auf staatlicher Gewährung beruht.[222]

Eigentum iSv Art. 14 GG – private vermögenswerte Positionen	**Kein Eigentum iSv Art. 14 GG** – öffentlich-rechtliche, staatlich gewährte Vermögenspositionen
▪ „ganz normales" Eigentum an beweglichen Sachen und Grundstücken	▪ Ausbildungsförderung für Studierende (BAföG)
▪ Hausrecht des Eigentümers	▪ Subventionen an Unternehmen
▪ Recht des Mieters zum Besitz und Nutzung der Wohnung	▪ zukünftige – etwaige – Rentenleistung an Hinterbliebene
▪ Anwartschaft auf eigene zukünftige Rentenansprüche	▪ Leistungen in Form von Sozialhilfe (Arbeitslosengeld II)
▪ Arbeitslosengeld I (als Äquivalent eigener Beitragsleistung des Arbeitnehmers)	
▪ Privatrechtliche (materielle) Forderungen (zB Kaufpreisforderung)	
▪ Grundschulden, Hypotheken, Pfandrechte	
▪ Recht am eingerichteten und ausgeübten Gewerbebetrieb (Schutz der Substanz selbst sowie der Kernbereich des Anliegerrechts, jedoch ohne Schutz vor Konkurrenz, Lagevorteile und Kundenstamm)	

Abb. 31 Eigentum – kein Eigentum

!

Beachte: Das Grundrecht auf Eigentum gewährt lediglich Bestandsschutz; zukünftige Verdienstchancen oder -möglichkeiten sind also nicht geschützt. In den Schutzbereich fällt nur das „Erworbene", und damit das Ergebnis einer Betätigung.

261 Ebenso wird die Nutzung des Eigentums von Art. 14 GG gewährleistet. Das heißt, der Eigentümer darf die Sache behalten, aber auch verwenden, verbrauchen und veräußern. Andererseits ist nicht nur der zivilrechtliche Eigentümer geschützt, sondern auch der berechtigte Nutzer (zB Mieter).

Beispiel: Die Polizeibeamten A und B werden zu einem Einsatz gerufen, bei dem eine Person von einem Dach abzurutschen droht. Die Feuerwehr ist noch nicht vor Ort. Es muss dringend gehandelt werden. Kurzerhand nehmen A und B die Leiter des in der Nähe tätigen Handwerkers H, um auf das Dach zu gelangen und die Person zu sichern. Der Handwerker ist nicht einverstanden, da er die Leiter für die Arbeit benötigt und fühlt sich in seinem Eigentumsrecht betroffen.

[221] BVerfGE 97, 271 (284) = DStR 1999, 129.

[222] BVerfGE 116, 96 (121 f.) = NVwZ 2007, 437; BVerfGE 128, 90 (101) = NJW 2011, 1058.

> Insofern auch die Nutzung des Eigentums von Art. 14 GG umfasst ist und der Handwerker durch die polizeiliche Maßnahme seine Leiter nicht gebrauchen kann, ist hier der Schutzbereich des Art. 14 GG eröffnet.
>
> Dies gilt sogar dann, wenn Handwerker H die Leiter von seinem Chef zur Verfügung gestellt bekommen hat.

Darüber hinaus darf der Eigentümer oder Nutzer die Sache natürlich auch **nicht** 262
nutzen; insofern wird die negative Eigentumsfreiheit ebenso erfasst.

Innerhalb des Schutzbereichs kommt es damit darauf an, ob das generelle Recht 263
betroffen ist, über Sachen frei zu verfügen.

Art. 14 GG weist jedoch eine Besonderheit auf. Während sich bei anderen Grund- 264
rechten der Schutzbereich sozusagen aus sich selbst erklärt (beispielsweise beim Recht auf Leben), hat es der Verfassungsgesetzgeber dem einfachen Gesetzgeber aufgegeben, den Schutzbereich dieser Vorschrift unter Beachtung gewisser Grenzen – ohne Aufhebung von das Eigentum kennzeichnenden Wesensmerkmalen – durch eine Inhalts- und Schrankenbestimmung zu definieren.

Eine Inhalts- und Schrankenbestimmung (die Begriffe werden vom BVerfG 265
nicht unterschieden) ist eine generelle und abstrakte Festlegung von Rechten und Pflichten durch den Gesetzgeber, und zwar hinsichtlich solcher Rechtsgüter, die als Eigentum im Sinne der Verfassung zu verstehen sind. Sie sind auf die Normierung objektiv-rechtlicher Vorschriften gerichtet, die den Inhalt des Eigentumsrechtes für die Zukunft in allgemeiner Form bestimmen.[223]

> **Beispiel:** Die Anmeldung eines Kraftfahrzeugs enthält die Pflicht zum Abschluss einer Haftpflichtversicherung und regelmäßigen Vorstellung beim TÜV.

Der Charakter als Inhalts- und Schrankenbestimmung ändert sich auch nicht, 266
wenn eine abstrakt-generelle Pflicht durch einen behördlichen Einzelakt – beispielsweise eine ordnungsbehördliche Verfügung – durchgesetzt wird. Diese konkretisiert letztlich die Sozialbindung des Eigentums, wie sie sich aus Art. 14 II GG ergibt. Dabei legt Art. 14 II 2 GG, der Art. 14 I 1 GG näher erläutert, eine gesteigerte Sozialpflichtigkeit des Eigentumsgebrauchs nahe.[224]

> **Beispiele:** Die Behörde erlässt eine Verfügung, wonach der Eigentümer eines Grundstücks verpflichtet ist, eine Umzäunung seines Grundstücks teilweise zu entfernen, damit ein öffentlicher Weg, der über sein Grundstück führt, genutzt werden kann.[225]
>
> Die Behörde erlässt eine Verfügung, wonach dem Eigentümer eines Grundstücks aufgegeben wird, die Entfernung von zwei Eichen auf seinem Grundstück zu dulden, damit der sich anschließende Deich geschützt wird.[226]

223 BVerfGE 72, 66 (76) = NJW 1986, 2188; BVerfGE 52, 1 (27) = NJW 1980, 985.
224 v. Münch/Kunig/*Bryde* GG Art. 14 Rn. 71.
225 BVerfG NVwZ 2009, 1158.
226 BVerfG NVwZ 1998, 725.

267 Dies erhellt sich, wenn man die Regelungen des StGB zum Verfall (§§ 73 ff. StGB) betrachtet. Soweit sich der Verfall auf Gegenstände bezieht, die dem Betroffenen wegen eines Verstoßes gegen zivilrechtliche Vorschriften nicht zustehen (wie etwa Erlöse aus illegalen Drogengeschäften, bei denen wegen § 134 BGB sowohl der Kaufvertrag als auch die Übereignung von Drogen und Geld unwirksam sind), ist schon das Eigentumsrecht aus Art. 14 GG nicht berührt.[227] Hier hat also der Gesetzgeber über die zivilrechtlichen Normen das Eigentum und damit den Schutzbereich eingeschränkt.

Beispiel: Dealer D kauft bei Großdealer G Kokain im Wert von 30.000 EUR. Weder D noch G erwerben über Art. 14 GG geschütztes Eigentum an Drogen bzw. Bargeld. Der sachliche Schutzbereich ist nicht eröffnet.

268 Handelt es sich dagegen um zwar deliktisch (also aus einer Straftat) erworbenes Geld, dessen Übertragung zivilrechtlich wirksam war, so unterfallen diese Gelder dem Schutzbereich; ihre Entziehung über die Vorschriften des Verfalls stellt damit eine Inhalts- und Schrankenbestimmung (auf der Rechtfertigungsebene) dar.[228]

269 Auch wenn das BVerfG nicht zwischen den Begriffen Inhalts- und Schrankenbestimmung unterscheidet, so geschieht dies aber teilweise in der Literatur.[229]

270 Danach nimmt der Gesetzgeber mithilfe der Inhaltsbestimmung die Gestaltung von Eigentum und Erbrecht für die Zukunft vor und bestimmt so den sachlichen Schutzbereich des Art. 14 I 1 GG.

271 Hierzu wird auf das obige Beispiel zur Neuanmeldung eines Kraftfahrzeugs verwiesen.

272 Im Gegensatz zu den Inhaltsbestimmungen nehmen gesetzliche Schranken Regelungen für die Vergangenheit wahr. Dies wird an den oben genannten Beispielen, die mit dem „späteren" Erlass einer Ordnungsverfügung verbunden sind, deutlich.

273 Als Schrankenbestimmung würden aber auch nachträgliche gesetzliche Regelungen gelten – beispielsweise die Verpflichtung von Kraftfahrzeughaltern, sich vor Einfahrt in eine neu eingerichtete Umweltzone eine entsprechende Plakette zu besorgen.

274 Für Alteigentümer stellt sich eine Schrankenbestimmung daher eher als Eingriff dar, während es sich bei Neueigentümern eher um eine Inhaltsbestimmung zur Ausgestaltung des Schutzbereichs handelt.

[227] BVerfG NJW 2004, 2073 (2076).
[228] BVerfG NJW 2004, 2073 (2077).
[229] *Ipsen* StaatsR I Rn. 739 ff.; *Epping* GrundR Rn. 462 ff.

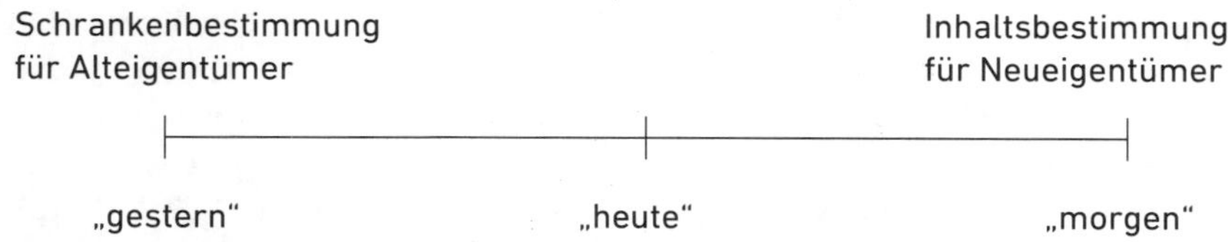

Abb. 32 Schrankenbestimmung/Inhaltsbestimmung

b) Erbrecht

Das Erbrecht hat nur eine geringe Bedeutung im Rahmen des Art. 14 GG. Dies 275
rührt daher, dass fast alle Eigentumsrechte Gegenstand des Erbrechts sein können. Allerdings werden nur die wesentlichen Merkmale geschützt. Hierzu gehört die grundsätzliche Testierfreiheit, das Pflichtteilsrecht sowie die gesetzliche Erbfolge, wie sie sich aus den §§ 1922 ff. BGB ergibt. Höchstpersönliche, vermögenswerte Rechte – wie Leibrenten, Unterhaltsansprüche und sozialversicherungsrechtliche Positionen – können nicht vererbt werden. Als Abwehrrecht schützt Art. 14 GG dabei vor allem den Erblasser (bezüglich der Wahl des Erben für sein Vermögen) und den Erben (bezüglich der Geltendmachung seines Erbrechts).

III. Eingriff in den Schutzbereich

Ein Eingriff liegt vor, wenn durch staatliches Handeln dem Grundrechtsträger 276
eine durch Art. 14 GG geschützte – vermögenswerte – Position entzogen oder die Nutzungsmöglichkeit einschränkt wird.

Für die Frage, ob ein Eingriff vorliegt und welcher Art er ist, muss zunächst 277
festgestellt werden, ob er erheblich ist. Ansonsten liegt kein Eingriff vor. Des Weiteren kommt es darauf an, ob es sich um eine Beschränkung von Eigentumsrechten im Sinne einer Inhalts- und Schrankenbestimmung oder um eine Enteignung durch vollständige Entziehung des Eigentums handelt.

Die für die Polizeipraxis wichtigsten – spezialgesetzlich geregelten – Eingriffs- 278
maßnahmen in Form einer Inhalts- und Schrankenbestimmung sind:

- Sicherstellung und Beschlagnahme, §§ 94, 98 StPO, § 43 PolG NRW,
- Sicherstellung zur Sicherung von Verfall (§ 73 StGB) und Einziehung (§ 74 StGB) gem. § 111b StPO,
- Wohnungsverweisung und Rückkehrverbot, § 34a PolG NRW.

Wenn der Staat privates Eigentum beansprucht (bis hin zur Vernichtung der 279
Sache),[230] um eine von ihm ausgehende Gefahr gem. § 8 PolG NRW abzuwenden, handelt es sich ebenfalls um eine Inhalts- und Schrankenbestimmung.

> **Beispiel:** Ein Hund hat sich mit dem für den Menschen tödlichen Tollwutvirus infiziert und wird aufgrund behördlicher Anordnung getötet.

Von den durch Art. 14 I 2 GG vorgesehenen Inhalts- und Schrankenbestimmun- 280
gen zu unterscheiden, sind „echte" Enteignungen iSv Art. 14 III GG. Hier hat der

[230] BVerfGE 110, 1 (25) = NJW 2004, 2073.

Bürger auch ein Recht auf Entschädigung für den Entzug seines Eigentums. Handelt es sich um Inhalts- oder Schrankenbestimmungen, muss der Bürger primär versuchen, eine Aufhebung des Eingriffsaktes zu erreichen, wenn er diesen für verfassungswidrig hält. Einen Anspruch auf Entschädigung hat er hier nur, wenn eine einfachgesetzliche Anspruchsgrundlage hierfür besteht (vgl. § 67 PolG NRW iVm §§ 39–43 OBG NRW).

281 Um eine Enteignung handelt es sich beim konkret-individuellen Entzug des Eigentums. Im Gegensatz dazu steht die generelle und abstrakte Regelung, die Pflichten des Eigentümers und die Reichweite des Eigentums festlegt und damit eine Inhalts- und Schrankenbestimmung darstellt.

282 Hintergrund einer Enteignung ist hingegen stets, dass der Staat dem Berechtigten das Eigentum entzieht, weil er es selbst „braucht", es für einen öffentlichen Zweck nutzen möchte.[231]

Beispiel: Ein Privatgrundstück wird enteignet, um eine Autobahn bauen zu können.

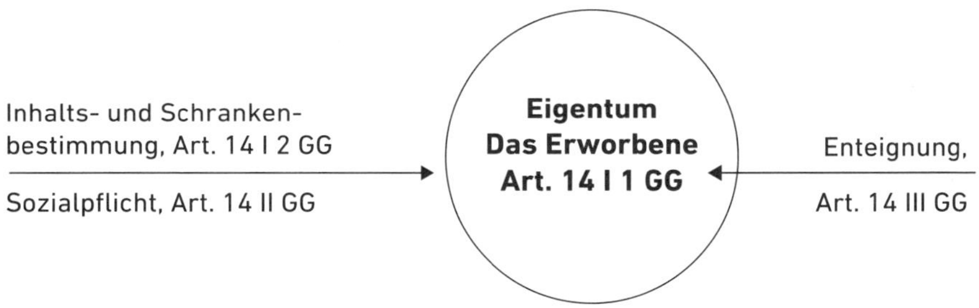

Abb. 33 Abgrenzung: Enteignung – Inhalts-/Schrankenbestimmung

283 Da die Enteignung für die polizeiliche Praxis nur eine untergeordnete Rolle spielt, wird sie hier nicht weiter erörtert.

! **Klausurtipp:** Innerhalb der Eingriffsprüfung ist kurz festzustellen, dass es sich bei dem in Rede stehenden Eingriff nicht um eine Enteignung iSd Art. 14 III GG, also den gänzlichen Entzug des Eigentums handelt, sondern lediglich um einen Eingriff im Sinne einer Inhalts- und Schrankenbestimmung gem. Art. 14 I 2 GG.

IV. Verfassungsrechtliche Rechtfertigung des Grundrechtseingriffs

284 Die verfassungsrechtliche Rechtfertigung von Inhalts- und Schrankenbestimmungen kann durch jede Rechtsnorm erfolgen, sofern diese auf einer Ermächtigung durch formelles Gesetz beruht. Dabei ist anerkannt, dass trotz der Formulierung „durch die Gesetze" eine Ermächtigung der Verwaltung erfolgen kann. Ausreichend sind also auch Rechtsverordnungen oder Satzungen.[232] Da

[231] BVerfGE 20, 351 (359) = NJW 1967, 548.
[232] BVerfGE 8, 71 (79) = NJW 1958, 1388.

weitere Voraussetzungen an diese Regelungen nicht geknüpft sind, handelt es sich um einen einfachen Gesetzesvorbehalt. Im Wesentlichen kommen damit als Schranke die Ermächtigungsgrundlagen aus den einschlägigen Bestimmungen der StPO und des PolG NRW in Betracht. Als „Schranken-Schranken" haben im Rahmen von Art. 14 GG die beiden Aspekte Verhältnismäßigkeit und Institutsgarantie besondere Bedeutung.

Wie bei allen Grundrechtseingriffen gilt das Übermaßverbot, das heißt ein Eingriff in Art. 14 GG muss geeignet, erforderlich und angemessen zur Erreichung eines verfassungsmäßig legitimen Zwecks sein. Hier kommt es insbesondere auf die Intensität, die Schwere und die Tragweite der Eigentumsbeeinträchtigung an. Besonderes Gepräge gewinnt aber die Verhältnismäßigkeitsprüfung in Art. 14 GG durch die verschiedenen, in ihm enthaltenen Aufträge an den Gesetzgeber: Er muss die Bestandsgarantie von Art. 14 I 1 GG, den Regelungsauftrag nach Art. 14 I 2 GG und die Sozialpflichtigkeit nach Art. 14 II GG in einen gerechten Ausgleich bringen.[233] 285

Der Polizeibeamte, der mithilfe der Leiter des Handwerkers H, die Person aus dem Baum rettet, handelt auch insoweit gerechtfertigt. § 8 PolG NRW ermächtigt ihn zu dieser Handlung, die geeignet, erforderlich und angemessen ist, um die Gefahr des Abstürzens – möglicherweise verbunden mit erheblichen Verletzungen – zu beseitigen. 286

Trotzdem ist die Eigentumsgarantie von besonderer Bedeutung, wenn es um die Sicherung persönlicher Freiheit geht. Eingriffe sind einerseits umso eher zu rechtfertigen, als das Eigentumsobjekt in einem sozialen Bezug und einer sozialen Funktion steht, wenn also die Allgemeinheit beispielsweise auf die Nutzung angewiesen ist[234] – oder wie im geschilderten Beispiel der fünfjährige Junge. Andererseits ist die Bedeutung des vermögenswerten Gutes für den Eigentümer besonders dann zu beachten, wenn es um die Funktion des Eigentums als Element der Sicherung der persönlichen Freiheit des Einzelnen geht.[235] 287

Die durch die Eigentumsbeschränkung entstehenden Nachteile und Härten muss der Gesetzgeber gegebenenfalls durch entsprechende Entschädigungsklauseln ausgleichen. In Einzelfällen müssen auch Übergangs- und Härteklauseln seitens des Gesetzgebers geschaffen werden. 288

Äußerste Grenze einer verfassungsrechtlichen Rechtfertigung ist die Institutsgarantie. Es ist dem Gesetzgeber untersagt, unter Missachtung der Wertentscheidung der Verfassung zugunsten des Eigentums Regelungen zu schaffen, die den durch das Eigentumsrecht geschützten Freiheitsbereich aufheben oder wesentlich schmälern würden, also etwas zu schaffen, was den Namen „Eigentum" nicht mehr verdient.[236] 289

In der Praxis spielt ein Überschreiten dieser äußersten Grenze kaum eine Rolle. 290

[233] BVerfGE 50, 290 (340) = NJW 1979, 699.
[234] BVerfGE 50, 290 (341) = NJW 1979, 699.
[235] BVerfGE 50, 290 (340) = NJW 1979, 699.
[236] BVerfGE 24, 367 (389) = NJW 1969, 309.

Für die Klausur ergibt sich damit im Wesentlichen folgendes Prüfungsschema:

1. Schutzbereich
   a) Persönlicher Schutzbereich
   b) Sachlicher Schutzbereich:
      aa) Eigentum
      bb) sonstige vermögenswerte Position
2. Eingriff
   Möglich als Inhalts- und Schrankenbestimmung (oder Enteignung)
3. Verfassungsrechtliche Rechtfertigung
   a) Schranken:
      aa) Klärung, ob Einschränkung der Eigentumsbefugnisse (im Vergleich zu früher) oder Begründung neuer Pflichten für die Zukunft (abstrakt und generell)
      bb) Verfassungsmäßigkeit der Inhalts- und Schrankenbestimmung
      - einfacher Gesetzesvorbehalt, Art. 14 I 2 GG
      - Regelung durch oder aufgrund formellen Gesetzes
   b) Schranken-Schranken
      aa) Verhältnismäßigkeitsgrundsatz
      - legitimer Zweck
      - Geeignetheit
      - Erforderlichkeit
      - Angemessenheit
        - gerechter Ausgleich zwischen Allgemein- und Individualinteressen
        - Intensität der Eigentumsbeeinträchtigung
        - gegebenenfalls Übergangs-/Entschädigungsregelungen
      bb) Institutsgarantie gewahrt (in der Klausur regelmäßig ohne Bedeutung)

V. Lösungshinweise zu den Fällen

a) Im Rahmen des ersten Ausgangsfalles wird A – als natürliche Person – vom persönlichen Schutzbereich des Grundrechts erfasst.

Fraglich ist aber, ob auch der sachliche Schutzbereich eröffnet ist. Gewährleistet wird die Privatnützigkeit des Eigentums im Rahmen der Gesetze. Demnach könnte A über das Heroin verfügen, wenn er daran Eigentum hat und die daran anknüpfende Privatnützigkeit im Rahmen der Gesetze dies gestattet. Problematisch ist allerdings bereits, ob A überhaupt Eigentum an dem Heroin erlangt hat. Nach seiner Aussage hat er es von einem Dritten käuflich erworben. Der zivilrechtliche Erwerb des Eigentums an einer beweglichen Sache vollzieht sich in zwei Schritten. Nach dem Abschluss des Kaufvertrages erfolgt die Übereignung der Sache. Beide Rechtsgeschäfte sind aber unwirksam, wenn sie gem. § 134 BGB gegen ein gesetzliches Verbot verstoßen. § 29 I Nr. 1 BtMG verbietet dem A den Erwerb des Betäubungsmittels Heroin. A hat folglich kein Eigentum an dem Heroin erlangt.

Damit ist der sachliche Schutzbereich des Grundrechts nicht betroffen.

Eine Verletzung des Art. 14 GG scheidet demnach aus.

b) Im Rahmen des zweiten Ausgangsfalles ist der Schutzbereich des Art. 14 GG in beiden Varianten eröffnet. B wird als natürliche Person erfasst; das Jagdgewehr steht in seinem Eigentum. Fraglich ist jedoch, ob ein Eingriff in die Eigentumsrechte des B vorliegt.

Zu Frage 1: Die Beschlagnahme erfolgt hierbei, um Beweismittel zu sichern und eine spätere Einziehung im Verfahren zu sichern. Derartige Maßnahmen fallen unter die Inhalts- und Schrankenbestimmungen nach Art. 14 I 2 GG und stellen keine Enteignung dar. Sie weisen den Eigentümer lediglich in die Schranke seines Rechts ohne die Entziehung einer individuellen Eigentumsposition (an dem Gewehr) anzustreben.

Zu Frage 2: Die Einziehung einer Sache (§ 74 StGB) oder die Anordnung des Verfalls (§ 73 StGB) als Nebenfolge einer strafrichterlichen Verurteilung stellt ebenfalls keine Enteignung dar, sondern ist eine „traditionell anerkannte" Inhalts- und Schrankenbestimmung.[237] Es handelt sich weder bei der Einziehung noch beim Verfall um einen staatlichen Güterbeschaffungsvorgang, beide sind vielmehr strafrechtliche Sanktionen.

c) Im Rahmen des dritten Falles ist festzustellen, dass M als natürliche Person in den Schutzbereich fällt. Obwohl M „nur" Mieter der Wohnung ist, fällt dieses Besitzrecht in den sachlichen Schutzbereich. Durch die Wohnungsverweisung werden die mit dem Eigentum bzw. Besitz an der Wohnung verbundenen Rechte (zB die Nutzung der Mietsache) eingeschränkt, das heißt, es liegt auch ein Eingriff vor.

Das Eigentumsrecht kann durch eine Inhalts- und Schrankenregelung beschränkt werden. Diese liegt dann vor, wenn die Eigentumsbefugnisse des Betroffenen im Vergleich zur bisherigen Rechtslage eingeschränkt werden. Da M über seine Wohnung zunächst nicht mehr verfügen darf, ist seine diesbezügliche Befugnis eingeschränkt.

§ 34a PolG stellt eine solche Inhalts- und Schrankenbestimmung dar.

Die Maßnahme erfolgte zur Abwehr einer gegenwärtigen Gefahr für Leib und Leben von F, es lag eine nicht unerhebliche Körperverletzung vor. Auch wenn weitere Angriffe nicht erkennbar waren, spricht sowohl die Art und Weise der Tatausführung als auch die Wiederholung dafür, dass eine erneute Körperverletzung mit hoher Wahrscheinlichkeit zu prognostizieren ist. Hinsichtlich der Geeignetheit und Erforderlichkeit der Maßnahme (zur Erreichung dieses Zwecks) bestehen keine Bedenken. Fraglich ist allenfalls, ob die Maßnahme angemessen war. Der Grundrechtseingriff ist für M nicht unerheblich. Dies wird dadurch verstärkt, dass er F erst vor kurzem in „seine" Wohnung aufgenommen hat. Auf der anderen Seite wurde das Opfer nicht unerheblich verletzt. Die Maßnahme dient dem Schutz höchster Rechtsgüter. Daher ergibt sich bei der Abwägung der betroffenen Rechtsgüter kein Missverhältnis. Insofern ist die Wohnungsverweisung auch angemessen.

Der Eingriff in das Eigentumsrecht des M ist damit verfassungsrechtlich gerechtfertigt, eine Grundrechtsverletzung von Art. 14 GG liegt nicht vor.

[237] Vgl. hierzu BVerfGE 110, 1 (24) = NJW 2004, 2073.

VI. Kontrollfragen

?

1. Das Land NRW ist Eigentümerin eines Gebäudes, in dem ein Landesministerium untergebracht ist. Genießt das Ministerium für dieses Gebäude den Schutz aus Art. 14 GG? Begründen Sie Ihre Antwort!
2. Was gehört zu den vermögenswerten Positionen, die von Art. 14 GG geschützt werden?
3. Erläutern Sie die Schranken-Schranken im Rahmen des Art. 14 GG!

M. Kommunikationsgrundrechte (Meinungs-, Informations- und Pressefreiheit), Art. 5 I, II GG

Leitentscheidungen:

BVerfGE 7, 198 ff. = NJW 1958, 257 – Lüth; BVerfGE 20, 162 ff. = NJW 1966, 1603 – Spiegel; BVerfGE 25, 256 ff. = NJW 1969, 1161 – Blinkfüer; BVerfGE 93, 266 ff. = NJW 1995, 3303 – „Soldaten sind Mörder"; BVerfGE 124, 300 ff. = NJW 2010, 47 – Wunsiedel

Weiterführende Literatur:

- *Epping/Lenz*, Das Grundrecht der Meinungsfreiheit (Art. 5 I 1 GG), JURA 2007, 881 ff.; *Kriele*, Ehrenschutz und Meinungsfreiheit, NJW 1994, 1897 ff.
- *Grundfälle*: *Nolte/Tams* JuS 2004, 111 ff., 199 ff., 294 ff.

I. Fälle

a) Die Polizei fordert den im Rahmen einer Ruhestörung auffällig gewordenen X auf, sich auszuweisen. X erwidert, er sei der Meinung, dass die Polizei nicht berechtigt sei, ihn zu überprüfen, er müsse seine persönlichen Daten nicht herausgeben. Da er sich auf die Meinungsfreiheit berufen könne, lehne er die Feststellung seiner Personalien ab.

b) N behauptet am Tresen seiner Stammkneipe, die Judenverfolgung im Dritten Reich sei eine Lüge. Auch, dass es Gaskammern gegeben habe, sei nur erfunden worden. Der anwesende Polizeibeamte P nimmt diesbezüglich eine Anzeige auf. N wird wegen Verstoßes gegen § 130 III StGB zu einer Geldstrafe verurteilt.

c) Am Tag des Staatsbesuchs des amerikanischen Präsidenten erscheint in der Tageszeitung ein Artikel, in dem dessen Politik als „undemokratisch" kritisiert wird. Der Botschafter der USA stellt Strafantrag wegen Beleidigung gegen den zuständigen Redakteur und den Herausgeber der Tageszeitung. Kommissar K weist den Botschafter darauf hin, dass solche Äußerungen von der Pressefreiheit gedeckt seien. Zu Recht?

II. Schutzbereiche

Durch Art. 5 I, II GG werden die Kommunikationsgrundrechte geschützt, die bereits seit der Paulskirchenverfassung zum Bestand deutscher Grundrechtskataloge gehören. Wie Art. 8 GG haben sie eine Tradition als politische Grundrechte. „Das Grundrecht auf freie Meinungsäußerung ist als unmittelbarster Ausdruck der menschlichen Persönlichkeit in der Gesellschaft eines der vornehmsten Menschenrechte überhaupt (…). Für eine freiheitlich-demokratische Staatsordnung ist es schlechthin konstituierend, denn es ermöglicht erst die ständige geistige Auseinandersetzung, den Kampf der Meinungen, der ihr Lebenselement ist (BVerfGE 5, 85 (205) = NJW 1956, 1393). Es ist in gewissem Maße die Grundlage jeder Freiheit überhaupt."[238] Neben den hier behandelten Freiheiten gehören auch die Rundfunk- und die Filmfreiheit zu den Kommunikationsgrundrechten. 291

1. Persönliche Schutzbereiche

Die Grundrechte des Art. 5 GG gelten für jedermann und enthalten keinerlei Beschränkung der geschützten Personenkreise. 292

Die Kommunikationsfreiheiten gelten gem. Art. 19 III GG auch für inländische juristische Personen des Privatrechts. Diese werden zB als Vertreter der Medien häufig Meinungen kundgeben. 293

Für die Pressefreiheit ist einschränkend festzustellen, dass nicht jedermann geschützt ist (also zB nicht der Verfasser eines Leserbriefs), sondern nur Vertreter der Presseorgane (diese aber unabhängig davon, in welcher Form die Beteiligung an der Presse erfolgt. Nebenberuflich tätige Journalisten sind ebenso geschützt, wie hauptberufliche Herausgeber von Presseerzeugnissen). 294

Für Vertreter des Staates in ihrer Funktion (zB einen Bürgermeister) gelten die Kommunikationsfreiheiten grundsätzlich nicht, da auch sie Abwehrrechte gegen den Staat sind. Nach der Rechtsprechung des BVerfG können sich aber auch die öffentlich-rechtlichen Rundfunkanstalten (zB WDR, NDR, ZDF) auf die Kommunikationsfreiheiten berufen.[239] 295

Zwischen Privaten entfalten die Freiheiten des Art. 5 GG allerdings mittelbare Wirkung.[240] 296

2. Sachlicher Schutzbereich

Kommunikationsfreiheiten		
Meinungsfreiheit	Informationsfreiheit	Pressefreiheit

Abb. 34 Sachlicher Schutzbereich Art. 5 GG

[238] BVerfGE 7, 198 ff. = NJW 1958, 257 – Lüth.
[239] BVerfGE 31, 314 (322) = NJW 1971, 1739; BVerfGE 59, 231 (254 f.) = NJW 1982, 1447.
[240] BVerfGE 90, 27 (32 ff.) = NJW 1994, 1147.

a) Schutzbereich der Meinungsfreiheit (Art. 5 I 1 GG)

297 Das Grundrecht der Meinungsfreiheit gehört nach der Rechtsprechung des BVerfG zu den vornehmsten Menschenrechten.[241] Der Begriff der Meinung ist dabei weit auszulegen. Er wird dadurch geprägt, dass Meinung ein „Element der Stellungnahme, des Dafürhaltens..."[242] enthält, wobei es auf den Wert, die Richtigkeit, die Vernünftigkeit der Äußerung nicht ankommt. Meinung ist daher schlicht jede wertende Stellungnahme.

298 Die Bewertung fehlt aber bei reinen Tatsachen, sodass die Weitergabe dieser nicht in den Schutzbereich der Meinungsfreiheit fällt. Anders als Meinungen sind Tatsachen beweisbar. Allerdings vermischen sich in der Kommunikation regelmäßig Tatsachen und Werturteile und werden zu einer unteilbaren Äußerung. Wenn aber eine Tatsachenbehauptung Voraussetzung der Meinungsbildung ist und sich eine untrennbare Gesamtäußerung ergibt, erfasst die Meinungsfreiheit die gesamte Äußerung.[243]

299 Auch Fragen fallen in den Schutzbereich der Meinungsfreiheit. Das gilt einerseits für echte Fragen, die eine Meinungsäußerung eines Dritten herbeiführen wollen[244], andererseits auch für rhetorische Fragen, wenn diese ein wertendes Element beinhalten.

Beispiele:
- In einem Leserbrief in einer überregionalen Tageszeitung stellt der B die moralische Eignung des Politikers P infrage, da dieser – was der Wahrheit entspricht – wegen Betruges und Untreue vorbestraft sei. P erstattet Strafanzeige gegen den B und den Herausgeber der Zeitung.
- F läuft mit einem Plakat durch die Fußgängerzone, auf dem, unter der Schlagzeile „Polizisten, Freunde und Helfer oder doch nur Gesetzlose?" die Opfer und die Daten tödlichen Schusswaffengebrauchs durch die Polizei aufgelistet sind.

300 Meinungsfreiheit besteht nicht für „erwiesen oder bewusst unwahre Tatsachenbehauptung(en)"[245], da diese nicht zur verfassungsrechtlich geschützten Meinungsbildung beitragen. Allerdings geht es hierbei nicht um zweifelhafte Behauptungen. Die Unwahrheit muss im Zeitpunkt der Äußerung feststehen.[246]

301 Geschützt ist nicht nur, eine Meinung zu haben, sondern auch sie in „Wort, Schrift und Bild frei zu äußern und zu verbreiten". Konkret geht es also um die Freiheit, eine Meinung zu äußern, wobei die obenstehenden Verbreitungsformen nur beispielhaft sind. Erfasst sind dabei alle Umstände des Kommunikationsprozesses, also Inhalt, Zeitpunkt, Ort, Form und Art und Weise der Meinungsäußerung.[247]

[241] BVerfGE 7, 198 (208) = NJW 1958, 257 – Lüth.
[242] BVerfGE 65, 1 (41) = NJW 1984, 419.
[243] BVerfGE 65, 1 (41) = NJW 1984, 419; BVerfGE 90, 241 (247) = NJW 1994, 1779.
[244] BVerfGE 85, 23 (32) = NJW 1992, 1442.
[245] BVerfGE 90, 241 (247) = NJW 1994, 1779.
[246] BVerfGE 99, 185 (197) = NJW 1999, 1322.
[247] BVerfGE 93, 266 (289) = NJW 1995, 3303 – „Soldaten sind Mörder".

Eine Grenze findet die Meinungsäußerung jedoch dann, wenn sich der Äußernde wirtschaftlichen Druckes oder sogar der Gewalt bedient;[248] Meinungsäußerung darf insofern nicht über den „geistigen Kampf der Meinungen" hinausgehen.[249] 302

Auch die negative Meinungsfreiheit ist geschützt.[250] Zur Kundgabe eigener Meinungen darf man nicht gezwungen werden. Dies schließt allerdings nicht die Verpflichtung aus, Tatsachen, also persönliche Daten oder statistische Angaben, kundzutun. Diese sind aber durch das Recht auf informationelle Selbstbestimmung geschützt. 303

b) Schutzbereich der Informationsfreiheit (Art. 5 I 1 GG)

Die Informationsfreiheit umfasst das Recht, „sich aus allgemein zugänglichen Quellen ungehindert zu unterrichten". Nach der Rechtsprechung des BVerfG ist eine Quelle allgemein zugänglich, „wenn sie geeignet und bestimmt ist, der Allgemeinheit, also einem individuell nicht bestimmbaren Personenkreis, Informationen zu verschaffen.[251] 304

Wenn der Urheber der Information bestimmt, dass eine Information nicht allgemein zugänglich sein soll, wie beispielsweise bei Gerichtsverhandlungen, Akten der Staatsanwaltschaft oder dem Polizeifunk, ist der Schutzbereich der Informationsfreiheit nicht eröffnet. Das Grundrecht begründet keinen Anspruch an den Staat, Informationen allgemein zugänglich zu machen, es soll lediglich staatliche Eingriffe abwehren. 305

Allerdings folgt aus Art. 20 GG, dass der Staat Informationen nicht in einem solchen Ausmaß beschränken darf, dass den Bürgern die Wahrnehmung ihrer verfassungsmäßigen Rechte unmöglich gemacht wird. Die Aufrechterhaltung eines öffentlich-rechtlichen Rundfunks und dessen Finanzierung durch Rundfunkgebühren sind Ausdruck dieses Gedankens. Wenn der Staat Rundfunkgebühren beanspruchen darf, trifft ihn auch die Pflicht zu informieren. 306

Geschützes Verhalten ist, „sich zu unterrichten". Während die Meinungsfreiheit den sich Äußernden schützt, ist durch die Informationsfreiheit der Empfänger geschützt.[252] 307

> **Beispiel:** Die Pfändung eines Radios ist als Ausdruck dieses Gedankens unzulässig.

c) Schutzbereich der Pressefreiheit (Art. 5 I 2 GG)

Der Schutzbereich wird zunächst durch den Begriff der Presse bestimmt. Während damit üblicherweise alle periodisch erscheinenden Druckerzeugnisse gemeint sind, geht der verfassungsrechtliche Begriff weit darüber hinaus und meint alle zur Verbreitung geeigneten und bestimmten Druckerzeugnisse.[253] 308

248 BVerfGE 25, 256 (265) = NJW 1969, 1161 – Blinkfüer.
249 BVerfGE 25, 256 (265) = NJW 1969, 1161 – Blinkfüer; BVerfGE 7, 198 ff. = NJW 1958, 257 – Lüth.
250 BVerfGE 65, 1 (40) = NJW 1984, 419.
251 BVerfGE 103, 44 (60) = NJW 2001, 1633.
252 BVerfGE 27, 71 (81) = NJW 1970, 235.
253 BVerfGE 95, 28 (35) = NJW 1997, 386.

309 Ob unter diesen Begriff auch die sog. „Neuen Medien" (CDs, DVDs, USB-Sticks etc) fallen, ist fraglich. Ausgehend vom Begriff „Druckerzeugnisse" müssten diese aus dem Schutzbereich fallen. Allerdings ist es überzeugender, im Sinne eines entwicklungsoffenen Pressebegriffs hier auch jedes moderne Trägermedium genügen zu lassen, auf dem Publikationen erfolgen.[254] Erfolgen Veröffentlichungen ohne Trägermedium, beispielsweise im Internet, ist die Rundfunkfreiheit betroffen.

310 Die Betätigung der Pressefreiheit umfasst sämtliche Verhaltensweisen im Zusammenhang mit der Erzeugung und Verbreitung von Presseprodukten. Der Begriff ist demnach denkbar weit und beinhaltet Informationsbeschaffung, Hilfsfunktionen der Presseunternehmen wie Anzeigenaufnahmen oder Buchhaltung, sämtliche journalistischen Tätigkeiten und die Verbreitung von Nachrichten und Meinungen.[255]

! **Hinweis:** Die große Bedeutung der Pressefreiheit kommt auch in der StPO zum Ausdruck. Nach § 53 I Nr. 5, II StPO sowie § 97 V StPO bestehen Zeugnisverweigerungsrechte und Beschlagnahmeverbote.

Beispiel: Der Zeitungsredakteur Z recherchiert in der „Reichsbürgerszene". In einem Artikel kommt ein Informant zu Wort, der mit dem Besitz illegaler Waffen prahlt. In einer polizeilichen Vernehmung weigert sich Z, den Namen des Interviewpartners preiszugeben. Dieser kann dennoch später ermittelt werden. Kriminalkommissar K überlegt, ob er gegen den Z wegen (versuchter) Strafvereitelung im Amt ermitteln soll.

311 In → Kap. 4 Rn. 310 aufgeführtem Beispiel 1 ist der Verfasser des Leserbriefs durch die Meinungsfreiheit, der Herausgeber aber durch die Pressefreiheit geschützt.

III. Eingriff in den Schutzbereich

312 Eingriffe in die Meinungsfreiheit bestehen in jedem Verbot, jeder Sanktionierung oder Behinderung einer Meinungsäußerung. Jede Behinderung des Zugangs zu allgemein zugänglichen Informationen stellt einen Eingriff in die Informationsfreiheit dar.

313 Art. 5 I 2 GG wird betroffen, wenn die Arbeit der Presse beeinträchtigt wird. Dies kann unmittelbar durch Durchsuchungen in Redaktionsräumen geschehen, durch die Beschlagnahme von Druckerzeugnissen oder die Nichtbeachtung des Zeugnisverweigerungsrechts von Journalisten aber auch mittelbar, wie zB durch die Aufnahme eines Presseorgans in den Verfassungsschutzbericht.[256]

[254] Vgl. *Epping* GrundR Rn. 230.

[255] BVerfGE 20, 162 (176) = NJW 1966, 1603 – Spiegel; BVerfGE 25, 296 (304) = NJW 1969, 1019; BVerfGE 77, 346 (354) = NJW 1988, 1833.

[256] BVerfGE 113, 63 (73 f.) = NJW 1997, 386.

IV. Verfassungsrechtliche Rechtfertigung des Eingriffs

1. Schranken

Ein verfassungsrechtlich gerechtfertigter Eingriff in den Schutzbereich setzt voraus, dass er von den Schranken des Grundrechts gedeckt ist. 314

Die Kommunikationsfreiheiten werden nicht schrankenlos gewährt, sie finden „ihre Schranken in den Vorschriften der allgemeinen Gesetze, den gesetzlichen Bestimmungen zum Schutze der Jugend und in dem Recht der persönlichen Ehre". Da hier die Möglichkeit, die Freiheiten zu beschränken an besondere Zielsetzungen gebunden ist, bzw. spezielle Zielsetzungen ausgeschlossen werden, unterliegen die Schranken materiellen Voraussetzungen. Es handelt sich, da besondere Qualifikationen erfüllt werden müssen, um einen qualifizierten Gesetzesvorbehalt.[257] 315

a) „Allgemeine Gesetze"

Der Begriff der „allgemeinen Gesetze" findet sich bereits in Art. 118 I WRV. Um zu ermitteln, welche Einschränkungen dem Staat möglich sind, muss der Begriff „allgemein" definiert werden. 316

Damit ist zunächst nicht gemeint, dass die Gesetze für alle gelten und nicht nur einen Einzelfall regeln. Schon Art. 19 I 1 GG enthält nämlich das Verbot von Einzelfallgesetzen. 317

Da es also nicht um die Frage gehen kann, ob das Gesetz „für alle" oder nur für einen einzelnen Fall gilt, hat das BVerfG eine inhaltsbezogene Auslegung gewählt[258]. Es knüpft darin an die Abwägungs- und die Sonderrechtslehre an. 318

Die Abwägungslehre definiert alle Gesetze als allgemein, die einem höheren Allgemeininteresse dienen und daher den Freiheiten des Art. 5 I GG vorgehen müssten. 319

> **Beispiel:** Ein Gesetz, dass der Abwehr von Gefahren für Leib und Leben dient, verfolgt zB ein höheres Interesse. Wenn M auf einer Straßenkreuzung steht, um dort seine Meinung kundzutun, kann Polizeikommissarin P ihm daher zur Abwehr der dort bestehenden Leibes- und Lebensgefahr einen Platzverweis erteilen.

Die Sonderrechtslehre sieht die Klärung des höheren Interesses heute als zwingenden Bestandteil der Verhältnismäßigkeitsprüfung und fragt nach dem Ziel des einschränkenden Gesetzes. Dieses sei nur allgemein, wenn es sich nicht als Sonderrecht speziell gegen die Freiheiten des Art. 5 I GG richtet oder speziell gegen einen Meinungsinhalt richtet.[259] 320

Ein allgemeines Gesetz muss daher neutral gegenüber jeglichem Meinungsinhalt sein und ein Rechtsgut unabhängig davon schützen, ob dieses durch Meinungsäußerungen oder auf andere Weise verletzt wird.[260] 321

[257] Anders als zB Art. 8 II GG, der nur einen einfachen Gesetzesvorbehalt beschreibt.

[258] BVerfGE 7, 198 (209 f.) = NJW 1958, 257 – Lüth.

[259] BVerfGE 97, 125 (146) = NJW 1998, 1381; BVerfGE 113, 63 (78) = NJW 1997, 386.

[260] BVerfGE 124, 300 (322) = NJW 2010, 47 – Wunsiedel.

Beispiel: Wegen einer Bombenentschärfung wird ein Wohngebiet evakuiert. A ist der Meinung, ihm werde nichts passieren, er könne gut selbst entscheiden, wann er seine Wohnung verlassen müsse. Gegen seinen Willen wird die Evakuierung durchgeführt. Die Evakuierung stellt sich rechtlich als Platzverweis dar. Dieser richtet sich nicht speziell gegen die Meinung des A sondern wird unabhängig von seiner Meinung zum Schutz seines Lebens durchgeführt.

322 Die Auffassung des BVerfG kombiniert Abwägungs- und Sonderrechtslehre insofern, als dass die Frage, ob das Gesetz einem höheren Allgemeininteresse dient, in der Verhältnismäßigkeitsprüfung zwingend zu klären ist. Dabei ist der hohe Wert der Kommunikationsfreiheiten dem Allgemeininteresse gegenüberzustellen. Die Frage der Zielsetzung des Gesetzes hat in der Prüfung der Schranken zu erfolgen.[261]

Schranke der allgemeinen Gesetze (Art. 5 II GG)	
Einem höheren Allgemeininteresse dienend? (Abwägungslehre) – Prüfung der Verhältnismäßigkeit	Allgemeine Zielsetzung? Nicht gegen die Meinungsfreiheit? Nicht gegen eine bestimmte Meinung? (Sonderrechtslehre) – Prüfung innerhalb der Schranken
BVerfG: Weder gegen die Meinungsfreiheit, noch gegen eine bestimmte Meinung sondern zum Schutz eines schlechthin zu schützenden Rechtsguts	

Abb. 35 Schranke des Art. 5 II GG

323 Eine Ausnahme vom Grundsatz der allgemeinen Gesetze hat das BVerfG für Vorschriften gemacht, die auf die Verhinderung der Verherrlichung der nationalsozialistischen Gewaltherrschaft im Dritten Reich zielen.[262] Hier wird das Verbot von Sonderrecht durch eine verfassungsimmanente Schranke begrenzt, die daraus folgt, dass das Grundgesetz als Gegenentwurf zur nationalsozialistischen Schreckensherrschaft zu sehen ist.[263]

b) „Gesetzliche Bestimmungen zum Schutze der Jugend"

324 Gesetzliche Bestimmungen, die die ungestörte Entwicklung der Jugend vor Gefahren schützen sollen, stellen eine weitere Schranke der Kommunikationsfreiheiten dar. Wegen der Erforderlichkeit der Allgemeinheit meinungsbeschränkender Gesetze gilt aber auch hier das Verbot von Sonderrechten.

Beispiel: Ein Werbeverbot für alkoholische Getränke oder Zigaretten im näheren Umkreis von Schulen würde nicht eine bestimmte Meinung oder die Meinungsfreiheit beeinträchtigen wollen, sondern der allgemeinen Zielrichtung der Abwehr von Gesundheitsgefahren dienen und wäre daher ein allgemeines Gesetz und kein Sonderrecht.

[261] Vgl. BVerfGE 91, 125 = NJW 1995, 184.
[262] Vgl. § 130 StGB.
[263] BVerfGE 124, 300 (328) = NJW 2010, 47 – Wunsiedel.

c) „Recht der persönlichen Ehre“

Auch hier gilt zunächst die Schranke der allgemeinen Gesetze. Bei möglichen Konflikten mit dem Recht der persönlichen Ehre gilt zunächst die Vermutung, dass die frei geäußerte Meinung zulässig ist. Begrenzt wird sie nur dann, wenn die Meinungsäußerung kein Thema von öffentlicher Bedeutung zum Thema hat, die Menschenwürde angreift, eine Formalbeleidigung oder Schmähkritik darstellt, nicht der Verteidigung dient oder wenn die zugrundeliegenden Tatsachen eindeutig unrichtig sind.[264] 325

2. Schranken-Schranken

Für Art. 5 GG ist die früher relevante Wechselwirkungslehre heute im allgemeinen Verhältnismäßigkeitsgrundsatz des Art. 20 III GG aufgegangen, der als allgemeine Verfassungsvorgabe gilt. 326

Dabei gilt aber grundsätzlich, dass bei der Überprüfung eines Eingriffs in die Kommunikationsfreiheiten die Sinn- und Deutungsebene sowie die Normauslegungs- und Normanwendungsebene zu prüfen sind. 327

Klausurhinweis: Diese Prüfung ist innerhalb der Verhältnismäßigkeit unter dem Punkt „Angemessenheit“ durchzuführen. Auf verschiedenen Ebenen werden dort im konkreten Fall die eingeschränkte Freiheit und das Ziel der polizeilichen Maßnahme abgewogen. !

Die Sinn- und Deutungsebene betrifft die betroffene Äußerung selbst und verlangt eine wohlwollende Auslegung. 328

Beispiel: Die gegenüber Polizeibeamten häufig gebrauchte Provokation: „ACAB („*all cops are bastards*“) ist nicht nur als (möglicherweise strafbare) Kollektivbeleidigung zu verstehen, sondern auch als (durch die Meinungsfreiheit geschützte) Äußerung gegen polizeilichen Machtmissbrauch.[265]

Die Interpretation des Inhalts der Äußerung darf nicht dazu führen, dass sie sich auf den generellen Gebrauch des Grundrechts abschreckend auswirkt. Solange also Bestimmungen zum Schutz der Ehre unwahre Äußerungen untersagen, muss erforscht werden, ob die geäußerte Meinung zwingend eine strafrechtlich relevante Deutung erfordert oder auch einen nicht relevanten Inhalt haben kann. 329

Die Normauslegungsebene verlangt darüber hinaus, dass überhöhte Anforderungen an die Zulässigkeit einer Äußerung nicht gestellt werden dürfen. Bei der Prüfung der Angemessenheit eines Eingriffs findet schließlich auf der Normanwendungsebene die Prüfung statt, ob die Wertigkeit der betroffenen Rechtsgüter im Einzelfall ins richtige Verhältnis gesetzt wurden. 330

[264] Vgl. *Seyfarth* NJW 1999, 1287.

[265] Vgl. BVerfGE 93, 266 (298) = NJW 1995, 3303 – „Soldaten sind Mörder“.

Sinn- und Deutungsebene: Gibt es eine wohlwollende Auslegung der Äußerung?
Normauslegungsebene: Kann die Äußerung noch als zulässig angesehen werden?
Normanwendungsebene: War die Einschränkung auch angemessen im engeren Sinn?

Abb. 36 Prüfungsstufen bei Eingriffen in Art. 5

331 Im Rahmen der Schranken-Schranken ist zudem jeder Eingriff untersagt, der im Wege der Zensur, also der vor der Herstellung oder Verbreitung von Werken mit grundrechtsrelevantem Inhalt liegenden Einschränkung, erfolgt. Von Privaten erwirkte Veröffentlichungsverbote stellen keine Zensur dar.

332 Eine Zensur **nach** der Veröffentlichung unterliegt der Schranke des Art. 5 II GG.

V. Lösungshinweise zu den Fällen

a) Zwar schützt Art. 5 GG auch die sog. negative Meinungsfreiheit, also das Recht, eine Meinung nicht zu äußern. Die Herausgabe persönlicher Daten ist aber keine erzwungene Meinungsäußerung. Persönliche Daten als beweisbare Tatsachen ohne jeden Meinungsinhalt sind keine bewertenden Äußerungen, sodass der sachliche Schutzbereich des Art. 5 I GG nicht eröffnet ist.

b) Fraglich ist, ob der sachliche Schutzbereich der Meinungsfreiheit eröffnet ist. Dieser schützt jede Meinung, also jedes Werturteil und jede Tatsachenbehauptung, sofern diese zur Bildung einer Meinung dient. Allerdings sind solche Tatsachenbehauptungen, deren Unwahrheit im Zeitpunkt ihrer Äußerung bereits feststeht, nicht geschützt. Die Äußerung des N ist eine erwiesen unwahre Tatsachenbehauptung und fällt daher nicht in den Schutzbereich des Art. 5 I GG.

Der § 130 III StGB ist im Übrigen zwar Sonderrecht. Allerdings ist er Ausdruck der verfassungsimmanenten Schranke, die immer, aber auch nur dann greift, wenn eine Äußerung die nationalsozialistische Schreckensherrschaft verherrlicht oder die Verbrechen des Nationalsozialismus leugnet.

! **Hinweis:** Nicht jede politisch extremistische Äußerung wird durch diese verfassungsimmanente Schranke erfasst. Da das Grundgesetz als Gegenentwurf zur nationalsozialistischen Schreckensherrschaft gilt, sind allein die auch in § 130 StGB genannten Tatbestände relevant.

c) Sowohl für den Redakteur, als auch für den Herausgeber der Tageszeitung ist der persönliche Schutzbereich der Pressefreiheit eröffnet. Die Klassifizierung der Politik als „undemokratisch" stellt zweifelsfrei eine wertende Äußerung dar, sodass hier auch die Meinungsfreiheit infrage kommt. Im Kern geht es hier aber um die Verbreitung eben dieser Meinung durch Druckmedien, hier die Tageszeitung. Damit ist der Schutzbereich der Pressefreiheit eröffnet. Die Äußerung betrifft auch nicht die persönliche Ehre des amerikanischen Präsidenten. Eine Möglichkeit der Beschränkung besteht nicht. Der Hinweis des K erfolgt daher zu Recht.

VI. Kontrollfragen

1. Erläutern Sie den sachlichen Schutzbereich der Pressefreiheit gem. Art. 5 I GG!
2. Wie ist der Begriff „allgemeine Gesetze“ iSd Art. 5 II GG zu verstehen?

N. Versammlungsfreiheit, Art. 8 GG

Leitentscheidungen:

BVerfGE 69, 315 ff. = NJW 1985, 2395 – Brokdorf; BVerfGE 85, 69 ff. = NJW 1992, 890 – Eilversammlungen; BVerfGE 111, 147 ff. = NJW 2004, 2814 – inhaltsbezogenes Versammlungsverbot; BVerfG NJW 2001, 2459 ff. – Loveparade; BVerfGE 124, 300 ff. = NJW 2010, 47 – Wunsiedel; BVerfGE 128, 226 ff. = NJW 2011, 1201 – Fraport.

Weiterführende Literatur:

- *Enders*, Der Schutz der Versammlungsfreiheit, JURA 2003, 34 ff. (Teil I), 103 ff. (Teil II); *Papier*, Das Versammlungsrecht in der Rechtsprechung des Bundesverfassungsgerichts, BayVBl. 2010, 225 ff.
- *Grundfälle*: *Trurnit* JURA 2014, 486 ff.

I. Fälle

a) Die rechtsextremistische N-Partei hält ihren Parteitag im Saal eines Hotels ab. X, der die Politik der N-Partei ablehnt, findet sich mit weiteren 15 Personen am Eingang des Hotels ein. Alle tragen Trillerpfeifen mit sich und wollen in den Saal eindringen, um den Parteitag der N-Partei zu stören und die Versammlung zu sprengen. Dabei kalkulieren sie auch körperliche Auseinandersetzungen ein. Die hinzugezogenen Polizeibeamten verweigern X und seinen Anhängern den Zutritt zur Versammlung.

b) D demonstriert mit einer Gruppe von 30 Gleichgesinnten vor dem Eingangstor einer Pharmafabrik gegen die dort durchgeführten Tierversuche. Als ein LKW das Werk verlassen will, blockieren die Demonstrierenden die Ausfahrt, indem sie sich auf die Straße setzen. Die Polizei trägt die Demonstranten, die hiergegen keinen Widerstand leisten, zur Seite.

II. Schutzbereich

Art. 8 GG schützt die Versammlungsfreiheit als eine Form der Kommunikation 333
mit anderen. Neben Art. 5 GG und Art. 9 GG gehört sie zu den Kommunikationsgrundrechten.[266] Die Freiheit, sich zu versammeln gilt als primär politisches Grundrecht und gewährt den Bürgern die Möglichkeit einer unmittelbaren Ein-

[266] Vgl. *Kingreen/Poscher* StaatsR II Rn. 770.

flussnahme auf die politische Meinungsbildung, die in einer parlamentarischen Demokratie ein notwendiges Mindestmaß direkter Beteiligung darstellt.

1. Persönlicher Schutzbereich

334 Art. 8 GG ist ein Bürgerrecht und gilt nach dem Wortlaut nur für Deutsche.

335 Auf europäischer Ebene ist die Versammlungsfreiheit durch Art. 11 EMRK und Art. 12 I GRCh in ähnlicher Weise geschützt. Da EU-Ausländer wegen Art. 18 AEUV gegenüber Deutschen rechtlich nicht schlechter gestellt werden dürfen, müssen sie sich bezüglich der Versammlungsfreiheit zwar wie alle anderen Ausländer auf Art. 2 I GG als Auffanggrundrecht berufen, genießen aber die durch das BVerfG entwickelten Garantien in gleichem Maße wie Deutsche.[267]

336 Auf Art. 8 GG können sich nicht nur Teilnehmer einer Versammlung berufen, das Grundrecht gilt gleichermaßen auch für die an der Organisation beteiligten Personen und für den Leiter der Versammlung.

337 Die Versammlungsfreiheit gilt gem. Art. 19 III GG auch für inländische Personen des Privatrechts. Solche stehen als Vereine, Bürgerinitiativen, Gewerkschaften oder Parteien häufig als Veranstalter hinter einer Versammlung.

2. Sachlicher Schutzbereich

> **!** **Definition:** Der Versammlungsbegriff meint eine örtliche Zusammenkunft einer Mehrheit von Personen,[268] die einen gemeinsamen Zweck verfolgen, durch den sie innerlich verbunden sind.[269]

338 Da ein örtliches Zusammenkommen von Personen erforderlich ist, stellen virtuelle Zusammenkünfte in Chatrooms oder Ähnlichem keine Versammlung dar.[270]

339 Streitig ist, ab wann von einer Personenmehrheit gesprochen werden kann. Da bereits aus dem Wortlaut nicht abzuleiten ist, dass zwingend mehr als zwei Personen zusammenkommen, geht die wohl überwiegende Meinung in der Literatur davon aus, dass schon zwei Personen eine Versammlung bilden können.[271] Sachliche Gründe für eine Mindestteilnehmerzahl von drei Personen sind nicht ersichtlich, sodass unter dem Gesichtspunkt des Minderheitenschutzes von der Mindestzahl von zwei Personen auszugehen ist. Insgesamt steht die Frage der Mindestanzahl „[…] in keinem Verhältnis zur fehlenden rechtspraktischen Relevanz".[272]

340 Für die Versammlung ist ein gemeinsamer Zweck erforderlich, der regelmäßig fehlt, wenn Menschen bei plötzlichen Ereignissen zusammenkommen, um etwa ein Unfallgeschehen zu beobachten. Man spricht dann nur von Ansammlungen.[273]

267 Vgl. *Bauer/Kahl* JZ 1995, 1077 ff.
268 BVerfGE 69, 315 (342 f.) = NJW 1985, 2395 – Brokdorf; BVerfGE 104, 92 (104) = BeckRS 2001, 30213913.
269 Vgl. v. Münch/Kunig/*Kunig* GG Art. 8 Rn. 14.
270 *Epping* GrundR Art. 8 Rn. 32.
271 Vgl. Maunz/Dürig/*Depenheuer* GG Art. 8 Rn. 44.
272 Maunz/Dürig/*Depenheuer* GG Art. 8 Rn. 44.
273 BVerfGE 69, 315 (343) = NJW 1985, 2395 – Brokdorf.

Der gemeinsame Zweck führt zu einer inneren Verbindung der Teilnehmer, die in gemeinschaftlicher Zielverfolgung liegt. Hierbei sind sie aufeinander angewiesen, sodass es nicht genügt, wenn zB die Besucher eines Konzerts zwar den gleichen Zweck verfolgen (Wahrnehmen der Musik), allerdings dadurch nicht mit anderen Besuchern innerlich verbunden sind, da sie diese für diesen Zweck nicht benötigen (anders aber bei Konzerten wie: „Rock gegen rechts", wenn im gemeinsamen Zusammenkommen der Zweck liegt, eine verbindende politische Haltung darzustellen). 341

Besucher eines Fußballspiels verfolgen auch den gleichen Zweck, allerdings fehlt die innere Verbindung zu anderen Besuchern. Eine Ultragruppierung, die im Fußballstadion zusammenkommt, um dort eine gemeinsame Choreografie vorzustellen, ist allerdings auch innerlich verbunden. 342

Für den Versammlungsbegriff genügt aber nicht jeder beliebige Zweck. 343

Der erweiterte Versammlungsbegriff lässt es noch genügen, wenn eine gemeinsame Meinungsbildung oder Meinungsäußerung erfolgt, unabhängig davon, ob diese öffentliche oder private Themen betrifft.[274] 344

Nach der Rechtsprechung des BVerfG (enger Versammlungsbegriff) muss sich der Zweck aber auf gemeinschaftliche „Erörterung und Kundgebung mit dem Ziel der Teilhabe an der öffentlichen Meinungsbildung"[275] beziehen. Dieser Auffassung ist zu folgen. Art. 8 GG ist vor seinem historischen Hintergrund als politisches Kommunikationsgrundrecht zu verstehen, da insbesondere politische Zusammenkünfte der Gefahr staatlicher Begrenzungen ausgesetzt sind. In einer parlamentarischen Demokratie, die nur wenige unmittelbare Mitwirkungsrechte der Bevölkerung an politischen Entscheidungen enthält, bekommt die Freiheit der kollektiven Meinungskundgabe eine grundlegende Funktion.[276] 345

Sofern man also nicht annimmt, dass Art. 8 GG der gemeinsamen Persönlichkeitsentfaltung in der Gruppe dienen soll und folglich jeden Zweck ausreichen lassen will[277] (so der weite Versammlungsbegriff), sind in jedem Fall Spaß- und Kommerzveranstaltungen aus dem Schutzbereich des Art. 8 GG auszuschließen. 346

Klausurtipp: Es ist sachgerecht, wenn Sie sich als Studierende am engen Versammlungsbegriff des BVerfG orientieren. !

Der Schutz der Versammlung reicht weit und umfasst die Organisation, die Bestimmung des Gegenstands, die Auswahl des Ortes und der Zeit der Versammlung und schließlich ihre Durchführung.[278] Versammlungen können in Form von Kundgebungen oder Aufzügen stattfinden und öffentlich zugänglich sein oder nichtöffentlich stattfinden (etwa wenn zu einem Parteitag nur geladene Delegierte zugelassen werden und die Öffentlichkeit ausgeschlossen wird). 347

[274] BVerwGE 56, 63 (69) = BeckRS 9998, 105309.

[275] BVerfG NJW 2001, 2459 (2460) – Love Parade.

[276] BVerfG NJW 2001, 2459 ff. – Love Parade; *Wiefelspütz* NJW 2002, 274 ff.

[277] So v. Mangoldt/Klein/Starck/*Gusy* GG Art. 8 Rn. 17 f.

[278] BVerfGE 69, 315 (343) = NJW 1985, 2395 – Brokdorf; BVerfGE 104, 92 (108) = BeckRS 2001, 30213913; BVerfG NJW 2011, 1201 (1204).

348 Allerdings gewährt Art. 8 GG nicht das Recht, sich an der Öffentlichkeit allgemein unzugänglichen Orten oder auf fremden Grundstücken ohne Zustimmung des Eigentümers zu versammeln. Unspezifische Verhaltensweisen bei Gelegenheit der Versammlung, wie zB Meinungsäußerungen, die mit der Versammlung in keinem direkten Zusammenhang stehen, sind durch andere Grundrechte (zB Art. 5 GG) geschützt.

349 Der Schutzbereich des Art. 8 GG erfährt Begrenzungen dadurch, dass nur friedliche Versammlungen ohne Waffen geschützt sind. Friedlich ist eine Versammlung nicht, wenn sie als Ganzes einen aufrührerischen Verlauf nimmt, der dadurch gekennzeichnet wird, dass Gewalttätigkeiten gegen Personen oder Sachen begangen werden (kollektive Unfriedlichkeit). Dabei genügt es nicht, dass Ordnungswidrigkeiten oder Straftaten (zB Graffiti mit Versammlungsbezug an Hauswänden) begangen werden; die Anwendung von Gewalt, also beispielsweise der Einsatz von Baseballschlägern oder Quarzsandhandschuhen gegen Polizeibeamte oder Gegendemonstranten, ist in jedem Fall ein Kriterium der Unfriedlichkeit. Bloße, auch gezielte Behinderungen Dritter oder der Polizei reichen hierzu nicht aus.[279]

350 Unfriedliches Verhalten einzelner Teilnehmer führt nicht zur Unfriedlichkeit der gesamten Versammlung. Wenn aber „die Prognose mit hoher Wahrscheinlichkeit ergibt, dass der Veranstalter oder sein Anhang Gewalttätigkeiten beabsichtigen oder ein solches Verhalten zumindest billigen werden"[280], gilt die Versammlung als unfriedlich. Solange die Versammlung aber nicht im Ganzen einen aufrührerischen oder gewalttätigen Verlauf nimmt oder solches angestrebt oder gebilligt wird, müssen sich polizeiliche Maßnahmen gegen einzelne unfriedliche Teilnehmer richten; friedliche Teilnehmer und die Versammlung als solches genießen weiterhin den Schutz des Art. 8 GG.

351 Das Grundrecht der Versammlungsfreiheit wird nur ohne Waffen gewährt. Ohne dass das Waffengesetz den grundrechtlichen Waffenbegriff definieren könnte ist § 1 WaffG insofern hilfreich, als alle dort genannten Waffen im technischen Sinne unter den Waffenbegriff des Art. 8 GG fallen.

! **Klausurtipp:** Sehen Sie § 1 WaffG nur als Hilfsangebot. Wegen der Normenhierarchie kann das WaffG nicht den Schutzbereich des Versammlungsrechts definieren.

352 Ergänzend fallen nach verbreiteter Auffassung auch jene Gegenstände unter den verfassungsrechtlichen Waffenbegriff, die objektiv gefährlich sind und zum Zweck der Gewaltanwendung mitgeführt werden.[281] Die subjektive Komponente ist schwer nachweisbar, allerdings indiziert das Mitführen von Quarzsandhandschuhen, Eisenketten und ähnlichen Gegenständen bereits die Unfriedlichkeit dieser Teilnehmer.

279 BVerfGE 104, 92 (106) = BeckRS 2001, 30213913.
280 BVerfGE 69, 315 (360 f.) = NJW 1985, 2395 – Brokdorf.
281 Dreier/*Schulze-Fielitz* GG Art. 8 Rn. 45.

Für sogenannte passive Bewaffnung, also die Ausrüstung der Teilnehmer mit Schutzhelmen, Protektoren und anderer Schutzkleidung gilt grundsätzlich dasselbe. Es handelt sich dabei nicht um Waffen[282], allerdings kann hier der Rückschluss auf unfriedliches Verhalten angezeigt sein. 353

Gleiches gilt, wenn sich Teilnehmer einer Versammlung vermummen, also gezielt durch Verdecken des Gesichts mit Schals, Kapuzen etc eine Identifizierung unmöglich machen wollen. Verkleidung an sich reicht zur Annahme einer Vermummung noch nicht aus. § 17a II VersammlG verbietet die Vermummung. 354

In der polizeilichen Praxis zeigt sich immer wieder, dass Versammlungsteilnehmer die Grenzen des geschützten Verhaltens überschreiten. Der Versammlungsbegriff des Art. 8 GG und der Regelungsbereich des § 1 VersammlG unterscheiden sich, da das Grundgesetz lediglich ein geschütztes Verhalten umschreibt, während das Versammlungsgesetz staatliche Einflussmöglichkeiten auch für die Fälle beschreibt, in denen der Schutz des Art. 8 GG nicht greift. 355

Der Versammlungsbegriff	
Art. 8 I GG	§ 1 VersammlG
Nur Deutsche	Auch Ausländer
Öffentlich und nichtöffentlich	Nur öffentlich
Mehrere Personen	Mehrere Personen
Gemeinsamer Zweck	Gemeinsamer Zweck
Teilhabe an öffentlicher Meinungsbildung	Teilhabe an öffentlicher Meinungsbildung
Friedlich	Auch unfriedliche Versammlungen
Ohne Waffen	Auch Versammlungen mit bewaffneten Teilnehmern

Abb. 37 Versammlungsbegriff

III. Eingriff in den Schutzbereich

Art. 8 GG ist als Freiheitsrecht ein Abwehrrecht gegen staatliche Eingriffe. Jedes staatliche Handeln, das dem Einzelnen ein Verhalten ganz oder teilweise unmöglich macht oder erschwert, das in den Schutzbereich fällt, ist ein Eingriff. 356

Bereits in Art. 8 I GG werden zwei Eingriffsmöglichkeiten benannt, nämlich die Anmelde- und Erlaubnispflicht. Diese sind aber für Versammlungen, die nicht „unter freiem Himmel" stattfinden, ausdrücklich ausgeschlossen. 357

Weitere Eingriffe nennen die §§ 14 ff. VersammlG (und landesrechtliche Regelungen zum Versammlungsrecht, soweit die Bundesländer von ihrer entsprechenden Kompetenz Gebrauch gemacht haben). 358

> **Beispiel:** Die N-Partei will am Denkmal für die ermordeten Juden in Berlin eine Versammlung durchführen. Der Polizeipräsident in Berlin verbietet dies nach § 15 II Nr. 1 VersammlG. Ein Eingriff liegt vor.

[282] v. Mangoldt/Klein/Starck/*Gusy* GG Art. 8 Rn. 27.

Die Videoüberwachung einer Versammlung ist jedenfalls dann ein Eingriff in Art. 8 GG, wenn sie geeignet ist, potenzielle Teilnehmer abzuschrecken, da deren Freiheit betroffen ist, sich zur Teilnahme an der Versammlung zu entschließen.[283]

Faktische Beeinträchtigungen der Anreise zB durch langwierige Kontrollen am Abfahrtsort, die das Erreichen oder den Beginn der Versammlung verzögern sollen, sind Eingriffe in den Schutzbereich des Art. 8 GG.

Das Erteilen von Auflagen nach § 15 I VersammlG (Megafon-Verbot, zeitliche oder örtliche Beschränkungen der Versammlung etc) ist auch dann ein Eingriff in den Schutzbereich des Art. 8 GG, wenn sich diese Beschränkungen infolge eines Kooperationsgesprächs zwischen Anmelder und Polizeibehörde ergeben, sofern nicht feststeht, dass der Anmelder freiwillig der Beschränkung seines Grundrechts zugestimmt hat.

IV. Verfassungsrechtliche Rechtfertigung des Eingriffs

1. Schranken

359 Ein Eingriff in den Schutzbereich ist nur gerechtfertigt, wenn er von den Schranken des Grundrechts gedeckt ist.

360 Art. 8 I GG enthält keine Schranke. In Art. 8 II GG ist aber geregelt, dass die Versammlungsfreiheit „für Versammlungen unter freiem Himmel (...) durch Gesetz oder auf Grund eines Gesetzes beschränkt werden kann“. Es handelt sich um einen einfachen Gesetzesvorbehalt. Damit dieser zum Tragen kommen kann, muss eine Versammlung unter freiem Himmel stattfinden.

361 Dieser vermeintlich eindeutige Wortlaut ist irreführend, denn tatsächlich ist nicht entscheidend, ob der Versammlungsort überdacht ist. Wollte man darauf abstellen, wäre eine Wahlversammlung einer Partei in der (überdachten) Veltins-Arena auf Schalke anders zu beurteilen als im (nicht überdachten) Rhein-Energie-Stadion in Köln.

362 Weniger als auf das Dach kommt es für die Frage, ob eine Versammlung unter freiem Himmel stattfindet, darauf an, ob der Versammlungsort unbegrenzt für jeden zugänglich ist. An solchen Orten ist ein erhöhtes Konfliktpotenzial zu erwarten, da hier zB Demonstranten und Gegendemonstranten ungehindert aufeinandertreffen können. Durch die Schranke soll es dem Staat ermöglicht werden, an diesen Orten Eingriffe vorzunehmen.[284]

363 Wenn allerdings Mauern oder Zäune vorhanden sind oder ein kontrollierter Zugang durch Türen oder Tore erfolgt, ist das Konfliktpotenzial besser zu kalkulieren und es kommt nicht darauf an, ob der Versammlungsort auch noch überdacht ist. Andererseits ist die freie Zugänglichkeit nicht durch ein Dach aufgehoben, dass sich über dem Versammlungsort erstreckt.

364 „Unter freiem Himmel“ bedeutet daher, dass der Versammlungsort nicht durch Zäune, Mauern oder vergleichbare bauliche Beschränkungen von der Öffentlichkeit abgegrenzt wird.

[283] BVerfGE 69, 315 (349) = NJW 1985, 2395 – Brokdorf.
[284] BVerfGE 69, 315 (348) = NJW 1985, 2395 – Brokdorf.

In der Praxis relevante Norm zur Einschränkung der Versammlungsfreiheit ist insbesondere der § 14 VersammlG, der vorsieht, dass mindestens 48 Stunden vor Bekanntgabe der Versammlung eine Anmeldung bei der Versammlungsbehörde erfolgen muss (in Nordrhein-Westfalen ist das nach § 1 der Verordnung über die Zuständigkeiten nach dem Versammlungsgesetz die Kreispolizeibehörde). Wäre § 14 VersammlG streng nach dem Wortlaut auszulegen, verstieße er eindeutig gegen Art. 8 I GG, da hierdurch jede Form kurzfristig angelegter Versammlungen rechtswidrig wäre. 365

Da die Schranke des Art. 8 II GG nur zu Beschränkungen, nicht aber zu einem generellen Verbot von Spontanversammlungen (die etwa aufgrund einer aktuellen Meldung in den Medien als unmittelbare, nicht vorgeplante Versammlungen betroffener Personen stattfinden) oder Eilversammlungen (deren Anlass dazu führt, dass man sich zwar nicht spontan versammelt jedoch so kurzfristig, dass die Anmeldefrist von 48 Stunden nicht eingehalten werden kann) berechtigt, ermächtigt, ist sie verfassungskonform auszulegen.[285] Diese einschränkende Auslegung führt zu dem Ergebnis, dass Spontanversammlungen nicht angemeldet werden müssen und Eilversammlungen auch kurzfristiger als 48 Stunden vor der Bekanntgabe angemeldet werden können. Entgegen dem Wortlaut des § 15 VersammlG kann insofern eine Versammlung nicht ohne Weiteres aufgelöst werden, wenn sie nicht angemeldet wurde. 366

Auch für Versammlungen in geschlossenen Räumen enthält das VersammlG in den §§ 5 ff. VersammlG Eingriffsgrundlagen. Allerdings enthält Art. 8 II GG keine Schranke für Versammlungen in geschlossenen Räumen. Insofern ist es ein vorbehaltloses Grundrecht[286], ist also nicht durch oder aufgrund eines Gesetzes einschränkbar. 367

Diese Schrankenlosigkeit hat das BVerfG allerdings als nicht absolut beschrieben.[287] Das Grundgesetz ist als einheitliches Wertesystem zu verstehen, das auch Konflikte der Grundrechte und anderer Verfassungsgüter mit einschließt. 368

Im Wege einer systematischen Auslegung sind daher Schranken zu ermitteln, die diese Konflikte lösen können. Es ist schließlich nicht hinnehmbar, wenn bei einer Versammlung in geschlossenen Räumen Gewalttaten verübt werden oder die persönliche Ehre anderer durch geduldete Beleidigungen verletzt wird. Die Verfassung selbst zieht hier Schranken (verfassungsimmanente Schranken). Wenn Verfassungsrecht kollidiert, ergibt sich eine Verpflichtung des Staates zu handeln. 369

Allerdings ist bei der Anwendung verfassungsimmanenter Schranken stets große Zurückhaltung geboten. Hinsichtlich der Versammlungsfreiheit ist zu beachten, dass diese innerhalb der parlamentarischen Demokratie die Bedeutung eines grundlegenden Funktionselements hat.[288] Eine Begrenzung sollte die Ausnahme bleiben. Auch hier gilt im Übrigen der Vorbehalt des Gesetzes, der sich aus 370

285 BVerfGE 85, 69 ff. = NJW 1992, 890 – Eilversammlungen.

286 So auch Art. 4 I GG, Art. 4 III 1 GG, Art. 5 III 1 GG.

287 BVerfGE 30, 173 (193) = NJW 1971, 1645 – Mephisto; BVerfGE 77, 240 (253) = NVwZ 1987, 802; BVerfGE 81, 278 (292) = NJW 1990, 1982.

288 BVerfG NJW 2001, 2459 (2460).

einem Erst-Recht-Schluss ableitet: Wenn Grundrechte mit Gesetzesvorbehalt nur durch den Gesetzgeber beschränkt werden dürfen, so muss dies erst recht für die vorbehaltlosen Grundrechte gelten. Hier dürfen die Anforderungen an die Schranke nicht geringer sein.[289] Die Regelungen der §§ 5 ff. VersammlG erfüllen diese Anforderung.

2. Schranken-Schranken

371 Im Rahmen des Art. 8 GG sind besondere Verfassungsvorgaben nicht zu beachten. Auch hier gilt der Verhältnismäßigkeitsgrundsatz des Art. 20 III GG als allgemeine Verfassungsvorgabe.

V. Lösungshinweise zu den Fällen

a) Fraglich ist, ob sich X und seine Begleiter auf den Schutz der Versammlungsfreiheit berufen können. Der persönliche Schutzbereich ist hier (soweit davon auszugehen ist, dass es sich bei den Personen um deutsche Staatsangehörige handelt) unproblematisch eröffnet. Der Parteitag der N-Partei genießt als Versammlung in geschlossenen Räumen auch den Schutz des Art. 8 GG. Fraglich ist aber, ob X und seine Anhänger Teilnehmer des Parteitags der N-Partei sind. Hierfür ist ein gemeinsamer Zweck erforderlich, der in der gemeinschaftlichen Verfolgung eines Ziels liegt. Gegen ein gemeinsames Ziel spricht noch nicht, dass die Teilnehmer unterschiedliche Auffassungen bezüglich der politischen Ausrichtung der Partei haben; die Absicht aber, „die Versammlung zu sprengen" spricht eindeutig gegen den gemeinsamen Zweck, sodass der sachliche Schutzbereich für X und seine Begleiter jedenfalls als Teilnehmer der Versammlung der N-Partei nicht eröffnet ist.

Allerdings könnte es sich bei der Aktion um eine eigene Versammlung des X handeln. Problematisch sind hier zwei Punkte. Zum einen ist eine Aktion, bei der es nur um Störung und Sprengung einer anderen Versammlung geht, kaum als Teilhabe an der öffentlichen Meinungsbildung zu klassifizieren, auch wenn die ablehnende Haltung hier nonverbal kommuniziert wird. Es ist daher bereits vertretbar, die Eröffnung des Schutzbereichs mit dem Argument zu verneinen, dass keine Versammlung vorliegt. Zum anderen erfolgt hier keine kommunikative Auseinandersetzung mit einer Gegenmeinung. Es ist eine „Sprengung" des Parteitags der N-Partei durch kollektive Störung beabsichtigt. Hierin liegt ein aufrührerisches Verhalten, sodass die Vorgabe der Friedlichkeit nicht erfüllt wird.

b) Hier ist zunächst darzustellen, dass es sich bei Sitzblockaden um eine Versammlung handelt[290] und sodann zu klären, ob die Teilnehmer einer Sitzblockade als unfriedlich zu bezeichnen sind. Dies ist jedoch zu verneinen, selbst wenn die Teilnehmer sich durch die Blockade nach § 240 StGB strafbar machen würden. Bloße Behinderungen führen nicht zur Unfriedlichkeit, selbst wenn sie gezielt erfolgen.[291] Könnte der Gesetzgeber durch Vorschriften des einfachen Rechts den Schutzbereich des Grundrechts bestimmen, würde der Schutz der Versammlungsfreiheit und damit das Grundrecht insgesamt ausgehöhlt. Es bleibt daher dabei, dass darauf abzustellen ist, ob die Versammlung als Ganzes zu Gewalttätigkeiten und Aufruhr führt. Das ist im Fallbeispiel zu verneinen.

289 Vgl. BVerfGE 83, 130 (142) = NJW 1991, 1471 – Josefine Mutzenbacher; BVerfGE 122, 89 (107) = NJW 2009, 2190 – Lüdemann.

290 Vgl. BVerfGE 73, 206 ff. = BeckRS 1986, 50.

291 BVerfGE 104, 92 (106) = BeckRS 2001, 30213913.

VI. Kontrollfragen

?

1. Erläutern Sie den sachlichen Schutzbereich der Versammlungsfreiheit gem. Art. 8 I GG!
2. Wie sind die Begriffe „friedlich" und „unter freiem Himmel" zu verstehen?
3. Besteht Anmeldepflicht auch bei Spontan- oder Eilversammlungen?
4. Erläutern Sie die Schranken für Versammlungen unter freiem Himmel und in geschlossenen Räumen!

O. Asylrecht, Art. 16a GG

Leitentscheidungen:

BVerfGE 94, 49 ff. = NVwZ 1996, 700 – Sichere Drittstaaten; BVerfGE 94, 115 ff. = NVwZ 1996, 691 – Sichere Herkunftsstaaten; BVerfGE 94, 166 ff. = NVwZ 1996, 678 – Flughafenverfahren.

Weiterführende Literatur:

- *Lübbe-Wolff,* Das Asylgrundrecht nach den Entscheidungen des BVerfG vom 14. Mai 1996, DVBl. 1996, 825 ff.; *Schoch,* Das neue Asylrecht gemäß Art. 16a GG, DVBl. 1993, 1161 ff.
- *Grundfälle: Messmann/Kornblum* JuS 2009, 688 ff., 810 ff.

I. Fälle

a) K beteiligte sich aktiv an terroristischen Aktionen in der Türkei. Um ohne staatlichen Verfolgungsdruck seine Aktionen zur Durchsetzung eines unabhängigen kurdischen Staates vom Ausland aus fortzusetzen zu können, reist er nach Deutschland. Bei einer Razzia wird er von der Polizei aufgegriffen und begehrt während einer Vernehmung durch den polizeilichen Staatsschutz Asyl.

b) A ist Angehöriger einer christlichen Minderheit in seinem vorderasiatischen Heimatland. Nach einer „Revolution des Glaubens" wird die Demokratie dort beseitigt und durch ein islamisches Kalifat ersetzt. Als A offen gegen die Politik der neuen Regierung protestiert, wird er festgenommen. Als die Vertreter des Staates feststellen, dass A Christ ist, wird er als „Ungläubiger" bezeichnet und aus diesem Grund gefoltert. A gelingt die Flucht mithilfe einer Menschenrechtsorganisation, die ihn nach Köln ausfliegen lässt. A beantragt am Flughafen Asyl.

II. Schutzbereich

Das Recht auf politisches Asyl findet sich bereits mit weitgefasstem Inhalt in 372
der Fassung des Grundgesetzes von 1949. Als Reaktion auf die Erfahrungen im Dritten Reich, in dem viele Menschen Schutz vor Verfolgung suchen mussten, stand es zunächst unter keinem Gesetzesvorbehalt. Grundrechtsträger war, wessen Asylanspruch nach einem konstitutiven Anerkennungsakt anerkannt

war. Bis dahin bestand ein umfassendes Bleiberecht mit regelmäßigem Abschiebungsverbot.

373 Diese großzügige Regelung führte in Verbindung mit einem starken Anstieg der Asylbewerberzahlen zu einer seinerzeit umstrittenen Verfassungsänderung durch Gesetz v. 28.6.1993 mit weitgehenden Einschränkungen des Asylrechts.

374 Seitdem haben die Genfer Flüchtlingskonvention (GFK) und die europäischen Sekundärrechtsakte zum Asyl- und Ausländerrecht und auch das Hinzutreten des Art. 18 GRCh bedeutende Einschnitte in das deutsche Asylrecht bewirkt, sodass Art. 16a GG, bezogen auf die aktuelle Flüchtlingssituation nur noch wenig praktische Bedeutung entfaltet.

1. Persönlicher Schutzbereich

375 Das Grundrecht des Art. 16a GG ist ein Menschenrecht, gilt aber nur für politisch Verfolgte.

> **Hinweis:** Das Grundrecht erhält über die Bestimmung des persönlichen Schutzbereichs bereits eine inhaltliche Ausgestaltung.

a) Der Begriff „Verfolgung“

376 Nur ein Verfolgter kann das Asylrecht für sich geltend machen. Gemeint ist dabei nur staatliche Verfolgung[292] oder eine solche, die dem Staat zuzurechnen ist.[293]

377 Dafür genügt es noch nicht, dass der Betroffene in seinem Heimatstaat Eingriffe erdulden musste, die im Geltungsbereich des Grundgesetzes unzulässig wären. Erforderlich ist, dass die Maßnahmen den Betroffenen in einer Intensität treffen, die nicht nur beeinträchtigt, sondern sich als ausgrenzende Verfolgung darstellt. Sie müssen über das hinausgehen, was die Bevölkerung des Heimatstaates aufgrund des dort herrschenden Systems allgemein hinzunehmen hat.[294]

378 Dies ist in jedem Fall gegeben, wenn Maßnahmen des Heimatstaates nach Art, Schwere und Intensität die Menschenwürde verletzen.

379 Demnach liegt aber bei Folgen von Naturkatastrophen, Armut oder Hunger ebenso wenig eine Verfolgung vor, wie im Fall von Bürgerkriegen, Revolutionen oder Unruhen.

380 Die Verfolgung muss im Übrigen der Grund für die Flucht gewesen sein. Sogenannte Nachfluchtgründe, die erst nach Verlassen des Heimatstaates entstanden sind, werden nur in Ausnahmefällen anerkannt.[295]

b) Der Begriff „politisch“

381 In Anlehnung an Art. 1 A. Nr. 2 GFK liegt eine Verfolgung aus politischen Gründen vor, wenn Flüchtlinge „aus der begründeten Furcht vor Verfolgung wegen ihrer Rasse, Religion, Nationalität, Zugehörigkeit zu einer bestimmten sozialen

[292] BVerfGE 9, 174 (180) = NJW 1959, 763.
[293] BVerfGE 80, 315 (335) = NVwZ 1990, 151.
[294] BVerfGE 54, 341 (357) = NJW 1980, 2641.
[295] *Maaßen* StaatsR II Rn. 753.

Gruppe oder wegen ihrer politischen Überzeugung" ihren Heimatstaat verlassen haben. Die Aufzählung ist dabei nicht abschließend. Die Maßnahme muss den Verfolgten aber wegen eines der oben genannten oder vergleichbaren Merkmale treffen.

„Es muss der humanitären Intention entnommen werden, die das Asylrecht trägt, demjenigen Aufnahme und Schutz zu gewähren, der sich in einer für ihn ausweglosen Lage befindet."[296]

Politische Verfolgung besteht daher insbesondere auch bei Verfolgung wegen Homosexualität,[297] wegen der Zugehörigkeit zu einer religiösen oder ethnischen Gruppierung, wegen einer weltanschaulichen oder politischen Überzeugung oder wegen der Heirat eines Menschen anderer Religion. 382

Wenn jemand, der in seiner Heimat in materieller Not leben muss, in der Bundesrepublik die Möglichkeit sucht, seine Lebenssituation zu verbessern, liegt keine politische Verfolgung vor.[298] 383

Merke: Wenn ein Herkunftsstaat aus nichtpolitischen Gründen zur Ahndung bestimmter Straftaten die Todesstrafe androht oder Folter zulässt, liegt keine politische Verfolgung iSd Art. 16a GG vor. Allerdings ist die Abschiebung wegen Art. 3 GFK ausgeschlossen. !

c) Schutzbereichsbegrenzungen

Wer aus einem Mitgliedsstaat der Europäischen Union in die Bundesrepublik Deutschland einreist, kann sich wegen Art. 16a II 1 GG nicht auf Art. 16a I GG berufen.[299] 384

2. Sachlicher Schutzbereich

Das Asylrecht ist ein subjektives Recht, das Schutz vor der Zurückweisung in den Herkunftsstaat bietet. 385

Der Charakter des Art. 16a GG ist umstritten. Teils wird in ihm vor allem ein Abwehrrecht gesehen, das Maßnahmen, welche die Einreise von Flüchtlingen behindern oder deren Aufenthalt beenden, begrenzen soll. Auch einen Leistungsanspruch auf Gestattung des Aufenthalts und Zuerkennung eines aufenthaltsrechtlichen Status soll das Grundrecht begründen.[300] Unzweifelhaft ist Art. 16a GG aber auch ein Verfahrensrecht, das den Staat zu einer Ausgestaltung des Asylverfahrens zwingt, in der die Feststellung politischer Verfolgung zu regeln ist. 386

[296] BVerfGE 80, 315 (335) = NVwZ 1990, 151.
[297] BVerwGE 79, 143 (146 f.) = BeckRS 9998, 169786.
[298] BVerfGE 80, 315 (335) = NVwZ 1990, 151.
[299] BVerfGE 94, 49 (95) = NVwZ 1996, 700 – Sichere Drittstaaten.
[300] v. Mangoldt/Klein/Starck/*Becker* GG Art. 16a Rn. 119.

III. Eingriff in den Schutzbereich

387 Sofern der persönliche Schutzbereich eröffnet ist, kommen Zurückweisungen an der Grenze bei der Einreise oder aufenthaltsbeendende Maßnahmen (Abschiebung) in Betracht. Daneben kommen Verstöße gegen das Leistungsrecht in Betracht, wenn der rechtliche Schutz der Lebensgrundlage des Asylsuchenden im Zufluchtsland nicht sichergestellt wird. Auch die Verweigerung des Rechtsschutzes gegen aufenthaltsbeendende oder asylverweigernde Maßnahmen sind Eingriffe.

IV. Verfassungsrechtliche Rechtfertigung des Grundrechtseingriffs

1. Schranken

388 Ein verfassungsrechtlich gerechtfertigter Eingriff in den Schutzbereich setzt voraus, dass er von den Schranken des Grundrechts gedeckt ist.

389 Aus Art. 16a II 2 GG folgt ein qualifizierter Gesetzesvorbehalt, der es dem Gesetzgeber erlaubt, den persönlichen Schutzbereich dadurch zu beschränken, dass er Staaten zu sogenannten sicheren Drittstaaten erklären kann. Maßnahmen, die den Aufenthalt des Flüchtlings beenden, können unabhängig von einem eingelegten Rechtsbehelf vollzogen werden. Nur, wenn sich die Annahme, ein Drittstaat biete die in Art. 16a II GG beschriebenen Sicherheiten, nachträglich als unhaltbar erweist, tritt die Schutzpflicht der Bundesrepublik Deutschland ein.[301]

390 Auch aus Art. 16a III GG folgt ein qualifizierter Gesetzesvorbehalt, der den persönlichen Schutzbereich betrifft. Hiernach kann der Gesetzgeber sogenannte sichere Herkunftsstaaten bestimmen. Auch hier besteht eine widerlegbare Vermutung, dass der Herkunftsstaat keine politische Verfolgung betreibt.

391 Art. 16a IV GG beschränkt schließlich die Möglichkeit des gerichtlichen Rechtsschutzes bei offensichtlich unbegründete Asylanträgen oder wenn der Antragsteller aus einem sicheren Herkunftsstaat kommt.[302]

392 Nach Art. 16a V GG steht das gesamte Asylrecht unter Völkervertragsvorbehalt, durch den wiederum der persönliche Schutzbereich begrenzt wird.

393 Insgesamt sind damit Eingriffe in den sachlichen Schutzbereich grundsätzlich unzulässig, durch die Schranken wird der persönliche Schutzbereich aber derartig eingegrenzt, dass großen Personengruppen ein Berufen auf Art. 16a GG unmöglich ist.

! **Hinweis:** Die hier vorgenommene Unterteilung in Schutzbereichsbegrenzungen und Schranken ist nicht zwingend, aber sachgerecht.

2. Schranken-Schranken

394 Besondere Verfahrensvorgaben, die sich unmittelbar aus dem Grundgesetz ergeben, betreffen bei Art. 16a GG lediglich die Schrankenregelungen. Im Übrigen gilt auch hier der Verhältnismäßigkeitsgrundsatz des Art. 20 III GG, wobei dieser

[301] BVerfGE 94, 49 (99 f.) = NVwZ 1996, 700 – Sichere Drittstaaten.
[302] Vgl. BVerfGE 94, 115 ff. = NVwZ 1996, 691 – Sichere Herkunftsstaaten.

sich nur auf Regelungen zur verfahrensmäßigen Ausgestaltung des Asylrechts beziehen kann.

V. Lösungshinweise zu den Fällen

a) Um Anspruch auf Asyl zu haben, müsste K politisch verfolgt werden. Wenn die Türkei Straftaten verfolgt, die sich – gleich ob aus politischer Überzeugung heraus oder nicht – gegen Rechtsgüter anderer richten, fehlt es an politischer Verfolgung. Wenn K allerdings wegen seiner politischen Überzeugung eine Behandlung durch den türkischen Staat droht, die härter ist, als die zur Ahndung ähnlicher, nichtpolitischer Straftaten übliche, kann politische Verfolgung zu bejahen sein.

Allerdings enthält das Asylrecht den Grundgedanken, denjenigen Schutz zu gewähren, die in einer für sie ausweglosen Lage Schutz und Frieden suchen.[303] Solange K jedoch seine terroristischen Aktionen von Deutschland aus fortsetzen will, kann er Asyl nicht beanspruchen.[304]

Nach Art. 3 GFK ist vor einer Abschiebung allerdings zu prüfen, ob dem K Folter oder eine sonstige die Menschenwürde verletzende Behandlung droht.

b) Der persönliche Schutzbereich müsste eröffnet sein. A wird in seinem Heimatland gefoltert. Hierin liegt eine staatlich gesteuerte Verletzung seiner Menschenwürde. Verfolgung liegt daher vor. Diese müsste auch politisch sein. Da A aufgrund der Zugehörigkeit zu einer religiösen Gruppierung misshandelt wird, liegt ein Fall der politischen Verfolgung vor. Da A nicht aus einem Land der EU stammt, greift die Schutzbereichsbegrenzung in seinem Fall nicht. Der persönliche Schutzbereich ist eröffnet. A beantragt Asyl; somit ist auch der sachliche Schutzbereich eröffnet.

Die Voraussetzungen der Schranken des Art. 16a GG, die den persönlichen Zugang zum Asylrecht regeln, liegen nicht vor, sodass dem Staat keine Möglichkeit gegeben ist, den Asylanspruch des A einzuschränken. Dem A ist daher Asyl zu gewähren.

VI. Kontrollfragen

1. Erläutern Sie die Begriffe „sicherer Drittstaat“ und „sicherer Herkunftsstaat“!
2. Wie ist der Begriff „politisch Verfolgte“ zu verstehen?

?

303 BVerfGE 74, 51 (60) = NVwZ 1987, 573.
304 BVerfGE 109, 1 (49) = NVwZ 2004, 468.

5. KAPITEL. Bearbeitung staatsrechtlicher Fragestellungen im Grundstudium

Wesentlich für eine erfolgreiche Bearbeitung von staatsrechtlichen Fragestellungen ist ein gelungener Transfer des erworbenen theoretischen Wissens im Rahmen einer schriftlichen Klausurbearbeitung. Ganz praktische Faktoren für den Klausurerfolg sind dabei die Beherrschung des Prüfungsschemas als strukturellem Rahmen, des Gutachtenstils als prägender Bearbeitungsform sowie die Beachtung einiger, wesentlicher Grundregeln für die Klausurbearbeitung von (staats-)rechtlichen Aufgabenstellungen. 1

A. Arten staatsrechtlicher Aufgabenstellungen

I. Wissensfragen

Grundsätzlich sind im Staatsrecht zwei Arten von Aufgabenstellungen zu unterscheiden. Zum einen sind reine „Wissensabfragen" denkbar. Diese können sich sowohl auf staatsorganisationsrechtliche Fragestellungen als auch auf einzelne Grundrechte beziehen. 2

Beispielhafte Fragestellungen können unter anderem sein: 3

- Erläutern Sie die Staatsstrukturprinzipien aus Art. 20 GG!
- Erläutern Sie die Begrifflichkeiten „Vorrang" und „Vorbehalt" des Gesetzes!
- Erläutern Sie die wesentlichen Elemente des Rechtsstaatsprinzips!

Darüber hinaus können sich Fragestellungen auch auf einzelne Grundrechte beziehen. Hier sind Fragestellungen denkbar, die sich zB auf den sachlichen Schutzbereich eines Grundrechts oder auf besondere Verfassungsvorgaben, die im Rahmen der Schranken-Schranken zu beachten sind, beziehen. 4

Beispielhafte Fragestellungen können sich wie folgt darstellen: 5

- Erläutern Sie den sachlichen Schutzbereich des Grundrechts auf Freiheit der Person aus Art. 2 II 2 GG iVm Art. 104 I GG und grenzen Sie diesen von der allgemeinen Handlungsfreiheit aus Art. 2 I GG und dem Grundrecht der Freizügigkeit aus Art. 11 GG ab!
- Erläutern Sie die unterschiedlichen Schrankentypen des Grundgesetzes!
- Welche besonderen Verfassungsvorgaben sind im Rahmen der Schranken-Schranken für das Grundrecht auf Freiheit der Person aus Art. 2 II 2 GG iVm Art. 104 I GG zu beachten?

Grundsätzlich – dies deckt sich auch mit der langjährigen Klausurpraxis im Rahmen des Grundstudiums des Bachelorstudiengangs „Polizeivollzugsdienst" 6 an der HSPV NRW – sind reine Wissensabfragen dieser Art regelmäßig nicht der Schwerpunkt einer staatsrechtlichen Aufgabenstellung, sondern werden eher im Sinne von ergänzenden Fragen eingesetzt.

II. Gutachtliche Überprüfung von polizeilichen Maßnahmen

7 Der Schwerpunkt von staatsrechtlichen Klausuraufgaben liegt regelmäßig in einer gutachtlichen Bearbeitung von polizeilichem Handeln mit Grundrechtsbezug. Konkret sind mögliche Grundrechtsverletzungen des Bürgers durch polizeiliche Maßnahmen zu überprüfen.

8 Beispielhafte Aufgabenstellungen können wie folgt lauten:

- Wird der Bürger X durch den polizeilichen Platzverweis in seinen Grundrechten verletzt?
- Überprüfen Sie gutachtlich, ob der Y durch die polizeilichen Maßnahmen in seinen Grundrechten verletzt wird!

9 Die strukturelle Herangehensweise an Aufgabenstellungen dieser Art, also das konkrete Prüfungsschema einer solchen Grundrechtsprüfung ist bereits ausführlich besprochen worden (→ Kap. 3 Rn. 88) und bildete das Gerüst für die Besprechung der einzelnen Grundrechte.

10 Die Einhaltung dieses Prüfungsschemas als Rahmen für die Bearbeitung von staatsrechtlichen Aufgabenstellungen ist ein wesentlicher Erfolgsfaktor. Ganz elementar ist daneben aber auch, dass die Studierenden die Fallfrage in der Form eines Rechtsgutachtens beantworten. Prägendes Merkmal und von den Studierenden verlangt, ist die Beachtung des sog. Gutachtenstils.

B. Gutachtenstil

I. Abgrenzung Gutachtenstil und Urteilsstil

11 Für die Lösung rechtlicher Aufgabenstellungen bieten sich zwei Vorgehensweise an. Zum einen kommt eine Darstellung im **Urteilsstil** in Betracht. Hierbei wird das Ergebnis vorangestellt und dann näher begründet.

Beispiele:

- „Eine Grundrechtsverletzung des X liegt nicht vor, da die polizeiliche Durchsuchung insgesamt verfassungsgemäß war. Insbesondere ist die Vorgabe des Art. 13 II GG beachtet worden, nach der es grundsätzlich einer richterlichen Durchsuchungsanordnung bedarf. Eine solche lag mit dem Durchsuchungsbeschluss des Amtsgerichts Bergisch-Gladbach v. 14.2.2016 vor …“.
- „Die vorläufige Festnahme des Y war angemessen, da das Interesse an der Strafverfolgung eines Totschlags gem. § 212 StGB das Interesse des Y an seiner körperlichen Fortbewegungsfreiheit deutlich überwiegt.“

12 Wie aus der Bezeichnung schon hervorgeht, wird der Urteilsstil vor allen Dingen bei der Abfassung von richterlichen Urteilen verwendet.

13 Einen anderen Ansatz verfolgt der **Gutachtenstil**. Hier kennt der Bearbeiter das Ergebnis noch nicht, stellt Arbeitshypothesen auf, überprüft diese und arbeitet sich so an das Ergebnis heran.

> Folgendes **Beispiel** verdeutlicht diese Herangehensweise:
>
> „Der polizeiliche Platzverweis gegenüber X müsste auch verhältnismäßig gewesen sein. Dies ist dann der Fall, wenn er als Mittel geeignet, erforderlich und angemessen ist um das polizeiliche Ziel zu erreichen. Die Polizeibeamten wollen durch den Platzverweis erreichen, dass X nicht weiter Passanten auf dem Marktplatz belästigt. Zur Erreichung dieses Ziels müsste der Platzverweis zunächst geeignet sein. Das ist dann der Fall, wenn …“.

14 Beim oberflächlichen, ganz pragmatischen Vergleich beider Stilarten erscheint der Urteilsstil zunächst attraktiver; ist er doch prägnanter, kürzer und weniger zeitaufwändig als der Gutachtenstil. Von Studierenden der Rechtsfächer sowohl an den Universitäten als auch an den Hochschulen im Polizeibereich wird jedoch grundsätzlich eine Bearbeitung von Fallfragen im Gutachtenstil verlangt. Dies ist notwendig, um überprüfen zu können, ob die Studierenden Lösungen für rechtliche Fallprobleme schrittweise und unter Nutzung von Hilfsmitteln (Gesetzestext, Definitionen) sachverhaltsbezogen entwickeln und einem Ergebnis zuführen können. Vergleicht man dies mit Einsatzsituationen in der Praxis, in der kein Polizeivollzugsbeamter die Lösung bzw. das Ergebnis im Voraus kennt, so zeigt sich, dass seine gedanklichen Überlegungen vor einem Einschreiten eher einem Gutachten als einem Urteil gleichen. Insofern ist es konsequent, dass im Studium bei schriftlichen Leistungsnachweisen der Gutachtenstil verlangt wird. In der späteren polizeilichen Praxis wird immer eine gedankliche Vorprüfung bei der Einsatzbewältigung oder Sachbearbeitung im Raum stehen – zB hinsichtlich der Grundrechtsrelevanz einer Maßnahme, der Strafbarkeit eines Verhaltens oder der Verhältnismäßigkeit einer polizeilichen Maßnahme, sodass eine Schwerpunktsetzung im Bereich des Gutachtenstils im Studium eine gute und hilfreiche Vorbereitung auf den praktischen Alltagseinsatz darstellt.

II. Anwendung des Gutachtenstils

15 Die Methode des Gutachtenstils vollzieht sich in vier Schritten. Es wird zunächst eine Ausgangsfrage formuliert, danach wird der entsprechende Begriff näher definiert, diese Definition wird dann auf den Einzelfall angewendet um schließlich zum Ergebnis zu kommen.

Die vier Schritte des Gutachtenstils	
1. Schritt: Hypothese	Frage aufwerfen
2. Schritt: Definition	Voraussetzung nennen
3. Schritt: Subsumtion	Anwendung auf den Fall
4. Schritt: Konklusion	Ergebnis feststellen

Abb. 38 Gutachtenstil

16 Typischerweise wird beim Gutachtenstil im Konjunktiv, der Möglichkeitsform, mit Verben wie „könnte“, „müsste“ oder „wäre“ formuliert.

> **Beispiel:** Polizeibeamte erteilen dem Bürger B, der nachts laut grölend durch ein Wohngebiet nach Hause geht, die Weisung, „seinen Heimweg leise fortzusetzen“. Es soll nun geprüft werden, ob der sachliche Schutzbereich des Grundrechts der allgemeinen Handlungsfreiheit, Art. 2 I GG, eröffnet ist.
>
> 1. Schritt „Hypothese“: „Durch die polizeiliche Weisung an B „leise nach Hause zu gehen“ müsste der sachliche Schutzbereich des Grundrechts der allgemeinen Handlungsfreiheit eröffnet sein.“
>
> 2. Schritt „Definition“: „Die allgemeine Handlungsfreiheit gem. Art. 2 I GG schützt die Freiheit des Einzelnen, zu tun und zu lassen, was er möchte.“
>
> 3. Schritt „Subsumtion“: „Zur Freiheit des Einzelnen gehört auch, zur Nachtzeit laut singend oder grölend nach Hause zu gehen.“
>
> 4. Schritt „Konklusion“: „Der sachliche Schutzbereich der allgemeinen Handlungsfreiheit gem. Art. 2 I GG ist eröffnet.“

17 Im Rahmen einer umfassenden staatsrechtlichen Fallbearbeitung wird der Gutachtenstil auf den verschiedenen Ebenen des Prüfungsschemas angewendet. Auf dem Weg zur abschließenden Beantwortung der Ausgangsfrage, ob der Bürger durch eine polizeiliche Maßnahme in seinen Grundrechten verletzt worden ist, werden dabei die einzelnen Prüfungspunkte (zB ob der Schutzbereich eines Grundrechts eröffnet ist oder ein Eingriff vorliegt) im Gutachtenstil abgearbeitet. Dabei ist es sinnvoll, zu den einzelnen Prüfungspunkten Zwischenergebnisse zu formulieren, um dann schlussendlich die im Obersatz aufgeworfene Ausgangsfrage im Gesamtergebnis zu beantworten.

C. Hinweise für die Klausurbearbeitung

18 Neben der Beachtung des Gutachtenstils ist für die erfolgreiche Bearbeitung von (staats)rechtlichen Klausuraufgaben die Beachtung der folgenden Regeln hilfreich:

I. Lesen der Aufgabenstellung und des Bearbeitervermerks

19 Vor der Lektüre des Sachverhalts steht immer das Lesen der Aufgabenstellung sowie des Bearbeitervermerks. Hieraus ergeben sich wesentliche Informationen – Welche polizeilichen Maßnahmen sind zu überprüfen, Welche Maßnahmen sind nicht zu überprüfen und gegebenenfalls sogar explizit ausgeschlossen? –, die für die anschließende, fallfragenbezogene Lektüre des Sachverhalts wesentlich sind. Denkbar sind sowohl konkrete, maßnahmenbezogene Aufgabenstellungen wie beispielsweise „Überprüfen Sie gutachtlich, ob der X durch das erteilte Aufenthaltsverbot in seinen Grundrechten verletzt wird!“ als auch allgemein formulierte Aufgabenstellungen wie zB „Überprüfen Sie gutachtlich, ob der X durch die polizeilichen Maßnahmen in seinen Grundrechten verletzt wird!“. Bei allgemein gehaltenen Aufgabenstellungen müssen im Rahmen der weiteren Lektüre des

Sachverhalts die relevanten polizeilichen Maßnahmen herausgefiltert werden. Bei auf einzelne Maßnahmen eingegrenzten Aufgabenstellungen stellt die vorherige aufmerksame Lektüre der Aufgabenstellung sicher, dass nicht auch eventuell andere im Sachverhaltstext auftauchende Maßnahmen überprüft werden.

Zu beachten ist immer auch ein eventuell ergänzender Bearbeitervermerk, der hilfreiche Hinweise für die Bearbeitung geben oder auch Bearbeitungsausschlüsse enthalten kann. Im Rahmen von staatsrechtlichen Aufgabenstellungen an der HSPV NRW hat sich folgender Bearbeitungsvermerk etabliert und bewährt: 20

> **Beispiel Bearbeitervermerk:** „Von der Verfassungsmäßigkeit der gesetzlichen Ermächtigungsgrundlagen darf ausgegangen werden. Soweit die Prüfung der Anwendung einer Ermächtigungsgrundlage erforderlich ist, bedarf es nur der Prüfung besonderer Verfahrensvorschriften, soweit solche sich unmittelbar aus dem Grundgesetz ergeben und der Verhältnismäßigkeit."

Für die Fallbearbeitung stellt dies klar, dass es um die Verfassungsmäßigkeit der polizeilichen Maßnahme geht. Prüfungsmaßstab ist das Grundgesetz. Eine formelle und materielle einfachrechtliche Rechtmäßigkeitsprüfung am Maßstab von StPO oder PolG NRW soll im Staatsrecht gerade nicht erfolgen. Folglich ist bei der Prüfung einer möglichen Grundrechtsverletzung bei der Frage der verfassungsrechtlichen Rechtfertigung zunächst die Schranke des jeweils einschlägigen Grundrechts sauber herauszuarbeiten. Sodann ist die zutreffende Ermächtigungsgrundlage aus StPO bzw. PolG NRW zu benennen und zu prüfen, ob diese der Schrankenbestimmung genügt. Die Verfassungsmäßigkeit der Ermächtigungsgrundlage darf in formeller wie materieller Hinsicht unterstellt werden, sodass zB die Einhaltung des Zitiergebots aus Art. 19 I 2 GG hier nicht zu prüfen ist. Ebenfalls im Rahmen einer staatsrechtlichen Aufgabenstellung **nicht** zu prüfen sind die tatbestandlichen Voraussetzungen der einfachgesetzlichen Ermächtigungsgrundlage wie das Vorliegen einer „konkreten Gefahr" gem. § 34 I PolG NRW oder besondere Verfahrensvorschriften. Im Rahmen der „Schranken-Schranken" sind bei der Frage der verfassungsrechtlichen Rechtfertigung nur unmittelbare Verfassungsvorgaben wie zB der Richtervorbehalt in Art. 104 II GG oder Art. 13 II GG zu prüfen. Immer zu prüfen, weil es sich um eine allgemeine Verfassungsvorgabe aus dem Rechtsstaatsprinzip gem. Art. 20 III GG handelt, ist der Verhältnismäßigkeitsgrundsatz. 21

II. Lesen des Sachverhalts

Nachdem die Aufgabenstellung geklärt ist, folgt das aufmerksame Lesen des Sachverhalts. Dieser sollte mindestens zweimal, besser dreimal aufmerksam gelesen werden. Parallel können bereits Notizen zur Lösung angefertigt werden. Zu beachten ist, dass in der Regel alle im Sachverhalt gegebenen Informationen für die Falllösung relevant sind. Sind im Sachverhalt wichtige Informationen nicht enthalten, wie zB ob Polizeibeamte nach einer vorläufigen Festnahme versucht haben einen Richter zu kontaktieren, so kann nicht einfach unterstellt werden, dass die Beamten das Gebot der unverzüglichen Benachrichtigung 22 eines Richters aus Art. 104 II GG beachtet haben. Im Gegenteil – sofern nicht die Aufgabenstellung einen entsprechenden Hinweis (zB „Es ist davon auszugehen, dass die Beamten noch in der Nacht erfolglos versucht haben, einen Richter zu erreichen.") enthält, ist davon auszugehen, dass dies gerade nicht erfolgt ist. Kurzum – Sachverhaltsunterstellungen oder Sachverhaltserweiterungen sind immer zu vermeiden.

III. Erstellen eines Lösungskonzepts

23 Bevor es an die Reinschrift der Klausurlösung geht, ist es notwendig, dass ein Lösungskonzept erstellt wird. Dies stellt den „Fahrplan" für die Reinschrift der Klausurlösung dar. Die komplette Klausurlösung muss durchdacht sein, bevor es an die Anfertigung der Reinschrift geht.

24 Im Rahmen der Bearbeitung von staatsrechtlichen Aufgabenstellungen muss man sich im Rahmen von Vorüberlegungen zunächst klar machen,

1. welche polizeiliche Maßnahme getroffen wurde,
2. auf welche Ermächtigungsgrundlage diese zu stützen ist und
3. welche Grundrechtsrelevanz die Maßnahme hat.

25 Sind nach der Aufgabenstellung mehrere polizeiliche Maßnahmen zu überprüfen, so ist für jede einzelne Maßnahme die Grundrechtsprüfung zu strukturieren.

Beispiel:

1. Maßnahme: Festnahme des X (§ 127 II StPO)
   Grundrechtsprüfung: Freiheit der Person – Art. 2 II 2 GG iVm Art. 104 I GG
2. Maßnahme: Durchsuchung der Wohnung des X (§ 41 PolG NRW)
   Grundrechtsprüfung: Unverletzlichkeit der Wohnung – Art. 13 I GG
3. Maßnahme: Aufenthaltsverbot gegenüber Z (§ 34 II PolG NRW)
   Grundrechtsprüfung: Freizügigkeit – Art. 11 GG

26 Sofern nur eine einzelne polizeiliche Maßnahme zu überprüfen ist, reduziert sich dies entsprechend. Hierbei ist aber zu bedenken, dass einzelne Maßnahmen gegebenenfalls auch eine doppelte Grundrechtsrelevanz haben können, zB in Fällen der Durchsuchung einer Person im Rahmen einer Identitätsfeststellung. Hier ist im Regelfall sowohl das Allgemeine Persönlichkeitsrecht als auch – wegen des freiheitsbeschränkenden Charakters der Maßnahme – auch die Freiheit der Person. Dementsprechend sind dann zwei getrennte Grundrechtsprüfungen zu strukturieren.

Beispiel: Polizeiliche Maßnahme: Durchsuchung der Person im Rahmen einer Identitätsfeststellung (§ 12 II, I Nr. 1 PolG NRW)

I. Grundrechtsprüfung: Allgemeines Persönlichkeitsrecht (gegebenenfalls RIS) – Art. 2 I GG iVm Art. 1 I GG
II. Grundrechtsprüfung: Freiheit der Person – Art. 2 II 2 GG iVm Art. 104 I GG

Auf dieser Basis ist dann das Lösungskonzept für die einzelnen Grundrechtsprüfungen zu erstellen. Nur wenn der Klausurbearbeiter weiß, wie die Klausur zu lösen ist, kann die Lösung anschaulich dargestellt und überzeugend argumentiert werden. Hilfreich ist es, die Gedanken zur Klausurlösung in einer Gliederung, die sich an das staatsrechtliche Prüfungsschema anlehnt, zu verschriftlichen. Dies kann in einer Grobgliederung und einer deutlich differenzierteren Feingliederung erfolgen. Mittels dieses Konzepts kann man sich bei der Anfertigung der Reinschrift immer wieder schnell orientieren, ohne die komplette Lösung nochmals durchdenken zu müssen. Ein anschauliches Beispiel einer solchen Gliederung enthält der nachfolgende Lösungsvorschlag der Beispielsklausur. Im Rahmen eines guten Zeitmanagements sollte man für die Lektüre von Aufgabenstellung und Sachverhalt sowie die Erstellung des Lösungskonzepts maximal 20 % der zur Verfügung stehenden Zeit veranschlagen. 27

Klar sein muss in diesem Zusammenhang, dass im Rahmen der Klausurlösung ein Rechtsgutachten in Reinschrift verlangt ist. Eine noch so ausdifferenziert ausgestaltete Lösungsskizze kann dies nicht ersetzen. Die Lösungsskizze/-gliederung ist primär ein Hilfsmittel für den Klausurbearbeiter. Sie kann und sollte zwar immer mit der Reinschrift abgegeben werden, vermag aber nicht zB aus Zeitgründen nicht im Rahmen der Reinschrift bearbeitete Prüfungen eins zu eins zu ersetzen. Es kann aber für den Klausurkorrektor (und damit letztlich auch für den Studierenden) hilfreich sein, den Gedankengang des Klausurbearbeiters nachzuvollziehen und aus der Gliederung zu ersehen, ob eine aus Zeitmangel nicht fertig ausformulierte Grundrechtsprüfung richtig zu Ende geführt worden wäre. 28

Abschließend ist zu betonen, dass das Lösungskonzept vorrangig ein Hilfsmittel für die Klausurbearbeiter ist. Studierende, die das staatsrechtliche Prüfungsschema gut beherrschen und in der Fallbearbeitung erfahren sind, kommen unter Umständen mit einzelnen Notizen und Gliederungspunkten aus. Für Studierende, die am Anfang ihres Studiums stehen, empfiehlt es sich aber aus der Erfahrung heraus, besonderes Augenmerk auf die Erstellung der Lösungsskizze zu legen. Dies ist die beste Basis für ein erfolgreiches Bestehen der Klausur. 29

IV. Reinschrift der Klausurlösung

Für die Reinschrift der Klausur gilt es zunächst, ganz allgemeine Regeln zu beachten. Jeden Korrektor erfreut es, wenn eine inhaltlich zutreffende Klausurbearbeitung gut lesbar, frei von Rechtschreibfehlern, gut strukturiert und sprachlich gut formuliert ist. Die Lesbarkeit eines Rechtsgutachtens wird deutlich erhöht, wenn Zwischenüberschriften verwendet werden. Zu beachten ist auch, dass die Klausurlösung keine „Schnitzeljagd“ für den Korrektor sein darf, sodass dieser sich die Bearbeitung auf verschiedenen Seiten zusammensuchen muss. Nachträge, Streichungen und Ergänzungen sind – zumal in der Eile und dem Druck einer Klausur – mitunter nicht zu vermeiden. Es darf aber nicht so sein, dass die Reinschrift ein buntes Sammelsurium von Streichungen, die eventuell sogar nachträglich wieder annulliert werden, kaum lesbaren in den Text oder an den Rand gequetschten Ergänzungen oder nicht zuzuordnenden Nachträgen ist. Die Übersichtlichkeit bleibt hier am ehesten gewahrt, wenn man 30 von vorneherein ein separates Beiblatt für Ergänzungen anlegt. Dort können die Ergänzungen und Nachträge insgesamt aufgenommen und nummeriert werden. Ein kurzer Hinweis hierauf im Text zB „Siehe Ergänzung Nr. 7“ oder auch nur „X 7“ erleichtert dann die Zuordnung und hebt die Laune des Korrektors.

V. Verhältnis Gutachtenstil/Urteilsstil

31 Die staatsrechtliche Fallbearbeitung hat grundsätzlich im Gutachtenstil zu erfolgen. Hier muss der Schwerpunkt liegen. In einer Klausur wird eine komplette Bearbeitung im Gutachtenstil schon aus reinen Zeitgründen nicht einzuhalten sein, da die Darstellung dann viel zu umfänglich geraten würde. Daher darf punktuell durchaus auch der Urteilsstil gewählt werden in Form von bloßen Feststellungen oder Kurzsubsumtionen (mit und ohne Begründung):

Beispiele:
- „Anhaltspunkte für einen Grundrechtsverzicht liegen nicht vor.“ (bloße Feststellung)
- Der persönliche Schutzbereich des Art. 11 GG ist eröffnet, da A deutscher Staatsangehöriger iSd Art. 116 GG ist.“ (Kurzbegründung)

32 Als Faustregel für die Klausurbearbeitung gilt, dass problematische Prüfungen stets im Gutachtenstil darzulegen sind, offenkundige Gegebenheiten aber mit einer bloßen Feststellung im Urteilsstil abgehandelt werden können. Diese richtige Stilmischung bereitet dem Studienanfänger erfahrungsgemäß Schwierigkeiten, vermag er doch (noch) nicht immer sicher „Unproblematisches“ von „Problematischem“ abzugrenzen. Sicherheit und Souveränität gewinnt der Studierende hier nur durch stetiges Vor- und Nachbereiten des Lernstoffes und regelmäßiges Üben in Fallbearbeitungen.

VI. Umgang mit wiederholt auftretenden Prüfungspunkten

33 Im Rahmen einer staatsrechtlichen Bearbeitung kann es dazu kommen, dass der Bearbeiter nicht nur eine, sondern mehrere polizeiliche Maßnahmen auf ihre Verfassungsmäßigkeit hin überprüfen muss. Im Rahmen der verschiedenen Prüfungen ist dann gegebenenfalls mehrfach darauf einzugehen, ob ein Eingriff vorliegt bzw. ob eine Maßnahme im Rahmen des Übermaßverbots geeignet, erforderlich und angemessen war. Hier stellt sich für den Bearbeiter regelmäßig die Frage, ob bei jeder einzelnen Prüfung im Gutachtenstil der jeweilige Prüfungspunkt – zB der Begriff des „Eingriffs“ – neu (und damit sich wiederholend) zu definieren ist. Hier ist es aus Zeitgründen durchaus zulässig, bei der wiederholten Prüfung eines Begriffs auf die nochmalige, gleichlautende Definition zu verzichten und unmittelbar in die fallbezogene Subsumtion einzusteigen. Eines Verweises in der Art von „Definition Eingriff s. oben“ bedarf es dabei an sich nicht. Unerlässlich ist aber, dass der mehrfach zu erörternde Begriff im Rahmen der ersten Prüfung sorgfältig und sachlich richtig definiert worden ist. Beispiele wie man in der Klausurbearbeitung hiermit umgehen kann, finden sich in der Reinschrift zu nachfolgender Übungsklausur (→ Kap. 5 Rn. 40 ff.).

VII. Besonderheiten bei der Bearbeitung staatsrechtlicher Aufgabenstellungen

In staatsrechtlichen Aufgabenstellungen wird es regelmäßig um mögliche Verletzungen von Freiheitsgrundrechten des Bürgers durch polizeiliche Maßnahmen gehen. Im Rahmen der Klausurbearbeitung ist daher immer primär eine mögliche Verletzung von speziellen Freiheitsgrundrechten (zB Art. 11 GG, Art. 2 II GG iVm Art. 104 GG) in Betracht zu ziehen. Diese sind vorrangig zu prüfen. Erst in einem zweiten Schritt – wenn zB der sachliche oder persönliche Schutzbereich eines speziellen Freiheitsgrundrechts nicht eröffnet ist – ist die allgemeine Handlungsfreiheit gem. Art. 2 I GG als allgemeines Freiheitsgrundrecht heranzuziehen. Nur ausnahmsweise, wenn offensichtlich kein spezielles Freiheitsgrundrecht in Betracht kommt, kann die Prüfung unmittelbar mit einer möglichen Verletzung des Betroffenen aus Art. 2 I GG begonnen werden (hierzu → Kap. 3 Rn. 14). 34

Ein wesentlicher Schwerpunkt eines staatsrechtlichen Gutachtens sollte immer bei der Erörterung der verfassungsrechtlichen Rechtfertigung eines (polizeilichen) Grundrechtseingriffs liegen. Hier ist insbesondere bei den Grundrechten der Freiheit der Person, Art. 2 II GG iVm Art. 104 GG, und der Unverletzlichkeit der Wohnung, Art. 13 GG, daran zu denken, dass hier die Einhaltung besonderer Verfassungsvorgaben (Richtervorbehalt etc) im Rahmen der Schranken-Schranken zu überprüfen ist. Bei der Prüfung der Einhaltung des Übermaßverbots als allgemeiner Verfassungsvorgabe aus Art. 20 III GG können sich Bearbeiter positiv von der Masse abheben, wenn hier nicht nur schematisch und in der richtigen Reihenfolge geprüft, sondern auch – insbesondere im Rahmen der Angemessenheit bzw. Verhältnismäßigkeit im engeren Sinne – sorgfältig argumentiert wird (hierzu → Kap. 2 Rn. 140). 35

VIII. Anteil des Staatsrechts an der Klausur GS 2 im Bachelorstudiengang „Polizeivollzugsdienst" an der HSPV NRW

Im Rahmen des Bachelorstudiengangs Polizeivollzugsdienst an der HSPV NRW bildet das Staatsrecht das Teilmodul 2.1. des Moduls GS 2 „Eingriffsrecht/Staatsrecht". Beide Rechtsgebiete werden im Grundstudium in einer gemeinsamen Klausur von vier Zeitstunden geprüft. Dabei soll die Klausuraufgabe die Gewichtung der Module GS 2.1. (Staatsrecht) und GS 2.2. (Eingriffsrecht) widerspiegeln, sodass sich in der Praxis der letzten Jahre ein Aufgabenanteil für das Staatsrecht von 30–40 % an der Gesamtklausur im Grundstudium im Modul GS 2 etabliert hat. Im Hauptstudium 2 sind im Modul 2.2. staatsrechtliche Inhalte vorgesehen, die unter Umständen auch als Teil einer Modulklausur von zwei Zeitstunden abgeprüft werden können. 36

IX. Abschließende allgemeine Hinweise für die Klausurbearbeitung

Ganz allgemein sollten Studierende noch folgende, abschließende Hinweise bei der Anfertigung von Klausurarbeiten beherzigen: 37

38 Im Idealfall – dies ist leider nicht der Regelfall – sollten Bearbeiter spätestens ca. zehn Minuten vor Abgabe mit der Anfertigung der Reinschrift fertig sein. Nach einem kurzen Durchschnaufen sollte man die dann noch verbleibende Zeit in Ruhe für eine Durchsicht der Arbeit und eventuelle Korrektur von Fehlern nutzen. Häufig lassen sich jetzt noch im Nachhinein ärgerliche und leicht vermeidbare Flüchtigkeitsfehler und peinliche Rechtschreibfehler korrigieren. Auch die richtige Reihung der Seitenzahlen und die richtige Reihenfolge der Bearbeitungsblätter sollte man beachten, dies erleichtert die Korrektur der Arbeit.

39 Noch ein – aus eigener Erfahrung der Autoren – wichtiger Hinweis für die Zeit nach der Abgabe der Arbeit: Die Klausur ist geschrieben und abgegeben, Änderungen sind nicht mehr möglich und einige Wochen später wird das (hoffentlich positive) Klausurergebnis bekanntgegeben werden. Angesichts dieser Tatsachen sollten Sie die Klausur mit dem Moment der Abgabe bis zur Rückgabe erst einmal „abhaken", ändern können Sie ja zunächst einmal nichts mehr. Nachfragen bei anderen Studierenden zu möglichen Lösungswegen, hektische Recherchen in Lehrbüchern oder im Internet mit dem Ziel der eigenen Beruhigung und Bestätigung der eigenen Lösung bleiben oft ergebnislos, führen zu steigender Verunsicherung bei allen Beteiligten, sind zeitaufwändig und nicht zielführend. Noch wichtiger: eine solche sinnlose Nachbereitung einer bereits geschriebenen Klausur bindet Ihre Zeit und Konzentration für eventuell bereits wenige Tage später anstehende Klausuren in einem anderen Gebiet. Daher – selbst wenn Sie mit einem schlechten Gefühl (dies muss nicht richtig sein) aus einer Klausur herausgehen, sollten Sie die Klausur gedanklich „abhaken" und sich auf die nächsten Aufgaben konzentrieren. Dies gelingt jedem auf unterschiedliche Weise. Hilfreich kann es sein, die nicht mehr benötigten Unterlagen tatsächlich „vom Tisch zu räumen und wegzupacken", sich eine kurze Pause/Belohnung (zB Sport, Kinobesuch) zu gönnen und dann auf die neue Aufgabe/Klausur zu fokussieren. Gerade wenn mehrere Prüfungen in kurzer Folge anstehen, ist es wichtig, dass man die Konzentration über einen längeren Zeitraum aufrecht erhält und in einen Klausur- und Prüfungsrhythmus kommt.

D. Klausur im Staatsrecht GS 2 mit Musterlösung

40 Die Klausur kombiniert Grundrechtsprüfungen aus dem Bereich des Allgemeinen Persönlichkeitsrechts bzw. Rechts auf informationelle Selbstbestimmung, Art. 2 I GG iVm Art. 1 I GG, mit Fragestellungen des Grundrechts der Freiheit der Person, Art. 2 II 2 GG iVm Art. 104 GG.

41 Die Klausur hat einen mittleren Schwierigkeitsgrad. Die Bearbeitungszeit beträgt zwei Zeitstunden.

I. Sachverhalt und Aufgabenstellung

42 In der nordrhein-westfälischen Kleinstadt K gehen gegen 18.00 Uhr mehrere Beschwerden bei der Polizei ein, in der Grünanlage eines Wohngebietes verursachten mehrere Personen seit Stunden unerträglichen Lärm.

Da die Ordnungsbehörde nicht erreichbar ist, fahren die Polizisten Ahrens und Behrens zum Ort des Geschehens.

Schon beim Herannahen hören sie lautes Gegröle. Sie treffen fünf junge Erwachsene an, die angeben, ihr Abitur zu feiern. Die Beamten weisen sie darauf hin, dass sich die Anwohner massiv gestört fühlten und fordern die Personen auf, leiser zu feiern, sonst müssten sie die Anlage verlassen. Die Abiturienten sind zunächst uneinsichtig. Weil sie davon ausgehen, die Störer würden sich eher ruhig verhalten, wenn sie „polizeibekannt" seien, stellen die Polizisten die Personalien der Anwesenden fest. Im Anschluss versprechen die Personen, ab jetzt ruhiger zu sein.

In der Folge gehen weitere Beschwerdeanrufe ein. Als auch eine erneute Ansprache nicht zum Erfolg führt, die inzwischen angetrunkenen Feiernden vielmehr deutlich machen, so lange und so laut feiern zu wollen, wie es ihnen passe, weist Ahrens die Abiturienten gegen 21.00 Uhr an, die Grünanlage zu verlassen und die Anlage bis zum nächsten Morgen acht Uhr nicht mehr zu betreten.

Auf der Rückfahrt fahren Ahrens und Behrens durch die Goethestraße.

Hier war es in der Vergangenheit wiederholt zu Diebstählen von hochwertigen Navigationsgeräten aus Pkw gekommen. Die Indizien und die Begehungsweise deuteten darauf hin, dass es sich um jeweils den- oder dieselben Täter handelt. Die Täter hatten jeweils die der Straße abgewandte Seitenscheibe eingeschlagen und das Navigationsgerät mit Spezialwerkzeugen aus seiner Halterung gezogen.

Die Polizisten bemerken einen Porsche Cayman mit eingeschlagener Seitenscheibe. Als die Polizisten sich zum Auto begeben, sehen sie eine Person, die auf dem Beifahrersitz eines in geringer Entfernung geparkten Range Rovers sitzt. Beim Herannahen der Polizisten steigt die Person aus und entfernt sich mit einem Rucksack über der Schulter.

Als die Beamten auf der Höhe des Range Rovers sind, stellen sie fest, dass auch bei diesem Pkw die Seitenscheibe zerstört ist. Sie fordern die Person (P) auf, stehen zu bleiben, was diese auch mit den Worten: „Ich weiß gar nicht, was ihr von mir wollt" tut. Die Beamten sagen daraufhin, der Pkw, aus dem P ausgestiegen sei, sei ja wohl offensichtlich aufgebrochen worden. P schweigt auf die Frage, ob er der Halter des Fahrzeuges sei und kann keine Erklärung abgeben, was er in dem Wagen wollte. Ahrens fordert den P auf, sich auszuweisen. P erwidert, wer er sei, ginge niemanden etwas an. Als auch eine erneute Aufforderung ohne Erfolg bleibt, erklärt Behrens dem P, dann werde er eben nach Ausweispapieren suchen. Bei der Durchsuchung greift Behrens in die Innentasche der Jacke des P, weil er hofft, dort eine Brieftasche mit Ausweispapieren zu finden. Stattdessen findet er in der Tasche jedoch eine Flachzange und einen Nothammer. Bei seiner späteren Vernehmung räumt P die Taten ein.

Aufgabe: Prüfen Sie in einem Gutachten, ob durch

a) die Anordnung an die Abiturienten, die Grünanlage zu verlassen und bis zum nächsten Morgen nicht zu betreten und
b) die Durchsuchung der Jacke des P

die Betroffenen in ihren Grundrechten verletzt werden.

Bearbeitungshinweis: Von der Verfassungsmäßigkeit der gesetzlichen Ermächtigungsgrundlagen darf ausgegangen werden. Soweit die Prüfung der Anwendung einer Ermächtigungsgrundlage erforderlich ist, bedarf es nur der Prüfung besonderer Verfahrensvorschriften, soweit solche sich unmittelbar aus dem Grundgesetz ergeben, und der Verhältnismäßigkeit.

II. Lösung

43 Im Rahmen der Klausurlösung ist nun zunächst ein Lösungskonzept zu erstellen. Hierbei ist zunächst eine Grobstrukturierung vorzunehmen, bei der man Klarheit gewinnen muss,

1. welche polizeilichen Maßnahmen getroffen wurden bzw. zu überprüfen sind,
2. auf welche Ermächtigungsgrundlage diese zu stützen sind und
3. welche Grundrechtsrelevanz die Maßnahmen haben.

Auf dieser Basis ist dann das Feinkonzept für die einzelnen Grundrechtsprüfungen zu erstellen. Anschließend muss die Reinschrift der Klausurlösung angefertigt werden.

1. Grobstrukturierung

44 Hier ist es wichtig zu erkennen, dass in dem Sachverhalt zwar mehrere polizeiliche Maßnahmen getroffen werden (Feststellung der Personalien der Abiturienten; Aufforderung, die Grünanlage zu verlassen und die Durchsuchung des P nach Identitätspapieren), die Aufgabenstellung sich aber nur auf die Anordnung, die Grünanlage zu verlassen, und die Durchsuchung der Jacke des P bezieht. Eine mögliche Grundrechtsverletzung durch die vorherige Personalienfeststellung ist nicht zu prüfen. Folgende **Grobstrukturierung** ist vorzunehmen:

1. Polizeiliche Maßnahme:
   - Anordnung, die Grünanalage zu verlassen und bis zum nächsten Morgen nicht wieder aufzusuchen
   - Ermächtigungsgrundlage: § 34 I 1 PolG NRW, Platzverweis
   - Grundrechtsrelevanz:
     Art. 2 II 2 GG iVm Art. 104 GG, Freiheit der Person (Freiheitsbeschränkung)
2. Polizeiliche Maßnahme
   - Durchsuchung der Jacke des P
   - Ermächtigungsgrundlage: § 163b I StPO
   - Grundrechtsrelevanz:
     Art. 2 I GG iVm Art. 1 I GG, Allgemeines Persönlichkeitsrecht/Recht auf informationelle Selbstbestimmung
     Art. 2 II 2 GG iVm Art. 104 GG, Freiheit der Person (Freiheitsbeschränkung)

45 Nach dieser Vorüberlegung ist klar, dass insgesamt drei Grundrechtsprüfungen durchzuführen sind, da die Durchsuchungsmaßnahme gem. § 163b I StPO eine doppelte Grundrechtsrelevanz hat.

2. Feinstrukturierung

Auf der Grundlage dieser Vorüberlegung ist nun eine Feinstrukturierung der drei Grundrechtsprüfungen vorzunehmen. 46

I. Grundrechtsprüfung: Anordnung, die Grünanlage zu verlassen und bis zum nächsten Morgen nicht wieder aufzusuchen – Art. 2 II 2 GG iVm Art. 104 GG, Freiheit der Person

1. Bezeichnung des betroffenen Grundrechts: Art. 2 II 2 GG iVm Art. 104 GG, Freiheit der Person

2. Schutzbereich

a) Persönlicher Schutzbereich (+) Menschenrecht
b) Sachlicher Schutzbereich (+) Art. 2 II 2 GG iVm Art. 104 GG schützt nach hM auch die Hinbewegungsfreiheit; kurze Abgrenzung zu Art. 11 GG und Art. 2 I GG erforderlich.

3. Eingriff

a) Eingriff nach dem weiten Eingriffsbegriff (+)
  - Besonderheit: Kurze Feststellung, dass es sich um eine nur freiheitsbeschränkende Maßnahme handelt.

b) Kein Grundrechtsverzicht (+)

4. Verfassungsrechtliche Rechtfertigung

a) Schranken (+)
  aa) Qualifizierter Gesetzesvorbehalt in Form eines förmlichen Gesetzes Art. 2 II 3 GG iVm Art. 104 I 1 GG
  bb) Ermächtigungsgrundlage des § 34 PolG NRW genügt der Schrankenbestimmung (+)

b) Schranken-Schranken
  aa) Verfassungsmäßigkeit der Ermächtigungsgrundlage des § 34 PolG NRW darf vorausgesetzt werden
  bb) Einhaltung besonderer Verfassungsvorgaben (+)
    - Art. 104 I 2 GG; Folterverbot

  cc) Einhaltung allgemeiner Verfassungsvorgaben – Übermaßverbot, Art. 20 III GG (+)
    - Ziel der Maßnahme: Verhinderung weiterer Ruhestörungen
    - Eignung des Mittels (+)
    - Erforderlichkeit (+), mildere Maßnahmen (vorherige Ansprache und Identitätsfeststellung) sind erfolglos geblieben.
    - Angemessenheit (+)

5. Ergebnis

Eingriff in Art. 2 II 2 GG iVm Art. 104 GG ist verfassungsrechtlich gerechtfertigt. Es liegt keine Grundrechtsverletzung vor.

II. Grundrechtsprüfung: Durchsuchung der Jacke des P – Art. 2 I GG iVm Art. 1 I GG, Allgemeines Persönlichkeitsrecht/Recht auf informationelle Selbstbestimmung

1. Bezeichnung des betroffenen Grundrechts: Art. 2 I GG iVm Art. 1 I GG, Allgemeines Persönlichkeitsrecht/Recht auf informationelle Selbstbestimmung

2. Schutzbereich

a) Persönlicher Schutzbereich (+) Menschenrecht

b) Sachlicher Schutzbereich (+) hier Privatsphäre als Teil des Allgemeinen Persönlichkeitsrechts sowie das Recht auf informationelle Selbstbestimmung

3. Eingriff

a) Eingriff nach dem weiten Eingriffsbegriff (+)

b) Kein Grundrechtsverzicht (+)

4. Verfassungsrechtliche Rechtfertigung

a) Schranken (+)

- aa) Verfassungsunmittelbare Schranke in Form der sog. Schrankentrias, die sich im Ergebnis wie ein einfacher Gesetzesvorbehalt auswirkt.
- bb) Ermächtigungsgrundlage des § 163b I StPO genügt der Schrankenbestimmung (+)

b) Schranken-Schranken

- aa) Verfassungsmäßigkeit der Ermächtigungsgrundlage des § 163b I StPO darf vorausgesetzt werden
- bb) Einhaltung besonderer Verfassungsvorgaben (+), da keine bestehen.
- cc) Einhaltung allgemeiner Verfassungsvorgaben – Übermaßverbot, Art. 20 III GG (+)
  - Ziel der Maßnahme: Feststellung der Identität zur Verfolgung einer Straftat
  - Eignung des Mittels (+)
  - Erforderlichkeit (+), mildere Maßnahmen (Aufforderung sich auszuweisen und Ankündigung der Durchsuchung) sind erfolglos geblieben.
  - Angemessenheit (+)

5. Ergebnis

Eingriff in Art. 2 I GG iVm Art. 1 I GG ist verfassungsrechtlich gerechtfertigt. Es liegt keine Grundrechtsverletzung vor.

III. Grundrechtsprüfung: Durchsuchung der Jacke des P – Art. 2 II 2 GG iVm Art. 104 GG, Freiheit der Person

1. Bezeichnung des betroffenen Grundrechts: Art. 2 II 2 GG iVm Art. 104 GG, Freiheit der Person

2. Schutzbereich

a) Persönlicher Schutzbereich (+) Menschenrecht

b) Sachlicher Schutzbereich (+) hier Wegbewegungsfreiheit während der Durchsuchungsmaßnahme

3. Eingriff

a) Eingriff nach dem weiten Eingriffsbegriff (+)

- Besonderheit: Kurze Feststellung, dass es sich um eine nur freiheitsbeschränkende Maßnahme handelt.

b) Kein Grundrechtsverzicht (+)

4. Verfassungsrechtliche Rechtfertigung

a) Schranken (+)

aa) Qualifizierter Gesetzesvorbehalt in Form eines förmlichen Gesetzes Art. 2 II 3 GG iVm Art. 104 I 1 GG
bb) Ermächtigungsgrundlage des § 163b I StPO genügt der Schrankenbestimmung (+)

b) Schranken-Schranken
aa) Verfassungsmäßigkeit der Ermächtigungsgrundlage des § 163b I StPO darf vorausgesetzt werden
bb) Einhaltung besonderer Verfassungsvorgaben (+)
- Art. 104 I 2 GG; Folterverbot

cc) Einhaltung allgemeiner Verfassungsvorgaben – Übermaßverbot, Art. 20 III GG (+)
- Ziel der Maßnahme: Feststellung der Identität zur Verfolgung einer Straftat
- Eignung des Mittels (+)
- Erforderlichkeit (+), mildere Maßnahmen (Aufforderung sich auszuweisen und Ankündigung der Durchsuchung) sind erfolglos geblieben.
- Angemessenheit (+)

5. Ergebnis

Eingriff in Art. 2 II 2 GG iVm Art. 104 GG ist verfassungsrechtlich gerechtfertigt. Es liegt keine Grundrechtsverletzung vor.

3. Reinschrift

Nach diesen strukturierten Vorüberlegungen ist schließlich das Gutachten in Reinschrift anzufertigen. 47

I. Grundrechtsprüfung: Anordnung, die Grünanlage zu verlassen und bis zum nächsten Morgen nicht wieder aufzusuchen – Art. 2 II 2 GG iVm Art. 104 GG, Freiheit der Person

1. Betroffenes Grundrecht

Die Abiturienten könnten durch die erteilte Anordnung, die Grünanlage zu verlassen und bis zum nächsten Morgen um 8.00 Uhr nicht mehr zu betreten, in ihrem Grundrecht auf Freiheit der Person aus Art. 2 II 2 GG iVm Art. 104 GG verletzt worden sein. Eine Grundrechtsverletzung liegt dann vor, wenn staatliche Organe verfassungswidrig in das Grundrecht eingegriffen haben.

2. Schutzbereich

Dann müsste zunächst der Schutzbereich des Grundrechts eröffnet sein.

Die Freiheit der Person gem. Art. 2 II 2 GG iVm Art. 104 GG ist ein Menschenrecht und schützt als solches alle natürlichen Personen, sodass sich jeder der von dem Polizeibeamten Ahrens angesprochenen Abiturienten auf das Grundrecht berufen kann. Der persönliche Schutzbereich des Grundrechts ist eröffnet.

Es müsste auch der sachliche Schutzbereich eröffnet sein.

Das Grundrecht der Freiheit der Person schützt die körperliche Bewegungsfreiheit. Dies beinhaltet sowohl die Freiheit, sich von einem Ort weg zu bewegen (Wegbewegungsfreiheit), als auch die Freiheit, sich zu einem konkreten – tatsächlich und rechtlich zugänglichen – Ort hin zu bewegen bzw. das Recht an einem bestimmten Ort zu verbleiben (Hinbewegungsfreiheit). Vorliegend werden die Abiturienten durch die Anordnung des Polizeibeamten Ahrens daran gehindert, in der Grünanlage zu verbleiben bzw. sich bis zum nächsten Morgen wieder dort hinzubewegen. Begreift man die Hinbewegungsfreiheit als Teil des Grundrechts der Freiheit der Person, so ist vorliegend durch die Maßnahme des Polizeibeamten Ahrens der sachliche Schutzbereich des Art. 2 II 2 GG iVm Art. 104 GG eröffnet.

Es könnte daneben auch der Schutzbereich des Art. 11 GG, das Recht auf Freizügigkeit, eröffnet sein. Dies schützt das Recht, an jedem Ort Wohnung und Aufenthalt zu nehmen, wobei Aufenthalt nehmen jedes nicht nur vorübergehende bzw. nicht nur flüchtiges Verweilen meint. Als Abgrenzungskriterium wird hier häufig die Dauer eines vollständigen Tages, zum Teil eine Übernachtung verlangt. Insofern die Abiturienten hier nur einige Stunden feiern wollen, kann hier noch nicht von einem „Aufenthalt nehmen" iSd Art. 11 GG gesprochen werden. Gleiches gilt, wenn man für die Abgrenzung der Grundrechte der Freizügigkeit und der Freiheit der Person als Kriterium auf die Bedeutung des Aufenthaltes abstellt. Hier kommt es den Abiturienten darauf an, irgendwo im Freien zu feiern. Der Grünanlage als Ort kommt dabei keine besondere Bedeutung zu, sodass auch unter diesem Gesichtspunkt der Schutzbereich des Art. 11 GG nicht eröffnet ist.

Denkbar ist schließlich auch noch ein Rückgriff auf das allgemeine Freiheitsgrundrecht aus Art. 2 I GG, das die Freiheit schützt, zu tun und zu lassen, was man möchte. Insofern es dem Polizeibeamten Ahrens hier aber nicht darum geht, den Abiturienten das Feiern an sich zu untersagen, sondern vielmehr verhindert werden soll, dass die Jugendlichen sich wieder zum Feiern in die Grünanlage begeben, geht es hier um die durch das speziellere Freiheitsgrundrecht des Art. 2 II 2 GG iVm Art. 104 GG geschützte Hinbewegungsfreiheit. Eines Rückgriffs auf Art. 2 I GG bedarf es daher nicht.

Der sachliche Schutzbereich des Grundrechts der Freiheit der Person ist damit insgesamt eröffnet.

3. Eingriff in den Schutzbereich

Der Polizeibeamte Ahrens müsste durch die getroffene Anordnung in die Grundrechtspositionen der Abiturienten eingegriffen haben.

Ein Eingriff liegt immer dann vor, wenn staatliches Handeln dem Einzelnen ein Verhalten, das in den Schutzbereich eines Grundrechts fällt, ganz oder teilweise unmöglich macht, wobei es nicht darauf ankommt, ob diese Wirkung final oder unbeabsichtigt, unmittelbar oder mittelbar, rechtlich oder faktisch, mit oder ohne Befehl und Zwang erfolgt.

Die von Ahrens erteilte Anordnung, die Grünanlage zu verlassen und nicht mehr zu betreten, ergeht als mündlicher Verwaltungsakt unmittelbar und zielgerichtet gegenüber den Abiturienten. Diese werden in ihrer Hinbewegungsfreiheit unmittelbar eingeschränkt. Ein Eingriff in das Grundrecht der Freiheit der Person gem. Art. 2 II 2 GG iVm Art. 104 GG liegt mithin vor.

Beim Grundrecht der Freiheit der Person kann ein Grundrechtseingriff in der Qualität einer Freiheitsentziehung, dh der vollständigen Aufhebung der Fortbewegungsfreiheit in jede Richtung, oder eine Freiheitsbeschränkung erfolgen.

Vorliegend sind die Abiturienten „nur“ daran gehindert, sich bis zum nächsten Morgen in den Bereich der Grünanlage hinzubewegen. Eine weitere Einschränkung der Fortbewegungsfreiheit erfolgt nicht, sodass es sich um einen Eingriff in die Freiheit der Person in Form einer Freiheitsbeschränkung handelt.

Anhaltspunkte für einen Grundrechtsverzicht ergeben sich aus dem Sachverhalt nicht.

4. Verfassungsrechtliche Rechtfertigung des Eingriffs

a) Schranken

Der Eingriff ist verfassungsmäßig gerechtfertigt, wenn er durch die Schranke des betroffenen Grundrechts gedeckt ist. Das Grundrecht der Freiheit der Person unterliegt gem. Art. 2 II 3 GG iVm Art. 104 I 1 GG einem qualifizierten Gesetzesvorbehalt. Als Ermächtigungsgrundlage ist ein förmliches, dh ein Parlamentsgesetz erforderlich. Der von dem Polizeibeamten Ahrens erteilte Platzverweis stützt sich auf Art. 34 I 1 PolG NRW. Bei dem Polizeigesetz Nordrhein-Westfalen handelt es sich um ein vom Landtag des Landes Nordrhein-Westfalen verabschiedetes förmliches Landesgesetz. Die Schrankenbestimmung des Art. 2 II 3 GG iVm Art. 104 I 1 GG ist damit gewahrt.

b) Schranken-Schranken

Die formelle und materielle Verfassungsmäßigkeit der Ermächtigungsgrundlage des § 34 PolG NRW darf unterstellt werden. Es müssten aber auch die besonderen und allgemeinen Verfassungsvorgaben bei der Gesetzesanwendung beachtet worden sein.

aa) Besondere Verfassungsvorgaben

Als besondere Verfassungsvorgabe ist bei freiheitsbeschränkenden Maßnahmen gem. Art. 104 I 2 GG das Folterverbot zu beachten. Anhaltspunkte für einen Verstoß hiergegen sind nicht ersichtlich. Die weiteren besonderen Verfassungsvorgaben aus Art. 104 II–IV GG sind hier nicht einschlägig, da es sich nicht um eine freiheitsentziehende Maßnahme handelt.

bb) Allgemeine Verfassungsvorgaben

Aus dem Rechtsstaatsprinzip (Art. 20 III GG) ergibt sich schließlich die allgemeine Verfassungsvorgabe des Übermaßverbots. Das verfolgte staatliche Ziel muss in einem angemessenen Verhältnis zu den eingesetzten Mitteln stehen. Es ist daher zu überprüfen, ob der erteilte Platzverweis im Einklang mit dem Übermaßverbot steht. Das ist dann der Fall, wenn der Platzverweis das geeignete, erforderliche und angemessene Mittel zur Erreichung des polizeilichen Ziels ist.

Polizeiliches Ziel der Maßnahme des Ahrens ist die Abwehr von Gefahren für die Anwohner des Wohngebiets. Diese sind durch die lauten Grölereien der Jugendlichen in ihrer Ruhe gestört. Gleichzeitig verfolgt die um 21.00 Uhr getroffene Maßnahme, weitere Ruhestörungen mit Blick auf die bevorstehende Nachtruhe bis zum Morgen zu unterbinden.

Polizeiliches Mittel zur Erreichung dieses Ziels ist der Platzverweis gegenüber den Abiturienten gem. § 34 PolG NRW. Hiermit wird ihnen der Aufenthalt im Bereich der Grünanlage bis zum nächsten Morgen untersagt.

Der Platzverweis müsste geeignet sein, das polizeiliche Ziel zu erreichen. Geeignet ist ein Mittel, wenn es objektiv zwecktauglich ist und das angestrebte Ziel zumindest fördert. Insofern der Platzverweis die Abiturienten daran hindert, die Grünanlage weiter für ihre lautstarken, ruhestörenden Feierlichkeiten zu nutzen, ist der Platzverweis ein geeignetes polizeiliches Mittel.

Der Platzverweis müsste auch das erforderliche Mittel sein. Erforderlich ist ein polizeiliches Mittel, wenn das Ziel der Maßnahme durch kein anderes, gleich wirksames milderes Mittel erreicht werden kann, das die Grundrechte des Betroffenen und die Allgemeinheit weniger belastet. Als milderes Mittel kommt hier insbesondere die Aufforderung an die Abiturienten, sich ruhig zu verhalten, in Betracht. Eine solche Aufforderung ist von den Polizeibeamten jedoch im Vorfeld zweimal ausgesprochen worden und hat sich als nicht zielführend erwiesen. Auch eine Feststellung der Identität der Jugendlichen hat nicht den gewünschten Effekt gehabt. Der Platzverweis ist somit das nächstmildere, erforderliche Mittel.

Schließlich müsste der Platzverweis auch verhältnismäßig im engeren Sinne bzw. angemessen sein. Angemessen ist eine polizeiliche Maßnahme, wenn die mit der Maßnahme verbundene Belastung nicht (völlig) außer Verhältnis zu dem damit verfolgten polizeilichen Ziel steht. Notwendig ist hier eine Güterabwägung zwischen dem öffentlichen Interesse an der Erfüllung der polizeilichen Aufgabe und der Schwere des Eingriffs beim betroffenen Bürger. Vorliegend werden die Abiturienten durch den Platzverweis für den Bereich Grünanlage in ihrer persönlichen Freiheit (konkret der Hinbewegungsfreiheit) beschränkt. Dies ist eine Grundrechtsbeschränkung die Gewicht hat, allerdings zeitlich und örtlich begrenzt ist. Andererseits werden durch den Platzverweis weitere Ruhestörungen (und damit eventuell verbundene Verstöße gegen das LImSchG NRW) verhindert, sowie die bevorstehende Nachtruhe (und damit mittelbar die körperliche Unversehrtheit) der Anwohner geschützt. Insgesamt überwiegt dieses öffentliche Interesse der Gefahrenabwehr die Nachteile der Abiturienten deutlich, sodass der Platzverweis auch das angemessene Mittel ist.

Die polizeiliche Maßnahme verstößt somit nicht gegen das Übermaßverbot und ist insgesamt verfassungsgemäß.

5. Ergebnis

Das Grundrecht der Abiturienten aus Art. 2 II 2 GG iVm Art. 104 GG wurde nicht verletzt.

II. Grundrechtsprüfung: Durchsuchung der Jacke des P – Art. 2 I GG iVm Art. 1 I GG, Allgemeines Persönlichkeitsrecht/Recht auf informationelle Selbstbestimmung

1. Betroffenes Grundrecht

P könnte durch die Durchsuchung seiner Jacke in seinem allgemeinen Persönlichkeitsrecht aus Art. 2 I GG iVm Art. 1 I GG verletzt worden sein. Eine Grundrechtsverletzung liegt dann vor, wenn staatliche Organe verfassungswidrig in das Grundrecht eingegriffen haben.

2. Schutzbereich

Es müsste zunächst der Schutzbereich des Grundrechts aus Art. 2 I GG iVm Art. 1 I GG eröffnet sein.

Das Allgemeine Persönlichkeitsrecht ist ein Menschenrecht, sodass auch der P als natürliche Person hiervon geschützt ist. Der persönliche Schutzbereich ist eröffnet.

Es müsste auch der sachliche Schutzbereich eröffnet sein. Das Allgemeine Persönlichkeitsrecht schützt die Privat- und Intimsphäre des Einzelnen. Hierzu gehört auch die autonome Entscheidung darüber, welche Personen in den körperlichen Nahbereich vordringen dürfen. Bei einer polizeilichen Durchsuchung der Person und der Kleidung am Körper ist diese Privat- und Intimsphäre beeinträchtigt, der Schutzbereich des Allgemeinen Persönlichkeitsrechts mithin eröffnet. Darüber hinaus ist es – zumal bei einer Durchsuchung der Person zum Zwecke des Auffindens von Ausweispapieren – naheliegend, dass Lebenssachverhalte von den durchsuchenden Beamten wahrgenommen werden. Insofern könnte hier auch der Schutzbereich des Rechts auf informationelle Selbstbestimmung als spezielle Ausformung des Allgemeinen Persönlichkeitsrechts eröffnet sein. Das Recht auf informationelle Selbstbestimmung schützt insbesondere die Freiheit des Einzelnen über die Kenntnisnahme, Herausgabe, Verwendung, Weitergabe und Speicherung persönlicher Daten durch staatliche Stellen selbst zu entscheiden. Bei einer Durchsuchung zum Zwecke des Auffindens von Ausweispapieren ist immer auch das Recht auf informationelle Selbstbestimmung betroffen.

Der sachliche Schutzbereich des Art. 2 I GG iVm Art. 1 I GG ist damit eröffnet.

3. Eingriff in den Schutzbereich

Der Polizeibeamte Behrens müsste durch die Durchsuchung in die Grundrechtsposition des P eingegriffen haben.

Die Durchsuchung des P und seiner Kleidung durch den Polizeibeamten Behrens richtet sich zielgerichtet und unmittelbar an P und macht diesem eine autonome Entscheidung, wer sich ihm körperlich nähern darf bzw. wer seine privaten Daten einsehen darf, unmöglich. Mithin liegt ein Eingriff vor.

Anhaltspunkte für einen Grundrechtsverzicht ergeben sich aus dem Sachverhalt nicht.

4. Verfassungsrechtliche Rechtfertigung des Eingriffs

a) Schranken

Der Eingriff ist verfassungsmäßig gerechtfertigt, wenn er durch die Schranke des betroffenen Grundrechts gedeckt ist. Das Allgemeine Persönlichkeitsrecht gem. Art. 2 I GG iVm Art. 1 I GG unterliegt aus Art. 2 I GG einer verfassungsunmittelbaren Schranke, der sog. Schrankentrias. Als Begrenzung kommen insoweit die Rechte anderer, die verfassungsmäßige Ordnung und das Sittengesetz in Betracht. Der Begriff der verfassungsmäßigen Ordnung ist gleichzusetzen mit der Summe aller verfassungsgemäß zustande gekommenen Gesetze und Normen in der Bundesrepublik. Angesichts der Weite dieses Begriffs bleibt für die Rechte anderer und das Sittengesetz faktisch kein eigenständiger Anwendungsbereich.

Im Umkehrschluss bedeutet dies, dass ein Eingriff in Art. 2 I GG dann gerechtfertigt ist, wenn er im Einklang mit der verfassungsmäßigen Ordnung steht und insbesondere aufgrund einer gesetzlichen Ermächtigungsgrundlage erfolgt. Im Ergebnis steht die allgemeine Handlungsfreiheit daher unter einem einfachen Gesetzesvorbehalt.

Den Polizeibeamten Ahrens und Behrens geht es vorliegend um die Verfolgung von Straftaten im Bereich der Eigentumskriminalität (§§ 242, 243 StGB). Als Ermächtigungsgrundlage für die Durchsuchung des P zur Identitätsfeststellung kommt daher § 163b I StPO in Betracht. Diese Ermächtigungsgrundlage genügt der Schrankenbestimmung aus Art. 2 I GG iVm Art. 1 I GG.

b) Schranken-Schranken

Die formelle und materielle Verfassungsmäßigkeit der Ermächtigungsgrundlage des § 163b I StPO darf unterstellt werden. Es müssten aber auch die besonderen und allgemeinen Verfassungsvorgaben bei der Gesetzesanwendung beachtet worden sein.

aa) Besondere Verfassungsvorgaben

Für das Grundrecht aus Art. 2 I GG iVm Art. 1 I GG bestehen keine besonderen Verfassungsvorgaben.

bb) Allgemeine Verfassungsvorgaben

Aus dem Rechtsstaatsprinzip (Art. 20 III GG) ergibt sich aber die allgemeine Verfassungsvorgabe des Übermaßverbots. Das verfolgte staatliche Ziel muss in einem angemessenen Verhältnis zu den eingesetzten Mitteln stehen. Es ist daher zu überprüfen, ob die Durchsuchung zur Identitätsfeststellung im Einklang mit dem Übermaßverbot steht. Das ist dann der Fall, wenn der Platzverweis das geeignete, erforderliche und angemessene Mittel zur Erreichung des polizeilichen Ziels ist.

Polizeiliches Ziel der Maßnahme des Behrens ist die Ermittlung von Personendaten eines Verdächtigen zur Straftatenverfolgung von mehreren Diebstahlsdelikten aus Pkw gem. §§ 242, 243 StGB. Nach den im Sachverhalt enthaltenen, zahlreichen Informationen ergibt sich ein Anfangsverdacht gegen den am Tatort angetroffenen P.

Polizeiliches Mittel zur Erreichung dieses Ziels ist die Durchsuchung des P nach Ausweispapieren zur Feststellung seiner Identität.

Ausweispapiere befinden sich üblicherweise in der Kleidung oder in Geldbörsen, die in der Kleidung mitgeführt werden. Daher ist die Durchsuchung des P zur Zielerreichung geeignet. Eine vorherige Aufforderung zur Herausgabe von Ausweispapieren und eine Androhung der Durchsuchung waren erfolglos geblieben. Mildere Mittel sind nicht ersichtlich. Damit war die Durchsuchung auch erforderlich. Schließlich steht dem deutlichen Verdacht eines mehrfachen Diebstahls in einem besonders schweren Fall und dem staatlichen Interesse an der Verfolgung dieser Taten ein vergleichsweise geringfügiger Eingriff in das Grundrecht aus Art. 2 I GG iVm Art. 1 I GG gegenüber. Dies bedeutet, dass die Durchsuchung auch angemessen war.

Die polizeiliche Maßnahme verstößt somit nicht gegen das Übermaßverbot und ist insgesamt verfassungsgemäß.

5. Ergebnis

Das Grundrecht des P aus Art. 2 GG I iVm Art. 1 I GG wurde nicht verletzt.

III. Grundrechtsprüfung: Durchsuchung der Jacke des P – Art. 2 II 2 GG iVm Art. 104 GG, Freiheit der Person

1. Betroffenes Grundrecht

P könnte, da er sich während der Durchsuchung nicht entfernen kann, darüber hinaus auch in seinem Grundrecht auf Freiheit der Person aus Art. 2 II 2 GG iVm Art. 104 GG verletzt worden sein. Eine Grundrechtsverletzung liegt dann vor, wenn staatliche Organe verfassungswidrig in das Grundrecht eingegriffen haben.

2. Schutzbereich

Es müsste zunächst der Schutzbereich des Grundrechts eröffnet sein.

P ist als natürliche Person vom Menschenrecht auf Freiheit der Person geschützt. Der persönliche Schutzbereich ist eröffnet. Auch der sachliche Schutzbereich ist eröffnet, da sich P während der – üblicherweise mehrminütigen – Dauer der Durchsuchung nicht entfernen kann. Er ist in seiner Wegbewegungsfreiheit nicht nur unerheblich eingeschränkt.

Der Schutzbereich des Grundrechts der Freiheit der Person ist damit insgesamt eröffnet.

3. Eingriff in den Schutzbereich

Die polizeiliche Durchsuchung richtet sich unmittelbar und zielgerichtet gegen P, sodass ein Eingriff vorliegt. Zudem ist die polizeiliche Maßnahme von ihrem Zweck und ihrer Dauer her nicht auf eine vollständige Entziehung der körperlichen Freiheit gerichtet, sondern will lediglich die Anwesenheit des P für die Durchsuchung sicherstellen. Mit Blick auf das Grundrecht der Freiheit der Person hat dieser Eingriff daher die Qualität einer freiheitsbeschränkenden Maßnahme.

Anhaltspunkte für einen Grundrechtsverzicht ergeben sich auch hier nicht.

4. Verfassungsrechtliche Rechtfertigung des Eingriffs

a) Schranken

Der Eingriff ist verfassungsmäßig gerechtfertigt, wenn er durch die Schranke des betroffenen Grundrechts gedeckt ist. Die bereits oben näher erörterte Schrankenbestimmung des Art. 2 II 3 GG iVm Art. 104 I 1 GG ist gewahrt. Die relevante Ermächtigungsgrundlage des § 163b I StPO genügt den Schrankenanforderungen. Die Normen der Strafprozessordnung stellen ein förmliches Bundesgesetz dar.

b) Schranken-Schranken

Die formelle und materielle Verfassungsmäßigkeit der Ermächtigungsgrundlage des § 163b StPO darf unterstellt werden. Es müssten aber auch die besonderen und allgemeinen Verfassungsvorgaben bei der Gesetzesanwendung beachtet worden sein.

aa) Besondere Verfassungsvorgaben

Anhaltspunkte für einen Verstoß gegen das Folterverbot gem. Art. 104 I 2 GG während des Festhaltens zur Durchsuchung ergeben sich aus dem Sachverhalt nicht. Da es sich um eine nur freiheitsbeschränkende Maßnahme handelt, sind keine weiteren besonderen Verfassungsvorgaben zu beachten.

bb) Allgemeine Verfassungsvorgaben

Das Festhalten des Verdächtigen P am Ort der Durchsuchung gem. § 163b I StPO ist auch ein geeignetes, erforderliches und angemessenes Mittel zur Erreichung des polizeilichen Zieles, der Feststellung der Identität eines Tatverdächtigen zum Zwecke der Strafverfolgung. Die unter II. 4. dargelegten Ausführungen greifen hier entsprechend. Die polizeiliche Maßnahme steht damit im Einklang mit dem Verhältnismäßigkeitsgrundsatz aus Art. 20 III GG und ist insgesamt verfassungsgemäß.

5. Ergebnis

Das Grundrecht des P aus Art. 2 II 2 GG iVm Art. 104 GG wurde durch das Festhalten am Ort der Durchsuchung nicht verletzt.

E. Klausur im Staatsrecht HS 2.2 mit Musterlösung

48 Die Klausur enthält Fragen zur Versammlungsfreiheit, Art. 8 I GG.[1] Sie hat einen mittleren Schwierigkeitsgrad. Die Bearbeitungszeit beträgt eine Zeitstunde.

I. Sachverhalt und Aufgabenstellung

49 In den sozialen Netzwerken verbreitet sich die Meldung, dass der Vorsitzende der rechtsgerichteten A-Partei noch am heutigen Abend in D-Stadt eintreffen und gegen 18.00 Uhr ein neues Parteibüro auf der K-Allee eröffnen wolle, wie ein Lauffeuer. Infolge der Aufrufe im Internet, gegen dieses Vorhaben zu protestieren, versammeln sich ab 17.45 Uhr etwa 30 Personen auf dem Gehweg vor dem Parteibüro. Sofort skandieren Personen aus der Menge „Nazis raus!".

Gemeinsam beschließt man, sofort ein Zeichen gegen rechte Politik und die Eröffnung des Parteibüros zu setzen. Die gesamte Gruppe begibt sich auf die Straße vor dem Parteibüro. Zwei Personen halten dabei ein auf die Schnelle gefertigtes Spruchband mit der Aufschrift „Nazis raus aus D-Stadt! – Kein Büro für die A-Partei!" sich nähernden Fahrzeugführern entgegen. Mit Fahrzeugführern, die wegen der Aktion anhalten müssen, versuchen Mitglieder der Personengruppe über die Politik der A-Partei und deren zunehmenden Einfluss in D-Stadt zu diskutieren.

Von der Leitstelle wird Kradfahrer POK K zum Einsatzort entsandt. Weitere Einsatzmittel stehen kurzfristig nicht zur Verfügung. Bei Eintreffen stellt POK K fest, dass sich bereits ein kurzer Rückstau gebildet hat. Es kommt zu gefährlichen Si-

[1] Besonderer Dank gilt PD aD *Bernhard Genau* auf dessen Entwurf diese Klausur aufbaut.

tuationen zwischen genervten Fahrzeugführern, die die verengte Fahrbahn nur mit Mühen passieren können, und einzelnen Angehörigen der Personengruppe. Einige Fahrzeugführer hupen, beschimpfen die Personen auf der Straße und lassen die Motoren aufheulen.

Nachdem POK K innerhalb der Personengruppe keinen Verantwortlichen ausmachen kann, erteilt er der Gruppe mit lauter und deutlicher Stimme folgende Verfügung:

„Hier spricht die Polizei. Verlassen Sie sofort die Fahrbahn und begeben sich auf den Gehweg! Dort können Sie Ihre Aktion fortsetzen."

Diese Verfügung wird von allen Angehörigen der Personengruppe befolgt.

Aufgabe: Prüfen Sie gutachterlich die Verfassungsmäßigkeit der von POK K erteilten Verfügung!

Bearbeitungshinweis: Von der Verfassungsmäßigkeit der gesetzlichen Ermächtigungsgrundlagen darf ausgegangen werden. Soweit die Prüfung der Anwendung einer Ermächtigungsgrundlage erforderlich ist, ist nur auf besondere verfassungsrechtliche Verfahrensvorschriften und die Verhältnismäßigkeit einzugehen.

II. Lösung

1. Grobstrukturierung

Der Sachverhalt enthält nur eine polizeiliche Maßnahme. Nur die Verfügung, 50
die Fahrbahn zu verlassen und sich auf den Gehweg zu begeben, ist zu prüfen. Als Ermächtigungsgrundlage kommt § 15 III 4.Var. iVm § 15 I VersG (sog. Minusmaßnahme) in Betracht. Relevant ist diese Verfügung für Art. 8 I GG, Versammlungsfreiheit.

2. Feinstrukturierung

Auf der Grundlage der Vorüberlegung ist sodann eine feinere Struktur der Prü- 51
fung im Sinne einer Lösungsskizze anzufertigen.

1. Bezeichnung des betroffenen Grundrechts: Art. 8 I GG (Versammlungsfreiheit)

2. Schutzbereich
a) Persönlicher Schutzbereich (+) Bürgerrecht
b) Sachlicher Schutzbereich (+) friedliche, waffenlose Versammlung

3. Eingriff (+) sogar nach dem klassischen Eingriffsbegriff

4. Verfassungsrechtliche Rechtfertigung
a) Schranken (+)
  aa) Gesetzesvorbehalt aus Art. 8 II GG
  bb) Ermächtigungsgrundlage des § 15 III Var. 4 iVm § 15 I VersG genügt der Schrankenbestimmung (Polizeifestigkeit des Versammlungsrechts)
b) Schranken-Schranken
  aa) Verfassungsmäßigkeit der Ermächtigungsgrundlage darf vorausgesetzt werden

bb) Einhaltung besonderer Verfahrensvorgaben ist hier nicht relevant
cc) Einhaltung allgemeiner Verfassungsvorgaben – Übermaßverbot Art. 20 III GG (+)
- Ziel der Maßnahme: Gefahrenabwehr ist legitimes Ziel (+)
- Geeignetheit der Maßnahme (+)
- Erforderlichkeit (+) Minusmaßnahme gegenüber der Auflösung
- Angemessenheit (+)

5. Ergebnis

Keine Grundrechtsverletzung in Art. 8 I GG

3. Reinschrift

52 Zuletzt ist das Gutachten in Reinschrift anzufertigen.

Verletzung des Grundrechts aus Art. 8 I GG durch die Verfügung an die Personengruppe, die Fahrbahn zu verlassen und sich auf den Gehweg zu begeben.

1. Bezeichnung des betroffenen Grundrechts

Durch die Verfügung könnten die Teilnehmer in ihren Grundrechten aus Art. 8 I GG verletzt worden sein. Dann müsste ein verfassungsrechtlich nicht gerechtfertigter Eingriff in den Schutzbereich der Versammlungsfreiheit vorliegen. Zunächst müsste der Schutzbereich des Grundrechts eröffnet sein.

2. Schutzbereich

a) Persönlicher Schutzbereich:

Bei Art. 8 I GG handelt es sich um ein Bürgerrecht oder Deutschen-Grundrecht. Mangels entgegenstehender Angaben ist davon auszugehen, dass es sich bei den Versammlungsteilnehmern um Deutsche iSd Art. 8 I, 116 I GG handelt. Der persönliche Schutzbereich ist eröffnet.

b) Sachlicher Schutzbereich

Es müsste auch der sachliche Schutzbereich eröffnet sein.

aa) Versammlungsbegriff

Art. 8 I GG gewährleistet die Freiheit, sich friedlich und ohne Waffen zu versammeln. Versammlung iSd Art. 8 GG ist eine örtliche Zusammenkunft mehrerer Personen zur gemeinschaftlichen, auf die Teilhabe an der öffentlichen Meinungsbildung gerichteten Erörterung oder Kundgebung.[2]

Auch nach dem engen Versammlungsbegriff handelt es sich bei den Personen, die gegen die Politik der A-Partei protestieren, um eine Versammlung iSv Art. 8 I GG.

bb) Friedlichkeit und Waffenlosigkeit

Art. 8 I GG schränkt den Schutzbereich der Versammlungsfreiheit insoweit ein, dass nur friedliche Versammlungen ohne Waffen geschützt sind.

Für das Mitführen von Waffen ist nichts ersichtlich.

[2] Enger Versammlungsbegriff: BVerfGE 104, 92 (104 f.) = NJW 2002, 1031.

Allerdings könnte die Friedlichkeit der Versammlung fraglich sein. Unfriedlich ist eine Versammlung, die einen gewalttätigen oder aufrührerischen Verlauf nimmt.[3] Dies ist erst dann gegeben, „wenn Handlungen von einiger Gefährlichkeit wie etwa aggressive Ausschreitungen gegen Personen oder Sachen oder sonstige Gewalttätigkeiten stattfinden, nicht schon, wenn es zu Behinderungen Dritter kommt, seien diese auch gewollt und nicht nur in Kauf genommen".[4]

Die Fahrzeugführer können ihre Fahrt nicht ungehindert fortsetzen. Einzelne werden in Diskussionen verwickelt. Dieses Vorgehen geht über das bloße temporäre Behindern unbeteiligter Fahrzeugführer nicht hinaus. Das Vorgehen der Demonstranten ist nicht unfriedlich und unterfällt dem Schutz des Art. 8 I GG.

Damit ist der Schutzbereich des Art. 8 I GG insgesamt eröffnet.

3. Eingriff in den Schutzbereich

Ein Eingriff in den Schutzbereich eines Grundrechtes liegt jedenfalls mit jedem staatlichen Rechtsakt vor, der final-unmittelbar und imperativ auf die Beeinträchtigung des Grundrechtes gerichtet ist (sog. klassischer Eingriffsbegriff). Da die Versammlungsfreiheit auch die Selbstbestimmung über den Ort der Versammlung umfasst,[5] beeinträchtigt die Verfügung, die Fahrbahn frei zu machen und sich auf den Gehweg zu begeben, das Recht der Demonstranten aus Art. 8 I GG.

Folglich liegt hier ein Eingriff in den Schutzbereich der Versammlungsfreiheit vor.

4. Verfassungsrechtliche Rechtfertigung des Eingriffs

Der Eingriff müsste verfassungsrechtlich gerechtfertigt sein.

a) Schranke

Einschlägig ist der einfache Gesetzesvorbehalt des Art. 8 II GG, da es sich um eine Versammlung unter freiem Himmel handelt.

Wegen der sog. Polizeifestigkeit des Versammlungsrechts ist der Rückgriff auf das Polizeigesetz NRW ausgeschlossen.[6]

Da es sich vorliegend um eine Spontanversammlung handelt, scheidet § 15 III Var. 1 iVm § 14 I VersG als Ermächtigung aus.[7]

Als Ermächtigungsgrundlage kommt § 15 III 4. Var. iVm § 15 I VersG (sog. Minusmaßnahme) in Betracht.

Die Ermächtigungsgrundlage genügt als förmliches Gesetz den Anforderungen der Schranke.

3 Vgl. §§ 5 Nr. 3, 13 I Nr. 2 VersG.

4 BVerfGE 104, 92 (106) = NJW 2002, 1031 m. Verweis auf BVerfGE 73, 206 (248) = BeckRS 1986, 50; BVerfGE 87, 399 (406) = NJW 1993, 581.

5 BVerfGE 69, 315 (343) = BeckRS 1985, 108894.

6 BVerfG NVwZ 2005, 80 = NJW 2005, 353; OVG Münster NVwZ 2001, 1315 = NJW 2002, 1970.

7 Vgl. BVerfGE 69, 315 (350 f.) = BeckRS 1985, 108894; BVerfGE 85, 69 (74 f.) = NJW 1992, 890.

b) Schranken-Schranken

Die Verfassungsmäßigkeit der Ermächtigung darf unterstellt werden. Besondere Verfassungsvorgaben sind nicht zu beachten. Es ist aber der Verhältnismäßigkeitsgrundsatz als allgemeine Verfassungsvorgabe aus Art. 20 III GG zu beachten. Die Maßnahme müsste verhältnismäßig sein.

Zweck der Verfügung von POK K ist insbesondere die Abwehr von Gefahren für die Gesundheit der Fahrzeugführer und auch der Versammlungsteilnehmer selbst durch unmittelbar zu erwartende Unfälle zwischen den Beteiligten. Daneben geht es auch um die Wiederherstellung der Möglichkeit für die Fahrzeugführer, den Versammlungsbereich auf der Fahrbahn ungehindert passieren zu können. Diese Zwecke sind legitim.

Die Maßnahme müsste zunächst geeignet sein.

Eine Maßnahme ist geeignet, wenn mit ihrer Hilfe der gewünschte Erfolg gefördert werden kann.

Wenn die Demonstranten sich auf dem Gehweg befinden, bestehen die im legitimen Zweck genannten Gefahren nicht mehr.

Die Geeignetheit ist gegeben.

Die Maßnahme müsste auch erforderlich sein.

Von mehreren möglichen und geeigneten Maßnahmen hat die Polizei diejenige zu treffen, die den Einzelnen und die Allgemeinheit am wenigsten beeinträchtigt.

Absperrungen und zusätzlich verkehrsregelnde Maßnahmen hätten den Demonstranten den weiteren gefahrlosen Aufenthalt auf der Fahrbahn ermöglicht. Dazu war POK K als einzelner Beamter am Einsatzort aber nicht in der Lage und auch die Kräftelage in der Behörde zum Einsatzzeitpunkt gestattete dies nicht.

Mit der räumlichen Beschränkung der Versammlung hat POK K im Übrigen die gegenüber der Auflösung mildere Maßnahme (sog. Minusmaßnahme) getroffen.

Die Erforderlichkeit ist gegeben.

Schließlich müsste die Maßnahme angemessen sein.

Eine Maßnahme darf nicht zu einem Nachteil führen, der zu dem erstrebten Erfolg erkennbar außer Verhältnis steht.

Ein Missverhältnis zwischen dem Eingriff in die Versammlungsfreiheit, der nur eine geringfügige Verlagerung des Versammlungsortes beinhaltet, und den dadurch abgewehrten Gefahren insbesondere für die Sicherheit der Verkehrs- und Versammlungsteilnehmer ist nicht zu erkennen.

Die Angemessenheit ist gegeben. Damit ist die Maßnahme verhältnismäßig und insgesamt verfassungsgemäß. Der Eingriff ist verfassungsrechtlich gerechtfertigt.

5. Ergebnis

Das Grundrecht der Versammlungsteilnehmer aus Art. 8 I GG wurde nicht verletzt.

F. Aktenbearbeitung im Staatsrecht HS 2.2 mit Musterlösung

Die Aktenbearbeitung ist eine weitere Prüfungsform im HS 2.2. Ähnlich wie in einer Klausur soll hier ein juristisches Gutachten erstellt werden Die Aktenbearbeitung eröffnet aber neben der üblichen ex post Bearbeitung polizeilicher Maßnahmen auch die Möglichkeit, eigene Handlungsoptionen auf ihre Rechtmäßigkeit hin zu untersuchen und damit eine ex ante Position einzunehmen. Die Aufgabe hat einen mittleren Schwierigkeitsgrad. Die Bearbeitungszeit beträgt eine Zeitstunde. 53

I. Sachverhalt und Aufgabenstellung

Nach erfolgreichem Abschluss des Bachelor-Studiums versehen Sie heute, am 26.5.2020 Dienst in der PI-Mitte des PP D-Stadt. Sie sind ihrer DGLin als UD zugeteilt. In der Frühbesprechung weist diese darauf hin, dass ihr heute die Leitung eines Einsatzes „Versammlung" übertragen worden sei. Sie händigt Ihnen zur Orientierung die Bestätigung des PP D-Stadt zu dieser Versammlung aus: 54

Aktenauszug:

————————

Versammlungswesen

Kundgebung

Ihre Anmeldung vom 20.4.2020

Unser fernmündlich geführtes Kooperationsgespräch vom 29.4.2020

Sehr geehrte Frau S.,

hiermit bestätige ich die von Ihnen gemäß § 14 des Versammlungsgesetzes in der Fassung der Bekanntmachung vom 15.11.1978 (BGBl. 1978 I 1790) vorgenommene Anmeldung der nachstehend näher bezeichneten Versammlung:

Tag der Versammlung: Samstag, der 26.5.2020

Dauer: von 10.30 Uhr bis 13.00 Uhr

Kundgebungsort: D-Stadt, Konrad-Adenauer-Platz vor dem Hauptbahnhof

Thema: Gedenken an das Schicksal des kurdischen Volkes

Teilnehmer/-innen: 70 – 100 Personen

Verantwortliche Leiterin ist Frau D. Am Tag der Versammlung ist sie unter der Rufnummer 0177/1234567 erreichbar.

Zur Durchführung der Versammlung haben Sie folgende Hilfsmittel angemeldet:

1. Megaphone
2. Lautsprecher
3. YPG- und YPJ Flaggen[8]

[8] Bearbeitungshinweis: Hierbei handelt es sich um kurdische Organisationen.

In unserem fernmündlich geführten Kooperationsgespräch am 29.4.2020 teilte ich Ihnen mit, dass Sie aufgrund des Versammlungsthemas während Ihrer Versammlung keine Abbilder von Abdullah Öcalan verwenden dürfen. Sie erklärten sich damit einverstanden.

Ebenfalls habe ich Sie darüber informiert, dass ich beabsichtige, die von Ihnen ursprünglich angemeldeten PKK Flaggen aufgrund mir vorliegender Erkenntnisse zu verbieten. Im Rahmen der Kooperation sahen Sie von der Verwendung der PKK Flaggen ab und meldeten YPG- und YPJ-Fahnen als Hilfsmittel an.

Auch habe ich Sie fernmündlich darüber unterrichtet, dass Sie die angemeldeten Hilfsmittel YPG- und YPJ-Fahnen und Abbilder nur dann verwenden dürfen, wenn kein Bezug zur PKK hergestellt wird. Hiergegen erhoben Sie keinen Widerspruch.

Gemäß § 15 Absatz 1 Versammlungsgesetz (VersammlG) wird somit zur **Auflage** gemacht:

1. Die Versammlungsteilnehmer dürfen keine Fahnen, Abzeichen, Transparente, Flugblätter oder sonstigen Gegenstände öffentlich zeigen oder verteilen, die mit dem Abbild Abdullah Öcalans versehen sind.

Begründung:

Jede Verwendung eines Abbilds des PKK-Anführers Abdullah Öcalan in dem Kontext der von Ihnen angemeldeten Versammlung erfüllt den Tatbestand des § 20 Abs. 1 Nr. 5 des Gesetzes zur Regelung des öffentlichen Vereinsrechts (VereinsG).

…

Die Verwirklichung des Verbotstatbestands durch die Verwendung eines Abbilds Abdullah Öcalans scheidet demgegenüber lediglich vereinzelt in Ausnahmefällen aus, wenn die Verwendung offenkundig nicht dem Schutzzweck des Gesetzes zuwiderläuft oder die Verwendung sozialadäquaten Zwecken dient (insbesondere, wenn eine Versammlung ausschließlich das persönliche Schicksal des Betroffenen zum Gegenstand hat und von der Öffentlichkeit nicht als allgemeine Werbung für die PKK verstanden werden kann).

Beide Ausnahmen des grundsätzlichen Verbotstatbestands der Verwendung eines Bildnisses von Abdullah Öcalan sind hinsichtlich der von Ihnen angemeldeten Versammlung, insbesondere im Hinblick auf das angemeldete Thema der Versammlung, nicht einschlägig und kommen somit nicht zum Tragen.

2. Die Zeichen und Fahnen YPG und YPJ dürfen nur verwendet werden, solange und soweit kein Bezug zur verbotenen PKK hergestellt wird.

Ein Bezug zur PKK wird dabei insbesondere hergestellt durch Redebeiträge, Skandierungen oder sonstige Äußerungen auf Deutsch, Türkisch, kurdischen Dialekten oder einer anderen Sprache, welche die PKK selbst, deren politische Ziele oder Herrn Öcalan zum Inhalt haben.

Auch das Zeigen anderer Fahnen, Symbole, Abbilder oder ähnlichem mit PKK-Bezug als die genannten Fahnen der YPG und YPJ stellen einen Bezug zur PKK her und dürfen somit nicht gezeigt werden.

Begründung:

In der Vergangenheit wurden bei Versammlungen mit kurdischem Hintergrund regelmäßig Fahnen bzw. Symbole der PKK („Partiya Karkeren Kurdistan" – „Arbeiterpartei Kurdistans") sowie deren Neben- und Unterorganisationen gezeigt.

Der Bundesgerichtshof hat mit Urteil vom 28.10.2010 – 3 StR 179/10 (BGHSt 56, 28 = NJW 2011, 542) – unter Aufgabe seiner bisherigen Rechtsprechung festgestellt, dass die PKK insgesamt eine ausländische terroristische Vereinigung gem. §§ 129a, b des Strafgesetzbuchs (StGB) ist. Daraus ergibt sich eine vom Ergebnis her im Wesentlichen einheitliche vereinsrechtliche und strafrechtliche Bewertung der Gesamtvereinigung PKK.

Das vereinsrechtliche Verbot der PKK durch Verfügung des Bundesministers des Inneren vom 22.11.1993 untersagt für die Dauer der Vollziehbarkeit dieses Verbots, Kennzeichen der verbotenen Vereine PKK öffentlich, in einer Versammlung oder in Schriften, Ton- und Bildträgern, Abbildungen oder Darstellungen, die verbreitet werden oder zur Verbreitung bestimmt sind, zu verwenden.

Die von Ihnen angemeldeten Fahnen der YPG und YPJ stellen keinen direkten Bezug zur PKK her und dürfen unter den in der Auflage genannten Bedingungen gezeigt werden.

Die genannten Auflagen schränken die Durchführung Ihrer Versammlung nicht wesentlich ein. Sie beachten daher den Grundsatz der Verhältnismäßigkeit in vollem Umfang.

——————————

Nachdem Sie die Auflagen aufmerksam gelesen haben, gehen Sie zutreffend davon aus, dass die Bestätigung der Anmeldung und die erteilten Auflagen rechtlich einwandfrei sind. Ihre DGLin bittet Sie um Auskunft, ob Sie denn die Versammlung auflösen dürfe, wenn denn doch vereinzelt Öcalan-Flaggen oder PKK-Flaggen gezeigt würden.

Aufgabe: Prüfen Sie gutachterlich die Verfassungsmäßigkeit einer Auflösung der Versammlung für den Fall, dass einzelne Versammlungsteilnehmer PKK-Flaggen oder Öcalan-Flaggen während der Versammlung zeigen!

> **Bearbeitungshinweis:** Von der Verfassungsmäßigkeit der gesetzlichen Ermächtigungsgrundlagen darf ausgegangen werden. Soweit die Prüfung der Anwendung einer Ermächtigungsgrundlage erforderlich ist, ist nur auf besondere verfassungsrechtliche Verfahrensvorschriften und die Verhältnismäßigkeit einzugehen. !

II. Lösung

1. Grobstrukturierung

Der Sachverhalt enthält nur eine polizeiliche Maßnahme. Nur die Auflösungs- 55
verfügung ist zu prüfen. Als Ermächtigungsgrundlage kommt § 15 III Var. 3 iVm § 15 I VersG in Betracht. Relevant ist diese Verfügung für Art. 8 I GG, Versammlungsfreiheit.

2. Feinstrukturierung

56 Auf der Grundlage der Vorüberlegung ist sodann eine feinere Struktur der Prüfung im Sinne einer Lösungsskizze anzufertigen.

1. Bezeichnung des betroffenen Grundrechts: Art. 8 I GG (Versammlungsfreiheit)

2. Schutzbereich
a) Persönlicher Schutzbereich (+) Bürgerrecht
b) Sachlicher Schutzbereich (+) friedliche, waffenlose Versammlung

3. Eingriff (+) sogar nach dem klassischen Eingriffsbegriff

4. Verfassungsrechtliche Rechtfertigung
a) Schranken (+)
  aa) Gesetzesvorbehalt aus Art. 8 II GG
  bb) Ermächtigungsgrundlage des § 15 III Var. 3 iVm § 15 I VersG genügt der Schrankenbestimmung (Polizeifestigkeit des Versammlungsrechts)
b) Schranken-Schranken
  aa) Verfassungsmäßigkeit der Ermächtigungsgrundlage darf vorausgesetzt werden
  bb) Einhaltung besonderer Verfahrensvorgaben ist hier nicht relevant
  cc) Einhaltung allgemeiner Verfassungsvorgaben – Übermaßverbot Art. 20 III GG (+)
  - Ziel der Maßnahme: Gefahrenabwehr ist legitimes Ziel (+)
  - Geeignetheit der Maßnahme (+)
  - Erforderlichkeit (–) Mildere Maßnahme wäre möglich

5. Ergebnis

Verletzung von Art. 8 I GG

3. Reinschrift

57 Zuletzt ist das Gutachten in Reinschrift anzufertigen.

Verletzung des Grundrechts aus Art. 8 I GG durch die Auflösung der Versammlung.

1. Bezeichnung des betroffenen Grundrechts

Durch die Verfügung könnten die Versammlungsteilnehmer in ihrem Grundrecht aus Art. 8 I GG verletzt werden. Dann müsste die Auflösung ein verfassungsrechtlich nicht gerechtfertigter Eingriff in den Schutzbereich der Versammlungsfreiheit sein.

Zunächst müsste der Schutzbereich des Grundrechts eröffnet sein.

2. Schutzbereich

Es müsste der persönliche und sachliche Schutzbereich von Art. 8 I GG eröffnet sein.

a) Persönlicher Schutzbereich

Bei Art. 8 I GG handelt es sich um ein Bürgerrecht oder Deutschen-Grundrecht. Auch wenn es sich um eine Versammlung mit Bezug zum Schicksal der Kurden handelt, ist – mangels anderweitiger Angaben – davon auszugehen, dass sich unter den Versammlungsteilnehmern zumindest auch Deutsche iSd Art. 8 I GG, 116 I GG befinden. Der persönliche Schutzbereich ist eröffnet.

b) Sachlicher Schutzbereich

aa) Versammlungsbegriff

Art. 8 I GG gewährleistet die Freiheit, sich friedlich und ohne Waffen zu versammeln. Versammlung iSd Art. 8 GG ist eine örtliche Zusammenkunft mehrerer Personen zur gemeinschaftlichen, auf die Teilhabe an der öffentlichen Meinungsbildung gerichteten Erörterung oder Kundgebung.

Auch nach dem engen Versammlungsbegriff handelt es sich bei den Personen, die an das Schicksal des kurdischen Volks erinnern wollen, um eine Versammlung iSv Art. 8 I GG. Der enge Versammlungsbegriff verlangt nur ein öffentliches Thema; ein Bezug zu Deutschland oder deutscher Politik ist nicht erforderlich.

bb) Friedlichkeit und Waffenlosigkeit

Art. 8 I GG schränkt den Schutzbereich der Versammlungsfreiheit insoweit ein, dass nur friedliche Versammlungen ohne Waffen geschützt sind.

Für das Mitführen von Waffen ist nichts ersichtlich.

Allerdings könnte die Friedlichkeit der Versammlung fraglich sein. Unfriedlich ist eine Versammlung, die als Ganzes einen gewalttätigen oder aufrührerischen Verlauf nimmt. Unfriedliches Verhalten einzelner Teilnehmer führt daher nicht zur Unfriedlichkeit der gesamten Versammlung. Da hier nur ein Fehlverhalten einzelner Versammlungsteilnehmer zu begutachten ist, bleibt festzustellen, dass die Versammlung insgesamt friedlich ist.

Hier stehen hinsichtlich einzelner Versammlungsteilnehmer aber unzweifelhaft Straftaten nach § 20 VereinsG im Raum. Möglicherweise können sich diese wegen ihrer Straftaten nicht auf den Schutz des Art. 8 I GG berufen. Unfriedlichkeit ist aber nicht schon beim Begehen irgendeiner Straftat gegeben, sondern erst dann, wenn Handlungen von einiger Gefährlichkeit wie etwa aggressive Ausschreitungen gegen Personen oder Sachen oder sonstige Gewalttätigkeiten stattfinden. Das Zeigen verbotener Symbolik ist zwar strafbar, nicht aber gewalttätig.

Das Vorgehen der Demonstranten ist nicht unfriedlich und unterfällt dem Schutz des Art. 8 I GG.

Der Schutzbereich ist damit insgesamt eröffnet.

3. Eingriff in den Schutzbereich

Ein Eingriff in den Schutzbereich eines Grundrechtes liegt jedenfalls mit jedem staatlichen Rechtsakt vor, der final-unmittelbar und imperativ auf die Beeinträchtigung des Grundrechtes gerichtet ist (sog. klassischer Eingriffsbegriff). Da die Versammlungsfreiheit durch die Auflösung der gesamten Versammlung in der denkbar schwersten Weise beeinträchtigt wird und eine weitere Grundrechtsausübung nicht mehr möglich wäre, beträfe eine solche Verfügung das Recht der Demonstranten aus Art. 8 I GG.

Folglich liegt hier ein Eingriff in den Schutzbereich der Versammlungsfreiheit vor.

4. Verfassungsrechtliche Rechtfertigung des Eingriffs

Der Eingriff müsste verfassungsrechtlich gerechtfertigt sein.

a) Schranke

Einschlägig ist der einfache Gesetzesvorbehalt des Art. 8 II GG, da es sich um eine Versammlung unter freiem Himmel handelt.

Wegen der sog. Polizeifestigkeit des Versammlungsrechts ist der Rückgriff auf das Polizeigesetz NRW ausgeschlossen.

Als Ermächtigungsgrundlage kommt § 15 III Var. 3 iVm § 15 I VersG in Betracht.

Die Ermächtigungsgrundlage genügt als förmliches Gesetz den Anforderungen der Schranke.

b) Schranken-Schranken

Die Verfassungsmäßigkeit der Ermächtigung darf unterstellt werden. Besondere Verfassungsvorgaben sind nicht zu beachten. Es ist aber der Verhältnismäßigkeitsgrundsatz als allgemeine Verfassungsvorgabe aus Art. 20 III GG zu beachten. Die Maßnahme müsste verhältnismäßig sein.

Zweck der Auflösungsverfügung wäre insbesondere die Durchsetzung der erteilten Auflagen und damit die Verhütung von Straftaten. Ein legitimer Zweck liegt vor, wenn die Polizei nicht gegen Gesetze verstößt, sondern insbesondere im Rahmen der ihr zugewiesenen Aufgaben handelt. Nach § 1 der Verordnung über Zuständigkeiten nach dem Versammlungsgesetz sind die Kreispolizeibehörden zuständig nach § 15 VersG. Die Auflösungsverfügung läge damit im Rahmen der zugewiesenen Aufgaben und wäre legitim.

Die Maßnahme müsste geeignet sein.

Eine Maßnahme ist geeignet, wenn mit ihrer Hilfe der gewünschte Erfolg gefördert werden kann.

Wenn die Versammlung aufgelöst würde, könnten in ihrem Rahmen keine Straftaten nach § 20 VereinsG begangen werden. Nach § 20 III VereinsG können die verbotenen Flaggen eingezogen werden.

Die Auflösung wäre daher geeignet.

Die Maßnahme müsste auch erforderlich sein.

Von mehreren möglichen und geeigneten Maßnahmen hat die Polizei diejenige zu treffen, die den Einzelnen und die Allgemeinheit am wenigsten beeinträchtigt.

Durch die Auflösung würde das Grundrecht aller Versammlungsteilnehmer in der denkbar stärksten Weise beeinträchtigt. Hier würden nicht nur die Straftäter in der Wahrnehmung des Grundrechts eingeschränkt; es würde allen Teilnehmern unmöglich gemacht, ihr Versammlungsrecht auszuüben. Damit würden verfassungsgemäß demonstrierende Teilnehmer als Teil der Allgemeinheit stark beeinträchtigt. Milder wären daher Maßnahmen, die sich gezielt gegen die Straftäter richteten. Neben Beweissicherung wäre dies vor allem die Aufforderung, die Flaggen einzurollen und herauszugeben. Darüber hinaus wären auch die Beschlagnahme der Flaggen und der Ausschluss einzelner Teilnehmer denkbar. Als Minusmaßnahmen zur Auflösung wären dies geeignete mildere Maßnahmen.

Die Erforderlichkeit einer Auflösung der Versammlung wäre daher nicht gegeben, sodass die Maßnahme nicht verhältnismäßig wäre.

5. Ergebnis

Die Auflösung wäre daher verfassungswidrig, sodass eine Verletzung des Grundrechts aus Art. 8 I GG gegeben wäre.